자원봉사론

배기효
남연희 · 박용오 · 박정임 · 박희숙
이미영 · 전영록 · 정일교

KNOWLEDGE COMMUNITY 공동체

머리말

21세기에 접어들면서 우리나라는 통일 대한민국 건설, 국가경쟁력 제고, 선진국 진입이라는 세 가지 화두로 출발하였다.

오늘날 한국사회는 급격한 변화를 겪고 있다. 사회 양극화, 고령화 및 저출산, 높은 실업률 등에 따른 사회적인 문제로 인해 사회 전체의 복지 수요와 비용은 급격하게 증대하는 데 비해 가족의 기능은 약화되고 있으며 4차혁명과 관련하여 기존의 복지제도에 커다란 변화가 예상되고 있다.

이러한 사회적 변화에 대비하기 위해서는 새로운 복지요구의 충족을 위하여 더불어 함께 살아가기 위한 사회적 제 노력과 협력이 필요한 시기이다. 따라서 자발적이고 적극적인 주체로서 지역사회의 변화를 꿈꾸며 실천하는 자원봉사자의 역할이 중요하다.

자원봉사활동 중에서 가장 중요한 특성이 자발성이라고 한다면, 자발적으로 자원봉사활동에 참여하는 비율이 높은 국가일수록 역동성이 있으며, 또한 시민사회의 성숙이 빨리 진전될 수 있을 것이다. 보다 발전된 시민사회일수록 자원봉사자의 역할이 증대되고 있으며, 자원봉사활동의 힘 역시 강하게 나타나고 있다.

최근 우리나라에서도 자원봉사활동에 대한 사회적 인식이 높아지면서 자원봉사활동을 진흥시키기 위한 다각적인 노력이 행해지고 있다. 그러나 이러한 노력에도 불구하고 선진국에 비해 우리나라의 자원봉사활동은 아직 양적으로나 질적인 측면에서 부족하거나 뒤떨어진 것은 물론 여러 가지 측면에서 개선해야 할 많은 문제점을 안고 있다. 따라서 이러한 문제점을 개선하여 보다 발전된 선진국 수준의 자원봉사활동으로 이끌기 위해 우리 모두가 다같이 참여하고 노력해야 할 것이다.

자원봉사활동을 나비효과(butterfly effective)에 비유하기도 한다. '나비효과'란 기상학의 카오스(chaos)이론에서 유래된 말로서 시작은 작지만 그 결과는 크게 나타날 수 있다는 뜻이다.

자원봉사자들은 건강한 공동체의 건설과 다양한 사회문제의 해결, 지역주민들의 안전과 번영, 그리고 각종 모금활동 등을 위해 그들의 시간과 재능, 에너지를 제공하고 있는 것이다.

본서는 사회복지를 전공하는 학생들과 자원봉사자 또한 자원봉사관리자들에게 도움을 드리고자 발간에 이르게 되었으며, 이 책이 자원봉사의 전문성 강화를 위한 초석을 굳건히 해주기 위한 길라잡이 역할을 하기를 기대해 마지않는다. 각 분야별로 꼭 필요한 내용을 담고자 하였으나 부족한 부분 또는 수정과 보완해야 할 부분들은 많은 분들의 조언을 통해 더욱 발전시키도록 노력할 것을 약속드린다.

본서는 모두 2부 16장으로 구성되어 있다. 제1부는 총 7장으로 나누었는데 제1장 자원봉사의 이해, 제2장 자원봉사활동의 발달과정, 제3장 자원봉사자의 역할과 동기, 제4장 자원봉사관리과정, 제5장 자원봉사활동 프로그램 개발 및 갈등관리, 제6장 자원봉사활동의 전달체계, 제7장 자원봉사활동 정보망으로 이루어져 있다.

제2부에서는 총 9장으로 나누었는데, 제8장 아동 및 청소년 자원봉사활동, 제9장 여성 및 가족 자원봉사활동, 제10장 노인 자원봉사활동, 제11장 장애인 자원봉사활동, 제12장 대학 및 기업 자원봉사활동, 제13장 사회복지기관·전문직 및 종교계 자원봉사활동, 제14장 시민단체(비영리민간단체) 자원봉사활동, 제15장 의료시설(병원) 자원봉사활동, 제16장 자원봉사활동의 새로운 동향과 과제에 대한 내용을 기술하였다.

이러한 내용의 본서가 완성되는 데 많은 자원봉사 관련 연구자와 자원봉사현장의 실무자 그리고 여러 기관의 연구 결과가 아주 중요한 기여를 하였으며, 이들에게 감사를 드린다.

끝으로 본서의 내용은 많은 부분이 미흡하고 부족하다. 선배, 동료, 후학, 그리고 독자 여러분들의 많은 지도편달을 부탁드리며 앞으로 쉼 없이 연구하고 보완해 나갈 것을 약속드린다.

이 책이 나오기까지 도와주신 모든 분들께 감사드리고 특히 본서를 출판할 수 있도록 배려해 주신 공동체 가족 여러분께도 감사드린다.

2023년 1월

저자를 대표해서 배기효

차 례

■ 머리말 / 3

PART 01 자원봉사의 이론적 기초

CHAPTER 01 자원봉사의 이해 ···· 11

1. 자원봉사의 개념 ···· 11
2. 자원봉사의 필요성과 육성 의의 ···· 16
3. 자원봉사의 철학과 가치 ···· 21
4. 자원봉사활동의 특성과 원칙 ···· 29
5. 자원봉사와 사회복지 ···· 37

CHAPTER 02 자원봉사활동의 발달과정 ···· 43

1. 우리나라 자원봉사 ···· 43
2. 영국의 자원봉사활동 ···· 48
3. 미국의 자원봉사활동 ···· 53
4. 일본의 자원봉사활동 ···· 61

CHAPTER 03 자원봉사자의 역할과 동기 ···· 69

1. 자원봉사자의 역할과 자세 ···· 69
2. 자원봉사활동의 동기 ···· 76

CHAPTER 04 자원봉사관리과정 ···· 93

1. 자원봉사관리과정 ···· 93
2. 자원봉사관리자의 역할과 기능 ···· 100
3. 자원봉사 프로그램 기획과 업무설계 ···· 105
4. 모집과 교육훈련 ···· 109
5. 배치와 지도감독 ···· 116
6. 인정보상과 평가 ···· 119

CHAPTER 05 자원봉사활동 프로그램 개발 및 갈등관리 ······ 129

1. 자원봉사활동 프로그램 개발 ······ 129
2. 자원봉사활동 프로그램 개발과정 ······ 133
3. 자원봉사활동조직과 갈등 ······ 140
4. 자원봉사조직의 갈등원인 ······ 143
5. 자원봉사조직의 갈등양상 ······ 146
6. 자원봉사기관에서의 갈등에 대한 개입전략 ······ 149

CHAPTER 06 자원봉사활동의 전달체계 ······ 153

1. 자원봉사활동 지원체계의 현황과 과제 ······ 153
2. 자원봉사활동 전달체계 ······ 159
3. 자원봉사센터의 유형과 역할 ······ 164
4. 자원봉사센터의 활성화 방안 ······ 170

CHAPTER 07 자원봉사활동 정보망 ······ 175

1. 지역사회복지 네트워크의 필요성 ······ 175
2. 자원봉사 네트워크화의 활용방법 ······ 178
3. 자원봉사정보망의 개념과 기능 ······ 181
4. 우리나라 자원봉사정보망의 실제 ······ 184

PART 02 자원봉사활동의 실제

CHAPTER 08 아동 및 청소년 자원봉사활동 ······ 195

1. 아동 및 청소년의 특성과 자원봉사활동 ······ 195
2. 아동 및 청소년 자원봉사활동의 의의 ······ 198
3. 아동 및 청소년의 자원봉사활동 영역 ······ 200
4. 아동 및 청소년 자원봉사활동의 과제와 개선방안 ······ 202

CHAPTER 09 여성 및 가족 자원봉사활동 ········ 207

1. 여성 자원봉사활동 ········ 207
2. 가족 자원봉사활동 ········ 218

CHAPTER 10 노인 자원봉사활동 ········ 235

1. 노인 자원봉사활동의 개념과 의의 ········ 235
2. 노인 자원봉사활동의 특성 ········ 237
3. 노인 자원봉사활동의 필요성 ········ 238
4. 노인 자원봉사활동 영역 ········ 240
5. 노인 자원봉사활동의 과제와 개선방안 ········ 252

CHAPTER 11 장애인 자원봉사활동 ········ 259

1. 장애인의 개념과 특성 ········ 259
2. 장애인 자원봉사활동의 필요성 ········ 268
3. 장애인 자원봉사활동의 영역 ········ 271
4. 장애인 자원봉사자의 자세와 유의사항 ········ 282

CHAPTER 12 대학 및 기업 자원봉사활동 ········ 285

1. 대학 자원봉사활동 ········ 285
2. 기업의 자원봉사활동 ········ 295

CHAPTER 13 사회복지기관 · 전문직 및 종교계 자원봉사활동 ········ 305

1. 사회복지시설 · 기관 자원봉사활동 ········ 305
2. 전문직 자원봉사활동 ········ 318
3. 종교계 자원봉사활동 ········ 323

CHAPTER 14 시민단체(비영리민간단체) 자원봉사활동 ········ 327

1. 비영리민간단체의 개념과 특징 ········ 327
2. 정부와 비영리민간단체와의 관계 ········ 331
3. 비영리민간단체의 현황과 지원체제 ········ 335
4. 국제 자원봉사활동과 NGO ········ 338

차 례

CHAPTER 15 의료시설(병원) 자원봉사활동 ······ 347

1. 의료시설에 대한 이해 ······ 347
2. 의료시설 자원봉사활동의 의의 ······ 348
3. 의료시설 자원봉사활동의 필요성 ······ 350
4. 의료시설 자원봉사활동의 특성 ······ 353
5. 의료시설 자원봉사의 기능 ······ 358
6. 의료시설 자원봉사활동 영역과 역할 ······ 363

CHAPTER 16 자원봉사활동의 새로운 동향과 과제 ······ 375

1. 자원봉사활동의 최근 동향 ······ 375
2. 세계적 자원봉사활동의 추세 ······ 378
3. 우리나라 자원봉사활동의 추세 ······ 379
4. 우리나라 자원봉사활동의 과제 ······ 381

- 참고문헌 ······ 383
- 찾아보기 ······ 393

01
PART

자원봉사의 이론적 기초

제1장 자원봉사의 이해
제2장 자원봉사활동의 발달과정
제3장 자원봉사자의 역할과 동기
제4장 자원봉사관리과정
제5장 자원봉사활동 프로그램 개발 및 갈등관리
제6장 자원봉사활동의 전달체계
제7장 자원봉사활동 정보망

Volunteerism

01 CHAPTER 자원봉사의 이해

1. 자원봉사의 개념

1) 자원봉사의 어의적 개념

자원봉사활동이 미래사회의 대안이라고 생각하는 사람이 늘어나고 자원봉사활동도 활발하게 전개됨에 따라 자원봉사라는 말은 이제 우리사회에서 널리 사용되고 있다. 어의적인 '자원봉사'는 '자원'과 '봉사'의 합성어이다.

우리말 사전에서 '자원(自願)'이란 '일정한 일을 자기 스스로 원함'(신기철·신용철, 1990 : 2796), 그리고 '봉사(奉仕)'란 '① 남의 뜻을 받들어 섬김, ② 국가나 사회 또는 남을 위하여 자기 이해를 돌보지 않고 노력이나 힘을 들여 친절하게 보살펴 주거나 일함'(신기철·신용철, 1990 : 1508 ; 현외성, 2004 : 19)으로 설명하고 있다.

볼런티어(volunteer)는 인간의 자발적인 의지(will)와 욕망(desire)을 나타내는 자유의지(voluntas)에서 유래한 것으로, volo는 영어의 의지(will)에 해당하는 말이며, volo에서 voluntas라고 하는 말이 파생되었다. 이는 자발·자주·임의·자유의지 등 인간의 마음속에서 우러나오는 자유의사를 뜻한다. 자원봉사는 프랑스어로는 '기쁨의 정신', 영어의 명사로는 '지원자', 일본에서는 '자발적인 의지에 바탕을 두고 타인이나 사회에 공헌하는 행위'를 뜻하며, 볼런티어(volunteer)는 헬라어로 '이웃 사랑을 위해 신으로부터 부름받은 사람'을 의미하기도 한다. 자원봉사에는 자유의지(voluntas)만 있는 것이 아니고 '사랑' 또는 '자선(charity)'의 의미도 내포되어 있다. 자선(charity)은 라틴어 caritas, 희랍어 charis

로서 '그리스도인의 사랑(christian love)'이라는 뜻을 가지고 있다. 이 말은 유대어 zedakah와 통하는 '이타주의 정신'을 뜻한다(이강현, 2001; 최덕경, 2006 : 18).

자원봉사는 'voluntas(자유의지)'에 사람을 나타내는 접미사 '-eer'를 붙여 형성된 개념으로서 사전적 의미는 ① 독지가, 지원자, 의용병, 지원병(제1차 세계대전 시 사용), ② 임의 대위자, 무상봉사자(법적인 의미로 사용), ③ 지원의, 유지의, 자발적인(형용사적 용어로 표현), ④ ~를 자진해서 하다 등 다양하게 사용되어 왔다.

한문으로는 '스스로 원해서(自願)', '나누고 섬기는 일(奉仕)', 그리고 남의 뜻을 받들어 섬김을 뜻한다. 自願(자원)이란 스스로 알아서 행동으로 옮기는 일 및 활동과정에서 스스로가 원하는지를 알게 되는 일의 뜻을 갖고 있고, 奉仕(봉사)는 서로 나누는 쌍방적 관계와 더불어 사는 공동체를 지향하는 뜻을 담고 있다(주성수, 2004 : 16-18).

따라서 자원봉사라는 단어의 어의적 개념은 '자유의지에 따라 자기 스스로 원해서 타인이나 사회를 위하여 도움과 섬김을 실천하는 이타활동'이라고 할 수 있다.

2) 자원봉사의 정의

"자원봉사를 모르면 사람이 아니다"라는 말이 나올 정도로 자원봉사활동은 우리 생활 깊숙이 자리잡고 있으며 자원봉사라는 용어는 1930년 세계사회사업가대회에서 공식적으로 처음 사용된 이래 우리나라에서는 1986년 아시안게임과 1988년 서울올림픽에서 공식적으로 자원봉사를 활용하면서 자원봉사활동이 확산되고 국민생활의 일부가 되기 시작하였다(배기효, 2003 : 3).

자원봉사란 어떠한 특정 집단이나 사람, 물질과 시간적인 여유가 있어서 하는 활동이 아니라, 인간성을 회복하고 가정의 기능을 회복하며 지역사회의 개발을 위한 사회의 한 구성원으로서 민주시민, 복지시민의 자격을 익혀가는 평생교육이고, 인간 상호 간 복지공동체를 실현하는 활동이다(이재풍 외, 2019 : 13).

영국의 베버리지(W. Beveridge)는 "좋은 사회를 만드는 것은 정부에 의해 이룩되는 것이 아니라 좋은 시민들에 의해서 이룩되는 것"이라고 주장하여 자원봉사활동이 우리의 책무임을 강조하고 있다. 그러나 자원봉사활동은 시대에 의해서 그 형태와 내용이 차이가 있고, 국가와 사회의 구조 그리고 종교와 사상 등에 의해서도 끊임없이 변해 왔다. 따라서 자원봉사활동의 개념은 국가에 따라, 시대에 따라, 학자에 따라 그리고 활동분야에 따라 <표 1-1>에서 보는 바와 같이 다양하게 전개되어 조금씩 상이하게 정의되고 있다.

〈표 1-1〉 **학자별 · 국가 · 기관별 자원봉사의 정의**

구 분	자원봉사의 정의
Baldock (1990)	민간기관, 공공기관, 사회행동, 사회복지 문제에 관련된 자조집단 등에 무상으로 규칙적으로 자신의 시간, 에너지를 기여하는 사람
V. Babcock (1990)	민간기관, 공공기관, 사회행동, 사회복지 문제에 관련된 자조집단 등에 무상으로 자신의 시간, 에너지를 투여하는 사람
J. L. Brudney (1997)	보건, 복지, 주택, 교육, 재활, 레크리에이션 등의 분야에서 직접 다른 사람을 위해서 그들의 시간을 투자하는 사람
Sha Cotdingley(2003)	자원봉사활동은 비영리단체나 프로젝트를 통한 활동
Darvil & Munday (1984)	자신의 친족이 아닌 사람들을 위하여 자발적으로 무보수로 서비스하는 사람으로서, 일반적으로는 비공식적인 이웃과의 만남을 통해서라기보다는 어떤 공식조직을 통해서 서비스하는 사람
Dekker (2002)	보다 광의적인 시민사회 시각에서 비강제적, 무보수 활동이며, 동시에 공익적으로 사회 전체 또는 특정 조직을 위해 그리고 '조직화된 배경(organized context)'에서 이뤄지는 활동
Ellis & Noyles (1990)	자원봉사활동의 구성요소는 첫째, 자발적 선택(choose)이어야 하며, 둘째, 사회적 책임(social responsibility)이며, 셋째, 경제적 이익을 추구하지 않으며(without monetary profit), 넷째, 기본적 의무를 초월하는 것(beyond basic obligations)
W. A. Friedlander	자원봉사의 영역은 가족 서비스에서부터 시작하여 아동 및 청소년복지, 노인복지 등은 물론 공공사회에서 이루어지는 공공부조와 빈곤문제, 환경문제 등에 이르기까지 일상생활 전반에 걸친 자율적인 봉사활동
Gorden Manser & Rosemary Cass (1976)	개인 자신이 선택한 자원봉사활동 기관을 통해 활동, 창조, 실험하고 또 새로운 목표를 달성하려고 노력하는 과정에 있어서, 최대의 자유와 민주적 과정 속에서 독특한 역할을 하고, 또 공익의 이익요소를 증진, 촉진시키기 위해 자발적 · 사적 노력에 의하여 나타나는 봉사활동
M. McGregor & James(1982)	금전적인 보상 없이 또는 어떤 경우에는 사례금과 같은 최소한의 경비를 받고 다른 사람에게 서비스, 기술, 시간, 경험을 제공하는 사람
Scheier (1982)	자원봉사활동은 금전적 이득을 제1로, 또는 직접적으로 고려하지 않고 원조를 제공하는 비교적 강제적이지 않은 활동
Smith (1990)	자원봉사자는 보건, 복지, 주택, 교육, 레크리에이션, 재활 등의 분야에서 직접 다른 사람을 돕기 위해 그들의 시간을 기여하는 사람
Trecker	지역사회의 복지향상에 관여하는 사회기관에서 무보수로 자발적인 노력을 하는 사람

吉澤英子	자신의 도움으로 자신의 생활을 보다 풍요롭게 하고, 나아가 지역주민의 생활 향상을 도모하기 위한 자발적 활동
미국사회사업협회 (Sieder, 1971)	개인, 집단, 지역사회에서 다양한 사회문제의 영향을 예방, 통제하고 개선하기 위하여 존재하는 공・사의 다양한 조직의 활동에 보수 없이 자발적으로 참여하는 행위
미국사회사업 백과사전 (1977)	개인, 집단, 지역사회에서 발생하는 여러 가지 사회문제를 예방하고 통제하며, 혹은 개선하는 일에 종사하고 있는 공・사의 여러 조직체에 대하여 주어진 여러 가지 참여활동에 대한 가치에 상응하는 보수 없이 자발적으로 참여하는 개인
미국사회사업 백과사전 (1995)	욕구가 인식되었을 때 어떤 구체적인 이득을 생각하지 않고 사회적 책임이라는 태도로 행동을 선택하는 것이며, 이것은 자선이나 대가를 기대하거나 어쩔 수 없이 행하는 것을 초월하는 의미
미국사회사업 백과사전(1997)	사회복지기관이나 공공기관에서 지역사회개발, 주택, 교정, 아동복지 등의 분야에서 참여활동에 대한 보수 없이 자발적으로 참여하는 개인
유엔봉사조직 (1999)	개인들이 자신들의 이웃과 사회의 안녕을 위해 기여하는 비영리, 무보수, 비상근 활동
영국자원봉사센터 (Sheard, 1995)	자신이나 직접적인 혈연관계가 아닌 다른 사람을 위해 직접적인 보상 없이, 그리고 국가나 기관에 의해 요구되는 것이 아닌, 자유스런 선택에 의해 수행되는 활동
일본현대 사회복지사전 仲村優一(1985)	자유로운 의지에 의한 자발성에 기반을 둔 실천행위 그 자체이고, 복지사회를 만들어 가기 위해 적극적으로 노력하는 의도적이고 계획적인 일상 활동
일본 오사카 자원 봉사협회(1993)	자진해서 사회문제의 해결을 위해 활동을 지원하는 사람
한국사회복지 협의회(1978)	사회문제의 예방 및 해결 또는 국가의 공익사업을 수행하고 있는 공사(公私)조직에 자발적으로 참여하여 반대급부를 받지 않고 인간존중의 정신과 민주주의 원칙에 입각해 필요한 서비스를 제공하여 이타심의 실현과 자기실현을 성취하고자 하는 활동
한국사회복지 협의회(1987)	사회문제의 예방 및 해결을 위하여, 또는 국가의 공익사업을 수행하기 위하여 공(公)・사(私)의 공식조직에 자발적으로 참여하여 영리적 보상을 받지 않고 인간존중의 정신과 민주주의의 원칙에 입각하여 낯선 타인들을 상대로 필요로 하는 서비스를 제공함으로써 사회의 공동선을 고양시킴과 동시에 이타성 구현을 통해 자아실현을 성취하고자 하는 지속적이고 계획적인 활동
한국자원봉사 단체협의회(1998)	한 개인이 가지고 있는 자원이나 능력을 활용하여 자발적으로 사회와 공동체, 환경 혹은 타인을 위하여 반대급부를 요구하지 않으면서 계획적이고 지속적으로 수행하는 활동으로 체계적인 노력을 통해 문제를 개선하고 변화시키는 것
한국여성개발원 (1984)	민주사회의 한 시민으로서 지역사회에서 발생하는 사회문제를 예방, 통제, 개선하기 위해 자발적으로 반대급부 없이 기관 또는 개인으로 참여하는 일체의 활동
세계자원봉사자 선언(1990)	① 개인이 자발적으로 결정하고 선택하는 것, ② 적극적으로 시민의 권리를 행사하고 지역사회와 관계를 맺는 것, ③ 인간이 갖고 있는 잠재력이나 삶의 질, 인간 상호 간의 연대감을 드높이는 것, ④ 조직적 형태를 지니면서 개인 또는 집단으로 하는 활동, ⑤ 현재 직면하고 있는 커다란 도전, 즉 더욱 선하고 평화로운 세계의 창조를 위한 응답, ⑥ 경제생활의 활성화에 공헌하고 직업이나 새로운 전문가를 창출하는 것 등으로 정의

이 외에도 자원봉사에 좀 더 특별한 의미를 부여하여 '펀 볼런티어(fun volunteer)', '볼런티어리즘(volunteer-ism)'과 '엔터테인먼트(entertainment)'의 합성어인 '볼런테인먼트', '볼런조이(volunteer+enjoy)' 등 새롭고 친근하며 긍정적 이미지에 부르기 쉬운 낱말을 만들어 재미와 기쁨이 내재된 자원봉사, 즉 '즐겁게, 기분 좋게, 재미있게, 행복하게 자원봉사하기'가 되도록 해야 한다고 주장하고 있다(배기효, 2006 : 204; 이강현, 2004 : 38-39).

사회복지현장에서의 펀 볼런티어(fun volunteer)는 웃음치료사의 자격을 갖춘 사람들이 자발적 무보수로 웃음기법을 활용하여 자원봉사활동 터전에서 모두가 즐겁게, 기분 좋게, 재미있게 자원봉사를 하는 전문 자원봉사활동영역을 말한다.

예컨대 펀 볼런티어(fun volunteer)는 "feel-good do-good" 현상(기분이 좋으면 자원봉사도 잘하는 현상)이 적용된다. 즉, 어르신 자원봉사의 경우 일반 자원봉사자는 어르신과의 말벗, 세탁, 청소, 반찬 제공, 나들이 보조 등을 해주는 반면, 웃음자원봉사자(fun volunteer)는 어르신에게 이런 활동을 하면서 유머, 위트, 코믹, spot, 게임, 오락, 악기와 소품을 이용한 웃음치료기법, 웃음율동, 치매체험훈련 등을 활용하여 즐겁고 재미를 주는 전문자원봉사활동을 한다. 자원봉사의 객체(대상)에 따라 웃음치료기법도 다소 다르게 적용되고 있다.

이상에서 살펴본 바와 같이 일반적으로 자원봉사의 개념을 정의함에 있어 다양한 견해가 있지만 그 주요 내용은 자원봉사란 개인, 집단, 지역사회의 복지증진을 위하여 자신의 능력과 사회적인 노력에 시간을 자발적으로 할애하여 물질적 보상 없이 비교적 규칙적·지속적으로 봉사하는 활동이며, 이런 활동에 자발적으로 협력 또는 직접 참여하여 사전에 교육훈련을 받은 사람을 자원봉사자라고 한다(박정애, 1999 : 11).

요컨대, 현대 자원봉사활동의 개념은 전통적으로 강조해 온 무급성, 자발성, 사회복지 영역 위주의 개념에서 벗어나 개인, 민간기관뿐 아니라 국가 등 공공기관, 자조집단 등을 포함해 광범위한 영역까지 확대되어, 지역사회에서 일어나는 사회적 문제 및 사회적 욕구를 예방·해결하기 위하여 공공과 민간의 조직을 통해 서비스를 제공하는 활동이라고 할 수 있다(이재풍 외, 2019 : 15).

꼭 알아야 할 내용

- 자원봉사의 어의적 개념
- 우리말과 사전적 의미의 자원봉사
- 학자별 · 국가 · 기관별 자원봉사 정의에서의 공통점
- 펀 볼런티어

2. 자원봉사의 필요성과 육성 의의

1) 자원봉사의 필요성

자원봉사는 누구든지 언제 어디에서나 참여할 수 있는 것으로, 산업화, 세계화 및 정보화로 인한 각종 사회문제와 자본주의 사회구조적 모순으로 발생되는 각종 부패와 사회병리문제를 해결하기 위한 적극적 의미의 자원봉사활동이 강조되고 있다. 따라서 자원봉사는 사회, 경제, 교육, 사회복지, 가족 및 개인 등 다양한 측면에서 의의를 지닌 국가정책의 중요한 영역으로 등장하였다.

현대적 자원봉사의 의의를 좀 더 구체적으로 살펴보면 다음과 같다(최덕경 외, 2006 : 26-28).

첫째, 사회적 측면의 자원봉사는 도움이 필요한 사람 · 집단 및 기관들의 증가로 적절한 욕구의 충족이 이루어지지 못하고 있는 현대 사회에서 복지제도의 불완전성을 보완, 강화해 준다. 자발성에서 우러나온 민간활동으로서 자원봉사활동 과정을 통해서 시민의식을 성숙시킴으로써 사회 전반의 유기적 발전을 도모할 수 있으며, 공동체 의식을 높여주는 시민참여운동(시민운동)의 한 형태로서 중요한 의의가 있다.

둘째, 경제적 측면의 자원봉사는 국민소득의 증대와 기술문명에 의한 노동력의 대체 수단으로서 경제적 상황에 미치는 영향은 매우 크다. 자원봉사는 실질적으로 경제적인 거래는 하지 않지만 자원봉사활동의 경제적 가치는 무시할

수 없는 실정이다.

셋째, 교육적 측면의 자원봉사는 성장하는 아동 및 청소년들에게 민주시민으로서의 자질과 사회에 대한 책임성과 건전하고 성숙한 가치관을 가진 선진 민주시민으로서 성장하도록 기회를 제공한다. 특히 자유, 평등, 형평, 공존, 책임, 보호, 참여, 존중의 주요 가치들을 자원봉사체험학습을 통하여 더욱 성숙시킬 수 있고, 자기 자신을 발견하고 인간관계를 깨닫게 하는 과정을 마련해 준다.

넷째, 사회복지적 측면에서의 자원봉사는 사회복지제도의 불안전성을 보완·강화해 준다. 사회복지시설기관에서의 부족한 인적·물적 자원을 보완하고 보충하는 동반자적 역할을 통하여 아름다운 지역공동체를 만드는 데 기여함으로써 사회발전과 복지수준 향상에 기여한다. 특히 클라이언트에게 더 좋은 양질의 복지서비스를 제공하는 동반자적 역할을 수행하기 때문이다.

다섯째, 가족적 측면에서의 자원봉사는 저출산, 고령화사회, 이혼율의 급격한 증가, 생활양식 변화로 인한 가족해체·기능약화의 문제, 청소년의 가출, 생활고의 자살 및 약물중독 등과 같은 가정적 문제가 급증하고 있는 현실에서 불안전한 가족기능을 보완해 주는 하나의 대안이 될 수 있다. 또한 사회적 약자를 보호하고 지역사회발전을 위해 활동한다는 자부심은 가족 간의 유대를 더욱 강화하여 가족의 건강성을 증진시켜 준다.

여섯째, 개인적 측면에서의 자원봉사는 타인에게 인정받고 자아를 실현하고자 하는 인간적 욕구를 충족할 수 있고, 주 5일제 시행과 여가시간의 증대로 인하여 자기 자신에게는 보다 더 보람되고 가치있는 활동이며, 자신에 대한 성취감과 자아존중감을 높이고, 사회적 인정과 보상을 통하여 심리적 안정과 건강을 도모하여 보다 적극적이고 건전한 삶을 영위하도록 해준다.

일곱째, 종교적 측면에서의 자원봉사는 기독교의 박애사상, 불교의 자비사상 및 유교의 인(仁) 사상을 바탕으로 이웃과 사회에 대한 종교적 신념을 구현하는 방편이라고 할 수 있다.

그리고 자원복지활동의 필요성을 일반적 필요성과 특수 분야별 필요성으로 구분하기도 한다(김영호 외, 2006 : 34-35).

선진 복지국가의 발전과 자신의 욕구의 측면에서 볼 때 그 기본적이며 효과적인 방법은 바로 지역사회를 중심으로 한 자원봉사활동의 육성이다. 자원봉사활동의 필요성은 시대변화에 따라 변화될 수 있으나 일반적인 필요성은 다음과 같다(김영호, 1997 : 125-170; 김영호, 2003 : 49-50).

① 인간생명의 존엄성과 가치인식 및 사랑의 생활화 교육훈련과정
② 인간의 기본적 욕구의 충족과 사회문제의 치료와 예방
③ 여가선용과 건전생활 및 환경보전
④ 평생복지교육·훈련과 자원개발(전인적 인간교육과 민주복지시민교육)
⑤ 새로운 복지관(福祉觀, 복지마인드)의 보편화
⑥ 공적 서비스의 한계성과 대인적 서비스 요구 증대에 대응
⑦ 복지시설·기관의 충실화와 가족복지실현
⑧ 사회복지서비스의 전문화
⑨ 사랑(홍익인간)의 복지공동체 문화형성의 과정
⑩ 교육개혁을 구체화하기 위한 실천방법
⑪ 지방화·세계화 시대에 부응하는 주민참여와 경제개발
⑫ 공동의 복지목표를 위한 더불어 사는 민주복지공동체 구현

2) 자원봉사의 육성 의의

자원봉사는 과거에 인간애를 바탕으로 이타적 행동에서 비롯되었으나 현대사회에서의 자원봉사활동은 사회적 필요에 따른 산물이다. 자원봉사활동 육성이 갖는 의의를 국가·사회적 측면, 자원봉사자 활용기관 측면, 자원봉사자 측면, 사회복지적 측면으로 나누어 구체적으로 살펴보면 다음과 같다(大阪 ボランティア協會, 1993 : 14-17; 류기형 외, 2006 : 32-35, 이재풍 외 2019 : 18-19 재인용).

(1) 국가·사회적 측면

첫째, 복지사회의 실현을 위한 공·사 협력관계를 구축하여 복지사회의 실현을 할 수 있다.

둘째, 사회통합의 촉진에 기여한다. 자원봉사활동을 통해 지역사회를 구성하는 주체라는 주인의식과 함께 지역사회에 대한 공동체 의식과 연대의식을

갖도록 한다.

셋째, 시민의 참여는 복지사회 실현의 전제조건이며 복지사회 건설을 위한 주요한 전제조건이 된다.

넷째, 재원의 효과적 사용이 가능하다. 현대사회의 다양한 욕구나 문제에 공적 보장과 더불어 자원봉사자를 활용하므로 효과적 재원사용이 가능하다.

다섯째, 퇴직자, 여성, 노인들을 활용함으로써 유휴인적자원을 효과적으로 이용할 수 있다.

(2) 자원봉사자 활용기관 측면

첫째, 업무의 질적 향상을 도모한다. 기관이나 시설의 직원은 자원봉사자들을 활용함으로써 과다한 업무부담을 덜 수 있고 업무의 질적 향상도 기할 수 있다.

둘째, 새로운 서비스를 확대시킨다. 제한된 유급직원에 의해 제공될 수 있는 것보다 활동시간 또는 다양한 새로운 서비스 형태를 확대시킬 수 있다.

셋째, 다양한 형태의 자원봉사활동은 유급직원을 보완할 수 있다.

넷째, 대부분의 자원봉사자가 근린지역 가까이 살기 때문에 지역사회 접근이 용이하다.

다섯째, 특정 문제 또는 클라이언트에게 집중적으로 헌신할 수 있다. 이것은 유급직원이 현실적으로 행하기 어려운 집중(concentration)과 헌신, 개별적 관심을 제공할 수 있다.

여섯째, 기관의 좋은 지지자가 될 수 있다. 자원봉사활동에 만족한 사람들은 그들이 일하는 조직에 매우 호의적이기 때문에 재화와 상품(goods)을 더 쉽게 기부할 수 있다.

일곱째, 운영비를 절약할 수 있다.

(3) 자원봉사자 측면

첫째, 자원봉사활동을 통해 어려운 과업을 완수하고 새로운 경험에 도전하면서 자신의 잠재력을 발견할 수 있다. 또한 일에 대한 성취감을 통해 자신감과 자기실현의 욕구를 충족시킬 수 있다.

둘째, 집단경험을 통해 다양한 사회·문화적 배경, 가치를 가진 사람들과 상호작용하면서 인간의 존엄성과 사회적 연대감, 공동체 의식을 기른다.

셋째, 자원봉사활동을 통해 자신의 행동에 책임감을 갖고, 전체 집단의 이익을 위해 자신보다 우선하여 타인을 배려하며, 집단구성원들과의 의견을 조정하고 타협하는 과정에서 문제해결 능력과 민주시민의식을 고취시킨다.

넷째, 자원봉사는 자원봉사자가 이전에 알지 못했던 새로운 지식이나 기술을 학습할 수 있는 기회를 갖게 되고, 이미 습득한 지식과 기술이라고 할지라도 더욱 발전시킨다.

다섯째, 자원봉사는 유익한 펀과 레크리에이션의 가치들을 내포하고 있다.

(4) 사회복지적 측면

첫째, 공공사회복지제도의 불완전성을 보완하고 강화하는 기능을 갖는다. 자원봉사활동은 사회복지제도의 재정과 인력부족에 따른 공공복지제도의 불완전성을 보완, 강화해 준다. 특히, 자원이 부족한 공공·민간복지기관의 인력 등을 보충해 준다.

둘째, 사회복지전달체계에 있어 공·사 협력관계를 구축한다. 사회복지에 있어 행정적 시책은 법률이나 조례에 따라 조직적·체계적으로 행해지며, 서비스의 집행에 있어서는 형평성과 지속성을 갖고 지역주민의 생활의 기본 부분을 지지한다. 그래서 자원봉사의 독자적인 성격과 입장에서 사회복지전달체계의 공·사 역할을 분담하여 협동한다(신섭중, 1994 : 19-20).

셋째, 사회복지 전문화 측면에서 전문가와 자원봉사자와의 관계는 책임과 역할을 달리하고 있으나 상호의존성과 보완성을 가지고 있기 때문에 전문사회복지사가 부족한 영역을 보완해 줄 수 있다(이재풍 외, 2019 : 18).

넷째, 복지교육을 통하여 사회복지의 저변을 확대한다. 자원봉사활동을 통해 지역사회문제에 대한 관심을 갖고 이해를 하도록 전 국민을 대상으로 하는 민주·복지교육 및 훈련의 장(場)을 제공함으로써 사회복지에 대한 국민의 이해와 참여를 증대시켜 사회복지의 저변확대에 기여한다.

꼭 알아야 할 내용

- 자원봉사의 필요성
- 자원봉사의 국가 · 사회적 측면에서의 육성 의의
- 자원봉사의 자원봉사자 활용기관 측면에서의 육성 의의
- 자원봉사의 자원봉사자 측면에서의 육성 의의
- 자원봉사의 사회복지적 측면에서의 육성 의의

3. 자원봉사의 철학과 가치

1) 자원봉사의 철학

자원봉사는 헌신과 봉사, 자선, 상호부조, 박애주의, 인도주의, 민주주의 등의 철학적, 종교적 그리고 도덕적 가치들이 자원봉사 동기의 주요한 바탕이 되어 왔다.

자원봉사활동을 구성하는 철학적 기초 및 이념적 요인을 살펴보면 다음과 같다(김성이 외, 2006 : 15-17; 한국사회복지협의회, 1997).

(1) 상호부조 정신

상호부조(mutual aid)는 인간의 삶에 있어서 가장 오래되고 보편적인 것으로서 이웃 간의 비공식적인 보살핌과 유사한 환경에 처해 있는 사람들끼리 모여 서로 돕고 공동체의 문제를 해결하고 복지를 향상시키는 활동이다.

베버리지(W. Beveridge)는 "인간의 자발적 행위의 동기에는 두 가지 유형이 있다. 하나는 상호부조의 사상이고 다른 하나는 박애정신이다"라고 주장했다.

상호부조 제도는 사회복지의 발생 이전부터 존재해 왔으며, 주로 빈곤의 문제에 대처하기 위한 가장 원초적인 제도로서 혈연관계의 동류의식이나 동료의식에 의해 타인을 돕는 활동을 말한다. 우리나라의 건국이념인 홍익인간(弘益人間) 사상에서 그 뿌리를 찾아볼 수 있다. 이 상호부조의 전형적인 형태는 계,

품앗이, 두레와 같은 농경사회나 중세 유럽의 동업조합(guild)에서도 찾아 볼 수 있다. 이러한 상호부조의 정신은 '우리'라는 공동체 의식이나 연대의식의 바탕에서 이루어진다는 점에서 장점을 찾아볼 수 있다. 그러나 공통적인 신앙 및 직업을 가진 사람이나, 혈연관계에 바탕을 둔 같은 지역 거주지에서 제한적으로 일어나는 폐쇄성을 가질 수 있다는 단점도 있다. 따라서 상호부조 정신은 이기적 동기가 지배적으로 작용할 우려가 있음을 간과해서는 아니 된다.

(2) 종교적 윤리

종교적 윤리의 원천은 기독교의 자선(charity), 유교의 인(仁)과 불교의 자비사상에서 찾아볼 수 있다. '자선이란 교회에서 신성시되는 자비롭게 베푸는 행위'로서 배고픈 자, 병약자, 고통받는 자의 당면한 욕구에 대응하여 무엇인가를 주고 베풀어주는 행위이다. 따라서 자원봉사활동은 그 자선적 특징인 주는 자와 받는 자가 명확했던 초기의 특징에서 벗어날 필요성이 있다. 종교적 윤리는 일종의 '비이기적이고 직접적인 도움의 행위'라고 볼 수 있다. 기독교나 불교의 무조건적 사랑으로서 자선(慈善)과 박애(博愛)는 단순히 실존적 관계개선을 요구하는 것이 아니라, 새로운 공동체적 삶으로서의 구현을 의미한다.

(3) 박애정신

박애정신(philanthropy) 또는 박애사업은 비종교적 동기, 즉 19세기에 개화된 인도주의(humanitarianism)적인 도덕과 윤리에 기초하여, 생활 빈곤자를 원조하는 민간적 활동을 의미한다. 박애정신은 이타적 활동을 통해 그 혜택이 제3자에게 돌아가는 것으로서, 주로 민간부문의 단체에 의해 일어난 활동이지만 공공부문이나 기업의 참여에 의해서 많이 일어나기도 하였다. 최근 과학적, 기술적 발달은 나아가서 정치적, 사회적 생활상의 변화 등으로 이어져 박애정신의 개념과 실천을 변화시켜 놓았다. 그러나 진정한 '형제사랑'으로서의 인도주의적 박애정신은 위선적(매명적)이거나 감상적인 박애정신과 구별이 되어야 한다. 종교적 윤리나 동기 이외에는 주로 박애정신으로 자원봉사활동을 하는 경우가 증가하고 있다.

(4) 민주주의 철학

자원봉사의 철학은 개인으로서 인간존중사상과 사회적 책임이라는 2대 지주로 이루어지는 민주주의 철학을 바탕으로 한다.

민주주의 철학은 '더불어 산다', '같이 있다', 즉 일방적 '나에게', '나의'가 아닌 '나와 더불어' 사는 이웃으로 인식하는 것에서 비롯된다. 이러한 철학은 공동체 의식의 구현을 위해 특히 자발성을 강조한다. 이러한 자발성이야말로 민주주의와 자원봉사를 이어주는 계기가 될 수 있다. 따라서 자원봉사활동의 주체는 국민이고, 그 방법은 전 국민이 직접·간접으로 협력 내지는 자발적으로 참가하는 것이며, 그 목적은 전 국민의 공동복지 내지 복지사회 구현을 위한 자발적인 활동이다.

(5) 시민참여 정신

자원봉사 정신의 근원은 기독교적 전통과 희랍시대의 민주주의 철학에서 출발한다. 유대 기독교적 사상에는 봉사의 대상이 특정한 요구호자들에 한정되었으나 희랍시대 민주주의 사상에서는 대중 전체로 확대되었다.

시민참여(citizen participation)는 민주적인 생활방법 그 자체로 진정한 민주사회의 생존 및 발전은 시민의식에 기반을 둔 자원봉사활동에 의해 이룩될 수 있다.

(6) 자발적 참여주의

자발적 참여주의(voluntarism)는 그 자체의 의미와 같이 자유의지 또는 선택에 의해서 어떤 행위를 하는 것을 말하며, 주의주의(主意主義)와 자원봉사주의(volunteerism)에서 유래되었다. 즉, 지성이 아닌 의지를 존재의 근본 원리 또는 실체라고 보는 관점이다. 이것은 철학적으로 인간의 자유의지가 지식이나 이성보다 우선한다는 주의주의 사상을 바탕으로 하고 있다.

자발적 참여주의는 인간복지서비스 체계에의 자발적 참여의 철학 및 원칙을 의미하며 자원봉사주의는 추상적인 원칙에만 관여하기보다는 실제적인 자원봉사자 개인, 그들이 제공하는 서비스, 그리고 그들이 관련을 맺고 있는 전문직에까지 초점을 넓히고 있다(유용식 외, 2018 : 61).

2) 자원봉사의 가치

자원봉사의 현대적 가치는 자선이나 감상주의의 발로로서가 아니라, 현대사회의 문제에 대처하려는 데서 출발된다. 최근의 자원봉사 가치나 철학에 대한 논의는 공동체적 가치관 복원에 초점을 두고 있다(Hardy & Cull, 1973). 즉, 인간성 상실과 기회의 불균등에 대한 의혹과 또한 기계화·조직화·제도화, 특히 관료제 등 비인간적 압력에 대한 저항으로서, 자원봉사의 인간존중·인화(人和) 추구의 가치가 대안으로 제기되고 있다. 여기서 현대 자원봉사의 대안적 가치라 함은 전혀 새로운 가치의 창출이 아니라, 공동체적 윤리성의 복원을 의미한다(이성록, 2004 : 20).

자원봉사의 가치는 자원봉사자에게는 성취감과 보람을 가져다주고, 자원봉사활동의 대상이 되는 개인이나 사회에게는 스스로 할 수 없는 일을 도움을 받아 하고자 하는 일을 이루어 행복을 가져다주어 보다 나은 생활, 보다 안정된 사회로 더욱 발전시키는 것에 기여할 수 있다는 점이다(유용식 외, 2018 : 82).

이와 같은 자원봉사활동의 가치는 참으로 다양하다고 볼 수 있는데 본서에서는 크게 자원봉사활동의 개인적 가치와 사회적 차원에서의 가치 및 자원봉사자 활용기관 측면의 가치 등으로 나누어 설명하고자 한다(김익균, 2006 : 32-37; 이팔환 외, 2003 : 21-26).

(1) 자원봉사활동의 개인적 가치

첫째, 개인이 가지고 있는 기술과 지식을 나누어 베풀어 줌으로써 학습의 보람과 가치를 느낀다. 자원봉사활동은 개개인이 가지고 있는 지식과 기술을 필요로 하는 사람들에게 제공해 줌으로써 상대방으로 하여금 보다 더 행복한 생활이 되도록 하고, 그러한 생활이 결국 사회의 건전한 발전에 기여하도록 함과 동시에 학습욕구를 가지게 함으로써 지식과 기술을 더욱 발전시킨다.

둘째, 자원봉사자 자신의 자존감과 정신건강에 도움을 준다. 인간의 특성 중 하나는 사회생활을 한다는 것이며, 사회생활이란 각기 다른 사람들 간에 상호 의존하고 사랑을 베푸는 호혜적 관계를 유지하면서 살아가는 삶이다. 특히 자원봉사는 타인에게 도움이 되는 일이고 매우 행복한 일이며, 일상생활에서의 정신건강에도 매우 도움을 주는 일이다. 특히, 펀 볼런티어의 경우 더욱 그러하다.

셋째, 자신과 가족에 대한 애정이 강해진다. 자기 스스로가 존엄한 가치로 인정받기 위해서는 당연히 가치 있는 생각과 행동을 해야 한다. 이와 같이 자기 자신뿐 아니라 타인을 사랑하는 마음은 본질적으로 인간의 생명에 대한 존엄성을 스스로 깨달아야 하기 때문에 결국 가까운 가족들에게 소속감과 사랑하는 욕구를 키워주게 되고 스스로의 가치로운 생활에의 적극성과 사회생활에서의 일탈 행위 또는 사회에 해악을 주는 행위를 사전에 예방해 준다.

넷째, 자신감과 성취감을 느끼게 한다. 자원봉사자는 자유의지에 따라 자발적인 활동을 하기 때문에 의욕적이며, 최선을 다하기 때문에 성공적일 수밖에 없다. 일을 성공적으로 달성한 후에 얻어지는 성취감으로부터 새로운 일에 대한 자신감과 즐거움을 느끼게 한다.

다섯째, 인격적으로 성숙하고 발전하도록 한다. 자원봉사활동은 개인의 인격적 성숙과 자신만을 위한 생활이 아니라 함께 더불어 살며 서로 사랑하고 도와주는 생활이다. 인격적 삶이란 스스로를 귀하게 하는 일이며, 스스로를 귀하게 하는 일이란 남을 귀하게 여기는 일에서 출발한다. 타인의 아픔과 어려움을 나의 일처럼 여기면서 자신의 능력을 다해 함께 살아가고 행동하는 것에서 비롯된다. 이와 같이 인격적인 행동은 자신의 삶과 사회의 성숙화에 바탕이 되며, 인격을 갖추도록 하는 데 바람직한 활동이 바로 자원봉사활동이다.

여섯째, 인간관계를 원만하게 개선해 준다. 자원봉사는 인간적이고 건전한 가치를 추구하는 사람들과의 만남의 기회를 제공해 줄 뿐 아니라 자원봉사자와 클라이언트 간의 깊은 인간적인 만남의 기회를 만들어 주어 더욱 성숙한 인간적 관계를 형성하게 해준다. 자원봉사자가 가지는 개인적인 직위와 직업, 재산, 권력, 성별, 연령을 초월하여 더욱 다양하고 폭넓은 인간관계를 만들어 준다.

일곱째, 일상생활에서 즐겁고 안정된 생활을 하게 해준다. 자원봉사활동은 인간으로 하여금 스스로 미래의 어떤 불완전한 생활에 대하여 또는 예기치 못한 사고 유발에 대하여 준비하게 하고 그에 따른 마음의 안정을 가져다준다(유용식 외, 2018 : 84).

(2) 자원봉사활동의 사회적인 가치

첫째, 국가나 지방자치단체의 행정이 미치지 못하는 부분에 대해 보완하는 역할을 한다. 자원봉사활동은 법 규정이나 행정기관이 수행하는 정책적 사업 이외의 영역을 담당한다. 자원봉사활동은 이처럼 공식적 업무 이외의 역할을 담당함으로써 더욱 완벽한 사회복지사업의 과업을 수행하도록 하는 데 기여한다.

둘째, 공동체 의식과 참여의식을 높인다. 자원봉사활동은 사회구성원들로 하여금 실질적으로 투자하는 에너지 활용 이외에 함께 고민하고 함께 행동한다는 공동체 의식을 불러일으킬 수 있다. 또한 다른 프로그램에 대한 참여의식을 더 높여 준다.

셋째, 유휴자원을 효과적으로 활용함으로써 사회와 개인의 발전에 기여한다. 사회구성원들 중에는 부자, 빈자, 사업주, 근로자, 전문 기술자 등 수많은 사람들이 공존하고 있는데, 이러한 사람들이 각각 홀로 존재한다면 모두가 불완전하고 불만족스러운 생활을 하게 될 것이다. 그렇다고 해서 사람들을 어떤 공권력에 의해 재조직하거나 다른 자원을 동원할 수도 없는 일이다. 또한 여성, 노인, 퇴직자 등의 유휴자원을 활용함으로써 인적자원을 효과적으로 활용할 수 있으며 사회복지재원의 효과적 사용을 가능하게 해준다. 따라서 자원봉사자들은 스스로 자원봉사활동을 했다는 만족감을 느낄 수 있고, 사회 전체적으로는 육체적, 정신적 잉여에너지를 건전한 방향으로 활용할 뿐만 아니라 불필요한 부분으로 낭비되어 다른 문제를 야기하지 않도록 하는 예방효과도 거둘 수 있다.

넷째, 복지사회로의 발전을 가져온다. 국민들의 집단적 이기심과 책무를 도외시하는 권리의 주장이 빈번하게 나타난다. 이와 같은 문제를 해결하는 것은 곧 국민들 스스로가 복지의식을 가지는 일이며, 복지사회란 국가뿐 아니라 사회구성원들 모두가 사회구성원의 일원으로서 스스로 복지향상을 추구하는 사회를 의미한다. 이러한 맥락에서 자원봉사자들은 자발적인 봉사활동을 통해서 스스로 책무를 다하는 생활은 물론 이타주의를 실천함으로써 복지국가의 형성에 기여하는 가치를 가지게 된다.

다섯째, 자원봉사활동은 사회구성원들로 하여금 소속감과 안정감을 갖도록 한다. 인간에게 사회구성원으로서 소속감과 안정감은 생활의 활력소를 제공해 줄 뿐 아니라 창조적이고 의욕적인 생활을 하게 한다. 자원봉사활동을 통한 순수한 인간관계는 스스로 어떤 누구에게 인정을 받고 있다는 생각을 가져다 주게 되고 이러한 안정감의 응집된 결과는 자신이 홀로 존재하는 것이 아니라 더불어 살아가고 있다는 의식을 갖게 한다. 이와 같은 자원봉사의 동기는 마치 종교적 신뢰감이나 도덕적 애타심이 나타나는 동기들과 동일한 차원에서 찾아 볼 수 있다.

여섯째, 정상화 이념과 사회통합의 촉진에 이바지한다. 자원봉사활동은 사회구성원으로 하여금 함께 고민하고 행동한다는 정상화 이념과 공동체 의식을 고취시켜 주고, 새로운 프로그램을 구상하거나 실행하는 데 도움이 되는 파급효과를 얻을 수 있으며 동시에 다른 프로그램에 대한 참여의식을 고양시켜 사회통합을 촉진시킨다.

일곱째, 계층 간·지역 간의 화합으로 건전한 사회발전에 기여한다. 자원봉사활동은 개개인이 하는 경우도 있지만 많은 사람이 함께하는 경우가 많다. 자원봉사의 다양한 단계를 거치면서 뜻을 함께하는 사람들 간의 만남이 이루어지고 그러한 봉사정신은 더더욱 커지게 된다.

여덟째, 사회구성원들이 가지고 있는 공동문제 해결의 의지를 갖는다. 사회에 범람하는 풍요 속의 빈곤, 자연환경의 파괴로부터 나타나는 두려움 등 어떠한 개개인의 힘으로 도저히 감당해 내기 어렵거나 국가의 정책적 노력으로도 불가능한 부분에 대해 함께 극복하고 함께 보호함으로써 실질적인 변화뿐만 아니라 심리적 보상을 얻어 문제를 해결할 수 있다는 자신감과 공포로부터 해방감을 느낄 수 있다.

아홉째, 냉소적 이기주의를 온정적 이타주의 사회로 변화시킬 수 있다. 자원봉사의 동기는 기본적으로 온정적 인간애와 남을 더욱 행복하게 하고자 하는 배려심과 이타심에 출발하기 때문이다(유용식 외, 2018 : 84-87).

(3) 자원봉사자 활용기관 측면의 가치

자원봉사자 활용기관 측면에서는 기관·시설의 직원의 과다한 업무부담을 덜 수 있어 업무의 질적 향상을 도모할 수 있으며 자원봉사자가 가지고 있는 능력을 활용하여 다양한 새로운 서비스를 확대시킬 수 있다. 또한 대부분의 자원봉사자가 기관과 인접한 지역에 살기 때문에 지역사회접근성이 용이하며, 자원봉사자들을 기관에 대한 지지자 또는 옹호자로 만들 수 있다.

자원봉사자 활용기관 측면에서의 가치를 좀 더 구체적으로 살펴보면 다음과 같다. 첫째, 업무의 질적 향상을 도모한다. 둘째, 새로운 서비스영역으로 확대시킨다. 셋째, 운영경비를 절감할 수 있다. 넷째, 대부분의 자원봉사자가 근린지역에 있어 접근성이 용이하다. 다섯째, 특정의 문제나 클라이언트에 대한 집중적 서비스가 가능하다.

꼭 알아야 할 내용

- 자원봉사의 철학(상호부조 정신, 종교적 윤리, 박애정신, 민주주의 철학, 시민참여 정신, 자발적 참여주의)
- 자원봉사활동의 개인적 가치
- 자원봉사활동의 사회적인 가치
- 자원봉사자 활용기관 측면의 가치

4. 자원봉사활동의 특성과 원칙

1) 자원봉사활동의 특성

일본 오사카 자원봉사협회에서는 자원봉사활동의 특성을 자발성, 복지성, 무급성, 계속성 등으로 설명하였고(大阪 ボランティア協會, 1993 : 30-32), 일슬레이(Ilsley)는 자원봉사활동의 특성을 이타주의, 헌신, 자유주의, 학습, 경제적인 무급성, 조직, 심리적 이득, 희생 등으로 설명하였다(Ilsley, 1990 : 7-12). 또한 양창삼은 자원봉사활동의 특성을 자아실현성, 자발성, 무보수성, 이타성, 사회성, 공동체성, 복지성, 민주성, 개척성 및 지속성 등으로 설명하고 있으며(양창삼, 1997 : 19-28), 류기형은 이타성·자발성·무보수성·자아실현성·조직성·교육성·지속성·복지성·민주성·개척성 그리고 공공성 등(류기형 외, 2006 : 26-30)으로 나누어 설명하고 있다.

이상과 같은 내용을 바탕으로 공통적인 주요 자원봉사활동의 특성을 제시하면 다음과 같다.

(1) 자발성(자유의지)

자유의지(free will)란 운명이나 다른 개인, 집단, 조직에 의하여 억압이나 강요를 받지 아니하고 스스로 선택하는 능력을 말한다.

자발성이란 금전적인 이득이나 대가 없이 사회문제와 이웃의 문제를 자신의 일로 받아들여 스스로 해결하고자 노력하는 것이며, 타인의 강제, 명령이나 구속에 의하여 마지못해 행하는 것이 아니라 자신이 스스로 생각하고 판단하여 자기의 자유의지에 따라 행동하는 활동을 말한다. 즉, '자신의 의사로서 시간과 재능, 경험을 바탕으로 도움이 필요한 이웃과 지역사회 공동체 형성을 위해 아무런 대가 없이 활동하는 것'을 말한다.

자원봉사활동의 특성 중 자발성은 가장 중요한 특성 중 하나이다. 자발성은 선진의 복지를 지향하는 사회에서 사회구성원의 일원으로서 자발적·적극적인 자세로 복지를 증진시키며, 인권을 지키고, 살기 좋은 지역사회를 조성해

가려는 자세라고 할 수 있다. 특히 자원봉사자의 참여수를 증가시키려면 자발적인 동기부여를 위한 교육과 훈련을 통하여 자원봉사활동에 참여하도록 동기유발을 해주는 것도 중요하다.

(2) 공익성(복지성)

자원봉사활동은 항상 전체 사회의 복지향상에 기여하고 동시에 인간사회의 공동선(善)의 발전을 위하는 것이어야 한다.

공익성이란 자원봉사활동이 특정한 개인, 가족, 직장, 단체의 이익, 종교와 정당의 입장을 초월하여 어려운 이웃과 지역사회 내에 산재하고 있는 사회문제를 해결하여 삶의 질을 향상시키기 위하여 활동하는 것을 말한다. 즉 '이웃과 지역사회 내에 산재해 있는 문제를 해결하여 삶의 질을 향상하기 위하여 활동하는 것'을 말한다.

공공의 복지증진에 결여된 자원봉사활동은 진정한 자원봉사활동으로 볼 수 없는 것이다. 그러나 자원봉사자는 개인이나 집단의 이익이 아닌 공익을 최우선 목적으로 추구하고 결코 영리를 목적으로 활동하여서는 안 된다. 또한 자원봉사활동은 인간의 생명을 귀하게 여기며 이웃과 더불어 살아야 한다는 철학과 가치관에 바탕을 두고 있다.

(3) 무급성(무상성)

무급성은 정신적인 보상과 만족이 아닌 금전적인 보수나 대가를 목적으로 하는 활동이 아닌 것을 말한다. 무급성(non-paid)은 무상성(non-reward) 또는 무보수성이라는 용어와 동일한 의미로 사용하고 있다. 무급성이란 자원봉사활동을 하면서 일어나는 여러 가지 소요경비를 자원봉사활동에 참여하는 자원봉사자가 스스로 부담하는 것을 말하며 어떠한 대가를 받고 활동한다는 것은 이미 자원봉사활동의 정신에서 벗어난 것으로 본다. 즉, '경제적 보상과 관련된 것으로 자원봉사활동에 대해 금전적 대가를 받지 않는 것'을 말한다.

그러나 최근의 각국에서는 최소한도의 활동경비를 지원받는 실비자원봉사자(paid volunteer)의 참여가 활발한 실정이다. 일본에서는 실비의 비용으로 활동하는 자원봉사자를 아르바이티어(arbeiteer)라고도 부른다. 실비자원봉사자란 급여나 보수 이하의 최소한의 경비인, 식사비나 교통비에 해당하는 활동비를 지급받고 자원봉사활동을 촉진하고 장려하는 사람을 의미한다(김범수, 2006 : 28-30).

자원봉사활동은 무급성을 원칙으로 하지만 자원봉사활동기본법의 시행으로 자원봉사자에 대한 보험가입이나 자원봉사 마일리지 등 다양한 보상인정제도로 다양한 계층의 사람들이 참여할 수 있도록 유도하고 있는데, 이와 같이 자원봉사자들에게 지불되는 것은 봉사의 대가로 지불하는 것이 아니라 자원봉사활동을 수행하는 데 소요된 경비를 자원봉사수요기관 측에서 제공하고 있다. 이러한 최소한의 실비 경비지원은 자원봉사활동을 촉진시키는 매개체가 될 수 있지만, 자원봉사실천현장에서는 실비보상에서도 부익부 빈익빈의 현상으로 자원봉사자 모집 배치 등에 어려움을 겪고 있다는 사실을 간과해서는 아니 된다.

(4) 지속성(계속성)

자원봉사는 일회성이나 충동적 활동에 그치는 것이 아니라 지속적으로 실천해야 한다. 자원봉사활동은 개인의 자유의지에 의해서 하는 것일지라도 일회성이 아니라 꾸준히 계속되어야 하고, 일시적 기분이나 우연한 것이 아닌 계획적인 활동이어야 한다. 즉, '자원봉사활동에 참여하게 되면 일정 기간 지속성을 지니고 정기적으로 봉사활동에 참여하는 것'을 말한다.

한국사회복지협의회에서는 한 번 자원봉사활동에 참여하면 1주 1회, 1회 3~4시간 기준으로 6개월간은 최소한 지속(continuity)되어야 한다는 기준을 제시한 바 있다. 사실 미국 등 많은 국가의 여론조사에서는 1년에 1회만 봉사한 사람도 자신이 주관적으로 판단해서 자원봉사를 한 것으로 생각하면 자원봉사자가 된다는 것이다. 이와는 대조적으로 연간 3회 이상 또는 10시간 이상 등 일정 수준을 요구하거나 지속적이지 않은 활동에 대해서는 자원봉사활동에서 제외하는 경우도 있다(주성수, 2006 : 32).

자원봉사활동에 참여하는 사람들의 지속성을 유지하도록 하기 위해서는 고도의 자원봉사관리기술이 필요하다. 또한 한 번 자원봉사활동에 참여를 하게 되면 일정 기간 계속해야 한다는 사실을 인식시킬 필요가 있다.

(5) 이타성(이타주의)

이타주의(altruism)는 자신의 이익이나 목적을 위한 것이 아니라 타인이나 사회의 선(善)을 위해 타인을 우선하는 헌신을 말한다. 물론 절대적인 이타주의 정신을 갖는 것은 불가능하지만 자원봉사활동 과정을 통하여 상대적인 이타주의적인 정신이 내재될 수 있다. 즉, '자원봉사자 자신의 이익이나 명예를 먼저 생각하는 것이 아니라 도움을 받는 대상자를 먼저 생각하는 행위'를 의미한다.

그러나 이러한 행동으로 이해하는 것이 결코 쉬운 것이 아니다. 타인의 어려움에 동참하는 사람이 증가하도록 사회적 분위기를 조성하고 상호부조하는 정신과 자원봉사문화를 정착시키는 일이 무엇보다도 중요하다.

이외에도 자아실현성, 헌신성, 협동성, 교육성, 조직성, 민주성, 개척성 및 전문성 등이 있다.

2) 자원봉사활동의 원칙

자원봉사는 그 이름처럼 실천적 행위 그 자체이다. 일본 오사카 자원봉사협회에서는 자원봉사활동의 공통된 원칙을 다음과 같이 제시하고 있다(大阪 ボランティア協會, 1993; 박태영 외, 2004 : 20-22).

(1) 인권의 존중 : 활동의 원점을 기본적 인권의 옹호에 두는 것

진정한 자원봉사는 약자를 돕는 것이 아니라 자신이 가지고 있는 것을 나누는 것이다. 이 원칙은 인간이 인간답게 살아가기 위한 권리, 인간으로서의 존엄성을 위한 바른 이해가 자원봉사활동에 있어서 시발점이 된다는 것이다. 인간이 인간으로서 존중되고, 살아가는 권리를 기본적 인권이라고 한다. 이 권리는 ① 생명, 자유 및 행복추구의 권리(행복추구권), ② 누구라도 평등하게 차별받지 않을 권리(평등권), ③ 사상, 집회, 결사, 표현 등 자유롭게 표현하고 행동할 수 있는 권리(자유권), ④ 건강한 문화적인 생활을 영위할 수 있는 권리(생활권), ⑤ 능력에 맞는 교육을 받을 수 있는 권리(교육권), ⑥ 근로할 권리(근로권), ⑦ 정치에 참가할 권리(참정권) 등으로서 헌법에 보장된 권리를 말한다.

자원봉사활동은 이들 권리 가운데 자유권에 관련된 것으로, 자유로운 표현활동을 통하여 행복추구권, 평등권, 생활권, 교육권 등과 대응해 보다 인간답게 살아가기 위한 사회건설에 목표를 두고 있다.

(2) 민주주의 정신의 존중 : 활동에 있어서는 민주주의 정신, 수단이나 방법을 존중하는 것

자원봉사활동은 민주주의 사회의 증거로서 존재한다. 주체적으로 한 사람 한 사람이 존중됨과 동시에 한 사람 한 사람의 참가에 의해서 형성해 가고자 하는 것이다. 따라서 이와 같은 민주주의의 원리, 방법이나 절차를 자원봉사활동이 실천으로 활성화시키는 것이 자신들의 생활을 지키는 것과 관련되고, 민주적 사회조성에 기여하는 것이 된다. 민주주의는 국가 행정이 주인공이 되는 것이 아니라, 주민이 주인공이 되어가는 사회를 목표로 하며 자원봉사는 민주주의의적인 파시즘이나 폭력을 부정하고, 신뢰와 대화를 기초로 공동선과 공감과 평화의 사회조성을 목표로 하고 있다.

(3) 공공성과 사회성 : 활동에서는 시민적 성격을 견지하는 것

자원봉사활동은 종교적 활동, 정치활동, 영리활동이 아니며 공공성과 사회성을 바탕으로 한 활동이다. 시민성이란 주체적인 개인이 보편적인 인권, 민주주의, 자치라고 하는 새로운 공동체의 이념에서 행동하는 것을 의미한다. 국가라든지 특정 종교나 이데올로기를 초월한다는 원리에 의해서 인간과 인간이 연대해 사회문제를 해결하고자 하는 것이다. 따라서 자원봉사활동은 종교적인 선전의 장이 되거나, 특정 정당의 확장의 수단으로 이용되어서는 아니 된다. 자원봉사활동에서는 이러한 주민이나 주민적 성격을 존중하고, 지속적으로 견지해 나가야 하는 것이다.

(4) 자원봉사의 목적화 : 활동 자체가 목적일 것

선거득표활동, 기업의 PR, 포교활동 등과 같이 자원봉사 자체가 목적이지 다른 목적을 달성하기 위한 수단으로 이용되어서는 안 된다.

이외에도 자원봉사자의 기본 원칙은 자원봉사활동의 시작은 마음과 건강한 신체적 · 정신적 조건만 갖추면 가능하다는 것이다. 그러나 이러한 봉사활동을 보다 효과적으로 하기 위해서는 다음과 같은 자원봉사자로서 몇 가지의 기본 원칙이 준수되어야 한다.

① 자원봉사자는 자신의 봉사활동이 자기 자신보다 상대방이나 사회와 국가를 위한다는 차원에서 시작해야 하며, 남들이 하지 못하는 어려운 일을 해낸다는 자부심과 함께 어려움을 극복해 내야 한다는 마음가짐이 되어 있어야 한다. 대부분의 봉사활동은 열심히 노력하는 자세로 충분할 수 있다. 그러나 때로는 그 이상의 극기 혹은 인내심도 요구되는데, 자기 자신의 생각과는 너무나 거리가 먼, 피봉사자로부터 오해를 받는 경우를 포함하여 육체적인 고통, 심리적인 갈등과 기술적인 오류에 이르기까지 너무나 다양하고 힘든 상황에 처할 수 있다. 그러한 문제를 잘 극복하기 위해서는 사전에 필요한 준수사항을 반드시 이해하고 자원봉사활동에 임해야 할 것이다.

② 자원봉사자는 자신에게 관심 있는 일부터 시작해야 한다. 멀리 있는 일보다 자기 주변의 일들과 사람들을 대상으로 시작해야 한다. 봉사하는 대상에게 기쁨과 행복을 나누어 주는 마음과 함께 봉사하는 대상에 대한 겸손한 태도로 정성과 신의를 다해야 한다.

③ 자원봉사자는 봉사활동기관이나 혹은 봉사활동대상자와의 약속을 꼭 지켜야 하며, 이를 위해서는 자신의 일상적인 활동에 무리가 가지 않도록 범위를 정해서 활동한다.

④ 자원봉사자는 자기 자신이 하고 있는 봉사활동에 대하여 항상 점검하고 기록하고 평가하여 항상 발전할 수 있도록 함은 물론, 다른 자원봉사자들에게 선의의 교훈이 되도록 홍보할 내용들에 대해서 알리도록 한다.

⑤ 자원봉사자는 봉사활동 중에 발생하는 어려움과 문제점, 의문사항은 봉사활동을 주관하는 실무관계자나 전문가 또는 동료 자원봉사자들과 반드시 상의하여 처리한다.

⑥ 자원봉사자는 봉사활동을 통하여 알게 된 비밀은 꼭 지켜야 한다.

⑦ 자원봉사자는 봉사활동을 시작하기 전에 반드시 가족의 이해를 얻어야

하며, 맡은 바 직무에 충실하면서 봉사활동에 임해야 한다.

⑧ 자원봉사자는 항상 자신이 다른 모든 자원봉사자를 대표한다는 마음가짐을 갖고 자원봉사자를 위한 교육이나 모임에 적극 참여하도록 한다. 또한 점진적으로 가족과 친구 그리고 모든 사람들이 봉사활동에 적극 참여할 수 있도록 모범적인 생활을 하도록 노력한다. 그리고 일상생활 태도 면에서 봉사활동을 쉽게 생각하지 말고 자기도취와 우월감에 사로잡혀 자만하지 않아야 한다.

⑨ 자원봉사자는 다른 어떤 사람들에 대해서 편견이나 고집을 버려야 한다. 봉사활동 대상에 대한 잘못의 추궁이나 비판을 하지 않는다. 또한 자신의 개인 사정이나 문제가 발생하여 마음이 불안하고 긴장상태라면, 그날의 봉사활동은 잠시 중단하도록 하고 반드시 그러한 사정을 사전에 통보하여 후속적인 조치가 이루어지도록 한다.

⑩ 자원봉사자는 종교·성별·지역 등 사소한 이유로 봉사활동을 거부해서는 안 된다. 자원봉사활동 기간에는 진정 자신이 하는 봉사활동이 타인을 사랑하는 일이고, 개인적 차원에서 자아성장을 위한 일이며, 그렇게 하고 있는가를 자기 자신에게 수시로 질문함으로써 봉사활동을 통해서 보다 성숙한 자아가 되도록 노력한다.

⑪ 자원봉사자는 봉사활동 현장에서 수수하고 활동하기 쉬운 단정한 옷차림을 한다. 또한 가능한 한 자원봉사자임을 알리는 유니폼이나 배지 및 명찰을 달고 활동한다. 항상 활동장소에서는 제 시간에 도착한 후 도착한 것을 알리고 서명한 후, 떠날 때도 서명한다.

⑫ 자원봉사자는 봉사활동의 현장에서 허락받지 않은 사진촬영을 가급적 하지 말고, 부득이한 경우 양해를 구해야 한다.

⑬ 자원봉사자는 자신이 가능한 봉사활동 시간대를 봉사대상자들에게 알리고, 시간 사용계획에 맞추어 종료 시까지 최선을 다한다.

⑭ 자원봉사자는 가능한 한 초기 봉사활동 기간에는 단순한 노력봉사와 업무보조 등 쉬운 것부터 시작하고 점차 노련해지면 어려운 일들로 순서에 입각하여 실행하도록 한다.

⑮ 자원봉사자는 자원봉사대상자들에게 항상 언행을 조심해야 한다. 특히 위로나 동정하는 말은 하지 않아야 하고, 금전에 관한 질문, 사생활에 관한 질문은 피하도록 한다.

⑯ 자원봉사자는 가능한 한 자원봉사대상자와 친숙한 관계를 유지하고 결연을 통해 안정적인 봉사가 지속적으로 이루어지도록 함이 바람직하다.

⑰ 자원봉사자는 기본적으로 모든 인간에 대한 평등한 시각을 가져야 한다. 모든 사람은 인종 · 종교 · 직업 · 연령 · 사고방식 등을 초월하여 누구에게나 존엄성이 있다는 생각과 동시에 사람은 누구나 무한한 가능성을 가지고 있는 소중한 존재라는 신념을 가지고 있어야 한다.

⑱ 자원봉사자는 나 이외의 모든 사람은 나에게 필요한 존재라는 인식을 갖고 나 또한 모든 사람에게 필요한 존재라는 생각을 바탕으로 하여 인간에 대한 존엄성과 끊임없이 사랑을 베푸는 자세를 가져야 한다.

⑲ 자원봉사자는 봉사활동은 나 자신을 돕는 나의 일이며, 이 같은 봉사활동을 사회에 바람직한 운동으로 확대시켜야 할 필요성이 있다는 확신이 필요하다. 자신이 하는 봉사활동이 힘들게 살아가고 있는 사람들에게 가장 소중한 힘이 된다는 생각이 바탕을 이루고 있어야 한다. 이러한 봉사활동은 최소한 일주일에 2시간 이상, 반년 이상의 시간과 경제력을 요구하는데, 이런 일들을 수용하기 위해서는 스스로의 다짐을 가지고 시작해야 한다.

⑳ 자원봉사자는 태도와 말에 있어 신중함과 정중한 언어로 최선을 다해야 한다. 학교(가정 · 친구 · 소속단체 등)를 대표할 뿐 아니라 지역사회의 발전에 기여하고 자신의 능력을 증진시키는 일을 하고 있다는 것을 기억해야 한다.

꼭 알아야 할 내용

- 자원봉사활동의 특성(자발성, 공익성, 무급성, 지속성)
- 자원봉사활동의 네 가지 원칙

5. 자원봉사와 사회복지

1) 신사회복지영역으로서 자원봉사활동의 출현

최근 세계적으로 진행되고 있는 변화의 바람은 신자유주의 사조에 의해 주도되는 시장경제의 자율화 추세이다. 이는 세계시장의 통합과 국가개입의 축소 현상으로 현실화되고 있는데, 이를 다른 말로 표현하면 곧 복지국가의 위기이다. 복지국가의 위기는 국가가 공공서비스를 독점적으로 생산하고 공급하던 체계는 한계에 이르렀으며, 이러한 국가적 위기를 극복하기 위해서는 공공서비스의 주체를 다원화해야 한다는 것이다. 다원화의 핵심은 공공재 생산 및 공급에 있어서 민간의 참여의 확대, 곧 자원봉사자의 참여 확대이다(이성록, 2006 : 18).

복지국가의 재구조화로 인한 신복지영역은 준국가영역, 즉 국가나 다른 국가기관으로부터 분리된 일종의 보조기관으로서, 어느 정도의 운영상의 자율권을 가지지만 국가의 하위 영역의 기능적 특성을 보유하는 것으로 정의될 수 있다.

신복지영역의 복지삼각관계(welfare-triangle)는 정부, 시장, 지역사회라는 세 영역을 기반으로 하여 형성된다. 이 세 영역은 영리-비영리, 공적-사적, 관적-민적이라는 세 가지 특성으로 구분할 수 있는데, 정부활동은 비영리, 관적, 공적 성격을 띠고 있으며, 시장활동은 영리, 공적, 민적 성격이 주를 이룬다. 일반시민으로 구성된 지역사회활동은 비영리, 사적, 민적 성격이 주를 이룬다고 할 수 있다. 현대사회는 정부, 시장, 지역사회활동으로 충분히 해결하지 못하는 영역을 가지고 있다. 즉, 비영리적이며, 공적이고, 민적인 영역이 있기 때문이다. 이들 영역을 둘러싸고 있는 욕구를 해결하기 위해서는 자원봉사활동이 필요하다(김성이, 2006 : 41-42).

이러한 욕구충족을 위한 자원봉사활동을 담당하는 조직을 신복지영역이라 말한다. 이러한 신복지영역은 민간이라는 점에서 정부활동과 다르며, 비영리라는 점에서 시장활동과도 구분된다. 또한 시민들이 지역사회에서 활동하는 사적 활동에 비해 상당히 공적인 형태를 띠고 있다. 그래서 정부와 시장영역과 함께 자원봉사활동을 제3의 공적 영역이라고 부르기도 한다.

┃그림 1-1┃에서 보는 바와 같이 과거에는 자원봉사활동이 정부나 시장활동에서 소규모적으로 운영되고 사회적 관심도 적었으며, 정부의 개입 관심도 없었을 뿐만 아니라 자원봉사활동은 지역사회에 편중되어 운영되어 왔다.

그러나 이제 삶의 질이 다양해지고 지역주민의 욕구가 다양하게 표출됨으로써 ┃그림 1-2┃에서 보는 바와 같이 정부나 시장활동만으로는 이러한 욕구를 충족시키지 못하게 됨에 따라 점차적으로 자원봉사활동은 정부, 시장 및 지역사회로 구성되는 복지삼각관계의 구도에서 중앙에 위치하는 핵심존재로 변하게 되어 독자적인 영역을 구축하게 되었다(배기효, 2006 : 193-194).

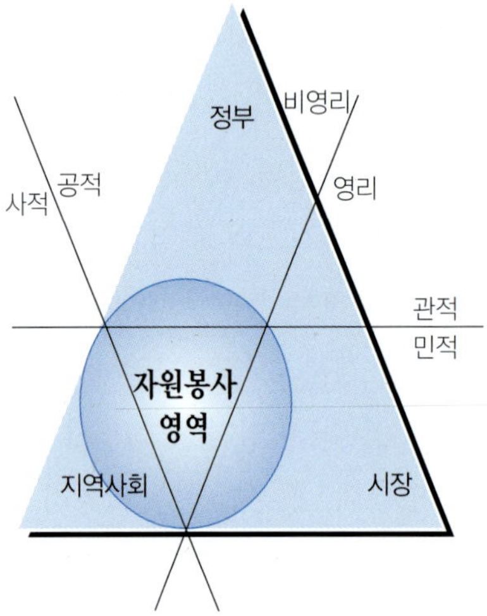

┃그림 1-1┃ 과거의 자원봉사 위치

출처 : 김성이 외(2006). 자원봉사총론. 양서원.

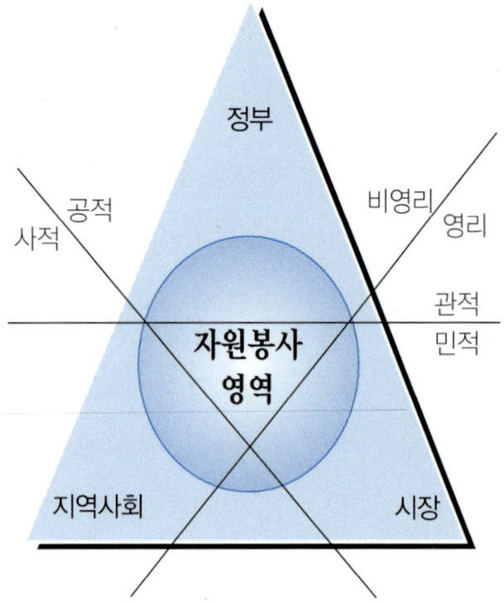

┃그림 1-2┃ 현재 복지삼각관계

출처 : 김성이 외(2006). 자원봉사총론. 양서원.

새로운 시대적·환경적 요구에 부응할 새 자원봉사제도가 구축되어야 하며, 지역공동체 실현, 국가 간 평화, 지구촌의 친환경적 자원봉사활동을 할 체제가 만들어져야 한다. 국민의 삶의 질 향상 욕구를 실현하고 변화하는 국내·외 정세에 적응하여 세계평화와 안정을 유지할 수 있는 봉사활동의 큰 그림을 그려야 할 때이다(김성이, 2006 : 36-55).

2) 자원봉사와 사회복지

우리들 인간이 모여서 생활하는 터전을 사회라고 한다. 과거에는 이런 사회의 범위가 매우 좁았으나 지금은 우리가 살아가고 있는 동네로부터 지구상에 사는 모든 사람들에 이르기까지 그 범위가 넓어지고 있으며, 사람들뿐만 아니라 이 지구상의 모든 생물체들도 서로 의지하며 살아가고 있다. 그런데 이 사회에는, 이 지구상에는 분쟁이나 전쟁, 빈곤과 재해, 차별, 고령, 질병 등으로 고통을 겪게 되는 사람들이 많이 있다.

자원봉사란 이러한 지구상에서 고통받는 사람뿐 아니라 모든 생물이나 지구환경을 위해서 스스로 자진해서 자기만의 이익을 생각하지 않고 무언가 도움을 주는 공동체 의식을 말한다. 즉, 자원봉사는 사회에서 일어나는 여러 가지 사회문제에 대하여 개인의 의사에 의해 문제해결에 참가하고, 이러한 활동 속에서 문제의 사회화가 진행되면서 사회연대를 통한 해결을 모색하려고 하는 개인 또는 단체의 공익적인 활동이다.

경제성장과 더불어 각종 사회문제, 즉 빈곤, 질병, 범죄, 실업, 부적응, 장애, 약물남용 등의 발생, 사회복지기관의 시설, 인력 및 재정의 부족, 민간단체의 활성화 등은 자원봉사활동이 사회의 주요 부분으로 자리잡게 한 중요한 배경이 되고 있다. 특히 사회문제를 해결 및 예방하기 위한 제도적 장치가 사회복지라고 볼 때, 복지사회는 사회제도의 마련이나 경제적 충족 혹은 어느 특정집단 및 전문가의 조력만으로 이룩될 수 있는 것이 아니다. 정부의 정책수립, 복지사회를 향한 노력과 함께 국민의 연대의식과 참여의식에 기반을 둔 활동들이 요구되며 이러한 국민공동참여의 대표적인 형태가 바로 자원봉사활동이다. 자원봉사는 특정한 요구를 인식하며 금전적인 이득에는 상관없이 사회적인 책임감을 가지고 욕구에 부응해서 활동한다.

사회문제의 해결, 예방을 위한 장치에는 ▮그림 1－3▮에서 보는 바와 같이 보장하는 복지와 참가하는 복지가 있다(小田兼三, 松原一郎, 1987 : 230-233; 박태영, 2004 : 11-14 재인용).

참가하는 복지는 볼런타리즘(voluntarism)과 상호부조정신을 바탕으로 한 주민의 자발적인 참가에 의해 주민 스스로 사회문제를 해결하거나 예방하기 위해 기울이는 노력이며, 다음과 같은 세 가지 방식이 있다.

첫째, 운동적 참가는 사회문제에 대한 저항적, 방위적 및 청원적 운동, 사회복지시설의 인권옹호단과 같이 기존의 잘못된 사회제도나 관행을 합리적인 형태로 바꾸려는 노력을 말한다.

둘째, 제도적 참가로는 기존의 제도 내에서 의견 제시, 모니터링, 운영·자문위원회, 공청회, 보호관찰위원회 등의 노력을 말한다.

셋째, 활동적 참가는 복지수급대상자들에게 인간다운 삶의 유지를 위해 필요한 각종 서비스이다. 즉, 일상적, 정서적, 교육적, 금전적 서비스 등과 같이 사회적인 서비스가 현실적으로 필요하지만 기존 제도 내에서 감당할 수 없는 부분에 개입하여 제공해 나가는 노력을 말한다. 대부분의 자원봉사활동이 여기에 해당한다.

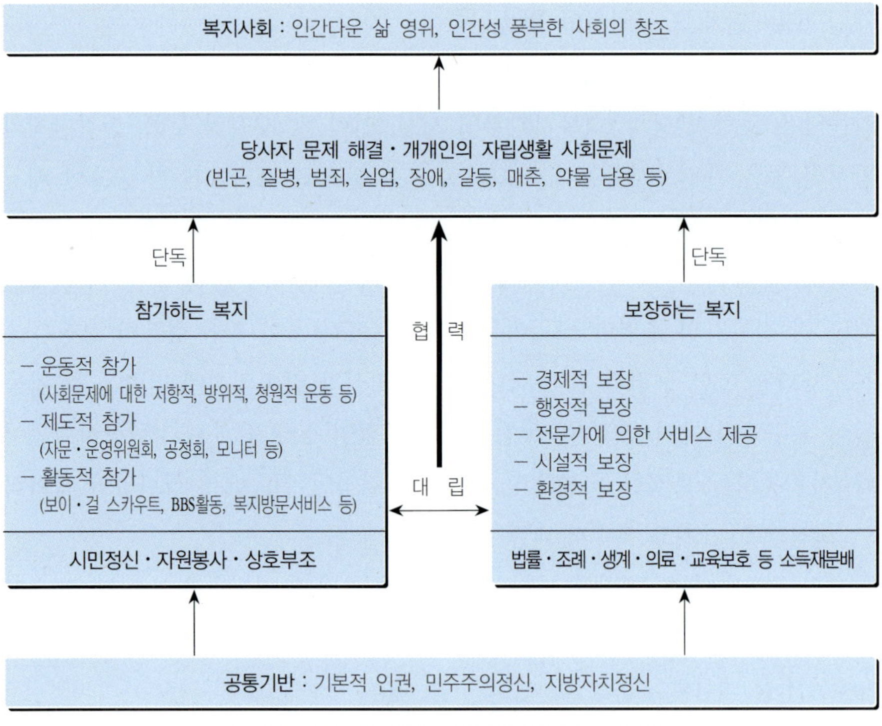

그림 1-3 참가하는 복지와 보장하는 복지

보장하는 복지는 사회문제해결을 위한 법률, 조례 제정이다. 대표적인 예는 기초생활수급자에게 제공하는 각종 복지서비스, 즉 생계보호, 의료보호, 자활보호, 교육보호 등이며, 이때 일반 조세를 통하여 확보된 재원을 사용하므로 소득재분배 효과가 있다.

보장하는 복지와 참가하는 복지는 독립적으로 또는 재가복지사업과 같이 상호 협력적 관계로, 때로는 환경감시단과 같이 상호대립적 또는 배타적 관계를 갖기도 한다. 궁극적으로는 사회문제를 해결하거나 예방하여 인간다운 삶을 영위하도록 복지사회를 구현하는 것이다. 한 개인이 즐기는 삶의 질은 그 개인이 무엇을 달성하느냐의 문제와 더불어 그가 선택 가능한 대안 중에서 어떠한 선택의 기회를 갖느냐에 달려 있다. 개인이 선택할 수 있는 영역은 무엇보다도 중요하다. 보장하는 복지와 참가하는 복지는 복지사회로 나아가기 위한 수레의 양 바퀴와 같다.

이제까지 우리는 보장하는 복지에 대한 관심과 욕구는 많았지만, 상대적으로 참가하는 복지에 대한 관심은 적었던 것도 사실이다. 현대사회에서는 참가하는 복지의 주축이 되는 자원봉사에 대한 중요성을 새롭게 인식하고 생활화를 위한 노력이 요구된다.

꼭 알아야 할 내용

- 신사회복지영역으로서 자원봉사활동
- 자원봉사와 사회복지의 관계
- 참가하는 복지
- 보장하는 복지

02 CHAPTER 자원봉사활동의 발달과정

1. 우리나라 자원봉사

1) 자원봉사 발달과정

우리나라의 전통적인 봉사활동은 상부상조정신으로 발생한 품앗이와 계, 두레, 지역주민의 복리와 질서 유지를 목적으로 만든 향약 등에서 그 역사적 맥락을 찾을 수 있다. 그러나 이러한 전통은 상호부조하는 노동력 교환의 성격으로 경제적 보상의 측면이 강하다는 점에서 현대적 의미의 자원봉사의 성격과는 다소 차이가 있다.

현대적 의미의 자원봉사활동은 기독교정신과 개화사상의 영향을 받은 1903년 YMCA 창립을 시작으로 1921년 태화기독교회관에서 여성계몽과 아동건강을 위한 봉사활동이 시발점이라 볼 수 있다. 그러나 이 시기의 자원봉사는 기독교 전파에 따라 교회 및 관련 단체에서 기독교 정신에 의한 초보적 형태의 자원봉사활동이었다.

당시의 자원봉사는 조선총독부에서 설립한 인보관을 중심으로 관 주도의 교화사업과 구국운동의 성격인 학생운동, 일부 지식층과 학생층이 펼친 농촌계몽활동의 형태였다. 학생운동은 광복 이후 그 성격이 문맹퇴치를 위한 야학, 농촌봉사활동, 질병구제 등의 활동으로 변화되어 갔다.

1950년대와 1960년대에 이르러 종전까지 산발적으로 전개되었던 자원봉사활동이 YMCA, YWCA 활동으로 활발히 전개되었고, 인도주의 차원의 적십자운동을 중심으로 보다 조직적으로 활성화되었다(류기형 외, 1999 : 82).

1970년대에는 경제개발계획의 일환으로 시작된 새마을운동의 이념인 근면, 자조, 협동을 기반한 자원봉사정신이 보다 확산되었다. 1978년 비로소 한국사회복지협의회가 사회봉사안내소를 개설하고, 자원봉사자 교육훈련을 받은 자원봉사자를 사회복지부분에 배치하기 시작하였는데, 이는 자원봉사활동의 양적・질적 향상의 전환점이 되었다.

우리나라에서 자원봉사에 대한 관심이 본격적으로 높아지기 시작한 것은 1980년대부터이다. 1980년대는 경제수준의 향상으로 인하여 사회복지에 대한 국민적 관심이 높아지면서 자원봉사에 대한 민간의 참여가 증대되었다. 1984년 한국여성개발원에서 여성인력활용과 여성사회참여확대 및 지역사회복지증진을 위하여 자원봉사인력은행을 전국 13개 지역에 설치하였다. 그리고 정부가 정치・사회적 갈등의 해결방법으로 범국민적 스포츠를 장려한 결과 1986년 서울아시안게임과 1988년 서울올림픽게임을 우리나라에서 개최하게 되었다. 이에 따라 국제적인 성공을 이루고자 하는 국민적 염원으로 많은 국민이 자원봉사에 참여하게 되었다. 이처럼 스포츠 분야에서 출발한 자원봉사활동은 이후 자원봉사의 다양한 분야에 전 국민적 관심을 불러일으키는 계기가 되었다.

1990년대에 들어서면서부터 사회 전반에 확산되어 있는 시민운동과 지방자치제 실시 등으로 인해 자원봉사활동이 보다 다양한 형태로 전개되었는데, 1991년 2월에는 '한국자원봉사연합회'가 창립됨으로써 최초의 전문적인 민간자원봉사단체가 설립되었다. 한국사회복지협의회는 전국 15개 시・도 협의회에 지역사회단위로 자원봉사를 전문화, 체계화하려는 목적으로 '지역복지봉사센터'를 설립하였다. 1994년 보건복지부는 자원봉사 조사연구와 홍보, 정책개발을 목적으로 사회복지협의회 부설 '사회복지자원봉사 정보안내센터'를 설립하였다. 또한 한국사회복지관 협회에서 전국 355개 사회복지관 부설 '재가복지봉사센터'를 개설하여 저소득층을 위한 가사, 간병, 정서, 의료, 결연 등의 서비스를 실시하였다.

1991년 이후부터 행정자치부, 문화관광부, 여성부를 중심으로 자원봉사 업무를 담당하는 부서가 설치되는 등 정부지원의 각종 자원봉사센터들이 전국적으로 설치되었다. 1994년 4월에는 대한적십자사를 비롯하여 전국 35개의 자원봉사단체들로 조직된 '한국자원봉사단체협의회'가 구성되어 자원봉사활동을 연대해 나가고 있다.

그러나 일반 국민들의 자원봉사활동에 대한 인식개선과 참여를 높이는 데 크게 기여한 사업은 1994년 중앙일보에서 시작한 자원봉사 캠페인이다. 이 캠페인은 1995년 교육인적자원부에서 실시한 5·31 교육개혁조치와 함께 중·고교생들을 자원봉사활동에 의무적으로 참여시키는 결과를 가져왔다. 이후 각 시·도에 '청소년자원봉사센터'와 시·군·구의 '종합자원봉사센터'가 설립되면서 자원봉사활동을 통하여 민·관이 상호 파트너십을 유지하게 되었다(김범수 외, 2006 : 27). 이와 함께, 학계, 정부, 기업, 사회복지관 등 각계의 자원봉사 전문가들이 지속적인 자원봉사 관련 정책을 제안하려는 목적으로 '한국자원봉사포럼'을 구성하였다. 1996년에 정부는 '국민복지기본구상(안)'에서 297개 사회복지관에 지역단위 자원봉사센터를 신설한다는 계획을 발표하였고, 행정자치부 사회진흥과에서 자원봉사 관련 업무를 관리하도록 하였다. 이와 함께 1996년 7월에는 총장들의 모임인 '한국대학사회봉사협의회'가 창립되어 그동안 각 대학별로 산발적으로 운영되어 오던 자원봉사 프로그램을 상호연계하며 정보교환할 수 있도록 조직화하였다. 또한 자원봉사를 즐겁게 하기 위한 Fun Volunteer단(웃음자원봉사단 : 일명 웃·자단)이 세계 최초 2007년 6월 5일 대구보건대학에서 창단되었다.

이처럼 자원봉사에 대한 시민의 참여가 확산됨에 따라 자원봉사를 보다 체계적으로 지원하고 자원봉사자를 보호하기 위한 법적 근거를 마련하고자 자원봉사진흥법안을 추진하였고, 2005년 6월 30일 '자원봉사활동기본법'이 의결됨에 따라 2006년 1월부터 시행되었다.

'자원봉사활동기본법'은 자원봉사활동의 체계적 지원과 자원봉사자 보호 등을 주된 내용으로 하고 있다. 자원봉사활동기본법의 의의는 먼저 자원봉사활동 진흥에 대한 국가와 지방자치단체의 책무를 명시하였다. 즉, 사회 전반에 걸쳐 전개되고 있는 시민들의 자원봉사활동을 공적 자원으로 전환하여 국가경쟁력을 높이기 위해 국가와 지방자치단체가 이를 진흥하고 권장·지원하도록 역할을 명시한 것이다.

이 법에서는 관 주도의 자원봉사활동의 문제점을 예방하기 위해 첫째, 민·관 협력에 의한 시책개발을 기본 방향으로 하고 있다.

둘째, 자원봉사 인프라로서 '자원봉사센터'와 '자원봉사협의회'를 규정하고, 이에 따라 그동안 설치근거를 갖고 있지 못하여 운영에 어려움을 겪던 행정단위 자원봉사센터 등이 법적 지위를 얻게 됨으로써 활력을 갖게 되었다.

셋째, 국가적 차원에서 자원봉사정책을 심의·조정하는 기구를 설치하였다. 즉, 관련 부처가 교육인적자원·행정자치·보건복지·문화관광·여성부 등 전 부처에 걸쳐있으므로 보다 체계적인 지원을 위해 국무총리 산하에 관련 부처 및 민간전문가로 구성된 '자원봉사진흥위원회'를 설치하여 자원봉사 기본 계획을 수립하고 부처별 자원봉사정책을 조정·심의하도록 하였다.

넷째, 정치적 중립성을 명확히 하였다. 즉, 자원봉사활동의 순수성과 자원봉사단체나 자원봉사센터의 독립성과 자율성을 보장하기 위하여 국가 및 자치단체의 지원을 받는 자원봉사단체·센터는 그 명의 또는 그 대표의 명의로 선거운동을 할 수 없도록 정치활동 등의 금지의무를 명문화하였으며, 지역단위 자원봉사인프라로서 자원봉사센터의 설립근거와 설치 주체를 명시하고 운영형태의 법인화를 통해 자치단체로부터 독립성 및 전문성이 확보되도록 하였다.

다섯째, 자원봉사활동 영역이 확대됨에 따라 활동과정에서 여러 가지 위험에 노출되고 있어 국가와 지방자치단체는 자원봉사자의 보험가입 등 안전보장 의무를 명시하였고, 자원봉사단체 및 센터도 자원봉사자에 대한 체계적 교육훈련과 안전대책을 강구하도록 하였다.

그리고 2008년부터 산발적인 자원봉사관리 및 전달체계의 문제점을 보완하고, 통합적인 자원봉사 정책수립의 필요성이 제기됨에 따라 1차 국가기본계획(2008~2012), 2차 국가기본계획(2013~2017)을 수립하여 자원봉사의 현황과 문제점을 파악하고 그 대안을 찾기 위한 접근을 시도하였다.

2) 자원봉사활동 현황

'사회복지자원봉사활동 인증관리사업'은 사회복지 분야 자원봉사활동에 대한 체계적 지원 및 관리를 위하여 보건복지부, 지방자치단체와 한국사회복지협의회, 시 · 도사회복지협의회, 시 · 군 · 구 사회복지협의회가 2001년도부터 시작하였다. 이 사업은 전국 자원봉사단체 · 기관 상호 간 네트워크 체계를 구축하여 자원봉사자의 봉사실적을 정확하고 체계적으로 누적관리하고 나아가 봉사실적에 대한 인정 · 보상 기반을 마련하기 위한 제도이다.

이를 위해 자원봉사단별 활동성과 및 봉사실적을 인증관리시스템(VMS)에서 공정하게 관리하고 있으며, 우수봉사단 및 봉사자에 대하여는 지방자치단체 및 정부표창 대상자로 추천하여 동기를 부여하고 있다.

2018년 기준으로 전국 사회복지시설 · 단체 중 14,051개소가 사회복지봉사활동 인증센터로 지정되어 활동 중에 있다. 통계청 사회조사(2018)에 의하면 자원봉사 참여율은 1999년(13.0%)부터 성장세를 보이다가 2007년 이후 가파른 상승세, 2009년 이후 안정적 성장세를 보인 후 2013년 이후로 점차 감소하여 2019년 기준 16.1%이다. 특히 전문성을 활용한 자원봉사활동은 2011년 이후 증가추세이며 아동학습지도가 23.5%로 가장 높았다. 자원봉사 참여율을 폭발적으로 증가시켰던 2007년 12월 7일 발생한 태안 기름 유출 사건은 자원봉사활동을 국민운동으로 전환시키는 계기가 되었다. 엄청난 해양오염을 함께 극복하고자 자원봉사자들의 발길이 끊이지 않았고 사고가 발생한 지 한 달 사이에 50만 명이 넘는 자원봉사자들이 동참하였다.

한편, 우리 사회의 수많은 사회문제 해결을 위해 새로운 발상과 해법의 필요성을 인식하고, 민간과 정부 및 기업의 거버넌스 실천운동으로서 2015년 12월 전국자원봉사자대회에서 '한국자원봉사의 해'를 선포하여 '지속가능한 미래, 행복한 공동체'라는 슬로건을 내걸고 2016년부터 2018년까지 3년간 추진해 왔다.

꼭 알아야 할 내용

- 우리나라 자원봉사 발달과정
- 우리나라 자원봉사단체 유형
- 우리나라 자원봉사 현황

2. 영국의 자원봉사활동

1) 자원봉사활동의 발전과정

영국의 자원봉사활동은 오랜 전통을 가지고 있으며, 이 전통은 19세기 초 자선활동으로 이어진다. 영국 사회에서 자원봉사자라는 용어가 문헌상 처음 등장한 것은 1647년 스튜어트 왕조 시기로 알려지고 있다. 이 시기의 영국은 명예혁명 등으로 전국이 혼란과 불안으로 가득 차있던 때였다. 그러한 상황 가운데 스스로 자신들의 마음을 지키고자 일어선 사람들이 있었는데 이들을 자원봉사자라고 불렀다. 따라서 최초에 사용된 자원봉사자라는 의미는 마을을 지키기 위해 스스로 싸우는 자경단의 의미라고 할 수 있다(김범수 외, 2006 : 40).

18세기가 되면서 영국은 세계에 광범위한 식민지를 가진 근대국가로 발전하면서 식민지를 관리하고 국익을 높이기 위해 많은 군인들이 필요했다. 이 시기에 나라를 지키려는 순수한 마음으로 자원해서 군대에 입대한 사람들이 생겨났는데, 이들 자원병을 자원봉사자라고 불렀다.

자원봉사자란 용어가 오늘날과 같은 의미로 사용되기 시작한 것은 비로소 19세기부터이며 그 이전까지 자원봉사라는 용어는 대중에게 일반화되지 못하였다. 또한 사회를 위해 무상으로 시간을 제공하여 활동하는 사람들을 지칭하는 특별한 용어도 없었다.

이러한 영국의 자원봉사활동은 민주주의 철학을 토대로 하고 있으며, 전통적인 기독교의 자선활동에서 비롯되었다고 할 수 있다. 18세기 산업혁명으로 인하여 인구의 대도시 유입 결과로 빈곤문제와 빈부격차 현상 등 새로운 사회문제가 야기되었고, 이러한 사회문제를 해결하고자 다양한 자선활동이 이루어졌으나 이들 활동은 산발적인 활동에 그쳐, 이에 대한 대안으로 자선조직협회(Charity Organization Society)가 결성되었다.

자선조직협회에서는 비체계적으로 이루어졌던 자선활동과 민간사회복지활동을 효율적으로 수행하기 위하여 우애방문원(friendly visitor)의 활동이 있었다. 우애방문원은 가정방문을 통하여 서비스 대상자로서의 적격 여부를 조사한 후

선정된 대상자에게만 서비스를 제공함으로써 서비스 중복을 방지하고자 하는 활동을 하였다. 우애방문원으로 활동한 자원봉사자들의 대부분은 기독교 정신을 가진 중상류층 부인들이었다.

이와 함께, 19세기 후반에 이르러 빈곤이 개인의 책임이 아니라 사회의 구조적 결함으로 인하여 발생한다는 사회개량주의가 태동하면서 그 영향으로 인보관운동(Settlement House Movement)이 시작되었다. 인보관운동은 캠브리지 대학과 옥스퍼드 대학의 학생들과 교수로 구성된 자원봉사자들이 주축이 되어 빈민지역에서 지역주민들과 함께 거주하면서 빈민들의 자립과 교육을 제공할 목적으로 시작되었다.

이처럼 영국의 자원봉사활동은 자선조직협회의 우애방문원을 통해 등장하여 인보관운동을 통해 현대적 의미의 자원봉사라는 개념으로 일반인들에게 널리 확산되기 시작하였다. 이러한 자원봉사정신을 기초로 한 인보관운동은 주로 지식인들이 주축이 되어 참여하는 사회복지의 새로운 활동으로 자리 잡기 시작하였다.

제2차 세계대전에 참전한 영국은 전시상황에서 그리고 전후 복구상황에서 민간의 자원봉사활동이 자발적으로 이루어졌으며, 그 규모가 점점 더 확대됨에 따라 이를 전담하는 유급직원이 투입되면서 과학적이고 전문적인 서비스를 제공할 수 있게 되었다.

1960년 자원봉사활동을 실시하는 민간사회사업기관 · 단체의 보호와 육성을 목적으로 '자선법(Charity Act)'이 제정되었고, 1970년 지방차원에서의 자원봉사활동을 지원하기 위하여 '지방정부사회복지서비스법(Local Authority Social Service Act)'이 제정되었는데, 이 두 법은 영국의 자원봉사활동을 활성화하게 한 대표적인 법이라고 할 수 있다.

특히, 1968년 '아베스(Aves)보고서'는 영국의 자원봉사활동의 발달에 전환점을 마련했는데, 이 보고서는 전문직원의 서비스 보완 및 사회서비스 제공의 통합을 위하여 자원봉사자가 필요하며 이를 위하여 자원봉사자의 증강 · 훈련 · 원조에 관한 표준이 필요하다고 지적하였다. 그 결과 1970년대에는 자원봉사활동의 전문화 · 관료화 현상이 일어나기 시작했다(Sheard, 1995; 류기형 외, 2003 : 99).

1970년대에는 자원봉사에 대한 정부의 지원과 역할이 보다 확대되었는데, 1973년 설립된 '자원봉사센터'는 250개의 산하단체가 있으며, 대부분 정부의 지원을 받으면서 다양한 기능을 담당하게 되었다. 그러나 1970년대의 경제불황은 정부로 하여금 공공부문에서 사회복지 재정의 축소를 가져왔는데, 이러한 사회복지 재정의 축소는 자원봉사활동에도 변혁을 가져왔다. 특히 유급 자원봉사자의 지위가 불안정해짐에 따라 1975년 '드레인 지침(Drain Guideline)'을 통해 자원봉사활동의 한계선을 설정하는 한편, 유급 사회복지사와의 경계를 명확히 하였다.

1979년 '국가 영역의 축소'를 기치로 내건 급진적 보수당 정권이 들어섬에 따라 사회복지서비스 공급의 책임할당과 이를 통한 재정지출 삭감을 도모하고자 정부는 자원봉사 영역에 눈을 돌렸다.

1980년대와 1990년대에는 자원봉사활동이 실업자의 재취업교육을 담당함으로써 정부의 실업극복 정책에 있어 중요한 부분을 담당하였다. 1990년 내무성의 '자원봉사 영역에 대한 정부지원의 효과분석' 보고서에서 자원봉사에 대해 '시민의 권리로서 바람직한 활동이자 복지서비스 공급을 위한 매우 효과적인 방법'이라고 언급하였다.

1992년 '자선법'의 개정은 민간사회복지기관과 단체의 보호 · 육성 및 자선위원회에 등록된 단체에 대한 모금승인이나 조세감면 등 다양한 자원봉사활동의 활성화를 주요 내용으로 하고 있다. 이 밖에도 영국정부는 1994년 창의적인 자원봉사 프로그램에 대한 재정지원을 골자로 하는 '새롭게 하자(Make a Difference)' 프로젝트를 추진하였다. 'Make a Difference' 프로그램은 정부와 자원봉사 부문 간의 파트너십을 강조하고 있다.

이 시기에는 노동당에서도 자원봉사에 대한 재평가가 이루어졌다. 즉, 국가의 책임회피라는 종래의 비판적 입장에서 전환하여 자원봉사를 새로운 '혼합경제적 복지정책'의 필수요소이자 나아가 시민사회와 국가 간의 새로운 관계발전을 위한 중요한 가교로서 그 가치를 인정하였고, 1994년 노동당의 '사회정의위원회'는 청년층에 의한 전국시민봉사단의 창설을 제안하기도 하였다.

블레어수상 집권 후, 노동당 정부는 청년 실업자의 지역사회봉사를 유도하기 위해서 미국식 전국 시민자원봉사단을 적극 추천하였으며, 1997년에는 청년층을 중심으로 한 '밀레니엄 봉사단(Millennium Volunteers)'을 창설, 21세기 국가 발전 전략으로 제안했다.

오늘날 영국의 자원봉사활동은 정부차원의 사회복지서비스가 개인이나 민간단체로 이양되면서 자원봉사 영역이 그 어느 때보다도 다양해지고 폭넓은 영역에 걸쳐 발달하고 있다(최덕영, 2006 : 101). 기업과 개인, 민간단체들의 참여가 증가되고 있고 사회복지서비스 부분에 대한 자원봉사영역이 확대되고 있다. 그뿐만 아니라 빈곤문제 접근에서 지역사회보호, 복지다원주의에 이르기까지 사회의 변화와 함께 다양한 형태의 활동이 전개되고 있다.

2) 자원봉사활동의 조직과 현황

(1) 자원봉사활동 지원체계

전국 차원의 자원봉사활동 지원은 영국 연방 내 네 개의 나라마다 각기 다른 기구에서 제공되고 있다. 잉글랜드 지역은 전국자원봉사센터(National Center for Volunteering), 스코틀랜드는 자원봉사개발원(Volunteer Development), 북아일랜드는 국립개발원(National Development Agency), 웨일스는 자원봉사활동협회(Wales Council for Volunteer Action)가 각 나라의 전국자원봉사센터 역할과 기능을 담당하며 자원봉사 진흥과 모델사업개발, 여러 부문의 연계를 위해 노력하고 있다.

지역 단위로는 자원봉사센터(Volunteer Bureaux)와 같은 지역자원봉사개발 기관의 네트워크가 형성되어 있는데, 지역자원봉사센터 자원봉사자들의 봉사활동 영역을 조정하며, 지역의 자원봉사 관련 단체에 지원, 상담, 훈련을 제공하고 있다. 대부분의 자원봉사센터들은 '전국자원봉사센터연합(NAVB : National Association of Volunteer Bureaux)'의 회원이기도 하다. 특히 협회 차원에서 자원봉사활동을 지원하는 다양한 전국 단체들도 있다. 여기서는 자원예술 네트워크(Voluntary Arts Net-work), 전국자원봉사관리자협회(보건 분야, National Association of Voluntary Service Managers), 영국박물관친구협회(British Association of Friends of Museum), 전국청소년자원봉사협회(National Council for Voluntary Youth Service) 등이 포함된다(볼런티어 21, 2002 : 166-167).

(2) 새천년 자원봉사단

새천년 자원봉사단(Millenium Volunteers)은 영국에서 전국적인 규모로 시작된 가장 큰 청년 자원봉사 프로그램 중 하나이다. 지역사회에 도움이 되는 자원봉사활동에 16~24세의 청년들이 참여하도록 영국정부가 장려하고 인정하기 위해 시작되었다. 이 프로그램의 목적은 청년 자원봉사자의 수와 자원봉사활동 기회를 늘리며 활동 분야를 넓히는 것이다.

1998년 6월, 9개 시범사업이 영국에서 시작되었으며 다른 사업들도 현재 이 프로그램과 연결되어 진행되고 있다. 참여사업의 범위는 유동적이어서 개개인에게 적합한 것부터 그룹 자원봉사를 위한 보다 큰 사업까지 다양하다. 청년들 스스로 봉사활동 계획을 세우거나 지역단체에서 제공하는 활동업무를 선택하기도 한다. 이 프로그램은 두 단계의 평가를 통해 참여자들을 격려하는데, 100시간 이상 자원봉사를 하면 인증서를 수여하고 200시간 이상 활동하면 우수상을 수여한다.

(3) 자원봉사활동 현황

1977년 실시된 전국 조사에 의하면, 전체 영국인구의 48%가 한 해 동안 공식적인 자원봉사활동에 참여했으며, 남녀 모두 동등한 참여율을 보였다. 그 인구는 약 2,200만 명이며, 비공식적인 자원봉사활동까지 포함한 자원봉사활동 참여율은 74%에 이른다. 전국조사에 의해 밝혀진 가장 보편적인 참여분야는 스포츠 분야로 전체 자원봉사자들 중 20%가 참여하였다. 자원봉사자의 23%는 아동교육과 학교에서 활동하고 있었고, 같은 비율의 자원봉사자들이 종교분야에서 활동하고 있는 것으로 나타났다. 정치와 환경분야는 각각 4%와 5%로 낮은 참여율을 보였다(볼런티어 21, 2002 : 163-165).

그리고 1991년 통계에 의하면, 1년 동안 자원봉사에 참여한 적이 있는 18세 이상 성인의 비율은 전 국민의 51%로 영국은 유럽에서 자원봉사활동이 가장 활발한 나라이다(이팔환 외, 2006 : 37).

꼭 알아야 할 내용

- 영국의 자원봉사활동 발달과정
- 영국의 자원봉사활동의 조직과 현황

3. 미국의 자원봉사활동

1) 자원봉사활동의 발전과정

미국의 자원봉사활동은 17세기 초 유럽으로부터 온 이민자들이 정착과 생존을 위해서 이웃의 도움을 절실히 필요로 하게 됨에 따라 자발적으로 시작되었다. 이러한 활동은 독립전쟁시대의 시대적 상황과 독립 이후 이민자들의 증가에 따라 더욱 확대되었다.

미국의 자원봉사활동과정에 있어서 빼놓을 수 없는 활동 중의 하나는 1861년부터 1865년까지 남북전쟁시기에 남성들은 지원병으로, 여성들은 물자보급 등의 자원봉사활동을 했다는 점이다. 물론 순수한 자원봉사활동으로 보기는 어렵지만 전쟁지원 또는 전쟁에 필요한 사업을 돕는 활동이 자발적으로 이루어졌다는 점에서 자원봉사활동으로 여겨지고 있다. 이처럼 미국의 자원봉사활동의 출발은 생존권 확보를 위한 민간주도의 자발적 참여로 시작되었다.

이와 함께 남북전쟁으로부터 1930년대에 이르기까지 많은 단체들이 소집단으로서 임시적인 자원봉사 사업을 시작했는데, 대표적인 단체로는 적십자사, YMCA, 전국사회복지협의회, 구세군, 시카고의 대표적인 인보관인 헐 하우스(Hull House), 미국 공중보건협회, 전국결핵협회, 소년클럽, 전국실명예방협회, 전국정신보건협회, 보이스카우트, 미국 가정복지협회 등이 있다.

미국의 자원봉사활동의 제도화는 1920년 미니애폴리스에 자원봉사자의 모집・훈련・배치를 전담하는 '자원봉사센터(Bureau of Volunteer Service)', 1926년

보스턴에 적십자사의 지원으로 '자원봉사센터'가 설립되고, 그 후 세인트루이스와 필라델피아에도 자원봉사센터가 계속해서 설립된 때부터이다(김범수 외, 2006 : 46).

한편, 1929년 대공황 이전 대부분의 사회복지서비스는 주정부 수준에서 행해졌으나, 대공황을 기점으로 연방정부가 사회복지서비스에 개입하기 시작하였고, 연방정부는 뉴딜정책을 실시하는 과정을 통해 1935년 사회보장법(Social Security Act)을 제정했다. 사회보장법의 제정 이후 연방정부는 주정부와 협력하여 사회복지 프로그램을 실시하기 시작하였다. 민간 사회복지기관들은 공공지원이 이루어지지 않는 개별적인 서비스에 초점을 맞추게 되었다.

1960년대에 들어오면서 미국 정부는 재정 압박과 제한된 세입 때문에 국민들의 사회복지 욕구를 양질의 서비스로 제공하는 것이 현실적으로 불가능하게 됨에 따라 자원봉사활동을 확대하는 것으로 공공정책의 목표를 설정하였다. 그러나 미국 자원봉사 프로그램 중 상당부분은 공공기관의 의도적인 개입에 의해 발전되어 왔는데, 자원봉사 프로그램 중 약 20~30%의 프로그램들이 공공 영역들과 연계하고 있었다.

1960년 3월 케네디 대통령은 평화봉사단을 창설하여 미국의 청년들을 저개발국에 파견하는 정책을 전개하였다. 1963년 케네디 대통령의 사망 후 존슨 대통령은 국내 평화봉사단인 'VISTA'를 창설하는 등, 1960년대는 미국 사회에서 자원봉사제도가 새롭게 제도화되고 확장되는 전환점을 마련하게 된다. 1964년 존슨 대통령이 '빈곤에 대한 전쟁(The War on Poverty)'을 선언하고 '위대한 사회 프로그램(Great Society Program)' 정책을 실시함에 따라 많은 복지서비스 프로그램의 실천을 통해 복지대상자의 수가 급증했고, 연방정부의 지출 또한 엄청나게 늘어나게 되었다(김범수, 2000).

1980년대 미국은 국민들의 광범위한 복지욕구를 충족시키기 위하여 집행되는 사회복지비용의 증가로 인해 연방정부의 부담이 확대되었으며, 이와 함께 제기되는 보수화의 경향으로 신연방주의 운동이 일어났다. 이것은 사회복지분야에 연방정부의 부담을 축소하는 대신 주 혹은 지방정부의 책임을 확대하는 것을 골자로 하는 것이다. 이러한 움직임은 효율성과 효과성을 강조한 레이건

정부의 정책 기조에서, 즉 민간부문의 책임성을 강조함에 따라 더욱 두드러졌으며, 이에 대한 대안으로 자원봉사활동의 중요성은 더욱 부각되었다(최덕영 외, 2006 : 61). 한편, 정부는 시민의 참여를 촉진하기 위해서는 공·사 협력이 필요하다는 점에 많은 관심을 가지게 되었다. 이러한 관심으로 미국 정부는 전국의 민간자원봉사단체들을 지원하기 위해 1990년에 촛불재단을 설립했고, 이후 클린턴 행정부가 최초로 연방정부 주도의 전달체계를 확립한 것이 1993년 국가봉사단(CNS : Corporation for National Service)이다. 1993년 CNS를 출범시킨 '전국 및 지역사회봉사활동법'의 제정은 청소년들이 지역사회봉사에 전일제로 참여할 때 이들에게 학비 보조를 할 수 있도록 한 것이었다.

2) 자원봉사활동의 조직과 현황

(1) 자원봉사활동 전달체계

미국 정부의 자원봉사활동에 대한 지원은 크게 단체에 대한 지원과 개인에 대한 지원으로 설명할 수 있다. 즉, 연방정부는 각 주정부를 대상으로 특정한 목적을 수행하기 위하여 책정된 예산을 지원한다. 예컨대, DHS(Department of Human Service), DA(Department of Aging), DED(Department of Economic Development) 등 주정부의 각 과에 해당하는 자금을 지원하면 주정부는 이를 시정부로, 시정부는 관내 민간단체로부터 계획서를 지원받아 자금을 배분한다. 때때로 주정부나 연방정부가 직접적으로 민간단체로부터 프로포절을 받기도 한다. 정부의 '프로젝트별 지원'과 '공정한 경쟁'의 원칙 아래 민간단체나 기관들은 '프로포절'을 하고, 선정이 된 프로젝트는 계약을 통해 체결하게 된다(최덕경 2006 : 67).

(2) 자원봉사조직

미국의 주요 자원봉사조직들을 연대별로 살펴보면 1930년대에는 시민자원보존단(Civilian Conservation Corps), 1960년대에는 평화봉사단과 VISTA, 1970년대에는 1960년대의 양 기관을 통합한 기반 위에 설립된 ACTION, 1990년대에는 촛불재단(Point of Light Foundation)과 미국봉사단(Corporation for National Service) 등이라고 할 수 있다.

① 시민자원보존단(CCC : Civilization Conservation Corps)

1933년 3월 뉴딜 정책의 일환으로 제정된 최초의 사회입법으로 루즈벨트 대통령에 의해 창설됐다. 18~25세 사이의 청년들이 캠프에서 생활하며 나무 심기, 삼림개발, 도로보수, 하천공사 등의 일을 할 때 급료를 지급하는 국가 재건 프로그램이다.

② 평화봉사단(The Peace Corps)

1961년 3월 케네디 대통령은 국제평화에 이바지하고 저개발국의 교육, 기술 개발, 의료 등 각 분야에서 활동할 수 있는 기회를 미국 청년들에게 제공하고자 평화봉사단을 창설했다. 평화봉사단의 활동지역은 주로 해외이며, 평화봉사활동에 참여하는 지원자들은 저개발국가 사람들과 직접적으로 접촉하며 대인관계를 통해 서비스를 지원하였다. 평화봉사단원들은 저개발국가의 문맹퇴치운동, 빈곤추방, 청소년활동 등의 사업을 수행하면서 민간차원에서 외교활동의 일익을 담당했다. 평화봉사단에서 활동하는 대부분의 자원봉사자들은 전임제로 활동했으며, 이들에 대한 모든 훈련은 보통 자원봉사자들이 활동할 나라인 해외에서 이루어졌다. 1969년 1만 명의 자원봉사자들이 60개국에서 활동을 시작한 후 1975년 중반까지 56,000천 명의 자원봉사자들이 69개국에서 활동하였다.

③ VISTA(Volunteers in Service to America)

1964년 존슨 대통령은 국내 평화봉사단 'VISTA'를 조직하였다. 이 조직은 1950년대의 경제성장으로 인해 발생한 미국 국내의 빈부격차를 해소하기 위한 목적으로 창설되었다. VISTA에서는 이러한 빈곤 문제에 관심있는 시민들을 동원하여 교육시킨 후 지방정부, 지역사회 서비스단체, 농촌조직, 교회 및 교육기관에서 주로 활동하였다. 또한 자원봉사자가 지역사회 자원을 동원하고 활용할 수 있도록 교육하여 지역사회를 도우며, 지역사회가 보다 더 독립적이 될 수 있도록 하고 있다.

④ 정년퇴직 노인봉사 프로그램(RSVP : Retired Senior Volunteer Program)

1967년 뉴욕 시의 Community Service Society는 Serve and Enrich Retirement by Volunteer Experience(SERVE) 프로그램을 정부의 노인복지 프로그램 사업의 일환으로 재정지원을 받으며 시작했다. 1969년 SERVE는 뉴욕 주 내에 42개로 확대 실시되면서 정년퇴직을 한 노인봉사 프로그램의 모델이 되었다. 이처럼 1969년에 합법화된 이 프로그램은 학력·소득·경험 등에 대한 특별한 요구사항이 없이 60세 이상 노인들에게 지역사회 내의 공공기관이나 사적 민간조직에서 정기적으로 봉사할 수 있는 기회를 제공하고 있다. 이 프로그램에 의해 노인자원봉사자들은 지역사회 내의 학교, 박물관, 병원, 아동복지시설, 노인복지시설 등에서 주 4시간 이상 20시간 이하로 봉사하고 있다. 미국의 자원봉사자 프로그램 관계기관인 ACTION에서는 정년퇴직 노인봉사 프로그램이 발전할 수 있도록 노인들의 활동에 대한 지원금을 주었고, 지역 정년노인봉사 프로그램 조직은 이를 활용하여 경험 있는 자원봉사자를 모집 훈련하며, 이들에게 교통수단을 제공하고 자원봉사활동에 대한 지역사회의 인식과 지원을 개발·확대시켰다.

⑤ ACTION

1971년 닉슨 대통령은 국내와 해외 자원봉사자 프로그램을 관리하기 위한 독립적인 주요 자원봉사기관으로 1971년 7월 ACTION을 조직하였다. ACTION은 1960년대에 활발한 활동을 했던 평화봉사단과 VISTA를 통합한 조직이다. 이 조직은 모금·회비·기타 프로그램 참여비용으로 기금을 조성하였으며, 이사회가 활동을 중단한 1974년까지 정부로부터 기본적인 활동비를 지원받았고 그 후에는 특별한 프로젝트에 대해서만 정부기금을 받았다. ACTION은 50개 주정부에 각각의 지부를 두고 지금까지 프로그램별로 나누어 각 부처에서 관리해오던 자원봉사자들을 모집·훈련 배치하는 운영관리 사업을 통합화했다. 각 주의 ACTION 지부는 자원봉사자들과 1~2년씩의 계약을 맺고 지정된 장소에서 자원봉사활동을 하게 하였다. ACTION의 활동내용을 살펴보면 5천 명 이상의 자원봉사 프로그램을 위한 전국 지원센터를 운영했고 시사문제 목록과 도서문헌 목록을 작성했으며, 지방 지역사회조직이 발전할 수 있도록 지원하며 이들에게 문제에 대한 상담을 하였고, 'Voluntary Action Leadership'을 발간했다. ACTION은 원활한 운영을 위해 1974년 이후 전국 유급직원들과 지방 자원봉사기관과 자원봉사 프로그램을 도와주는 지역상담가 10명을 확보했다. 그리고

1975년 6월에 실시한 조사에서는 ACTION 지부 대부분은 평균 인구 15만 명에서 25만 명인 농촌지역에서 활동하고 있으며. 이 중 약 80%는 공동모금회와 관계를 가지며 모금활동을 하고 있는 것으로 나타났다.

⑥ 학생자원봉사 프로그램(NSVP : National Student Volunteer Program)

NSVP의 활동규모는 작지만 정부예산지원을 받는 프로그램이다. 학생자원봉사 프로그램 구성원들은 전국 대학생과 고등학생들이 주축이 되어 노인, 청소년문제, 소비자운동, 주택개선 등의 활동에 참여하며, 지역사회소외지역에서 봉사하는 지방대학・고등학교자원봉사자 프로그램의 질을 향상시키고 성장을 촉진하기 위해 기술적인 지원을 하며 출판 등의 활동을 하고 있다. 1976년에 이 프로그램에 약 50만 명의 대학생과 6만여 명의 고등학생들이 참여하였다.

⑦ 대학생자원봉사단(University Year for Action)

University Year for Action은 대학생들이 빈곤과 관련된 문제해결과 관련된 활동으로 1년간 참여하고 학점을 취득하는 자원봉사 프로그램이다. 이의 운영을 위해 ACTION은 교육기관에 지원금을 지원하였으며, 교육기관은 학생들이 지역사회와 동일시하는 것을 돕고, 지역사회의 문제를 해결하고자 시도했으며 지방 지원조직과 협동하여 자원봉사자 학생을 선발, 훈련, 지도 감독을 하였다 이곳에서 활동한 학생들은 대학의 수업료 일부와 자원봉사활동에 필요한 경비를 지원받았다.

⑧ 촛불재단(POLF : Point of Light Foundation)

전국 및 지역사회봉사법이 제정된 이후 1990년 5월 부시 대통령의 선거공약으로 설립된 이 재단은 당시 자원봉사 전국협의회인 VOLUNTEER와 통합하여 자원봉사활동의 중요성을 전파하고 자원봉사자를 확산시키는 업무를 담당했다. 촛불재단의 조직으로는 먼저 정책과 전략을 수립하는 이사회가 있다. 이사회는 청소년 대표, 정부기관, 기업, 교육계, 종교계, 민간단체 등 각계 대표들 26명으로 구성되어 있고, 그 하부조직에 대통령이 직접 임명하는 회장(당연직 이사), 5명의 부회장(각 부서 담당), 관리자, 조정자 등 60여 명의 직원으로 이루어져 있다. 촛불재단의 구체적인 사업은 다음과 같다.

- 지역 자원봉사센터(Local Volunteer Center)의 신규설립을 지원한다.
- 기존 센터를 육성시킨다.
- 자원봉사활동 활성화를 위한 프로그램을 개발하고 상담교육과 훈련을 실시한다.
- 매년 6월에 전국 자원봉사대회(National and Community Service Conference) 행사를 주최한다.
- 매년 4월에 전국 자원봉사 주간(National Volunteer Week) 행사를 주최하여 자원봉사자 포상 등을 실시한다.
- 해외 자원봉사지원사업(International Outreach Program)의 일환으로 모스크바에 최초의 자원봉사기관을 설립하고 이를 지원한다.
- 기타 국제자원봉사운동협회(IAVE)와 공동으로 전세계의 자원봉사센터에 대한 실태조사를 실시한다.

⑨ **미국봉사단**(CNS : Corporation for National Service-AmeriCorps)

1990년 전국 및 지역사회봉사법(The National Community Service Trust Act)이 제정된 이후 클린턴 대통령과 의회는 백악관의 National Service와 ACTION을 기반으로 하여 1993년 미국봉사단(AmeriCorps)을 결성했다.

이 기구는 기존의 연방정부 지원하에 있던 봉사조직들을 통합한 연방정부 소속 독립기관으로 대통령이 최고 책임자이고, 15명의 이사로 구성되어 있으며, 정부지원과 민간지원으로 재정을 충당하고 있다. '국내 평화봉사단'인 미국봉사단의 목적은 모든 연령층과 배경의 미국 사람들이 참여하도록 함으로써 미국의 교육 및 공공안전과 인간적 · 환경적 욕구를 해결하고자 하는 데 있으며, 사회문제 해결에 대한 시민의 책임을 공유하고, 사람들 간의 유대를 강화시키며, 서비스에 참여한 젊은이들에게 교육의 기회를 제공하는 것이다.

9 · 11테러 사태 이후 부시 대통령은 이를 개편하여 국가봉사단(New Freedom Corps)으로 전면 확대하여 출범시켰으며, 주요 프로그램으로는 미국봉사단(AmeriCorps), 학습봉사(Learn and Serve America), 전국노인봉사단(National Senior Service Corps) 등이 있다. 이 프로그램은 350개 이상의 민간조직과 AmeriCorps · VISTA와 AmeriCorps · NCCC라는 2개의 전국적인 프로그램을 포함하여 모

든 주에서 활동 중인 프로그램 연결망으로, 좁게는 지역사회에 조직되어 있는 민간조직과 넓게는 전국적인 민간조직과 연방기관과 연계를 하고 있다. 이를 보다 구체적으로 살펴보면, Ameri-Corps · VISTA는 18세 이상의 남녀, 노인들이 전임제로 장기간 활동하는 프로그램이다. 이들은 저임금 근로자들의 능력을 향상시키고 그들의 생활조건을 개선시키는 것을 목적으로 하고 있다. Ameri-Corps · VISTA의 참여자들은 폭력 피해자들과 활동한 경험과 기술을 공유하고, 지역사회 치안유지를 지원하며, 범죄를 예방하고, 자치방범대를 구성하면서 도시 · 농촌지역, 인디언 보호구역 등에서 봉사활동을 전개하고 있다. AmeriCorps · NCCC(National Civilian Community Corps)는 지방 지역사회 서비스단체에서 가장 활동을 잘하는 단체 중의 하나이며, 18~24세의 젊은이들을 모집해서 훈련하고 있다. 이들은 함께 생활하며 군대와 같은 훈련을 받으며 지역사회에 파견되어 팀으로 활동하고 있다. 이들의 활동은 주로 지역사회 치안유지 활동과 다른 공공안전 활동을 지원하면서 지역사회의 공공안전에 대한 욕구를 설명해 주는 등의 활동을 하고 있다.

(3) 자원봉사활동 현황

미국은 현재 전 국민의 50%가 자원봉사활동에 참여하는 것으로 나타나 있으며, 노동통계청은 연간 자원봉사를 시간의 가치로 환산한 금액이 전국적으로 2천 660억에 달한다고 발표한 바 있다(최덕영 외, 2006 : 66).

미국은 1975년 이후 증가한 가계소득 중 대부분이 상위 20%의 사람들에게 돌아갔을 정도로(Margriet-Marie Govvart, et al, 2001) 빈부 격차가 심해졌으며, 이렇게 불균등한 소득분배는 결과적으로 미국을 세계에서 가장 높은 빈곤율을 가진 선진국으로 만들었다(16.5%, UN Human Development Indicators, 2000). 유럽 선진국들과 비교했을 때 미국의 복지수준은 여전히 낮은 편이다. 미국의 사회정책들은 노인과 교육 및 복지개혁, 그리고 빈곤퇴치 프로그램들에 대한 지원에 초점을 맞추고 있다(Margriet-Marie Govvart, et al, 2001).

이러한 미국사회의 빈곤과 노령화 등의 사회문제를 해결하기 위한 대안으로 자원봉사활동은 더욱더 중요한 자원이 될 것으로 예상된다.

꼭 알아야 할 내용

- 미국의 자원봉사활동의 발달과정
- 미국의 자원봉사활동의 조직과 현황

4. 일본의 자원봉사활동

1) 자원봉사활동의 발전과정

1870(明治)년대부터의 자원봉사활동는 자선적 측면, 치안유지의 측면, 협동의 측면으로 시작했다. 1912년부터 1945년대까지 제국주의 시대의 자원봉사활동은 정권유지를 위한 조직이었고 자경단(自警團) 등도 그중에 포함되었다. 1945년 이후는 복지, 교육, 보건의료 등 광범위한 분야에 자선활동이 확산되어 전후 복구에 있어 원동력이 되었다.

일본의 자원봉사활동이 활성화되기 시작한 것은 제2차 세계대전 이후 서구의 민주주의 사상에 영향을 받으면서부터이다. 제2차 세계대전 이후 일본사회에 싹트기 시작한 자원봉사는 패전 후의 국가재건을 목적으로 혼란한 사회를 배경으로 부상자의 원호, 부상자의 보호를 위한 자생적 단체로 시작되었다. 1948년 '민생위원법'이 제정되어 정부가 위촉하는 관립 자원봉사자인 민생위원제도가 시행되었으며, '오사카 사회사업 볼런티어협회', '적십자봉사단', '동경 소년보호 사회청년부' 등의 단체가 발족되었다. 또한 1947년에는 '공동모금', 'BBS운동'이 시작되었고, 그 후 Workcamp활동, 학생 인보관운동이 시작되었다. 이러한 인보관 활동 중 대표적인 것으로 1949년 태풍피해가 계기가 되어 동경대학을 중심으로 한 인보운동이 재개됨으로써 1955년에는 '전국 세틀먼트 연합회'가 결성되기도 했다(이청자 외, 1993).

1951년에 사회복지협의회가 전국 및 도・도・부・현(道, 都, 府, 縣)에 창설되어 자원봉사활동의 적극적 추진을 위한 토대가 마련되었다. 일본에서 최초로 자원봉사라는 말이 사용된 것은 1952년에 에히메현(愛媛縣)에서의 '청년사회사업가자원봉사조직(Volunteer Youth Social Worker)'에 의해서 사용되었지만, 일반인들에게 알려지게 된 것은 이후 경제성장기에 접어들어 생활의 여유와 안정을 찾으면서부터이다(최덕영 외, 2006 : 136).

일본에 있어서 '제1차 볼런티어 물결'이라고 할 수 있는 움직임은 1960년대부터인데, 이때 자원봉사활동을 조직적으로 연대시키고, 새롭게 자원봉사활동을 육성하며 개발 보급하기 위한 추진기관을 설립하려는 움직임이 대두되었다. 또한 자원봉사에 대한 국민의 관심이 높아지면서 다양한 자원봉사활동이 행해졌고, 급기야는 여러 가지 활동의 조직화와 자원봉사활동의 거점 만들기가 이루어졌다. 이러한 활동으로는 '전국부모회 연락회', '전국중증심신장애아를 지키는 모임', '전국노인그룹 연락회' 등이 있다.

1962년에는 일본형 자원봉사센터라고 할 수 있는 '선의은행(Good Will Bank)'이 도쿠시마현과 오이타현에 개설된 이후 1971년 전국에 1,200개소에 달하게 되었다. 그러나 선의은행은 초기에는 노력봉사의 예탁으로부터 시작되었으나 점점 금품예탁으로 변질됨에 따라 주민참여정신에 한계가 드러나기 시작했다.

1963년에 전국 규모의 추진기관으로 '일본청년봉사단 추진협의회', 1965년에 해외 볼런티어 파견기관으로 설립된 '일본해외협력대'와 1965년 민간활동자들에 의해 설립된 '대판자원봉사협회'는 자원봉사에 있어서 선구적 역할을 한 기관이다. 이외에도 사회복지협의회에 오사카자원봉사협회, 후지자원봉사협회, 일본청년봉사협회 등 민간 주도의 자원봉사 사무국이 활발히 개설되어 운영되기 시작하면서 자원봉사활동 추진기관의 시대가 열리게 되었으며, 특히 1965년에 설립된 오사카자원봉사협회는 최초의 민간자원봉사협회로 교육・훈련에 주력하기 시작했는데, 이것은 일본자원봉사학교의 전형이 되었다(이청자 외, 1993).

'제2차 볼런티어 물결'은 중앙정부와 지방자치제에 의해 자원봉사활동이 보급・추진되기 시작한 1970년경부터이다. 1970년에는 일본에서 처음으로 다양한 활동가에 의해 기획된 '제1회 전국자원봉사활동연구대회'가 출범하여 현재도 계속되고 있다. 한편 1970년대부터 지역별로 민간의 '볼런티어협회'가 설립되었으며, 사회복지협의회에 의한 '볼런티어센터'의 설립에 박차를 가하였다(박민서, 1998). 1973년에 14개의 도・도・부・현이 태풍피해를 입게 된 일이 계기가 되어 자원봉사활동 추진체계가 정비되기 시작되었으며, 이후 1975년 '사회복지사업법'에 의해 전국사회복지협의회 내에 '중앙볼런티어센터'가 설치되어 복지교육의 필요성을 강조함에 따라 자원봉사자의 양적 확대에서 질적 확대의 전환기를 맞이하게 되었다. 1977년부터는 '자원봉사보험제도'를 실시하였으며, 1978년에는 학생의 자원봉사활동 보급을 위해 '복지협력교'사업을 실시했다. 이로 인해 학교교육현장에서 자원봉사활동이 확산되기 시작했다.

'제3차 볼런티어 물결'은 자원봉사발전기라고 할 수 있다. 1980년대 후반부터 기업과 노동단체에서 시작된 '사회공헌활동'은 국민적 자원봉사활동에 많은 영향을 주었다. 이러한 활동은 1990년대 해외협력 NGO활동으로 확산되어 일본 자원봉사활동의 국제화를 추진하는 원동력이 되었다.

'제4차 볼런티어 물결'은 1990년대 들어서면서 많은 기업들의 사회공헌활동이 활성화된 것이 특징이다. 일본기업의 사회공헌활동은 주로 기부, 직원의 자원봉사활동지원, 독자적인 프로그램 실시의 세 가지 방법으로 이루어지고 있다. 후생성은 1993년 '국민의 사회복지 관련 활동참여조치에 관한 기본 지침'을 작성하고 이에 기초한 자원봉사활동의 진흥을 추진하고 있다. 1994년도에 전국사회복지협의회에서 파악하고 있는 자원봉사단체수는 약 60,378개에 이르고, 소속된 자원봉사자 수는 4,997만 명에 달하고 있다. 한편, 1995년에 발생한 한신대지진으로 인해 자원봉사활동에 대한 경제적 지원의 필요성이 높아짐에 따라 효고현이 1995년 4월부터 자원봉사활동비의 지급을 실시하였다. 그리고 자원봉사단체 등 민간비영리단체 활동의 건전한 발전을 지원하기 위해 1998년 '특정비영리활동촉진법'이 제정됨에 따라 많은 비영리조직이 설립되었다(성민선, 1997).

한편 일본의 자원봉사활동에 대하여 가와시마(Kawasima)는 일본의 자원봉사활동을 크게 네 가지로 분류하고 있다. 첫째는, 쵸나이카이(Chonaikai, 町內會) 혹은 지치카이(Jichikai, 自治會)로서 '전통적이면서 비제도적인 자원봉사활동'이 마을 주민들 사이에 존재해 왔다. 1930년대와 1940년대에 이 조직의 주민들은 비제도적 자원봉사활동에 참여하면서 경우에 따라서는 정부정책에 반대하는 반체제인사 색출을 위해 기여해 온 활동으로 인해서 비판이 제기되고 있다. 두 번째 형태는 '전통적으로 제도화된' 자원봉사활동의 하나로 1918년 방면위원으로 시작되어 1948년 법제화된 '민생위원(民生委員)'이라고 할 수 있다. 이는 정부에서 지역마다 봉사정신이 투철한 사람들을 임명하여 마을의 어려운 사람들을 돌보도록 한 제도이다. 이들에게는 매월 소정의 활동비가 지원되었으며, 이들의 집에는 대문에 '민생위원의 집'으로 표찰을 달아주어 어려운 사람들이 이들의 집을 찾아가 상담을 받을 수 있도록 했다. 이들은 행정기관과 사회복지시설의 중간에서 조정자의 역할을 수행하는 주민 조직의 지도자이기도 했다. 그러나 민생위원의 역할은 긍정적인 측면도 있었지만 사회통제의 수단으로 사용했다는 비판도 있다. 세 번째 형태는 최근에 들어오면서, 비전통적이면서 제도화된 자원봉사활동을 말한다. 그중 하나는 볼런티어 활동이라고 할 수 있다. 이런 종류의 자원봉사활동은 주로 복지 부문에서 많이 볼 수 있는데, 대표적인 예로 '노인 가정방문'을 들 수 있다. 네 번째로는 1998년 제정된 '비영리활동증진을 위한 법(Law to Promote Specified Nonprofit Activity)'에 의하여 비영리조직이 설립되고 이러한 비영리조직에서 자원봉사자들을 활용하고 육성하는 활동이라고 할 수 있다(볼런티어 21, 2002).

2) 자원봉사활동의 조직과 현황

(1) 민생위원제도

일본은 과거 방면위원령에 의한 방면위원을 1948년 '민생위원법'에 의한 민생위원으로 명칭을 변경하여 정부가 위탁하는 일종의 관립 공공자원봉사자로서 활동하게 하였다. '민생안정의 협력자'란 뜻인 민생위원은 지역사회의 복지증진에 협력하는 '지역사회 자원봉사자'로서 사회복지의 예방적·협력적 활동에 역점을 두었다. 이들의 활동은 지역사회의 생활실태 파악을 위한 조사, 요보호자에 대한 상담지도, 저소득층을 위한 대부사업 등과 사회복지 행정기관이나 시설과의 업무연락 및 협력에 관한 것이다. 이들에게는 매일 교통비 등의 소정의 활동비가 지원되고 있으며, 정부에 의해 임명되어 활동하는 자원봉사자라는 특징이 있다.

(2) 선의은행

일본은 1945년부터 1970년대 초기까지 민생위원제도와 공동모금을 정책적으로 추진해 왔으며, 민간부문에서는 1962년에 도쿠시마(德島)현 사회복지협의회가 금품과 서비스 제공기관으로 설치했던 '선의은행'이 도・도・부・현, 시・구・정・촌 사회복지협의회로 확대되면서 자원봉사개발과 수급조정기능을 담당하는 역할을 하였다. 이와는 별도로 동경도에서는 지방자치단체가 독자적인 정책에 의해 공설민영(公設民營) 방식으로 '볼런티어 코너'를 운영하기도 하였다. 1970년대 후반부터 1980년대에는 중앙정부와 지방정부의 보조에 의해 사회복지협의회를 중심으로 자원봉사활동체계가 조직되었다. 1962년 설립된 선의은행은 1975년 이후 사회복지협의회 조직 내의 '볼런티어 센터'로 개칭되었으며 볼런티어 코너 역시 1981년에 동경도 사회복지협의회에 이관되어 사회복지협의회 내의 조직으로 재편되었다.

(3) 자원봉사센터

1962년 설립된 선의은행은 1975년 자원봉사센터로 명칭을 변경하게 된다. 일본의 각 지역과 지방에는 자원봉사센터 네트워크가 구축되어 있는데, 그 운영은 정부위탁기관으로 설립된 사회복지협의회(Council of Social Welfare)가 담당하고 있다. 자원봉사센터에서는 서비스제공 프로그램을 실시하고 있으며 이 중 많은 부분이 정부와 관련되어 있다. 자원봉사센터에서는 '친구되기 활동(befriending activities)' 또는 복지서비스를 받을 수 없는 사람들을 위해 차량서비스 등을 제공하고 있다. 자원봉사센터는 자원봉사자들을 모집하고 배치하며, 자원봉사활동에 관한 교육을 추진하고 있다. 또한 자원봉사관리에 관한 자문을 해주는 지원센터의 기능을 하며, 자원봉사에 관한 모든 문제를 해결하기 위한 두뇌집단의 역할도 한다. 정부는 사회복지협의회를 통해 자원봉사센터에 예산을 지원하고 있다.

(4) 볼런토피아(Voluntopia) 사업

1980년대 후반 이후 사회문제와 사회적 욕구가 다양화됨에 따라 민간활동이

복지영역 외에 자연보호, 시가지 정비, 도시계획, 국제협력 등으로 넓혀갔고 자원봉사정책도 이에 따라 다양한 영역으로 확대되어 갔다. 1986년부터 후생성에 의한 복지마을 만들기(Voluntopia) 사업이 시작되어 볼런티어 센터를 강화함과 동시에 지방자치단체를 중심으로 행정기관의 위촉을 받은 유급자원봉사자가 생겨났다. 이처럼 1980년대는 자원봉사영역의 다양화와 지방분권화가 추진되었다.

(5) 학생자원봉사활동

최근 일본은 대학교와 고등학교 내에 자원봉사활동을 장려하고 지원하는 자원봉사센터를 설치하고 있다. 자원봉사센터를 학교에 설치하게 된 계기는 한신·아와지(Hanshin-Awaji) 지진과 일본 바다에 기름이 유출된 사건 이후에 많은 학생들이 자원봉사활동에 참여한 것이었다. 한신·아와지 지진 후에 설치된 와세다 대학교 자원봉사센터의 모든 활동은 '학생 중심의 발상(student oriented concept)'을 통해 학생들에 의해서 조직·운영되고 있다.

(6) 자원봉사 유급휴가

오사카 자원봉사센터(Osaka Voluntary Action Center)에서는 기업의 시민의식 향상을 위한 기능을 수행하면서 기업이 비영리 부문과 쉽게 접촉할 수 있도록 돕는 활동을 전개하고 있다. 이 센터에서는 자원봉사를 하고자 하는 직원들이 소그룹에 가입하여 활동할 수 있도록 도와주고 있다. 센터에서는 격월제의 '자선활동 연결포럼(Philanthropy Linkup Forums)'을 개최하여 지역사회의 주요 기업들이 자원봉사활동에 적극 참여하도록 협력 지원하고 있다. 후지 제록스사는 1990년 초에 이미 사회봉사 프로그램(Social Service Program)을 전개하였는데, 이 회사는 프로그램에 참여하는 직원들에게 2년 동안의 유급 휴가를 허용하고 있다. 후지 제록스 회사의 영향으로 많은 기업들이 이를 벤치마킹하고 있고, 지방의 공공기관에서도 소속공무원들에게 자원봉사 유급휴가를 적용하는 사례가 증가되고 있다.

(7) 기업의 사회공헌활동

1990년대에 들어오면서 복지관계법이 대폭적으로 개정되어 시정촌을 중심으로 종합적인 사회복지 추진체계로 전환되는 한편, 1990년대부터 기업의 사회공헌 활동이 활발해져 대기업을 중심으로 기업의 기부활동과 소속 직원의 자원봉사활동에 대한 지원이 추진되기 시작하였다. 국가의 재해와 재난 시에 일반 시민과 소방기관과의 협력을 구축하는 것이 각 지방에서 제도화되었으며, 자원봉사 교육과 코디네이터 양성, 자원봉사 단체 간의 네트워크 추진, 자원봉사정보시스템 구축 등이 이 시기에 이루어졌다. 기업에 의한 사회공헌활동의 방법은 기부금 지원, 근로자의 자원봉사활동 지원, 프로그램 참여의 세 가지 형태로 진행되고 있다. 기업은 사회공헌 활동을 위해 민간단체로부터 서비스와 노하우를 제공받고 민간단체는 기업으로부터 자금과 인재 등을 지원받을 수 있다는 점에서 이들 간의 파트너십에 대한 중요성이 인식되고 있다(볼런티어 21, 2002 ; 한국사회복지관협회, 1997).

(8) NPO와 자원봉사활동

NPO(비영리활동법인)는 현재의 일본에 있어서 새로운 활동단체로서 급속하게 발전하고 있다. 규모에 있어서도 복지, 사회, 보건의료, 환경, 취미오락, 컨설팅과 활동평가 등도 실시하고 있다. NPO는 공익법인으로서 사단법인, 재단법인, 학교법인, 사회복지법인, 종교법인 등과 같은 성격을 가지고 있다. 하지만 NPO는 상기의 다른 법인들처럼 허가가 아니고 인가를 받는다는 점에서 설립은 쉽지만, 실태를 파악하기는 어려운 점이 있다.

NPO의 복지사업은 주간보호소, 홈헬퍼서비스, 그룹홈, 도시락서비스 등의 직접 서비스와 상담지원, 권리원호 등의 권리지원을 행하는 것과 여가지원, 집 돌봐주기 등 폭 넓은 사업을 실시하고 있다.

일본은 NPO 운영과 NPO 자원봉사 등을 지원하는 센터가 각 도・도・부・현에 설치되어 있으며, 보건복지 부문 NPO 운영에 필요한 재정을 정부가 지원하고 있다.

(9) 자원봉사활동 현황

후생성의 자료에 의하면 1994년 3월 일본의 자원봉사자수는 모두 4백 69만 명으로 1980년과 비교할 경우 15년 만에 3배 정도 늘어났다. 활동이 파악되지 않는 자원봉사자들까지 포함할 경우 약 7백만 명에 달한다고 한다. 자원봉사단체는 56,100여 개로 자원봉사자의 95% 이상이 자원봉사단체를 통해 봉사활동을 하고 있다. 직업별로는 주부가 전체 절반을 차지하며, 여성이 75%를 차지하고 있다. 또한 정년퇴직을 한 장년층을 중심으로 자원봉사활동이 확산되어 있다. 40~65세의 자원봉사자가 전체 60.2%임을 감안하면 일본의 자원봉사활동은 장년층이 주도해 가고 있음을 알 수 있다(이팔환 외, 2006 : 39).

꼭 알아야 할 내용

- 일본의 자원봉사활동의 발달과정
- 일본의 자원봉사활동의 조직과 현황

03 CHAPTER 자원봉사자의 역할과 동기

1. 자원봉사자의 역할과 자세

1) 자원봉사자의 역할

자원봉사자의 역할은 자원봉사활동 기관별, 유형별, 임무별 등 여러 가지 다양한 측면에서 살펴볼 수 있다.

국내 자원봉사자들이 활동하는 장소를 살펴보면, 종교단체가 1위였으며, 사회복지기관, 관공서, 공익민간단체, 교육기관, 공원, 거리 등 다양한 지역사회현장, 사회적 경제조직(협동조합 등), 보건의료기관, 재난재해현장 등의 순으로 나타났다. 또한, 자원봉사자들의 활동 유형별로 살펴보면, 일손 돕기가 1위였으며, 대인서비스, 모금, 교육, 교통질서계도, 방법, 보건의료 생태계보전, 재활용, 스포츠 여가지도, 기능 및 숙련기술지원, 문화예술공연 등의 순으로 나타났다(행정안전부, 2017). 이러한 점들을 살펴볼 때 아직까지 국내에서는 종교단체와 일손 돕기 등에서 자원봉사자의 역할이 가장 많이 이루어지고 있는 점을 알 수 있다.

미국 사회사업백과사전(Encyclopedia of Social Work)에서는 자원봉사자의 역할은 다음을 포함한다고 제시하고 있다(류기형 외, 2018 재인용).

① 치료적 또는 재활적 서비스를 필요로 하는 조건들이나 문제들을 확인하는 역할

② 정책을 결정하는 역할

③ 직접적인 서비스를 제공하는 역할

④ 기금을 조성하는 역할
⑤ 조직의 대변인으로서의 역할, 즉 그 조직의 프로그램들과 그들이 지향하는 문제들을 설명하는 역할
⑥ 프로그램들에 대한 지역사회의 반응을 보고하고 평가하는 역할
⑦ 지역사회계획 활동에 협력하는 역할
⑧ 새로운 서비스 전달체계를 개발하는 역할
⑨ 가난한 자 및 권리를 빼앗긴 자의 권익옹호자로서의 역할
⑩ 항의 및 공적 활동을 하는 역할

김영호 등(2006)에서는 자원봉사자의 역할을 다음과 같이 제시하였다.

① **문제예방 및 치료자의 역할** : 사회문제 및 욕구의 발견과 더불어 사회문제를 예방, 통제, 치료하는 사회복지기관의 방침을 결정하거나 직접서비스를 제공하는 활동에 참여한다.
② **옹호자 및 매개자로서의 역할** : 도움이 필요한 개인, 집단, 지역사회의 문제를 알리는 옹호자로서의 역할과 활동대상자, 사회복지기관, 그리고 지역사회 간의 중간매개자의 역할을 한다.
③ **변화 및 개혁자로서의 역할** : 바람직한 사회변화와 적절한 사회적 서비스를 지원할 수 있도록 발전시키며 인간존중의 정신을 실현하기 위한 제도적·구조적 개혁을 주장하고 변화시킨다.
④ **건설적인 비판자로서의 역할** : 복지서비스의 질적 효과를 측정, 평가하는 평가자로서 평가를 통한 서비스 개선을 제안하며, 나아가 부족한 제도나 시책을 개선하도록 하는 추진자로서의 역할을 한다.

자원봉사자의 역할은 시대에 따라 계속해서 변화하고 있다. 한국중앙자원봉사센터에서는 2018년 한국자원봉사의 해 비전선언문을 제시하면서, 지금까지의 자원봉사자의 역할을 검토해 보고 앞으로의 자원봉사자의 비전 및 역할을 제시하고 있다(표 3-1 참조). 이외에도 앞으로 우리 사회에서는 4차 산업혁명과 온라인 산업 등이 급속히 팽창됨에 따라, 자원봉사자의 역할도 비대면(언택트 : untact) 분야로 보다 다양하게 확장되어야 할 필요가 있다.

〈표 3-1〉 한국중앙자원봉사센터 2019~2021 자원봉사 비전선언문과 자원봉사자의 역할

2019~2021 자원봉사 비전선언문

'한국자원봉사의 해' 비전선언문

"자원봉사의 힘으로 깨어진 관계를 회복하고 사회변화를 만들어 나갑시다."

'한국자원봉사의해' 비전선언문은 자원봉사의 시대적 의미를 되새기고, 이후로도 자원봉사가 생동하는 시민들의 활동으로 발전해 나가며, 건강하고 행복한 사회를 만들어 가는 자산으로 자리잡도록 하기 위해 지금 우리에게 무엇이 필요한지에 관한 공유된 생각과 다짐들을 담고 있다. 여기에는 한국자원봉사가 이루어 온 성취와 시대의 변화에 부응해 감당해야 할 역할들, 그리고 자원봉사가 지향해야 할 변화와 더 나은 미래를 위해 우리 자원봉사자들이 견지해야 할 가치들이 포함된다. 이 선언은 결정되고 주어진 것이라기보다는, 지금 여기서 자원봉사를 실천하는 모든 주체들이 자원봉사와 사회의 발전을 위해 함께 논의하고 공감대를 형성해 가는 중요한 출발점이 될 것이다.

지나온 길, 나아갈 길

자원봉사는 시민들이 동료시민을 돕고, 함께 사회변화를 이루기 위해 누구나 참여할 수 있는 사회활동이다. 이를 통해 우리는 1988년 서울 올림픽을 치러내고, 1997년 IMF 경제위기와 2007년 태안 기름유출 피해를 극복하고, 2016년과 2017년에 걸쳐 위기에 빠진 민주주의를 지켜내기 위한 촛불 행동에 이르기까지 한국의 현대사와 함께 발전해 왔다. 자원봉사는 언제까지나 시민들의 친숙한 사회참여의 통로이자, 사회의 지속적인 변화를 이끄는 기제로서 함께할 것이다. 한국의 자원봉사가 지속가능하게 발전해 나가기 위해서는 시대의 목소리에 귀 기울이고 적극적으로 부응하기 위한 노력도 요청된다.

우리 사회는 많은 성숙을 이뤄내기도 했지만, 한편으로는 경쟁과 갈등이 심화되는 가운데 '힘'과 '돈'의 논리가 우리의 삶에 근본적인 영향을 미치고 있다. 힘과 돈의 논리의 강화는 시민사회 고유의 '스스로 함'(자율)과 '더불어 삶'(호혜)의 원리의 약화로 이어졌다. 이런 상황은 우리 시민들의 삶에서 '관계의 깨어짐'으로 나타난다. 사람과 사람 사이에 관계의 황폐함이, 사람과 사회 사이에 지배나 무기력함이, 사회와 사회 사이에 차별과 배제가, 사람과 자연 사이에 무분별한 파괴가 일상화되고 있다.

그럼에도 불구하고 늘 희망은 깨어 있는 시민들의 작은 행동들로부터 싹튼다. 우리는 역사상 그 어느 때보다 시민들의 다양한 사회참여 활동들이 활성화된 상황을 맞이하고 있다. 민관협력의 흐름 속에 사회참여의 기회가 늘어나고 있고, 시민들은 이제 누구의 지도를 받기보다 스스로 사회참여 활동을 만들어가는 경향이 짙어지고 있다.

우리가 자임하는 역할

시민들의 사회참여 활동은 힘과 돈의 논리, 관계의 깨어짐을 극복하는 힘으로 발현돼야 한다. 그리고 시민의 힘으로 관계의 회복과 사회의 변화를 이루어 가는 시대적 요청에 우리 자원봉사계가 그 누구보다 앞장서고자 한다. 우리는 시대의 목소리에 귀 기울이면서 다음과 같은 역할을 자임하고자 한다.

첫째, 사람 · 사회 · 자연의 상처를 치유하고, 깨어진 관계를 회복하기 위해 노력한다. 힘과 돈의 논리가 우리의 삶을 지배하면서, 상처 입은 사람 · 사회 · 자연이 우리에게 도움을 요청하고 있다. 우리는 우리 안에 자리 잡고 있는 공감의 감각을 일깨움으로써 도움에 나설 수 있다. 사람과 사람의 관계회복을 통해 시민들이 이웃과 소통하고 우리 사회를 함께 구성하는 동료 시민들을 인식하고 고려하는 문화를 형성해 나가야 한다. 아울러 우리의 무분별한 자연의 활용을 막고,

이를 통해 나타난 자연의 파괴를 바로잡는 노력을 통해 사람과 자연의 관계를 회복해 나가야 한다.

둘째, 힘과 돈의 논리에 치우친 사회의 균형을 회복하기 위해 노력한다. 먼저 시민들의 인간적·사회적 삶의 기반이 되는 자율과 호혜의 원리를 지키고 풍성하게 해야 한다. 이를 통해 시민들이 활발한 자원봉사활동을 통해 스스로 함께 자신의 삶과 사회를 만들어 갈 수 있다. 아울러 시민들의 선한 의지와 실천은 국가와 사회를 좀 더 나은 방향으로 변화시킬 수 있는 잠재력을 지니고 있다.

셋째, 상처를 치유하고, 관계와 사회의 균형을 회복할 수 있는 근원적인 힘인 시민들의 실천역량을 강화해야 한다. 이제 자원봉사는 양적인 성장을 넘어 시민들의 자원봉사를 향한 동기와 역량을 형성해야 한다. 자원봉사는 시민사회의 힘을 활용해 무언가를 하는 것이기도 하지만, 시민사회 그 자체를 건강하고 튼튼하게 만들어 가는 활동이기도 하다.

우리에게 필요한 변화

자원봉사가 시대의 목소리를 듣고 부응하며, 사회의 변화를 이끌어 내는 활동이 되기 위해서는 자원봉사 스스로도 먼저 변화해야 한다. 자원봉사가 지향할 변화는 시대적 흐름에 부응하기 위한 것이기도 하지만, 근본적으로는 자원봉사 스스로가 사회와 함께 성장하고 진화하기 위해 실천해야 할 당연하고 능동적인 자기쇄신의 과정이다. 변화의 과정은 자원봉사가 언제까지나 지켜야 할 본질적인 정신과 시대적 도전에 슬기롭게 대응하기 위해 필요한 과제, 즉 변하지 말아야 할 것과 변해야 할 것을 분별하는 것으로부터 출발해야 한다. 대가를 바라지 않는 무보수성, 스스로의 결단에 의해 실천에 나서는 자발성, 그리고 자신보다는 타인과 사회를 위하는 공익성은 자원봉사를 자원봉사답게 하는 본질로서 모든 자원봉사의 실천과 논의과정에 스며들 수 있도록 지속적으로 노력해야 한다.

한편 최근의 사회적 변화들은 자원봉사로 하여금 본질에 충실함과 함께 유연한 변화가 필요함을 말해준다. 사회적 경제를 비롯해 자원봉사와 경제영역 간 접점이 확장되기도 하고, 시민들의 자원봉사활동이 지닌 경제적 의미와 효과에 대한 논의가 활성화되면서 무보수성과 비영리성에 대한 전향적 사고가 요구되고 있다. 자원봉사학습이나 기업 임직원 자원봉사활동에서 볼 수 있는 '권유되는' 자발성은 자원봉사의 활성화를 위해 꼭 필요한 것이지만, 그것이 본질을 해치지 않도록 주의 깊게 다뤄져야 한다. 아울러 공익의 의미가 단지 타인에게 도움을 주는 것을 넘어 시민들의 자조(自助)적 활동이나 지역사회의 발전에의 참여로 확장되면서, 공익에 대한 확장되고 적극적인 접근이 필요하다.

아울러 자원봉사를 '불쌍한 사람 돕는 일'로 지나치게 협소하게 이해하는 전통을 넘어서는 것도 필요하다. 이미 시민들은 다양하고 새로운 형태의 자원봉사와 사회참여의 내용과 방법들을 개척해 내고 있다. 자원봉사는 마을 만들기, 사회적 경제, 도시재생, 시민운동 등 다양한 공익활동 영역들과 구별되는 영역이기보다, 모든 공익활동 속에 존재하는 저변을 형성하는 활동이라는 이해가 필요하다. 이럴 때 우리 자원봉사의 지평이 확장될 수 있다. 자원봉사가 어떻게 얼마만큼 변해야 하는지는 누군가 정해주는 것이 아니라, 전적으로 자원봉사와 관련된 모든 주체들이 주도적으로 논의하고 합의해 나가야 할 문제다.

더 나은 미래를 향한 자원봉사

한국의 자원봉사는 언제까지나 시민과 함께 더 나은 미래를 만들어 가는 지속가능한 활동으로 한 단계 더 성숙해야 한다. 이를 위해 한국의 자원봉사는 다음과 같은 새로운 가치를 향해 나아가야 한다. 첫째, 성장과 변화다. 자원봉사가 시민들이 사회적 가치를 학습하고 좋은 시민으로 성장하는 장(場)으로, 그리고 시민들이 좋은 사회를 만들어 가는 변화의 동력으로 자리 잡아야 한다. 이런 의미에서 우리 사회의 미래를 이끌어 갈 청년과 청소년자원봉사의 중요성은 더욱 강조된다.
둘째, 자율과 공공성이다. 자율성은 자원봉사가 지니는 가장 근본적인 가치다. 시민들은 정부와 시장의 논리로부터 자유롭게 스스로 자원봉사의 의미와 실천을 만들어 갈 수 있어야 한다. 동시에 자원봉사는 어려움에 처한 동료시민을 돕고 좋은 사회를 만들어 가는 공공성을 지닌 활동으로, 그에 걸맞게 자원봉사는 역량과 책임성을 갖춰야 한다.
셋째, 연대와 생태계다. 자원봉사는 가장 일반적인 시민사회 공익활동으로 다양한 영역에 걸쳐 이루어지고 있다. 지금까지 다소 분절적으로 발달해 온 다양한 자원봉사'들'이 서로 연대해 상승(相昇)의 힘을 모아야 한다. 아울러 지역사회를 시민들이 자원봉사를 통한 사회참여 기회를 얻고 동료 시민과 함께 삶과 사회의 변화를 도모하는 일상적인 공간, 즉 자원봉사 생태계로 조성해 나가야 한다.
전국의 현장에서 자원봉사활동을 펼치는 자원봉사자와 자원봉사단체, 자원봉사의 활성화를 지원하는 자원봉사센터와 정부부처와 지방자치단체, 그리고 자원봉사를 통해 사회공헌의 길을 모색하는 기업 및 경제 주체들은 성장과 변화, 자율과 공공성, 그리고 연대와 생태계의 가치가 살아 숨 쉬는 자원봉사를 만들어 가기 위해 함께 노력해 나갈 것이다.

출처 : 한국중앙자원봉사센터, 2018년 12월 5일 제정.

2) 자원봉사자의 자세

자원봉사자는 효과적인 자원봉사활동을 위해서 다음과 같은 기본적 자세와 태도 등이 필요하다고 제시되었다(김영호, 1989).

① 자신이 관심있는 일에서부터 시작한다.
② 자기 주위에 있는 일(가정, 이웃 지역사회)부터 시작한다.
③ 상대방의 필요에 따라서 상대방의 입장에서 활동하되 상대방이 의타심을 갖지 않도록 한다. 그러기 위해서는 먼저 신뢰관계를 형성하는 것이 필요하다.
④ 활동은 세밀한 계획하에 서비스를 마칠 때까지 계속해서 하되 무리하지 않아야 한다.
⑤ 매사에 약속을 지키며, 책임있는 언동과 신뢰받는 활동이 되어야 한다.
⑥ 활동에 있어서는 한계를 정한다. 즉, 일의 양, 시간, 목적, 사람 수 등의 한계를 정하여 시작하는데 서로 간에 이해가 되어야 한다.
⑦ 활동을 점검하고, 일의 경과를 기록하여 평가와 지도, 발전의 자료로 비치한다.

⑧ 자원봉사자는 계속하여 학습하고 자신을 성장시킨다.
⑨ 자원봉사활동은 겸손한 태도와 감사한 마음으로 기쁘게 시작하고, 상호 간에 감사함과 보람으로 마칠 수 있도록 노력한다.
⑩ 활동을 시작하기 전에 가족과 직장의 이해를 얻는다.
⑪ 자신의 올바른 활동은 모든 자원봉사자를 대표하는 것이라는 마음으로 한다.
⑫ 가족과 이웃, 그리고 전 국민을 자원봉사자화하는 것을 목표로 적극적인 자세를 갖는다.
⑬ 활동 중에 알게 되는 비밀을 보장한다.

이 밖에도 자원봉사자가 활동할 시 가져야 할 자세와 유의사항으로 다음과 같은 점들을 주의해야 한다(사회복지 자원봉사정보안내센터, 1997).

① 봉사활동을 너무 쉽게 생각하지 않는다.
② 자칫 자기도취와 우월감에 사로잡혀 자만에 빠지지 않는다.
③ 자원봉사활동은 스스로의 삶을 성숙하게 하는 과정임을 잊지 않는다.
④ 약속을 쉽게 하지 않는다.
⑤ 자원봉사활동 시 알게 된 기관과 봉사대상자에 대한 비밀을 절대로 누설하지 않는다.
⑥ 자원봉사는 봉사대상자가 희망한 내용만을 지원할 뿐 그 이상을 모두 해주거나 봉사대상자에 대한 잘못의 추궁과 비판을 금해야 한다.
⑦ 자원봉사자 자신의 개인 사정이나 문제가 발생하여 마음이 불안하고 긴장상태의 감정이라면 그날은 봉사활동을 잠시 중단한다.
⑧ 자원봉사활동의 일방적 중단은 있을 수 없는 일이다.
⑨ 자원봉사자가 소속하고 있는 기관의 정책이나 봉사정신, 종교 등 그 기관 고유의 특수성과 체제 등을 인정하고 수용하여야 한다.
⑩ 자원봉사자 자신의 자아성장을 위한 질문을 수시로 자신에게 해야 한다.
⑪ 자원봉사자는 타인을 위한 진정한 의미의 봉사활동 속에서 자아의 발견을 위한 자신의 노력도 게을리해서는 안된다.

자원봉사자의 자세와 활동원칙은 1999년 6대 국내민간단체협의회(한국대학사회봉사협의회, 한국사회복지협의회, 한국시민단체협의회, 한국자원봉사단체협의회, 한국종교인평화회의, 한국청소년단체협의회)가 주최한 '자원봉사자 전국지도자대회'에서 채택·선포한 '자원봉사자 윤리강령'을 준수하는 것이 무엇보다도 중요하다.

자원봉사자 윤리강령

첫째, 자원봉사자는 생명의 귀중함과 모든 사람은 평등하다는 것을 인정하며 차별을 두지 않고 상대방의 입장을 이해하는 겸허한 자세로 활동하여야 한다.

둘째, 자원봉사자는 사회를 구성하는 모든 영역과 분야에서 삶의 질 향상과 건강한 지역사회 조성 및 더불어 함께 살아가는 공동 복지공동체 구현을 위해 활동하며 전통문화의 존중과 새로운 문화창출에도 이바지하여야 한다.

셋째, 자원봉사자는 올바른 가치관과 윤리관을 가지고 자신의 능력과 자질을 향상시키기 위한 노력을 하여야 하며 스스로 참여하고 활동하는 일에 대하여 투철한 사명감을 가지고 책임과 의무를 충실히 이행하여야 한다.

넷째, 자원봉사자는 민주시민정신의 실천자로서 지역사회의 다양한 욕구에 부응하고 사회적으로 발생하는 제반 문제에 대하여 예방과 치료 및 지원, 협조, 대책을 강구하는 활동의 제공으로 특정한 보수나 대가를 대신한다.

다섯째, 자원봉사자는 활동대상의 권익과 사생활을 보호하고 활동과 관련된 인격존중과 기관의 규칙을 준수하여야 하며 활동 중에 알게 된 비밀은 지켜야 한다.

여섯째, 자원봉사자는 자신의 참여와 활동을 통하여 봉사대상이 새롭게 보호, 변화, 발전하는 것이 곧 자신에게 보람과 긍지를 주고 삶의 의미를 인식하게 하는 것이며 또한 자신의 발전과 바람직한 인격을 갖게 하는 원동력이라는 확신을 가져야 한다.

일곱째, 자원봉사자는 지역사회공동체와 국가사회발전에 기여하고 나아가 세계평화와 인류애를 실천하는 봉사자가 되어야 한다.

꼭 알아야 할 내용

- 자원봉사자의 역할
- 자원봉사자의 자세

2. 자원봉사활동의 동기

1) 자원봉사 동기의 개념

일반적으로 동기란 '목적지향적인 행동을 야기하고 촉진시키며, 그 강도와 방향성에 영향을 미치는 내적 심리상태 및 조건'을 의미한다고 정의할 수 있다. 또 다른 측면에서 동기란 어떤 행동을 일으키게 하는 자발적인 욕구(need), 욕망(desire), 원함(want)으로, 개인의 목표지향적인 행동을 촉진하고, 또 그 행동의 강도나 방향에 영향을 미치는 개인의 내적 상태 및 조건을 의미한다(김영호 외, 2006).

구체적으로 동기에는 행동의 유발(arousal), 지향성(direction), 지속성(persistence)이라는 세 가지 주요 내적 기제가 작용한다고 할 수 있으며, 이러한 측면에서 자원봉사자의 동기란 자발적으로 자원봉사활동이라는 구체적인 행동을 하게 하고, 이를 지속시키는 자원봉사자의 욕구, 가치 그리고 힘이라고 정의할 수 있다(류기형 외, 2018).

자원봉사자의 동기는 자원봉사자가 자원봉사활동을 지속적으로 하게 하고 만족도를 높일 수 있다는 측면에서 중요성이 강조되어 왔으며, 실제적으로 국내외의 여러 연구에서는 자원봉사활동의 동기가 자원봉사자의 봉사활동 만족도와 지속성에 직접적인 영향력을 미치는 것으로 보고되고 있다.

2) 자원봉사 동기의 유형

여러 연구자들은 자원봉사의 동기에 대해서 다양한 방법으로 접근하고 있다. 자원봉사 동기의 유형은 그 구성요인들의 차원에 따라 단일차원요인모형, 이차원요인모형 그리고 다차원요인모형 등으로 구분할 수 있다.

첫째, 단일차원요인모형에서는 자원봉사동기가 '보상경험'과 관련된 여러 동기들의 조합에 의한 단일차원적 특성을 가지고 있다고 보았다. 오쿤 등(Okun, et al., 1998)은 자원봉사동기를 이차원적 혹은 다차원적 요인으로 구분한 기존의 연구들이 이론적이고 개념적 인구들이기 때문에 용어의 정의가 모호하며, 연구마다 다르게 설명되고 있어서 그대로 받아들이기에는 한계가 있다고 주장하였다.

둘째, 이차원 요인모형에서는 자원봉사동기를 두 개의 차원으로 설명하고 있는데, 대표적인 유형으로 이타적·이기적 동기유형과 내재적·외재적 동기유형을 들 수 있다. 위니포드 등(Winniford, et al., 1997)은 자원봉사동기를 이타주의적 동기와 이기주의적 동기로 유형화하였으며, 이타적 동기는 다른 사람을 돕거나 지역사회와 국가를 위해 헌신하고자 하는 동기를 의미하고 이기적 동기는 자아실현, 욕구충족과 같은 개인의 혜택이나 욕구를 실현하는 동기를 의미한다고 하였다.

일반적으로 이타적 동기와 이기적 동기는 상호 간에 부적 관계를 나타낼 것으로 생각되지만, 클레이 등(Clay, et al., 1986)의 연구결과에 따르면, 이기적 동기와 이타적 동기의 상관관계는 정적 관계(r=.37)로 나타났다. 즉, 이타적 동기와 이기적 동기가 개념적으로는 상호배타적이지만 자원봉사자는 두 가지 동기를 모두 갖고 있는 것을 의미한다고 볼 수 있다(박상욱, 2015 재인용).

또 다른 이차원 요인모형의 유형으로는 내재적 동기와 외재적 동기가 있다. 데시와 라이언(Deci & Ryan, 1985)은 인간행동의 자기결정권의 소재가 자기 자신에게 있느냐 아니면 외적인 요소에 있느냐를 기준으로 내재적 동기(intrinsic motivation)과 외재적 동기(extrinsic motivation)으로 구분하였는데, 내재적 동기란 봉사활동을 통해 얻게 되는 흥미나 즐거움, 만족 등을 의미하며, 외재적 동기란 활동의 결과로 얻어지는 외적 보상 등을 의미한다.

내재적 동기는 자원봉사의 자발성과 무급성이라는 특성으로 인해 매우 중요한 동기이지만, 외재적 동기에 대해서는 부작용이나 역효과에 대한 연구들도 있었다. 예를 들어, 레퍼 등(Lepper, et al., 1973)은 외적 강제에 의한 행위들은 그 원인인 외적 강제가 제거된 이후에는 지속적으로 이어질 가능성이 매우 낮다고 주장하였으며, 만일 그 행위를 지속적으로 하더라도 이는 행위를 통해 새롭게 형성된 내재적 동기에 의해 유발되거나, 사람과 환경의 역동적 관계에 의한 결과이지 외재적 동기의 결과는 아니라고 주장하였다(박상욱, 2015 재인용).

셋째, 다차원적 요인모형은 3개 이상의 유형들로 구성된 자원봉사동기모형을 의미한다. 프란시스(Francies, 1982)는 자원봉사동기를 욕구 프로파일(needs profile) 형식으로 구축하였는데, 새로운 것을 경험하고 개인의 성장을 추구하는 자아성장욕구, 타인과 지역사회 문제해결에 기여하고자 하는 사회적 책임 욕구, 봉사활동을 통해 새로운 사람과 교류하고자 하는 사회적 활동 욕구, 가족, 친구, 조직 등 주변인들로부터 봉사활동을 인정받고자 하는 타인의 기대부응 욕구, 사회적으로 봉사활동을 통해 인정과 존경을 받고자 하는 사회적 인정 욕구, 봉사활동에 대한 보상을 기대하는 사회적 교환 욕구, 개인의 보람이나 자아실현을 추구하는 개인적 성취욕구 등 7개 영역으로 유형화하였다(박상욱, 2015 재인용).

한편, 자원봉사관리자는 자원봉사자의 동기를 부여하고 향상시키기 위해서는 자원봉사자가 중요시하는 동기유형을 측정해 볼 필요가 있으며, 이때 활용될 수 있는 것이 자원봉사동기 척도이다. 국내에서 가장 많이 활용되고 있는 자원봉사동기척도로는 클레어리 등(Clary, et al., 1992)이 개발한 척도(VFI)를 들 수 있다. 클레어리와 스나이더(Clary & Snyder, 1991)는 자원봉사동기의 이차원적 요인모형에 대해 기능론적으로 접근하면서, 이기적 동기 영역 안에 다른 차원의 동기유형들이 있다는 것에 착안하여 여섯 개의 동기요인을 근거로 한 자원봉사기능척도(VFI : Voluntary Function Inventory)를 개발하였다. 이 이론의 핵심은 다중적 동기의 시각을 강조하는 것으로 개인은 자원봉사활동을 통해 한 가지 이상의 자원봉사동기가 충족된다는 것이다.

자원봉사동기에 대한 기능주의 접근에서는 네 가지의 기능적 전제를 주장하고 있다. ① 사람들은 의도적이고 계획적이며, 목표지향적인 특성을 가지고 있기 때문에 개인의 중요한 목적 충족을 위해 자원봉사를 한다. ② 사람들은 상이한 동기를 가지고도 비슷한 활동을 수행하기 때문에 똑같은 자원봉사를 하는 봉사자들이라도 그들의 동기가 서로 다를 수 있다. ③ 어떤 특정한 한 가지 활동을 수행할 때에도 다양한 욕구나 목적을 달성하려는 동기를 가지고 있기 때문에 봉사자는 한 가지 봉사활동에 두 가지 이상의 다양한 동기를 동시에 가질 수 있다. ④ 개인의 욕구와 목적이 충족되는 정도는 환경에 따라 다를 수 있다(Clary, et al., 1998).

이와 같은 기능주의 관점에서는 자원봉사동기유형의 기능을 여섯 가지로 범주화하여 제시하고 있다(Clary, et al., 1998).

첫 번째는 '가치(value)' 기능으로, 사람들은 타인을 돕는 것이 매우 중요하다는 믿음 때문에 자원봉사활동에 참여한다는 것이다. 가치기능은 자원봉사활동의 가장 핵심적이며 공통적인 동기로 밝혀지고 있으며, 가치동기가 강한 자원봉사자일수록 봉사기간을 완수하려는 경향이 강한 것을 조사되고 있다.

두 번째는 '이해(understanding)' 기능으로, 자원봉사자들이 활용되지 않았던 자신의 기술을 사용하거나, 세상을 좀 더 배우기 위해 자원봉사활동에 참여한다는 것이다. 이와 관련하여 의료기관의 봉사자들이 자원봉사활동을 배움과 자기개발 경험으로 인식하고 있는 것으로 조사되었다.

세 번째는 '강화(enhancement)' 기능으로, 개인의 성장이나 자긍심, 자기확신 및 자기증진을 위해 자원봉사활동에 참여한다는 것이다.

네 번째는 '방어(protective)' 기능으로, 개인들이 자신의 내적 불안이나 갈등, 타인보다 행운을 더 가진 스스로에 대한 죄책감 등 부정적인 감정으로부터 자신을 방어하기 위해 자원봉사활동에 참여한다는 것이다.

다섯 번째는 '사회성(social)' 기능으로, 사회적 상호작용 및 승인의 기회를 제공하는 기능과 관련되는데, 자신이 속한 준거집단이 중요하게 여기는 활동인 자원봉사활동을 수행함으로써 이들과 유대감을 강화시킬 수 있기 때문에 자원봉사활동에 참여한다는 것이다.

여섯 번째는 '경력(career)' 기능으로, 자원봉사활동이 기술이나 기회 등 개인의 경력개발에 혜택이 되기 때문에 자원봉사활동에 참여한다는 것이다. 이와 같은 자원봉사동기에 대한 기능주의적 접근은 자원봉사자의 동기에 대한 보다 다양하고 복합적인 정보를 제공하여 자원봉사자의 동기에 부합할 수 있는 과업설계를 할 수 있고, 자원봉사자의 만족도 향상과 지속적 참여를 위한 현실적인 전략을 모색할 수 있다는 점에서 의의가 있다.

VFI 척도에서는 자원봉사자의 동기를 경력동기, 사회성 동기, 가치동기, 이해동기, 강화동기, 방어동기 등 여섯 가지 유형으로 분류하고 있으며, 각 유형별 5개 문항으로 이루어져 총 30개 문항, 5점 척도로 구성되어 있다. 문항을 살펴보면 다음과 같다.

〈표 3-2〉 클레어리 등(Clary, et al., 1992)의 VFI 동기 척도

번호	질문내용	전혀 그렇지 않다	약간 그렇지 않다	보통이다	약간 그렇다	매우 그렇다
1	나보다 어려운 사람을 더 걱정하는 편이었다.					
2	자원봉사하는 대상에 대해 진심으로 걱정하고 있었다.					
3	어려운 사람들에게 동정심을 느끼고 있었다.					
4	다른 사람을 돕는 것을 중요하게 생각하고 있었다.					
5	나에게 중요한 무엇인가 할 수 있겠다고 생각했었다.					
6	친구들이 자원봉사활동을 하고 있었다.					
7	친한 사람이 내가 자원봉사활동을 하기를 원했다.					
8	가까운 지인들과 지역사회 자원봉사에 대한 관심을 공유했었다.					
9	나의 지인은 우리 동네에서 하는 자원봉사를 중요하게 여겼다.					
10	지인은 자원봉사를 중요하게 생각하고 있었다.					
11	자원봉사를 통해 새로운 분야의 일을 할 수 있을 것이라 생각했다.					
12	자원봉사를 하면 경력에 도움이 될 수 있는 사람과 만날 수 있을 것이라고 생각했다.					
13	자원봉사를 통해 다른 진로를 찾아볼 수 있을 것이라고 생각했다.					
14	자원봉사를 하는 것은 나의 직업적 성공에 도움이 될 것 같았다.					
15	자원봉사경험은 내 이력에 도움이 될 것이라 생각했다.					
16	자원봉사를 함으로써 일(쉬지 않고 무엇인가를 하는 것)의 의미를 더 잘 알 수 있을 것 같다.					
17	자원봉사를 하면 새로운 시각을 가지게 될 것 같았다.					

18	자원봉사는 직접 경험을 통한 배움의 기회라고 생각했다.					
19	자원봉사를 통해 다양한 사람과 소통하는 법을 배울 수 있을 것이라 생각했다.					
20	자원봉사를 통해 나만의 장점을 찾을 수 있을 것이라 생각했다.					
21	아무리 힘들더라도 자원봉사를 통해 일을 잊을 수 있을 것 같았다.					
22	자원봉사를 하면 외로움을 덜 느낄 것 같았다.					
23	자원봉사를 하면 다른 사람들보다 부유하기 때문에 느끼는 부담감이 줄어들 것 같았다.					
24	자원봉사를 하면 어려움들을 자신 있게 해결할 수 있을 것 같았다.					
25	자원봉사는 내가 가진 문제로부터 벗어날 수 있는 좋은 기회라고 생각했다.					
26	자원봉사를 하면 다른 사람들이 나를 존경할 것 같았다.					
27	자원봉사를 하면 나 자신에 대한 존중감이 높아질 것 같았다.					
28	자원봉사를 하면 나 자신이 필요한 사람임을 느낄 수 있을 것 같았다.					
29	자원봉사를 하면 나 자신에 대해 긍정적으로 느끼게 될 것이라고 생각했다.					
30	자원봉사는 새로운 친구를 사귈 수 있는 기회가 된다고 생각했다.					

가치(1~5), 사회(6~10), 경력(11~15), 이해(16~20), 보호(21~25), 강화(26~30)

출처 : Clary, et al.(1998), 김인태(2017) 재인용.

이 척도는 본래 클레어리 등(Clary, et al., 1998)이 개발하였을 때는 7점 리커트 척도였으나, 이주연(2014)이 한국어로 번안하였고 5점 리커트 척도로써 '전혀 그렇지 않다'는 1점~'매우 그렇다'는 5점 척도로 점수를 매기도록 수정하였다.

번호	설문내용
1~5	• 가치기능 : 타인에 대한 이타적이고 인본주의적인 관심을 표현하고자 하는 동기
6~10	• 사회기능 : 사회적 연결을 발전·강화하기 위한 동기, 타인과의 관계를 통해 충족됨
11~15	• 경력기능 : 봉사활동을 통해 진로에 관련된 경력을 쌓고자 하는 동기
16~20	• 이해기능 : 자원봉사활동을 통해 자기계발, 학습, 지식 등을 얻고자 하는 동기
21~25	• 보호기능 : 부정적 감정으로부터 자기 자신을 보호하고 탈피하고자 하는 동기 타인보다 부유하거나 행복하다고 느끼는 데에서 오는 죄책감을 경감하고자 함
26~30	• 강화기능 : 타인에게 도움을 줌으로써 자아존중감 등의 긍정적 정서상태를 유지하거나 더 강화하고자 하는 동기

3) 동기유발이론

(1) 매슬로우(Maslow)의 욕구이론

매슬로우에 따르면, 인간 개개인은 피라미드 형태의 다섯 가지 욕구를 가지고 있으며, 이들 욕구의 충족이 동기를 유발한다고 보았다. 즉, 매슬로우가 제시한 다섯 가지 욕구는 ① 생존의 욕구, ② 안전욕구, ③ 소속의 욕구, ④ 자아존중의 욕구, ⑤ 자아실현의 욕구이며, 대부분의 인간이 하위 위계의 욕구가 어느 정도 충족된 후에 상위 위계의 욕구를 충족시키기 위한 노력을 경주한다고 하였다(구재관 외, 2012).

이러한 매슬로우의 이론은 사람들이 왜 자원봉사활동에 관심을 가지며 또는 전혀 관심을 갖지 않는가에 대하여 제시해 주며, 이 중에서도 자원봉사자 개인이 충족하기 원하는 소속/ 애정의 욕구와 자아존중의 욕구, 자아실현의 욕구는 자원봉사자를 지속적으로 활동하게 하는 핵심적 요소라고 할 수 있다. 매슬로우의 욕구이론과 자원봉사자 활동 및 배치 등을 연계하여 보면 다음과 같다.

〈표 3-3〉 잠재/ 미충족된 욕구와 자원봉사자 활동과업

잠재적 자원봉사자	자원봉사자 배치유형	충족될 수 있는 욕구
활동하고 있지 못하는 능력 혹은 재능이 있음	능력을 발휘할 수 있는 기회	자아실현의 욕구
다른 영역에서 인정받지 못하고 가치절하되거나 드러나지 못하고 있다고 느낌	보상받고, 공개적으로 인정받으며, 주목을 끌 수 있는 기회	자아존중감의 욕구
외로움을 느낌	타인과 만나고 사귈 수 있는 기회	소속·애정의 욕구
실직에 대한 두려움을 가짐	새로운 직업기술, 새로운 경험을 할 기회	안전의 욕구
저소득임	무료의 음식을 제공받을 기회나 쾌적한 환경에서 일할 수 있는 기회	생리적 욕구

출처 : Meneghetti(1995), p. 21, 류기형(2018) 재인용.

(2) 맥클랜드(David McClelland)의 성취동기이론

맥클랜드는 모든 작업환경에는 관련된 주요 동기와 욕구가 있음을 주장하였다. 즉, 개인의 업무성과는 개개인이 가진 성취욕구의 정도에 따라 결정된다고 보며, 인간의 세 가지 욕구를 설명하였다. 세 가지 욕구는 첫째, 다른 사람을 통제하고 싶어 하며 자기가 바라는 대로의 행동을 요구하는 '권력 욕구(need for power)'이다. 둘째, 어려운 일을 성취하고자 하며 성공을 추구하고자 하는 '성취 욕구(need for achievement)'이다. 셋째, 다른 사람들과 좋은 관계 유지를 위해 노력하는 '친화 욕구(need for affiliation)'이다. 친화 욕구가 강한 사람은 타인들과 조화로운 관계를 원하고, 타인들로부터 수용을 받으려는 경향이 강하다(McClelland, 1985).

자원봉사관리자들은 맥클랜드의 세 가지 욕구를 반영하여, 자원봉사자의 동기를 파악하고, 이를 바탕으로 인정 및 보상 전략을 활용할 수 있다. 예를 들어, 권력 욕구가 강한 사람에게는 다양한 직위나 역할을 부여하고, 성취 욕구가 강한 사람에게는 일의 성공에 대한 피드백이나 인정 등을 제공하며, 친화 욕구가 강한 사람에게는 타인과 관계형성을 할 수 있는 자원봉사자나 직원과의 모임으로의 초대 등을 함으로써 자원봉사자의 동기부여를 할 수 있다.

〈표 3-4〉 맥클랜드(McClelland)의 동기이론에 따른 동기유형별 강점과 약점

성취동기적인 사람	
• 항상 생각하는 것 : - 목표와 그것을 달성하는 방법 - 문제와 그것을 해결하는 방법 - 강력한 업무수행과 성공 • 강점 : -잘 조직되어 있음 -혁신적임 -훌륭한 계획수립가이며 문제해결사 -강한 추진력 • 노력해야 할 점과 약점 : - 타인에게 업무를 위임하려는 노력 - 과정에 대한 노력(인내심이 없을 수 있다) - 인간관계와 팀에 더 가치를 부여하려는 노력 - 타인의 감정과 욕구에 민감할 필요 - 완벽주의 - 위험부담을 지키려는 노력	• 욕구 : - 피드백을 받으려는 욕구(이들은 실패하는 것을 싫어한다) - 도전/ 성장하려는 기회 - 높은 수준과 독특한 성취의 욕구 - 마감시간 지키기, 책임을 다하려는 욕구 - 체크리스트 작성(이들은 목록을 지워나간다) • 가장 적합한 유형의 직무 : - 기금모금 - 행정적인 일 - 훈련 - 재정업무 - 자료수집 - 전문적인 과업 - 이사회의 이사직 • 가진 것 : - 거대한 시간 측정기
친교동기적인 사람	
• 항상 생각하는 것 : - 인간관계 - 자신과 타인의 감정 - 자신이 어떻게 도움이 될지 • 강점 : - '분위기'를 잘 맞춤 - 팀에서 잘 활동함 - 민감함 - 훌륭한 경청가 - 훌륭한 설득자 • 노력해야 할 점과 약점 : - 과민함 - 갈등처리방법 - 시간관념이 약함 - 자신의 일에 대해 확인과 긍정을 과도하게 요구함 - 과민반응 - 홀로 있거나 많은 타인과 있음	• 욕구 : - 필요로 되기를 바람 : 돕기를 원함 - 친한 사람들과 있기를 바람 - 소속감을 느끼기 원함 - 지도자/ 친구에 의해 수퍼비전을 받기원함 - 개인적인 인정을 받기 원함 - 사람들이 자신을 좋아하기를 바람 - 감정을 나타내고 싶어 함 • 가장 적합한 유형의 직무 : - 직접적인 대인서비스 - 홍보 - 지지활동 - 타인에 대한 인정을 계획하고 베풀기 - 지지집단을 이끄는 일 • 가진 것 : - 가장 큰 주소록

권력/ 영향력 동기적인 사람	
• 항상 생각하는 것 - 다른 사람을 대신해서 영향력을 행사함 (사회적 권력) - 나에게 도움이 되는 것이 무엇인가? 내가 가진 권력을 유지하기(개인적 권력) - 지도력, 명성, 직무의 지위(사회적, 개인적 권력 모두) • 강점 : - 빗장을 여는 사람 - 전략적인 사고 - 개인으로부터 기금모금 - 교사, 훈련가, 연사 - 위계구조에서 일을 잘함 • 노력해야 할 점과 약점 : - 지배력 행사 - 논쟁적이며 자기주장을 내세움 - 위협적임(특히 친교동기적인 사람에게)	• 욕구 : - 지도자/ 영향력 있는 위치 - 사회적인 인정 - 명성과 직무의 지위 • 가장 적합한 유형의 직무 : - 옹호자 - 정책결정 - 기금모금 - 정치적인 활동 - 연사, 훈련가 - 언론 대변인 - 이사장 또는 강력한 위원회의 위원장 • 가진 것 : - 가장 인상적인 감사패

출처 : 볼런티어(2002) 재인용.

(3) 헤르츠버그(Herzberg)의 동기위생이론

헤르츠버그의 동기위생이론에서는 '인간은 왜 일하는가?' 즉, '일에서 무엇을 찾는가'라는 물음을 가지고 인간에게는 불쾌감을 피하려는 욕구와 정신적으로 성장하여 자아를 실현하려는 전혀 이질적인 욕구가 있으며, 이는 소위 위생요인과 동기요인이라는 상호 독립된 두 종류의 욕구범주로서 인간의 행동에 상이한 방법으로 영향을 미친다고 하였다. 즉, 조직구성원에게 만족을 주는 동기를 유발하는 만족요인을 동기요인(motivators)이라 하였고, 욕구충족이 되지 않을 경우 조직구성원에게 불만족을 초래하지만 그러한 욕구를 충족시켜 준다 하더라도 직무수행동기를 적극적으로 유발하지 않는 요인을 불만족요인 또는 위생요인(hygiene factors)이라고 명명하였다. 헤르츠버그는 동기요인에 관련된 욕구를 충족시킬 때 직접 사기가 진작되는 것이며, 사기에 관한 플러스적 효과를 줄 수 있다고 하였다. 사기관리는 우선 불만의 원인을 제거함으로써 예비적 조건을 마련한 후에 직접적 동기요인의 충족을 통해서 사기진작의 결과를 가져오는 전략을 취할 수 있다.

동기요인으로는 일에 대한 실패나 성공을 통한 성취감, 주변의 사람들(상사, 고객, 동료, 대중 등)로부터 인지받는 정도를 의미하는 인정감, 보다 중요한 위치로의 승진, 자신이 가진 조건에 의하여 어느 수준까지 승진할 수 있을 것인가를 뜻하는 성장가능성, 자기애나 타인의 일에 대한 책임 또는 새로 맡은 책임에 대한 만족을 뜻하는 책임감, 직무가 일상적이라거나 또는 창조적이라거나 하는 등 업무 자체에서 느끼는 만족감을 의미하는 일 자체를 들 수 있다. 동기요인은 위생요인에 비해서 장기적으로 나타나는 것이며 구성원의 자기발전과 관련성이 높다.

위생요인은 회사의 경영이 적절한가 부적절한가 또는 회사의 방침이 직원의 근무에 해를 끼치는가 이로움을 주는가를 의미하는 회사방침과 행정, 감독자의 자격·무자격 공정·불공정 또는 감독자가 간섭하는 것을 좋아하는가 아닌가를 의미하는 감독기술, 상급자·하급자·동료와의 사교적·비사교적·화목·불화 등을 의미하는 대인관계, 임금이나 봉급의 인상, 실현을 보지 못한 봉급의 증액에 대한 기대 등을 뜻하는 보수, 현재의 지위에서 누리는 여러 가지 편의 등을 통해 현재의 지위에 대하여 느끼는 감정을 의미하는 신분, 기관과 회사의 안정성이나 불안정성 같은 객관적인 상태의 직장의 안정성을 의미하는 직무안정 등을 들 수 있으며, 직무가 수행되는 환경과 밀접하게 관련되어 있다. 위생요인은 단기적인 사기의 상승과 관련이 있으며, 구성원이 자신의 능력에 맞게 생산성을 발휘하는 효과를 가져온다(구재관 외, 2012).

〈표 3-5〉 **동기요인과 위생요인**

동기요인(직무 그 자체)	위생요인(작업환경)
• 성취감(achievement) • 인정감(recognition) • 일자체(work itself) • 책임감(responsibility) • 승진(advancement) • 성장가능성(possibility of growth)	• 회사방침과 행정(company policy and administration) • 감독기술(supervision-technical) • 작업조건(working conditions) • 대인관계(international relations) • 보수(salary) • 신분(status) • 직무안정(job security)

출처 : 구재관 외(2012). 자원봉사론.

(4) 브룸(Vroom)의 기대이론

기대이론은 레빈과 톨번(Levin & Tolman)의 인지적 개념들에 뿌리를 두고 있으며, 1964년 브룸(Vroom)에 의해 처음으로 조직행위에 적용할 수 있도록 이론적으로 형성되었다. 이 이론은 인간행동의 본능이론을 거부하고 개개인은 사고와 이성을 지닌 존재로서 현재와 미래의 행위에 대해 의식적인 선택을 한다고 가정하고 있다.

기대이론은 왜 자원봉사자들이 계속해서 활동에 머무르느냐를 설명하기에 설득력 있는 것으로 평가되고 있다. 즉, 자원봉사자가 담당한 업무가 그의 기대에 상응하지 못할 때에는 그의 활동을 계속하려는 동기는 감소할 것이기 때문에 자원봉사자를 계속 머물게 하려면 봉사업무의 수준과 성격이 그들의 기대에 적합하도록 유지되어야 한다. 기대이론에서는 인간행동을 지속화하는 데 영향을 미치는 요소로 세 가지 요소, 즉 '선호성', '수단성', '기대성'이 있다고 주장하였다(최유미, 2018).

① 선호성(valence) : 일에 대한 흥미

자원봉사활동을 지속하려면 먼저 자신이 하고 있는 자원봉사업무에 대해 흥미를 가져야 한다. 사람들은 자기가 하고 있는 일이 자신이 생각하기에 중요하고 가치있다고 여길 때 만족하는 경향이 있다. 선호도는 유인이나 흥미(interest)로 대치할 수 있는데, 하나의 특정한 결과나 일에 대하여 개인이 부여한 가치의 정도라 할 수 있다.

선호도에는 긍정적인 선호도와 부정적인 선호도가 있다. 같은 자원봉사업무를 하더라도 자원봉사자에 따라서 그 업무에 대하여 긍정적인 태도를 갖거나 부정적인 반응을 보일 수 있다. 이런 선호도에 따라 자원봉사자는 자신이 하고 있는 자원봉사업무에 대한 만족 또는 불만족감을 느껴 자원봉사활동의 지속 및 중단결정에 영향을 받게 된다.

② 수단성(instrumentality) : 욕구충족에 대한 신념

동일한 행위를 지속적으로 하는 데 영향을 주는 두 번째 요인으로 기대이론

이 제시하고 있는 것은 수단성이다. 수단성은 개인의 마음에 있는 신념과 관련된 것으로 이것은 한 사건과 다른 사건 간의 상관관계에 대한 신념이다. 자원봉사활동에 이 개념을 적용시켜 보면, 자원봉사자의 참여동기 내지 욕구들의 충족과 자신이 하고 있는 자원봉사활동과의 관계에 관한 것이라 할 수 있다. 즉, 자원봉사자가 자신의 자원봉사활동을 지속하려면 자신이 현재 행하고 있는 활동이 자원봉사활동에의 참여동기 내지 욕구를 충족시킬 수 있다는 신념이 있어야 가능하다는 것이다. 예를 들어, 자신이 가진 재능을 활용하고 발전시키고 싶어 자원봉사활동을 시작한 자원봉사자는 재능을 활용할 수 있고, 그것을 통해 개인적으로 도움이 된다고 믿을 경우 그는 자신의 자원봉사활동을 지속하고자 하는 동기를 부여받을 수 있다는 것이다.

③ 기대성(expectancy) : 자원봉사활동 수행능력에 대한 신념

자원봉사를 지속하려면 자신이 자원봉사활동을 가치롭고 중요하다고 여기고, 또한 그 활동이 자신의 참여동기를 충분히 충족시킬 수 있다는 신념이 있어도 자원봉사활동을 잘 감당할 수 없다고 느낄 때는 중단하게 될 것이다. 따라서 자원봉사업무를 지속적으로 하려면 주어진 업무(과업)를 잘 수행할 수 있다는 신념이 있어야 한다.

다양한 요인들이 개인의 기대신념의 정도에 영향을 미친다. 이러한 요인들로서는 자기기술능력에 대한 평가, 자신감의 정도, 특정 과업에 대한 경험의 정도 그리고 과업을 성취하는 데 따르는 어려움을 극복하는 데 있어서 타인으로부터 받는 인상 등이 있다. 한 개인이 새로운 기술을 습득하고 새로운 경험을 얻고, 많은 사람의 성공과 실패를 관찰함으로써 자신의 능력에 대한 인식이 바뀌고 따라서 기대의 신념이 바뀔 수 있다. 기대이론에 따르면 자원봉사업무에 대한 개인의 기대가 높으면 높을수록 이를 지속적으로 시도하고자 하는 힘이 점점 더 커질 것이다.

종합하면, 인간은 그 활동의 수행이 성공할 것이라는 기대, 그 활동의 수행으로 인정받게 되고 이익을 얻을 것이라는 기대, 그 활동의 결과 개인에게 긍정적인 가치를 부여할 것이라는 기대 속에서 특정한 활동에 참여하게 된다. 자원봉

사관리자는 자원봉사자의 기대에 관한 정보를 체계적으로 수집함으로써 자원봉사자가 기대하고 있는 이익이 무엇인지를 파악하여 충족시켜 줄 수 있는 적재적소에 그들을 배치할 수 있다(최유미, 2018).

4) 자원봉사자의 권리와 의무

(1) 자원봉사자의 권리

① 인권을 존중받을 권리

자원봉사자는 자원봉사자 이전에 한 사람의 인간으로 받아들여지기를 원하고 있으며 또한 인간으로서 존중되어야 한다. 즉, 자원봉사자는 자원봉사이기 전에 한 인간으로서의 인권을 가지며, 이는 자원봉사활동 내내 인정받아야 한다. 특히, 기관의 자원봉사관리자는 자원봉사자를 인간으로서 존중해야 하며, 자원봉사자의 인권을 늘 염두해 두고 대해야 한다. 자원봉사관리자가 인권을 존중하기 위해서는 자신의 말과 행동, 즉 언어적 의사소통과 비언어적 의사소통방법 등을 통제할 수 있어야 하며, 자원봉사자 대상자와 자원봉사자에게 일관성 있는 존중의 모습을 보여야 한다. 예를 들어, 자원봉사관리자가 자원봉사자에게 연령이 낮다고 해서 반말을 하거나 취약계층이라고 해서 함부로 대한다면 그들의 인권은 보호받고 있지 못하다고 할 수 있다.

② 개인정보를 보호받을 권리

자원봉사자는 자원봉사활동을 하기 이전에 국민의 한 사람으로서 자신의 개인정보를 보호받을 권리가 있다. 기관의 자원봉사자 관리자들은 자원봉사자의 개인정보를 알게 되는데, 고의가 아닌 실수로도 개인 정보를 유출해서는 안 된다. 예컨대, 컴퓨터나 책상 위에 개인정보 파일을 열어놓거나 다른 사람에게 무심코 정보를 전달하는 일을 해서는 안 된다. 자원봉사자의 개인정보는 매우 소중히 보호되고 다루어져야 하며, 철저히 비밀보장이 되어야 한다.

③ 이타적·이기적 동기 모두 존중받을 권리

자원봉사자는 대부분 다른 사람을 돕고자 하는 이타적 동기와 경력개발, 자아실현 등 이기적 동기 모두를 가지고 자원봉사활동에 참여하게 된다. 자원봉사자의 이러한 이타적, 이기적 동기는 모두 소중히 여겨져야 한다. 특히, 자원봉사관리자는 비록 자원봉사자가 학점관리, 경력개발 등 이기적인 동기로 자원봉사에 참여하더라도 참여활동 자체가 소중한 만큼 자원봉사자의 그러한 권리를 인정해 주어야 한다.

④ 자원봉사활동에 대한 교육 및 훈련을 받을 권리

자원봉사자는 자원봉사활동을 보다 잘 수행하기 위해서 교육 및 훈련을 받을 권리가 있다. 자원봉사관리자는 자원봉사자들이 오리엔테이션뿐만 아니라, 기관 내 간담회나 워크숍, 사례회의 등에 참여할 수 있도록 기회를 제공하여야 한다. 또한, 자원봉사관리자는 자원봉사자 개개인의 교육 및 훈련에 대한 권리를 인정하고 적극적으로 자원봉사활동에 대한 피드백 등을 제공하여 자원봉사활동을 발전시켜 나아갈 수 있도록 도와야 한다.

⑤ 자원봉사활동에 대한 전문성을 인정받을 권리

자원봉사자는 자원봉사활동에 대한 전문성을 인정받을 권리가 있다. 자원봉사관리자는 자원봉사자가 자원봉사활동에 대한 전문성을 갖고 있다는 점을 최대한 존중해야 하며 인정해 주어야 한다. 자원봉사관리자가 전문성을 지지하고 격려하며 인정할 때, 자원봉사자는 자신의 자원봉사활동에 대한 자부심과 헌신감을 더욱 높일 수 있을 것이며, 자원봉사활동에 대한 동기부여와 몰입감이 높아질 수 있을 것이다.

이 밖에도 맥그리거(McGregor)는 자원봉사자의 욕구와 권리를 다음과 같이 정의하였다. 인정받을 욕구와 권리, 비밀보장에 대한 욕구와 권리, 지지받을 욕구와 권리, 훈련받을 욕구와 권리, 개인적인 성장발달에 대한 욕구와 권리, 개인적인 만족에 대한 욕구와 권리, 이야기할 기회에 대한 욕구와 권리, 동료로서 대접받고 싶은 욕구와 권리 등이다(McGregor, et al., 1982, 구재관 외, 2012 재인용).

(2) 자원봉사자의 의무

맥그리거(McGregor, et al., 1982)는 자원봉사자의 의무를 정직성, 신뢰성, 비밀준수, 수용성, 비심판성, 충고가 위험하다는 점을 알아야 함, 적극적 경청, 슬픔을 이해해야 함 등을 들고 있다. 자원봉사자는 권리를 인정받아야 할 뿐만 아니라 자원봉사자로서의 의무를 지켜야 하며, 권리와 의무는 두 가지가 모두 존중되어야 자원봉사활동이 원활히 수행될 수 있다(McGregor, et al., 1982, 구재관 외, 2012 재인용).

꼭 알아야 할 내용

- 자원봉사 동기
- 자원봉사 동기의 유형
- 동기유발이론
- 자원봉사자의 권리와 의무

Volunteerism

04 CHAPTER 자원봉사관리과정

1. 자원봉사관리과정

1) 자원봉사관리자의 개념

자원봉사관리자는 불과 얼마 전까지만 해도 자원봉사 프로그램 조직의 사업들 중에서 낮은 비중을 차지했다. 자원봉사 프로그램 전문관리자·조정자는 거의 없었으며 있다고 하더라도 거의 영향력이 없는 부서에 배치되거나 다른 직무의 부수적 과업으로 겸임하여 수행하는 경우가 많았다.

최근 인간적인 대인서비스활동에 중심을 둔 자원봉사활동의 가치와 필요성이 사회적으로 더욱더 인식되면서 자원봉사활동관리의 중요성도 부각되고 이를 담당할 인력, 즉 관리자에 대한 관심이 증대됨에 따라 자원봉사관리자가 새로운 전문직종으로 등장하고 있다. 이러한 전문직은 자원봉사관리자(volunteer administrator), 감독자(director) 혹은 조정자(coordinator)의 역할이다(Schindler-Rainman, & Lippitt, 1975 : 101-102).

자원봉사관리자(Volunteer Coordinator : 조정자, 담당자, 전문가)란 자원봉사자가 되려는 사람과 자원봉사를 요청하는 사람(기관)에게 적절하게 대응하여 자원봉사활동이 성공적으로 이루어지도록 하는 사람이다. 즉, 자원봉사활동을 하고 싶다는 자원봉사지원자의 잠재의식을 현재화하여 복지욕구와 연결시키고 상담 및 도움을 주는 사람이다(김영호 외, 2002 : 119; 박태영, 2006 : 15).

자원봉사관리자는 자원봉사관리를 담당하는 사람으로서, 자원봉사자와 직원 간의 조정, 혹은 자원봉사자와 대상자 간의 조정, 자원봉사자로 구성된 조직 운영의 책임 등 조직의 성격이나 업무분장 혹은 조직 내에서의 직급에 따라 주요 역할이 약간씩 달라지기도 한다. 자원봉사관리자의 주요한 역할은 행동지침을 결정하고, 조직 내에서의 주어진 비전(vision)을 공유하도록 구성원을 격려하며, 그 비전을 달성할 수 있도록 구성원들에게 활기를 불어넣는 일이다.

그러나 자원봉사에 대한 필요성이 증가하고 있고 그 중요성도 높아지고 있지만, 여전히 낮은 자원봉사의 참여율과 높은 중도 탈락률, 자원봉사관리의 전문성과 체계성 미흡은 자원봉사의 활성화에 걸림돌이 되고 있다. 따라서 자원봉사를 활성화시키기 위해서는 자원봉사자를 발굴, 훈련, 배치, 지시 감독 및 평가하는 과학적이고 전문적인 관리기술이 필요하고 그러한 능력을 갖춘 자원봉사관리자를 육성할 필요성이 증가하고 있다(최희순, 2006 : 15).

오늘날 자원봉사활동관리의 중요성이 부각되고 이를 담당할 인력, 즉 조정자·관리자에 대한 관심이 증대되며 이에 따라 자원봉사관리자가 새로운 전문직으로 등장하고 있는 추세이다.

자원봉사관리는 자원봉사자의 참여동기와 욕구에 따라 달라진다. 자원봉사관리자는 자원봉사관리과정에서 자원봉사자의 욕구를 적절히 통합적용하고 효과적으로 활용하는 것이 중요하다. 사회복지서비스를 수행하기 위해 수많은 자원봉사자를 활용하는 기관이나 조직의 최고 실무감독자라고 할 수 있다. 자원봉사관리자는 전문성의 정도에 따라 전문가, 준전문가, 리더로 세분화할 수 있다(남미애, 1997 : 36; 류기형 외 2003 : 44-45).

① **전문가** : 자원봉사활동 전반에 대한 전문적인 교육과 훈련을 받고 기관이나 시설에서 자원봉사자 관리 및 조정에 대한 일을 주된 업무로 하는 유급직원으로 선진국의 경우 자원봉사슈퍼바이저, 자원봉사조정자, 자원봉사감독자 등으로 구분하여 부르고 있다. 자원봉사슈퍼바이저는 자원봉사자 교육이나 사례관리에 초점을 두고 자원봉사자를 관리하는 사람이며, 자원봉사조정자는 기관이나 지역사회 사이에 위치하여 자원봉사자 등 지역사회자원을 효과적으로 동원함으로써 기관 등이 목적으로 하는 사업을 효과적으로 수행하게 하는 한편 자원봉사활동에 대한 요구를 가진 지역사회의 가정이나 사람을

지원하도록 하는 전문가, 자원봉사센터, 시설, 기업 등의 조직이나 기관에 직원의 입장에 있는 사람이다. 그리고 자원봉사감독자는 기관의 행정가와 같은 직책에서 자원봉사자를 관리하는 사람을 말한다.

② **준전문가** : 자원봉사관리를 부가적인 업무로 행하는 사람들로서 사회복지사, 목사 및 교사 등이 여기에 해당한다. 준전문가는 자원봉사자 관리가 1차적 목표가 아니며 자원봉사전문가에 비하여 전문성이 낮을 뿐 아니라 자신들의 고유의 업무를 담당하면서 자원봉사자관리를 부가적으로 하고 있다.

③ **리더** : 자원봉사자들 중에서 자원봉사자에 의해 선출되는 사람으로서 여기에 속하는 대표적인 사람이 자원봉사조언자이다. 자원봉사조언자란 자원봉사자로서 활동에 참가하면서 리더인 역할을 담당하고 활동의 의욕을 가진 사람에 대해 상담, 조언을 주로 하는 역할이다.

자원봉사관리자는 자원봉사센터의 자원봉사관리자, 사회복지시설이나 기관 혹은 NGO의 자원봉사담당자, 자원봉사리더까지 포함하는 용어로 폭넓게 사용되고 있다. 이와 같이 광의적인 자원봉사관리자는 조직의 목표를 달성하기 위해 자원봉사자들과 함께 그리고 그들을 통해서 일하는 사람으로서 자원봉사활동에 관련된 계획을 수립하고 그에 따른 직무를 설계하여 위임 · 조정하며 그 직무에 적합한 인력을 모집 · 교육 · 배치하여 지도 · 감독하고 평가하는 역할을 담당한다(유용식 외, 2018). 그리고 "훌륭한 자원봉사관리자는 인적자원의 조정자(an enabler of human resources)"이다(Wilson, 1976 : 25; 류기형 외, 2006 : 156).

2) 자원봉사관리의 중요성

세계 사회복지 및 자원봉사계의 거장인 영국의 베버리지(W. Beveridge)는 "좋은 사회를 만드는 것은 정부의 의해서 이룩되는 것이 아니라 좋은 시민들에 의하여 이룩되는 것"이라고 하여 자원봉사활동이 바람직한 미래사회를 위한 우리의 기본적 책무임을 강조하였다. 이러한 자원봉사활동은 주민들의 변화의 힘에 달려 있다.

"변화의 힘은 여러 사람으로부터 오는 것이지만 그 여러 사람은 한 사람으로부터 시작된다." 인종차별에 항거하는 한 청년을 주제로 한 영화 '파워 오브 원(Power of One)'의 마지막 내레이션의 한 단락이다. 즉, 한 사람의 힘은 작지만 위대한 것이다. 자원봉사활동에 대한 한 사람의 힘은 작지만 자원봉사자를 통해 위대해진다는 것이다. 오늘날 인류의 세계는 질병과 빈곤, 그리고 불평등으로부터 해방될 수 있는 진정한 인류의 행복을 창조하는 변화의 힘을 요청받고 있다. 사람들은 이 변화의 힘이 자원봉사로부터 온다고 믿고 있다. 변화의 힘으로서 바람직한 자원봉사활동은 한 사람의 관리자로부터 시작된다.

'나비효과'에서 알 수 있듯이 비록 한 사람의 힘은 적지만 그 결과는 엄청나고 위대한 힘을 나타낸다. 자원봉사관리자 한 사람의 힘은 적지만 자원봉사를 통하여 좋은 사회를 만들 수 있다는 것이다. 자원봉사관리자의 직무는 자원봉사자에게 인간 삶의 질적 향상과 지역사회 개선을 위한 커다란 변화의 힘을 발휘하도록 자극하는 것이다. 자원봉사관리자는 자원봉사자가 가진 동기, 관심, 재능 및 기술을 필요한 곳에 널리 제공하고, 불행을 행복으로 전환시키는 중심적 인물이라는 점은 분명한 사실이다. 그러나 중요성만으로 그 동력이 발휘되는 것은 분명 아니다. 그것이 무엇인지 명백하게 인식하고 실제적으로 언제 어떻게 해야 하는지에 대한 지식과 기술을 가져야 한다.

효과적인 자원봉사관리를 위해 다음과 같은 질문을 스스로에게 던져볼 필요가 있다.

① 자원봉사자가 가장 효과적으로 일하도록 돕기 위해 기관이 명확한 사명을 갖고 있는가?
사명에 따른 구체적인 목표를 갖고 있는가?

② 자원봉사자 스스로 비전을 갖고 있는가?
비전이란 기관과 자원봉사자가 만들어 나가려고 하는 기관, 자원봉사 자신, 지역사회 그리고 모두가 속한 사회의 구체적인 미래상이다.

③ 자원봉사자와 기관의 비전이 일치하는가?

④ 기관의 정책과 목표가 자원봉사 참여를 적극 지지하고 있는가?, 이사회

및 상급관리자들이 자원봉사 참여에 얼마나 책임감을 느끼고 있는가?

⑤ 프로그램을 진행할 직원(실무자)의 자원봉사 프로그램에 대한 태도는 어떠한가?
직원들이 자원봉사자와 함께 일할 수 있도록 동기화되어 있는가?
직원들에게 필요한 훈련을 제공하고 지도감독의 의무를 감당할 사명감이 있는가?

자원봉사의 이론적 체계를 토착화시키기 위해 자원봉사관리의 중요성을 인식해 볼 필요가 있다(김동배, 2005 : 344-345; 유용식 외, 2018 : 157).

첫째, 증가하는 자원봉사자 인력의 요구에 부응하여 과거에 지녀왔던 자원봉사에 대한 막연하고 환상적인 이미지를 탈피하여 현실에 맞는 자원봉사의 새로운 이념, 새로운 관리체제 및 운영방안을 모색해야 한다.

둘째, 진정한 자원봉사의 활성화를 위해서 우선 기존의 자원봉사자를 지속적으로 관리, 활용하는 방안을 모색하는 것이 중요한 문제로 대두되고 있다.

셋째, 이러한 관리적 요소들은 금전적 보상을 주목적으로 하는 영리조직과는 달리 정신적·심리적 요인에 의해서 이루어지는 자원봉사 동기와 밀접한 관련을 맺고 이루어지고 있다.

넷째, 자원봉사의 발전을 위하여 자원봉사관리 및 운영의 모델, 기준과 원리 그리고 지침을 제시하는 것은 다양한 대인서비스 분야의 조직 및 기관들의 새로운 자원봉사 프로그램을 개발하는 노력을 권장하고 실제로 가능하게 하는 계기를 가져올 수 있다.

3) 자원봉사관리과정

자원봉사기관에서 자원봉사활동을 관리하는 일은 오늘날 전문적인 과업으로 변화되었다. 무엇보다도 자원봉사활동을 전문으로 수행하는 자원봉사기관은 자원봉사자에 대한 관리적인 업무가 점차 중요시되고 있다. 그것은 자원봉사자의 모집과 배치에서부터 지도감독 및 평가에 이르기까지 전문적인 관리기술이 요구되기 때문이다.

자원봉사관리과정이란 일반적으로 자원봉사를 하려는 자원봉사자의 욕구와 자원봉사자의 도움을 받으려는 봉사대상자를 연결하고 자원봉사의 목적과 구체적인 업무, 책임성에 대한 교육, 활동내용에 대한 피드백 과정을 통해 자원봉사가 효과적으로 이루어지게 하는 일련의 절차와 방법을 강구하는 것으로 정의할 수 있다(류기덕 외, 2017 : 266).

스완슨(Swanson)은 ① 자원봉사의 조직, ② 모집과 홍보, ③ 면접과 배치, ④ 자원봉사자에 대한 오리엔테이션, ⑤ 자원봉사자의 유지 및 보존, ⑥ 업무기록, ⑦ 예산조정 및 후원, ⑧ 자원봉사 프로그램의 평가 등이다(Swanson, 1970; 김동배, 2005, 345-356 재인용).

던(Dunn)은 『미국사회사업백과사전』에서 ① 프로그램의 기획과 사전 평가, ② 업무설계와 자원봉사자 모집, ③ 자원봉사자의 선택과 배치, ④ 자원봉사자 유지 등으로 구분하고 있다(Dunn, 1995 : 2484).

조휘일(1996)은 ① 프로그램의 기획, ② 업무설계와 자원봉사자 모집, ③ 면접을 통한 선발 및 배치, ④ 자원봉사자의 유지 및 보존, ⑤ 기타 행정적 활동 등 다섯 가지 과정으로 구분하고 있다(김동배, 2005 : 346; 조휘일, 1996).

이성록은 쿤츠와 오도넬(Koontz & O'Donnell)이 제시한 다섯 가지 자원봉사관리조정자의 기능을 하나의 과정으로 세분화하고 구체화하여 ① 계획수립 : 목표설정, 목표수립, 행동계획, ② 조직수행 : 구축설계, ③ 직원구성 : 모집, 면접, 배치, 교육, 훈련, ④ 감독 : 지도감독, ⑤ 통제 : 평가로 제시하고 있다(이성록, 2003 : 174).

볼런티어 21은 기관조직의 비전 수립, 기관조직의 자원봉사관리체계 수립, 자원봉사 프로그램 개발, 자원봉사업무개발, 자원봉사자 모집, 면접과 배치, 오리엔테이션 및 교육훈련, 감독, 동기부여 및 인정, 그리고 평가로 구분하고 있다(류기형 외, 2006 : 167).

이상과 같이 다양한 구분을 종합하여 자원봉사관리과정을 ▎그림 4－1▎과 같은 다섯 가지 단계, 즉 ① 프로그램 기획 업무설계과정, ② 모집・홍보과정, ③ 교육・훈련과정, ④ 배치・지도감독과정, ⑤ 인정보상・평가과정으로 구분하여 설명하고자 한다.

프로그램 기획 · 업무설계과정
↓
모집 · 홍보과정
↓
교육 · 훈련과정
↓
배치 · 지도감독과정
↓
인정보상 · 평가과정

그림 4-1 **자원봉사관리과정**

자원봉사관리의 과정은 효과적인 자원봉사활동을 위한 기획, 업무설계, 자원봉사자의 모집, 자원봉사활동의 목적에 필요한 자원봉사자의 교육 및 훈련, 대상자에게 적절한 서비스가 제공될 수 있도록 홍보, 교육 및 훈련된 자원봉사자를 적재적소에 선발배치하고, 자원봉사자에 대한 동기유발을 위한 인정보상 그리고 이러한 과정을 통하여 제공된 자원봉사활동의 평가 등의 모든 과정을 의미한다.

꼭 알아야 할 내용

- 자원봉사관리자(조정자)의 개념
- 자원봉사관리 전문가, 준전문가, 리더
- 자원봉사관리의 중요성
- 효과적인 자원봉사관리
- 자원봉사관리과정

2. 자원봉사관리자의 역할과 기능

1) 자원봉사관리자의 역할

일반적으로 자원봉사관리자의 역할은 단일한 것이 아니라 많은 상이한 역할들의 복합체라는 점이다. 그러므로 자원봉사관리자의 효과성은 다양한 상황과 사람들에게 적절하게 대응하는 융통성에 달려있다. 이러한 자원봉사관리자들의 역할에 관한 주장은 학자에 따라 차이가 있다.

일슬레이와 니에미(Ilsley & Niemi)는 자원봉사관리자의 역할을 다음 네 가지로 제시하였다(1981 : 20-29).

① **행정 부분의 역할** : 프로그램기획자, 회계담당자, 홍보담당자, 연결자, 모집자 및 관리자 등

② **훈련 교육 부분의 역할** : 학습자, 교육과정 촉진자, 교육자, 미디어 전문가 등

③ **상담 부분의 역할** : 진단자, 상담자 및 배치후원자 등

④ **연구 · 평가 부분의 역할** : 관찰자, 기록보관자 및 평가자 등

박태영은 자원봉사관리자의 역할을 **❙그림 4-2❙**와 같이 제시하였다(2006 : 16-18).

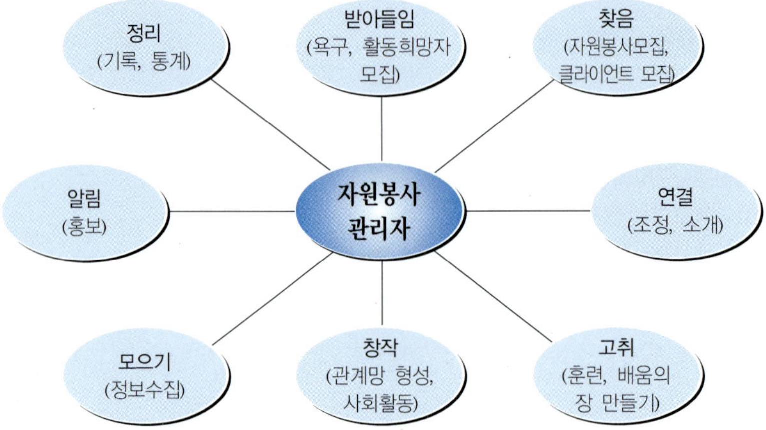

❙그림 4-2❙ 자원봉사관리자의 역할

① 전화접수, 면접, 가정방문과 같은 받아들임(욕구, 활동희망자의 접수 등)
② 조정자의 의욕, 아이디어, 인내심 같은 찾음(자원봉사자 모집, 클라이언트 파악)
③ 자원봉사활동을 요청하는 사람과 자원봉사를 희망하는 사람을 연결(조정, 소개)
④ 필요한 훈련이나 강의, 교육, 연구모임과 같은 고취(훈련, 배움의 장 만들기)
⑤ 새로운 자원봉사자 팀 만들기, 새로운 프로그램 만들기, 새로운 제도나 서비스 창출을 위한 사회행동과 같은 창작(관계망 형성, 사회행동)
⑥ 매일 전화, 면접, 가정방문의 기록, 수급조정건수의 통계처리, 연간사업보고서와 같은 정리(기록, 통계)
⑦ 지역사회주민에 대한 홍보, 클라이언트에 대한 홍보와 같은 알림(홍보)
⑧ 공적 사회복지제도의 내용, 사회복지시설, 기관, 자원봉사단체와 활동 상황, 각종 장비, 비품, 설비 파악, 자원봉사 관련 프로그램과 같은 모으기(정보수집)

그리고 김영호는 자원봉사관리자의 역할을 활동업무와 관련하여 다음과 같이 제시하고 있다(1996 : 54-55).

① 자원봉사센터, 사회복지기관·시설, 기타 지역사회의 다양한 기관과 단체들에 대해 자원봉사활동에 대한 관심을 유발시키고 봉사자들을 친절하게 받아들이며 협조분위기를 조성하는 역할
② 자원봉사자를 육성하기 위한 총체적 계획을 입안하고 소그룹리더를 지도·지원하는 역할
③ 자원봉사활동 신청자를 위한 접수·오리엔테이션 워커의 역할
④ 자원봉사자와 클라이언트의 연결·조정자의 역할
⑤ 자원봉사자의 변화욕구와 각 개인의 특성을 파악하고 그들의 능력을 발휘할 수 있는 기회를 제공하고 지원하는 역할
⑥ 자원봉사자와 전문적 신뢰관계를 바탕으로 자원봉사활동의 상담자로서 자원봉사자 자신의 문제상담과 해결을 위한 측면에서도 지도·지원하는 상담자의 역할
⑦ 자원봉사센터에 소그룹과 지역사회의 여러 집단을 필요에 따라 조직화하

고 그 집단이 자율적 민주적으로 활성화할 수 있도록 지도·지원하는 조직자 혹은 지원자의 역할

⑧ 소그룹 모임의 의사소통의 과정 속에서 회원들이 의사소통과제의 본질적 의미와 집단의 존재가치를 올바로 인식하고 활동과정의 문제처리능력을 향상시키는 해설자 또는 전문지도자의 역할

⑨ 자원봉사자 또는 소그룹리더를 위한 교육훈련자의 역할

⑩ 소그룹모임의 사례발표, 토의방법, 평가 등을 지도·지원하고 자원봉사자가 자원봉사활동의 가치를 깨닫고 공감하며 감동, 충족감, 기쁨과 보람, 감사하는 마음, 자신감과 신바람을 느끼고 자원봉사활동을 계속 유지, 발전시킬 수 있도록 격려하는 격려자·평자가·촉진자의 역할

⑪ 자원봉사센터와 지역사회 내의 다양한 소그룹의 가치창조적 공동목표를 설정하고 필요시 다른 집단과 상의할 수 있도록 지원하는 촉진자 또는 교섭자의 역할

⑫ 자원봉사활동의 활성화를 위하여 소그룹모임 또는 협의체와 지역사회 내외의 다른 자원 체계와의 연결·협동을 위한 관계형성을 위한 매개자의 역할

⑬ 자원봉사활동 프로그램의 연구개발자 및 평가지도자의 역할

⑭ 자원봉사센터의 사업방향을 계획·자문하는 자문자 또는 조정자의 역할

⑮ 소속기관 이외의 자원봉사활동을 활성화하기 위한 자문·지원자의 역할

이상에서 살펴본 바와 같이 자원봉사관리자의 역할은 자원봉사 프로그램의 지도자로서 도움을 필요로 하는 대상자에게 적절한 자격을 갖춘 자원봉사자를 연결시켜 주는 것이 핵심역할이라고 할 수 있다(유용식, 2018 : 163).

2) 자원봉사관리자의 기능

자원봉사활동을 원활하고도 효과적으로 진행하기 위하여, 자원봉사활동이 뿌리내리도록 하는 자원봉사관리자의 활동이 중요한데 그 기능을 살펴보면 다음과 같다(김영호 외, 2006 : 4-5).

① **조정자의 기능** : 자원봉사지원자의 욕구와 봉사활동을 필요로 하는 서비스를 조정하는 것이다.

② **훈련자의 기능** : 훈련을 담당하는 훈련자로서의 기능과 자원봉사과정의 수행을 지도 평가하고 조언하며 지도감독(supervision)하는 것이다.

③ **연계자의 기능** : 자원봉사관리자는 공공기관 및 지역사회와 연계하는 연계자로서의 활용 가능한 공공기관과 민간기관의 재원과 정보를 수집해 이를 바탕으로 자원봉사활동업무를 계획하고 연계된 지역사회의 자원을 최대한 활용한다.

④ **대변자의 기능** : 자원봉사관리자는 사회 내에서 존재하거나 발생하고 있는 욕구에 대한 대변자로서, 지지옹호자로서 지역사회 및 사회 전체에 대해 특정 프로그램이 필요한 사실을 알리고 이를 위한 프로그램 전체를 유도하는 한편 자원봉사자의 역할과 기능을 사회에 부각시켜 아동·청소년·요보호여성·노인·자원봉사자의 욕구를 대변하고 지지한다.

스테푸타트(Stepputat)는 자원봉사관리자의 기능을 ① 모집, ② 신청, 면접 및 심사과정, ③ 오리엔테이션 및 훈련, ④ 자원봉사자 배치, ⑤ 슈퍼비전 및 평가, ⑥ 인정, ⑦ 유지존속, ⑧ 기록유지, ⑨ 프로그램 평가, ⑩ 권익옹호 및 교육 등으로 제시하고 있다(류기형, 2006 : 164-165).

맥그리거(McGregor) 등은 자원봉사관리자(coordinator)의 기능을 다음과 같이 제시하고 있다(1982 : 7-30).

① 자원봉사자가 적절히 선발되고 배치되도록 원조한다.

② 자원봉사자가 자신의 역할을 이해할 수 있도록 원조한다.

③ 자원봉사자가 다른 사람들의 역할을 이해할 수 있도록 원조한다.

④ 명확한 직무기술서(clear job description)를 통해 자원봉사자가 활동내용을 정확히 알 수 있도록 원조한다.

⑤ 자원봉사자가 공개적인 의사소통채널을 가지도록 원조한다.

⑥ 자원봉사자를 지지(support)함으로써 원조한다.

⑦ 자원봉사자의 적극적인 옹호자(advocate)로서 원조한다.

⑧ 정해진 장소에서 자원봉사자들이 손쉽게 이용 가능하도록 원조한다.

박태영은 자원봉사관리자의 기능을 ① 수급조정, ② 기록·등록, ③ 자원봉사활동의 지원, ④ 양성·연수, ⑤ 홍보·개발, ⑥ 네트워크화, ⑦ 조사·연구 등으로 제시하고 있다(巡 靜一, 1996; 박태영 역, 1996 : 18).

특히 자원봉사관리자는 자신이 소속한 기관의 성격이나 특성에 따라 그 기능과 역할이 매우 다양해질 수 있다. 일본의 사회복지시설에서 자원봉사관리자의 기능과 역할을 참고로 살펴보면 <표 4-1>과 같다(新岐國廣, 2005; 박태영, 2006 : 22 재인용).

〈표 4-1〉 사회복지시설 자원봉사관리자의 기능과 역할

기 능	역 할
기획입안기능	자원봉사자활동의 기본 방침에 적합한 프로그램을 기획 입안하는 역할
관계조정기능	오리엔테이션 실시나 다른 직원·자원봉사자와의 관계조정 등을 수행하는 역할 자원봉사자가 잘 활동할 수 있는 환경을 조성하는 역할
슈퍼비전기능	평가회나 활동기록에 의해 슈퍼비전을 행하고, 자원봉사자가 자기의 능력이나 수준에 맞추어 활동해 나갈 수 있도록 하는 역할
케이스워크기능 카운슬링기능	자원봉사활동 중에 발생하는 어려움을 수용하여 심리적 지지를 하고 자원봉사자의 주체적 활동(적극성)을 촉진하는 역할
그룹워크기능	평가회 등 그룹으로의 모임을 기획하고, 자원봉사자 상호 간의 모임을 통하여 다양한 가치관이나 사고가 있음을 이해시키는 역할
커뮤니티워크기능 (시설사회화의 기능)	시설과 지역사회와의 상호교류의 역할을 담당하는 시설사회화, 이용자의 사회참가 촉진, 지역에 있어서 주체형성의 촉진에 기여하는 역할
권리옹호기능	시설서비스의 질을 높이기 위해 옴부즈맨이나 제3자 평가적 역할을 담당할 자원봉사자를 육성하는 역할 이용자의 QOL 향상 및 권리옹호를 하도록 조정하는 역할
정보제공기능	다른 시설의 활동메뉴나 자원봉사센터 등의 자원봉사활동에 대한 정보를 제공하는 역할
소시얼액션기능	제도나 정비되지 않는 경우 선구적으로 비공식 서비스를 만들어 제공하는 역할 지역사회에서의 계발활동이나 사회적 과제에 관심있는 사람들과 협력하는 역할
복지교육기능	체험학습의 과정(체험 → 관심 → 고찰 → 가설화 → 재체험)을 통하여 자원봉사활동의 의의나 시설의 전문적인 기능·역할 등 다양한 과제를 계발하는 역할 최종적으로는 정상화 이념의 성숙을 도모하는 역할

출처 : 박태영(2006). 2006대구자원봉사관리자 워크숍. '우리나라 자원봉사의 나아갈 방향'. 대구광역시 종합자원봉사센터. 22.

꼭 알아야 할 내용

- 자원봉사관리자의 역할
- 자원봉사관리자의 기능
- 사회복지시설 자원봉사관리자의 기능과 역할

3. 자원봉사 프로그램 기획과 업무설계

자원봉사활동의 사전관리과정이란 자원봉사 프로그램을 기획(planning)하고 자원봉사자의 업무를 설계(job design)하는 과정이라고 할 수 있다. 자원봉사를 하고자 하는 사람과 접촉이 이루어지기 전에 자원봉사를 활용하고자 하는 곳에서 자원봉사자를 받아들일 준비를 하는 과정이다.

1) 자원봉사 프로그램의 기획

(1) 프로그램 기획

기획(planning)은 여러 대안들 중에서 어떤 목적을 위해 행동방침을 선택하는 것이다.

자원봉사 프로그램의 기획은 "자원봉사를 활용하고자 하는 기관에 있어서 유능한 자원봉사의 유지, 기존의 업무에 새로운 자원봉사자 선택, 새로운 업무에 자원봉사자의 유인 등의 가장 기본적인 작업"이라고 말할 수 있다(Dunn, 1995 ; 김동배, 2005 : 347 재인용).

(2) 기획과정

자원봉사 프로그램 기획에서 관리자 또는 기획가의 역할은 욕구사정, 업무배정표 작성, 목적과 목표설정, 프로그램의 구성요소 설계, 설비와 자원획득, 분위기의 창조, 유급직원과의 관계, 직무설계 등이다. 따라서 기획과정에서 제공자는 무엇을 할 것인가를 미리 경청하고, 목적과 목표를 세우고, 위원회의 정책을 집행한다.

자원봉사활동의 프로그램을 효과적으로 기획하기 위하여 목표탐색→목표설정→목표결정→목표실행→목표통제와 같은 단계별 목표를 설정하여 실행해야 한다(김영호 외, 2006 : 166-168).

① **목표탐색 단계**(제1단계)

제1단계인 목표탐색 단계는 기획을 수립하기 위한 준비단계로서 조직의 생존, 성장, 개선 및 문제해결을 위하여 조직이 추구하는 어떤 바람직한 결과 및 상태를 신중하고 체계적으로 확인하는 작업이다.

특히, 제1단계에서는 조직의 현황과 과업환경을 분석해야 하고, 성취하는 장래의 희망사항을 검토하는 일이 중요하다. 그 과정으로 명백하고 정확하게 목표전략과 상황극복에 도움이 되는 전문가와 다른 사람들의 의견과 경험수집, 직·간접적으로 관련되는 모든 사람들의 의견을 수렴할 필요가 있다.

② **목표설정 단계**(제2단계)

제2단계인 목표설정 단계는 탐색단계에서 수집된 정보를 분석하여 가능한 대안들을 사정하고 다양한 대안들의 각각에 대한 미래의 결과를 예측한다. 즉, 실제로 조직이 성취하고자 하는 미래의 상태를 예상하는 과정으로서 일종의 새로운 가능성을 추구하는 창조적 단계이다.

③ **목표결정 단계**(제3단계)

제3단계인 목표결정 단계는 설정된 대안들에 대한 실행가능성과 효과성 등의 검증을 거쳐 만족안을 선택하고 결정한다. 과업의 중요성과 실행가능성에 관한 가중치를 부여하는 것이 필요하다. 여러 가지 전개상황에서 수집된 자료를 바탕으로 어느 대안이 가장 좋은가를 선택하는 단계이다.

④ **목표실행 단계**(제4단계)

제4단계인 목표실행 단계는 결정된 목표를 달성하기 위한 단계별 활동이 규정되고 기록되는 로드맵을 만든다. 즉, 합의된 목표에 도달하기 위하여 구체적인 실행전략으로 업무계획 및 활동계획을 수립하고 더불어 실제로 이해하는 과정이다.

⑤ 목표통제 단계(제5단계)

제5단계인 목표통제 단계는 목표가 계획대로 진행되었는지를 측정하고, 목표결정단계에서 예측한 효과의 발생 정도를 측정하여 계획과 괴리가 발생할 경우 시정 내지 통제를 한다.

2) 자원봉사자의 업무

(1) 업무설계

자원봉사관리자의 주요 관심은 '어떻게 하면 더 많은 자원봉사자들을 활용할 것인가'에 있다. 업무설계는 효과적인 자원봉사 프로그램을 관리하는 데 있어 가장 중요한 요소 중의 하나이다.

업무설계(job design)란 업무의 구조적·사회적 측면과 그 업무가 구성원에게 미치는 영향을 모두 포함하는 의도적이고 신중한 계획을 의미한다. 자원봉사의 업무설계는 자원봉사자에게 가치와 만족을 부여하고 클라이언트에게 질 높은 서비스를 제공하는 것을 목적으로 자원봉사자가 맡게 될 업무를 세부적으로 계획하고 해석하는 과정이다. 자원봉사자 모집에 대한 업무설계에 어떤 목적과 목표하에서 모집 대상은 누구이며 어떠한 방법으로 누구에 의해 행해지는가를 명확히 제시되어야 한다.

업무설계는 자원봉사기관에게는 자원봉사자의 업무가 조직 및 기관이라는 직무의 일부분으로 구성되어 조직의 사명과 목적을 달성하도록 해야 하며 또한 자원봉사자 개인에게는 이타주의적 욕구와 다양한 이기주의적 욕구충족을 위한 기회를 제공하도록 이루어져야 한다(조휘일, 1998; 송정부, 1998; 김범수, 2006 : 97 재인용).

또한 자원봉사직무를 설계할 때는 사람들이 게임을 즐기듯이 스스로를 위해서 시간과 재능, 물질을 사용하도록 동기화시켜 주는 것이 필요하다. 그것을 위해서는 다음의 네 가지 요소를 포함하도록 노력해야 한다(김범수 외,

2002 : 51-53).

① 주인의식(ownership)

② 기획할 수 있는 권한(the authority to think)

③ 결과에 대한 책임의식(responsibility for result)

④ 평가-성과 측정(keeping score)

자원봉사자에게 만족스런 업무, 동기를 높여주는 업무설계의 능력은 자원봉사관리자에게는 중요한 기술 중의 하나이다. 사람들이 하고 싶은 업무를 설계하는 것은 성공적인 자원봉사 프로그램의 밑바탕이 된다.

맥컬리와 린치(McCurley & Lynch)는 업무설계할 때 다음과 같은 특성이 가미된 동기유발을 해야 한다고 주장하고 있다. 첫째, 소유권으로서 자원봉사자가 무엇인가에 대한 책임감을 갖는 것을 의미한다. 비영리기관에서의 소유권은 자원봉사대상자의 프로젝트이다. 둘째, 의사결정에의 참여권으로서는 업무를 기획하고 결정하는 과정에 자원봉사자들을 참여시키는 것이다. 셋째, 결과에 대한 책임으로서 자원봉사자에게 업무결과에 대한 책임을 부여하는 것이다. 마지막으로 중요한 요소는 성취된 결과를 평가하는 것이다(김범수, 2006 : 98).

(2) 업무분장

자원봉사자의 참여동기를 높일 수 있도록 한 고려된 업무설계를 바탕으로 업무분장(job description)은 구체화되어야 한다.

업무분장에 있어서는 실행빈도수(일을 얼마나 자주 실행해야 하는가)와 일의 중요성, 필요한 전문성 등을 고려해야 한다. 특히 자원봉사자의 경우 물질적인 보상보다는 성취감, 인정, 자아실현 등의 심리적 욕구에 의해 활동이 좌우되므로 업무 분장에 있어서는 이러한 내적 욕구와 동기가 충분히 보상인정될 수 있도록 해야 한다. 명확한 업무분장은 업무책임을 분명히 하고, 자원봉사자 모집과 배치를 용이하게 하며, 효과적인 업무실행에 필요한 훈련 영역을 제시하고, 자원봉사자 업무실행에 대한 감독과 평가를 위한 토대를 마련하며, 업무에 참여하는 사람들 간의 역할을 이해하게 한다(Ilsley & Niemi, 1981 : 52).

최선의 업무분장은 정교하거나 복잡한 것이라기보다는 명확하고 정확해야 한다. 자원봉사자는 각자의 업무분장을 가지고 있어야 하며 업무분장은 자원봉사자의 지도와 평가에 이용되는 도구의 기능을 갖는다(조휘일, 1998 : 366-367).

업무분장은 직책명칭, 업무목적, 제안된 활동내용, 평가척도, 자격요건, 활동수행 기간, 업무수행 장소, 업무지도, 혜택, 기관의 철학과 가치, 해고조건, 평가, 담당자 연락처 등의 요소가 포함되어야 한다. 또한 업무분장은 자원봉사자를 모집하기 전에 마련되어야 하며, 상황에 따라, 필요에 따라 수정되어야 한다(김범수, 2006 : 99-100; 유성호, 1997).

꼭 알아야 할 내용

- 자원봉사활동의 사전관리과정
- 자원봉사 프로그램 기획
- 자원봉사 프로그램 기획과정(5단계)
- 자원봉사자의 업무설계(4요소)
- 자원봉사자의 업무분장

4. 모집과 교육훈련

1) 모 집

(1) 모 집

자원봉사 프로그램을 기획하는 자원봉사관리자가 프로그램을 설계한 이후에 처음으로 해야 할 일은 자원봉사자의 모집이다. 자원봉사자 모집이란 자원봉사자와 조직의 욕구를 조화시키는 과정일 뿐 아니라 잠재적 자원봉사자들을 발굴하여 이들이 실제로 자원봉사활동에 참여하도록 유도하는 일련의 활동과정을 말한다.

모집은 조직이 원하는 능력과 태도를 보유한 사람들을 찾고, 그들이 수행해야 할 과업과 연결하는 과정이고, '지역사회 문제를 효과적으로 해결하기 위하여 잠재되어 있는 유용한 인적 자원을 끌어내는 활동'이라고 할 수 있다. 이러한 자원봉사자의 모집을 위해서는 잠재적 자원봉사자 선정, 자원봉사자의 특성과 관심사항 및 욕구의 사정, 기관의 철학이나 목표와의 일치성 평가, 홍보내용과 방법의 개발이 선행되어야 한다.

(2) 모집방법

자원봉사자 모집은 청소년, 노인, 직장인 등 특정 계층을 한정하여 행하는 것과 모든 시민을 대상으로 모집하는 경우가 있는데, 중요한 것은 활동 프로그램의 특성과 가장 부합하는 대상자를 발견하여 활동으로 연결하는 것이다.

자원봉사자의 모집 기술로는 먼저 주민조직, 종교단체, 사회단체, 공공기관, 각종협회 등 지역사회 내 활용가능한 모든 조직체와의 접촉뿐만 아니라 개인적인 접촉을 통하여 잠재적 자원봉사자로 참여할 가능성이 있는 인적 자원을 최대한 발굴하여야 한다.

모집방법은 먼저 일슬레이(Ilsley)와 니에미(Niemi)에 의하면 여러 사람을 한 번에 모집하는 대중적 모집방법, 신문, 잡지, 라디오, TV, 스티커, 포스트 등과 같이 특정 대상과 범위를 정하여 모집하는 개별적 모집, 일대일, 교육강좌를 통한 모집전략 등으로 구분된다(Ilsley & Niemi, 1981 : 55-56).

스텐절(Stenael)과 피니(Feeney)는 스스로 강한 동기를 가지고 자원봉사에 참여하는 자기모집(self-recruitment), 기존의 자원봉사자나 기관의 직원들을 통한 일반적 비공식적 정보모집(general, informal-recruitment), 관련 기관의 주선을 통한 공식 모집(forrmal-recruitment)으로 구분한다(이번송 외 1995 : 70).

맥컬리와 린치(McCurley & Lynch)는 실질적인 자원봉사자의 모집방법을 다수모집, 표적모집, 동심원 모집, 연계성 모집 등으로 나누고 있다(김범수, 2006 : 101-102; 류기덕 외, 2018, 268-269).

① **다수모집**(warm body recruitment) : 특별한 기술이 필요하지 않거나 제한된 시간 내에 필요한 기술을 쉽게 습득할 수 있어서 많은 자원봉사자를 확보하기 위하여 자원봉사자의 자격조건을 제한하지 않고 누구나 참여하

게 할 때 효과적인 모집방법이다. 특히 이 방법은 특정한 행사의 안내와 같이 단기간의 단순한 일에 필요한 많은 자원봉사자를 찾고자 할 때 효과적이다. 다수모집방법은 모집 전단지와 포스터를 대중에게 배포하거나 인터넷 및 대중매체를 이용하거나 지역사회단체나 교육기관 등에 접촉하는 방법 등이다.

② **표적모집**(target recruitment) : 자원봉사활동에 필요한 기술, 시간, 능력 등을 제한하여 누가 업무를 수행했으면 좋을지 구체적으로 결정하여 적합한 자원봉사자를 모집하는 방법이다. 표적모집은 특별한 기술을 가진 자원봉사자를 모집할 때 특히 효과적이다.

③ **동심원 모집**(concentric recruitment) : 동심원 이론에 근거하고 있는데 연못에 돌을 하나 던졌을 때 그 돌이 던져진 곳을 중심으로 물결이 밖으로 퍼져나가는 것처럼 현재 자원봉사조직과 직·간접적인 관계를 맺고 있는 사람들을 중심으로 그들의 가족, 친구, 이웃, 회사, 지역사회 등을 자원봉사자로 점차 확산해 나가 모집하는 방법이다. 이 방법은 잠재적 자원봉사자가 이미 자원봉사기관에 호의적 성향을 가지고 있기 때문에 긍정적 반응을 얻을 수 있다.

④ **연계성 모집**(ambient recruitment) : 집단결속력이 강하고 자아정체감과 연계성이 강한 사람들이나 집단으로 이루어진 닫힌 체계로부터의 모집방법이다. 이 방법은 학교, 회사, 전문직, 종교집단 등 집단결속력이 강하고 상호간의 연계성이 강한 집단을 자원봉사자로 유인하는 방법이다. 이러한 자원봉사자가 모집방법 중에서 기관의 특성, 그리고 자원봉사활동의 내용에 적합한 방법을 선택하여야 한다.

또한 모집에는 다양한 방법과 매체도 중요하다. 예컨대 신문, 방송, 정기 간행물, PC통신 및 인터넷, 우편발송, 캠페인, 이벤트, 자원봉사기관 자체의 홍보 영상물 포스트, 스티커, 비디오, CD, 전화카드 등이다(한국복지연구원, 1997 : 149-150).

이상과 같은 모집을 위한 전략은 모집대상의 결정, 홍보수단의 결정, 홍보 메시지의 결정, 모집활동의 수행 그리고 평가 단계로 이루어진다.

(3) 면접

자원봉사자 면접은 잠재적 자원봉사자와 기관이 서로 간의 기대와 욕구가 맞는지를 구체적으로 확인하고 평가하는 과정이다. 면접과정에서는 상호 의견 및 정보교환을 통하여 자원봉사자 개개인의 능력, 동기, 의욕, 그리고 구체적 목표가 일치되는지를 확인하여 최종결정을 짓게 되는데 이들 정보를 바탕으로 최종적으로 업무가 배정되어야 한다.

성공적인 면접을 위해 고려해야 할 전략은 <표 4-2>와 같다(Ilsley & Niemi, 1998 : 62; 류기형 외, 2020 : 186-187 재인용).

〈표 4-2〉 성공적인 면접을 위한 전략

구분	바른 지침	유의해야 할 점
면접을 위한 단계설정	① 정직하고 개방된 마음을 갖도록 편안하고 안정된 분위기를 선택하라. ② 대화하는 동안 경험의 형태, 비언어적・신체적 동작을 주의깊게 관찰하라.	① 피면접자로 하여금 신경 쓰이게 하거나 방해받는다고 느낄 수 있는 나쁜 환경을 피하라. ② 끈질긴 질문, 오만한 질문을 함으로써 피면접자로 하여금 방어적 태도를 갖게 하는 것을 피하라.
질문을 위한 전략	① 개방형 질문을 하라. 피면접자로 하여금 몇 가지 선택이 가능할 수도 있도록 그런 방법으로 질문을 하라. ② 자원봉사활동의 철학이나 동기 등 관련 정보를 얻을 수 있는 질문을 하라.	① “예”나 “아니요”라는 대답이나 피면접자로 하여금 유도질문은 피하라. ② 더 많은 정보를 얻기 위해 무례한 행동은 피하라.
면접과정	① 특정한 업무에 대한 설명과 프로그램의 목적을 설명하라. ② 자원봉사자들과 빠른 초기면접이 형성하도록 이해와 관심을 보여라. ③ 당신이 찾고자 하는 정보가 무엇인지를 알아라.	① 면접과정에서 성급하지 마라. ② 거칠거나 위협적, 위압적인 자세는 피하라. ③ 무계획적이거나 융통성 없는 것을 피하라.

2) 교육・훈련

자원봉사자를 적재적소에 배치하기 전에 자원봉사자로서의 자세와 태도, 그리고 특정 자원봉사업무에 필요한 지식과 기술을 습득할 수 있도록 자원봉사자에 대한 교육이나 훈련이 필요하다.

교육 및 훈련은 어떤 직무 또는 가치에 대한 개념과 태도 및 소양을 형성하도록 하거나 더 나아가 그것을 수행할 지식과 기술능력을 함양하도록 하여 목적하는 바에 따라 교육대상자의 개발을 돕는 행위를 말한다. 즉, 자원봉사자의 동기를 강화하고 자원봉사업무에 대한 기술이나 지식의 습득기회를 제공하며 더 나아가서는 자기발전과 성장의 기회를 제공해 준다.

그리고 자원봉사활동에 참여할 수 있는 기회는 모두에게 주어지지만 모두 자원봉사활동에 투입되는 것은 결코 아니다. 자원봉사활동에 필요한 준비가 된 사람만이 참여가 가능하다. 예컨대 자원봉사활동에 있어 서비스 수혜자에게 어떻게 접근해야 하고, 자원봉사자의 역할이나 자세는 어떠해야 하며, 직원이나 동료 간의 관계 형성, 자원봉사활동에서 지켜야 하는 규칙이나 직무에 필요한 기술 등에 대한 교육이 필요하다.

이러한 자원봉사교육을 실시할 때는 자원봉사자의 학습능력이나 특성을 고려하는 것이 좋다. 강의중심의 이론적 교육에 치중하기보다는 토론, 다양한 교육매체, 체험학습과 같은 다양한 교육방법을 선택하는 것이 바람직하다.

(1) 오리엔테이션(기초교육)

오리엔테이션(orientation)은 자원봉사활동을 시작하기 전에 실시하는 자원봉사자 훈련으로서 자원봉사조직의 목표, 철학, 구조, 정책, 전통, 자원봉사대상자 그리고 자원봉사활동의 과정에 관해 배우는 단계이다. 오리엔테이션 과정을 통해 자원봉사자들로 하여금 스스로 기관사업에 참여하고자 하는 동기를 갖도록 해주는 것이 중요하다.

오리엔테이션에서 취급되어야 할 내용은 <표 4-3>과 같다(Ilsley & Niemi, 1981 : 68; 류기형 외, 2020 : 193 재인용).

〈표 4-3〉 오리엔테이션에서 다루어야 할 내용

구 분	내 용
기관의 기능	서비스대상, 프로그램 유형, 활동장소, 자원과 이용시설
기관의 역사	기관의 설립배경 및 추진과정, 제공된 수혜자의 수, 이사회, 확장률, 자금제공과정
법규와 규칙	조직의 정관이나 운영지침, 직원, 자원봉사자의 행동강령, 보고서양식
조직구도	조직계층, 의사소통채널, 자원봉사활동 프로그램의 성격 및 상태
이득과 인센티브	보상에 관한 정책, 자원봉사자에게 주어지는 특권, 사회와 승인기능, 훈련 프로그램
자원봉사자의 반응	자원봉사자의 관심과 불안, 자원봉사자에 의해 제기되는 부가적인 점, 유급직원과의 일반적인 토론

(2) 전문교육 · 업무교육

자원봉사자에게 전문교육을 통해 특정한 업무를 수행할 수 있는 구체적 원리와 기술을 교육한다. 자원봉사자들이 활동할 특정한 업무에 있어서 강조되어야 할 사항은 업무수행의 표준화이다.

(3) 재교육

재교육은 자원봉사자의 기능을 강화하는 등 전문성을 제고할 목적과 자원봉사자에 대한 정보 파악, 활동자 간의 상호 유대 형성, 소속감 강화를 통한 자원봉사자의 사후관리에 중점을 두고 교육을 실시하여 보다 지속적인 활동을 할 수 있는 동기를 부여한다.

(4) 훈련

자원봉사의 훈련은 사전훈련, 초기훈련, 현직훈련, 정기적인 점검과 피드백 그리고 기능전환 훈련으로 구성된다(Rainman & Lippitt, 1975 : 72; 현외성, 2004 : 106-110).

① 사전훈련(pre-service training)

오리엔테이션 후 자원봉사자들이 활동을 행하기 전에 활동에 필요한 지식, 기술을 습득하고 자원봉사활동과정에서의 의사소통방법을 알려주며 자원봉사활동참여를 격려할 목적으로 실시하는 연수훈련이다. 훈련내용은 자원봉사자의 욕구 및 특성, 기관에서 필요한 업무, 자원봉사자 경험 정도에 따라 다양하게 구성된다.

② 초기훈련(start-up training)

이는 자원봉사자가 활동에 앞서 훈련을 받았다고 하더라도 직접 활동을 시작할 때에는 아직 미숙한 점이 많다. 그러므로 많은 지원이 필요한데 이에 대한 교육단계이다.

③ 현직훈련(in-service training, on-the-job training)

현직훈련은 현재 활동 중인 자원봉사자들의 정보교류, 자원봉사의 전문성 재고, 자원봉사자 간의 상호유대관계 강화, 자원봉사활동의 애로와 문제점 해결과 지지, 소속감 강화에 목적을 두고 실시되는데, 자원봉사자의 활동이 진행되는 중에 지식, 기술, 태도를 강화하고 새로운 기술, 지식, 태도를 소개함으로써 자원봉사자의 기술을 향상시키고, 매너리즘에 빠지지 않도록 하여 자원봉사자가 활동의 계속성과 서비스의 질의 고양에 이바지하는 훈련으로 일정한 주기의 정기적 교육이 바람직하다.

④ 정기적인 점검과 피드백(periodic review & feedback)

자원봉사활동을 전 과정을 통하여 정기적으로 점검하고 이에 대한 피드백을 자원봉사활동에 반영하는 것 또한 중요하다. 정기적인 점검은 자원봉사자에게 가장 필요한 훈련의 종류를 결정하는 데 도움을 줄 수 있다. 또한 이러한 점검을 통해 나타난 새로운 제안과 피드백을 실천에 옮기는 것이 무엇보다도 중요하다. 환류(feedback)는 사전훈련에서부터 기능전환훈련에 이르는 전 훈련과정에서 모두 적용된다.

⑤ 기능전환훈련(transition training)

자원봉사자가 현재하고 있는 봉사를 계속하거나 새로운 일을 맡게 될 때 유의해야 할 점은 보다 중요한 책임을 지는 수준으로 전환되어야 한다는 것이다.

자원봉사자가 새로운 직무로 옮겨가는 경우 새로운 지식과 기술을 습득할 요인이 발생한다. 그러므로 새로운 과업을 추진할 수 있도록 준비시켜야 한다.

교육과 훈련 방법으로는 강의식 교육, 워크숍, 가상 연습 및 역할극 등으로 새로운 과제를 잘 수행할 수 있도록 지원해야 한다.

자원봉사자 교육 및 훈련을 할 때 특히 강조해야 할 점은 자원봉사자는 자원봉사활동을 하는 동안 동기유발과 자기계발을 위해 계속적으로 교육과 훈련을 받아야 한다는 사실을 인식하는 것이다.

꼭 알아야 할 내용

- 자원봉사자 모집 방법
- 성공적인 면접을 위한 전략
- 오리엔테이션에서 다루어야 할 내용
- 자원봉사자의 훈련 종류

5. 배치와 지도감독

1) 배 치

자원봉사자를 모집, 교육·훈련한 다음에는 자원봉사자들의 기대, 능력, 기관의 욕구를 고려하여 면접이 이루어진 뒤 자원봉사관리자에 의해 적재적소의 배치가 이루어진다. 배치는 자원봉사기관에서 자원봉사를 신청받게 되고 이들을 적절한 시간과 내용으로 교육, 훈련을 받게 한 다음, 자원봉사자의 대상과 분야의 필요에 따라서 적절하게 연결하여 활동할 수 있도록 지원하는 과정이다.

업무배치에 있어서 고려되어야 할 점은 ① 자원봉사수요 기관의 조건, ② 자원봉사활동 집단 또는 조직에 대한 조건, ③ 자원봉사자의 조건이다(류기형 외, 2006 : 182).

자원봉사자를 적재적소에 배치하기 위해서는 우선적으로 자원봉사지원자의 자원봉사활동 참여 동기, 관심사, 원하는 활동분야 등에 대한 정보를 수집하여

기관에서 필요한 프로그램에 배치하기 위한 배치상담을 실시해야 한다.

샤이어(Scheier)는 자원봉사활동의 안정성, 적절성, 질 관리를 확실히 하기 위해서는 배치상담이 필요하고 자원봉사자에게 적절하지 않은 임무일 경우에는 재배치되어야 함을 강조하였다. 그 이유를 살펴보면 다음과 같다(Wilson, 1976 : 122; 현외성, 2006 : 120).

첫째, 클라이언트는 보호되어야 한다. 즉, 자원봉사자의 개입으로 클라이언트가 방해받는 일은 없어야 한다. 둘째, 기관의 명성은 기관에서 활동하는 자원봉사자에 의해 크게 영향을 받는다. 셋째, 자원봉사자가 부적절하게 배치될 때 직원과 자원봉사자의 사기가 저하된다. 넷째, 부적절한 배치의 경우에 자원봉사자 당사자가 힘들어한다.

만약 자원봉사자가 희망하는 업무가 없을 경우에는 무리하게 배치하기보다는 새로운 자원봉사 업무를 개발한 후에 배치하는 것이 바람직하며 다른 기관에 자원봉사자를 의뢰 또는 연계하는 것도 고려할 수 있다. 그리고 자원봉사자를 특정 자원봉사업무에 배치한 이후에는 자원봉사자의 관심이나 흥미가 바뀌거나 자원봉사조직의 상황변화에 따라 반드시 자원봉사활동분야를 재조정하기 위한 재배치상담을 실시할 필요가 있다. 또한 배치에 있어서 무엇보다도 먼저 고용조건에 대한 합의와 함께 업무내용을 명확히 제시한 직무지침에 대해 설명해야 한다.

2) 지도감독(Supervision)

자원봉사자들도 직원들과 마찬가지로 기관 내의 모든 상황을 파악할 수 있으며 어떤 일들이 행해져야 하는가를 알 수 있는 지위에 있는 직원으로부터 지지받기를 요구한다. 따라서 자원봉사자의 관리에 있어서 가장 중요한 것은 자원봉사활동기간 중에 책임을 함께 나눌 수 있는 직원에게 접근할 수 있는 통로를 만들어 주어야 한다는 것이다. 그런 점에서 지도감독은 자원봉사자를 활용하는 기관에서의 경험이 있는 자원봉사관리자가 지도·감독자로서 행정적·교육적·지지적 기능을 수행하여 경험이 부족하고 덜 숙련된 자원봉사자에게 지식과 기술을 전수함으로써 효율적, 효과적으로 자원봉사를 하도록 도와

주는 과정을 말한다(류기덕 외, 2017 : 284).

지도감독은 유급직원이나 자원봉사자에게 동등한 입장에서 지지하거나 옹호해주고 도움을 주는 관계이며, 상하관계에 의한 감독이나 통제가 되어서는 안 된다.

지도감독자는 자원봉사자들이 변화하고 개발해야 할 점을 점검하고 능력과 업무에 대한 평가의 기회를 제공하여 행정적인 절차나 지원에 대한 정보도 제공하는 역할을 동시에 수행하여야 한다. 또한 자원봉사자들이 오랜 기간 동안 봉사활동을 할 수 있도록 하기 위해서는 무엇보다도 정기적으로 평가할 수 있는 기회를 마련해 주는 것도 필요하다(류기형, 2006 : 185-186).

코너스(Connors, 1995)는 자원봉사자의 지도감독으로서 다음과 같이 제시하고 있다(류기형 외, 2020 : 203).

① 과업과 역할이 무엇을 수반하는지 그리고 왜 그것이 중요한지에 관해 자원봉사자가 확실히 이해하도록 하라. ② 긍정적이고 정확한 피드백을 제공하라. ③ 직접적으로 과업과 관련하여 계획과 의사결정에 자원봉사자를 참여시켜라. ④ 직원, 자원봉사자 그리고 클라이언트와 파트너십적인 환경을 만들어라. ⑤ 자원봉사자가 권위를 가지도록 하고 궁극적으로 책임을 지는 것이 아니다. ⑥ 자원봉사자의 투입에 가치를 주고 들어봐라. ⑦ 주저하거나 이중적이지 않게 접근하라. ⑧ 해결을 위한 문제와 계획을 기대하라. ⑨ 성취한 것에 인정하고 감사하라. ⑩ 자원봉사자의 시간을 결코 낭비하지 마라.

지도감독의 기능은 자원봉사활동이 달성할 수 있는 목적에 따라 세 가지로 나누어진다(Kadushin, 1993; 김동배, 2006 : 370 재인용).

첫째, 직원들을 선발하고 기본 교육을 하는 것을 포함하는 행정적 슈퍼비전(administration supervision)이 있다. 이는 기획하고, 업무를 분장하고, 업무를 평가하는 것과 명령체계에 따른 상하 간의 의사소통을 촉진하는 것 및 행정적 완충장치 역할을 수행한다.

둘째, 훈련과 교육을 포함하는 직원개발기능으로서 교육적 슈퍼비전(educational supervision)이 있다. 이것은 개별적 또는 집단 프로그램에서 클라이언트 사례, 토론을 통해서 일어난다.

셋째, 직원들이 직무 관련 스트레스를 취급하도록 돕는 것과 관련이 있는 지지적 슈퍼비전(supportive supervision)이 있다.

이와 같은 지도감독의 기능은 개별적으로 주어질 수도 있고 집단적으로 이루어질 수도 있다. 집단적 지도감독은 자원봉사자들에게 정체감을 심어주고 집단 간의 평가에서는 객관적인 관점을 이해할 수 있게 할 뿐만 아니라 자아인식과 자신신뢰도를 높일 수 있다.

효과적인 지도감독을 위해서는 첫째, 업무에 관해서는 완벽한 지시를 하고 어떤 질문에도 응답할 준비를 해야 한다. 둘째, 기관이 기대하는 것을 명확히 전달해야 한다. 셋째, 자원봉사자의 활동에 인정과 감사를 표시한다. 넷째, 부적절한 행동은 바로 볼 수 있게 도와야 한다. 다섯째, 자원봉사자의 욕구와 동기를 충족시키는 데 융통성을 발휘하여야 한다(김현옥, 2002; 조휘일, 1998).

지도감독과정에서 활용되는 기록은 자원봉사자가 수행한 업무를 객관적으로 평가하고 분석할 수 있는 중요한 자료인 만큼 자원봉사관리자는 지도감독 이전에 기록을 충실히 검토하고 지도감독에 임해야 한다(류기덕 외, 2017 : 285).

꼭 알아야 할 내용

- 적재적소 배치
- 자원봉사자의 지도감독
- 지도감독의 기능

6. 인정보상과 평가

1) 인정보상

자원봉사자의 활동이 의미 있는 일이 되기 위해서는 지속적으로 자원봉사자들의 활동에 대한 인정보상이 있어야 한다. 자원봉사자가 활동을 중단하지 않고 꾸준히 지속할 수 있도록 하는 요인 중의 하나로 자원봉사에 대한 인정과 보상이 중요한 의미를 갖고 있으며, 인정보상은 지속적으로 금전적인 급여가 아닌 방법으로 주로 심리사회적인 내용의 제반 반대급여를 제공하는 특성을 갖고 있고, 그 방법은 다양하다.

한국사회복지협의회에서 시작한 '자원봉사인증제'는 활동한 시간만큼 자신이 원하는 때에 봉사서비스를 받을 수 있는 권리가 부여된 인정 제도이며, 2001년 11월 봉사시간별로 인센티브를 제공하는 '사회복지 봉사 인정관리 DB'가 운영되기 시작하였다.

(1) 자원봉사 인정보상의 필요성

자원봉사활동에 대한 공식적, 비공식적, 물질적(현금, 현물), 비물질적(기회부여), 정서적 · 심리적 및 사회적 인정보상으로 자원봉사자들에게 상찬 예우함으로써 중도탈락을 줄이고, 자원봉사를 계속하도록 동기를 유발할 수 있다. 자원봉사자에 대한 인정과 보상이 직접적으로 자원봉사활동에 지속적으로 참여하게 하는 유일한 수단은 아닐지라도 인정과 보상이 자원봉사자들이 자원봉사활동의 경험에서 더욱 만족감과 자신의 욕구를 충족하고자 하는 중요한 매개체의 역할을 하는 것은 분명하다(배기효, 2006 : 29-31).

사회복지개발연구원 연구결과를 보면 자원봉사활동에 관한 오리엔테이션, 구체적인 교육, 재교육, 지속적인 안내나 지도, 감사와 메시지, 인증서, 감사패 및 표창장, 간행물, 자원봉사자들을 위한 행사에 초대를 받는 일 등이 있거나 평가회를 가진 경험이 있는 사람들이 그렇지 못한 사람들과 비교했을 때 자원봉사활동의 지속성이 있고, 자원봉사활동의 개인적 측면, 대인 측면, 교육 측면, 관리 측면, 보상 측면에서 만족도가 높은 것으로 나타나 자원봉사 인정보상이 필요함을 입증해 주고 있다(전재일, 2005 : 68).

맥컬리와 린치(McCurley & Lynch, 1980; 류기덕 외, 2017 : 289-290)는 자원봉사활동에 있어서 인정의 법칙을 다음과 같이 제시하고 있다. 첫째, 자원봉사활동의 업적을 인정하고 사람에 대해서는 칭찬해 주어라. 둘째, 자주 인정하고 대중이나 동료들 앞에서 인정해 주어라. 셋째, 자원봉사자의 노고에 즉시 그리고 적정한 시기에 칭찬해 주어라. 넷째, 인정은 일관되고 진실되게 해주어라.

보상인정은 시작할 때나 끝날 때에만 하는 것이 아니라 지속적, 체계적으로 이루어져야 한다.

(2) 자원봉사 인정보상의 종류

기관에서 가장 보편적으로 실시되고 있는 인정보상의 종류는 기회제공, 사회적 인정과 정서적 보상이다. 이는 비물질적 인정보상을 물질적 인정보상보다 많이 시행하고 있다(배기효, 2006 : 29-30).

자원봉사의 인정보상의 종류는 매우 다양하므로 국가, 지방자치단체 및 민간자원봉사기관의 특성에 따라 적절하게 맞추어 적용하는 것이 필요하며, 지역적·개인적 특성 등을 고려한 다양한 인정보상제도의 개발이 시급하다(배기효, 2006 : 32).

서울시정개발연구원(1995)은 자원봉사자에 대한 인정보상을 세분화하여 시설과의 일체감, 사회적 보상, 도덕적 보상, 물질적 보상 등으로 구분하였다.

① **시설과의 일체감** : 시설 자료와 증빙카드 제공, 시설행사 초대 등

② **사회적 보상** : 자원봉사자 사무실 제공, 자원봉사자 조직 운영, 자원봉사자 토론 주선, 자원봉사자 친목행사 주선 등과 같은 봉사자들 간의 만남 등

③ **도덕적 보상** : 외부기관이나 정부 포상 추천, 기관 자체의 포상 등

④ **물질적 보상** : 교통비, 식비 등의 최소한의 활동경비 제공 등

자원봉사의 인정보상 종류는 매우 다양하므로 자원봉사 기관의 상황에 맞게 활용할 필요가 있다.

① 공식적인 인정보상

공식적인 인정보상은 지역사회의 승인에 대한 욕구를 가지고 있는 자원봉사자의 기대를 충족시켜 주는 데 도움을 주며, 자원봉사자들의 참여 동기와 욕구에 대한 보상인정을 전달할 수 있는 요소는 다음과 같다(Fletcher, 1998 : 69 ; 현외성, 2004 : 151).

- 특정한 기술(skill)을 사용할 수 있는 기회
- 특정한 기술을 개발할 수 있는 기회
- 미래의 고용준비를 위한 직무훈련의 기회

- 개인이 특정한 관심 있는 문제에 대해서 무언가 행동할 수 있는 기회
- 기관의 한 부분이 될 수 있는 기회
- 대인관계의 기술을 발달시킬 수 있는 기회
- 이전에 도움을 받은 경험이 있는 사람이 이에 대한 교환적 욕구에 부응할 수 있는 도움을 베풀어 줄 수 있는 기회
- 사회적 개입의 기회
- 특정 활동(또는 행동)의 한 부분으로서 역할을 할 수 있는 기회
- 사회적으로 쓸모 있는 활동에 참여하려는 욕구를 충족할 수 있는 기회
- 필요한 존재로 인정받고 감사를 받는 경험의 기회(예 지역사회봉사상 시상 대상자 추천)
- 공식적 행사에서 인정받을 수 있는 기회(연말 자원봉사자 만찬 또는 파티에서의 감사장 전달)
- 어떤 상징적 핀이나 자격증을 받는 기회(장기 자원봉사자 명단에 기록 및 게재)
- 뉴스레터, 신문 또는 다른 대중매체에 이름이나 관련 기사에 실리는 기회

② 비공식적인 인정보상

비공식적 인정보상은 자원봉사자에 의해 수행되고 있는 업무에 대한 직원 또는 자원봉사관리자의 일상적인 감사표현을 통해서 실현되며, 그 방법은 아래와 같다(Fletcher, 1989 : 70; 현외성, 2004 : 152).

- 수시로 적절한 시기를 맞추어서 "감사합니다"라는 말을 표현하는 것
- 자원봉사자들의 불편을 고려해서 훌륭한 물리적인 환경을 조성하는 것
- 자원봉사자들이 '메시지'를 받을 수 있는 우편함을 설치해 주는 것
- 불가피한 사정으로 또는 근무일정이 없어서 결근했다가 출근했을 경우 그동안의 안부와 함께 기관이 아쉬워했다는 말을 전하는 것
- 자원봉사자들을 직원회의, 직원 현임훈련 프로그램 그리고 직원의 사교행사에 참여시키는 것
- 자원봉사자들을 점심 또는 커피 모임에 동반해서 참여시키는 것
- 경험 많은 자원봉사자에게 새로운 자원봉사자 교육훈련을 도와줄 것을 요청하는 것

- 자원봉사자의 준비상태를 점검하여 새로운 책임을 부과하는 것
- 자원봉사자 개개인의 특별한 기술이나 전문적 능력의 영역에 대한 자문을 구하는 것
- 자원봉사자의 생일에 카드를 보내거나 기관 내에서 생일케이크를 준비하여 축하하는 것
- 자원봉사자의 직위 및 업무와 관련된 훈련과정 참여비용을 제공하는 것
- 자원봉사자들이 잘 수행한 특정의 업무들에 대해서 칭찬해 주는 것

또한 인정보상은 공정하게 상황과 자원봉사자의 욕구에 맞게 개별화되고 창의적으로 시행할 때 효과가 커진다.

호주의 경우에는 우수 자원봉사자에게 공공임대 주택분양 시 우선권을 주거나 직장에서는 근무환경에 각종 혜택을 주고 있다. 이와 같이 호주는 자원봉사활동이 생활화되어 있고, 사회 어느 곳에서나 자원봉사를 하지 않으면 지역공동체 속에서 민주시민으로서 살아갈 수 없을 정도로 자원봉사에 대한 책무성이 강한 국가이다.

예컨대, 2000년 시드니 올림픽 개최 때 자원봉사자 지원이 치열했고 심사결과 탈락한 시민도 매우 많았으며 그 탈락에 대해 매우 아쉬워하였다는 점이다. 이는 자원봉사자에 대한 인정과 보상제도가 정착되어 있기 때문이라고 볼 수 있다. 올림픽경기장 앞 조형물에는 올림픽 대회 중에 활동한 자원봉사자의 이름을 알파벳순으로 새겨 놓았으며, 경기장 방문 시 자원봉사자나 그 가족들이 조형물에 새겨져 있는 이름을 보고 자부심, 자긍심을 느끼는 것을 볼 수 있다. 이것은 자원봉사자는 물질적 보상보다는 심리적, 정신적, 사회적 보상이 더 중요함을 인식할 수 있는 사례이다.

(3) 자원봉사자의 유형에 따른 인정보상 이론

자원봉사자를 모집하고, 훈련 및 적절한 배치를 하여 끊임없는 지도와 관심을 보이지 않으면 성공적인 효과를 기대하기란 어렵다. 또한 자원봉사에 대한 인정보상방법도 자원봉사자의 동기나 욕구유형에 따라 개별화하여 차별성 있게 적용할 필요가 있다(배기효, 2006 : 36-38).

자원봉사 인정보상과 관련한 이론들을 살펴보면 다음과 같다(배기효, 2006 : 35-38; 이현정, 2003 : 7-10; 정하성, 2004 : 93-95).

① 기대이론

브룸(Vroom)의 기대이론(expectancy theory)이란 '자원봉사자가 자신의 활동에 대해 인정받고 보상(이익)을 얻을 것이라는 기대에 의해서, 그리고 활동의 결과가 개인에게 긍정적인 가치를 부여할 것이라는 기대에 의해서 자원봉사활동에 참여하게 된다'는 것이다. 즉, 자원봉사자는 자신의 활동에 대하여 친구 사귀기, 개인적인 만족감, 다른 사람 돕기, 도움받기, 성취감, 자존감 등의 보상을 추구하고 있다(볼런티어 21, 2006 : 9). 만약 이와 같은 보상이 이루어지지 않았을 경우 자원봉사활동의 지속성은 감소될 수 있다.

② 교환이론

호만스(Homans)의 교환이론(exchange theory)은 사람들 사이에 상호작용이 일어날 때에 사회관계가 일어나며 이러한 사회적 상호작용에 있어서 각 개인은 상대방에게 어떻게든 도움이 되는 행동을 할 수 있다는 것이다.

교환이론에서는 사회적 행동을 적어도 두 사람 간에 교환자원을 주고받는 반복적인 행위가 이루어지는 것으로 본다. 교환자원은 물질적인 것과 비물질적인 것이 포함된다. 교환관계에 있는 당사자의 자원은 비용이 되고 상대편으로부터 받는 교환자원은 보상이 된다. 교환관계에 있는 당사자는 가능하면 비용에 비하여 보상이 큰 쪽으로 행동하려고 하며, 권력적으로 대등한 입장에서 교환관계를 유지하려고 한다. 따라서 교환관계가 불균등하게 이루어지고 있는 경우는 균등한 관계가 되게 하려고 노력한다는 것이다(최일섭 외, 1995 : 67-68).

자원봉사활동은 이타주의 정신에 입각하여 자발적 의지를 가진 자원봉사의 철학과 원칙을 주장하지만, 교환이론에서 가정하는 것처럼 개인이 주어진 상황에서 원가나 투자액에 비하여 얼마만큼의 보람과 가치가 돌아온다고 느낄 때 의미를 갖게 된다는 것이다.

③ 성취동기이론

성취동기란 성과와 업적을 최대로 성취하고자 하는 마음을 말하는 것으로 인간의 성격에 따른 성취욕구를 충족시켜 줌으로써 동기를 부여할 수 있다고 보는 것이다. 맥클리랜드(McClelland)는 개인의 업무성과는 각 개인이 가진 성취욕구의 정도에 따라 결정된다고 하였다. 즉, 성취욕구를 가진 자원봉사자는 도전적인 문제해결의 과업에, 친교욕구를 가진 사람은 새롭고 만족할 만한 우정을 형성할 수 있는 기회에, 권력욕구를 가진 사람은 통제와 힘을 발휘할 수 있는 지위와 권위에 의해 동기화가 되기 쉽다.

다시 말하면, 성취지향적 자원봉사자에게는 추가적인 훈련과 보다 도전적인 업무가 이상적인 인정의 결과이고, 구체적인 성취에 대한 인정, 최고, '가장'이라는 이름의 상을 통한 인정, 동료들에 의해 뽑힌 리더가 되는 것이 효과적인 인정방법이다. 친교나 관계지향적 자원봉사자에게 있어서 인정은 그룹행사 때 동료들에 의해서 투표되어야 한다. 자원봉사자에게 가장 중요한 관계적인 유대가 자원봉사대상자와의 관계라면, 자원봉사대상자가 감사의 편지를 쓰거나 또는 상을 수여하는 것을 통하여 인정보상해야 한다. 권력지향적인 자원봉사자에게는 권한과 정보에 더 큰 접근을 가능하게 하는 승진이 가장 중요한 인정의 수단이다. 또한 유명인사로부터의 칭찬, 신문 같은 곳에서 이름이 실려 지역사회에 공표되는 것, 조직의 지도자들에 의한 인정의 결정 등이 가장 적합한 방법일 것이다(김범수, 2002 : 90; 류기형 외, 2004 : 190-191).

2) 평 가

평가란 개인적·집단적 활동을 어떤 기준에 비추어 보는 작업으로서 자원봉사자가 서비스 수혜자에게 얼마나 효과적으로 서비스를 제공하고 있는지, 어떤 어려움이 있는지, 봉사대상자의 입장에서 자원봉사자의 활동을 어떻게 인식하는지 등을 주기적으로 파악함으로써 자원봉사활동을 개선할 수 있고 미래에 발생하게 될지도 모르는 문제를 예방할 수 있다(류기형 외, 2006 : 86).

즉, 평가는 자원봉사활동의 효과성, 적합성을 인식하는 유일한 방법이며 자원봉사자와 직원 및 자원봉사관리자의 사기증진을 위해서도 중요하다. 일반적으로 자원봉사활동의 평가는 자원봉사활동의 마지막 단계에 이루어지는 관리과정이다. 그러나 평가가 남에게 '지적받거나', '비판받는다'는 인상을 가지기

쉬워서 부정적인 느낌을 줄 수 있다.

평가는 크게 두 가지 형태로 구분할 수 있다.

하나는 자원봉사자의 업무수행에 대한 평가이고 다른 하나는 자원봉사 프로그램에 대한 평가이다. 자원봉사자 업무수행에 대한 평가는 평가주체에 따라 구분될 수 있다. 가장 기본적인 평가과정은 자원봉사자관리자에 의한 평가로서 자원봉사관리자는 업무배치 후 업무분장을 지속적으로 제시하고 평가하게 된다. 자원봉사자평가를 수행하는 이유는 자원봉사자들이 그들의 잠재능력에 더 가깝게 일하도록 돕기 위한 것과 조직이 자원봉사자들과 일을 더 잘할 수 있도록 돕기 위한 것이다.

평가시기는 <표 4-4>에서 보는 바와 같이 프로그램 개시 후, 진행 도중, 프로그램 종료 후 등으로 나누어 실시할 수 있으며(Ilseley & Niemi, 1981 : 101-103 ; 류기형 외, 2006 : 186 재인용). 프로그램 평가내용은 프로그램 자체에 대한 평가와 자원봉사자와 유급직원들의 개별적 업무수행에 대한 평가로 나눌 수 있다.

〈표 4-4〉 **프로그램 영역별 평가시기**

프로그램 구성요소		시 기
프로그램 계획	프로그램 계획	달성 시와 비공식적 방법으로
	업무디자인	매년
	시설	매년
	유급지원과 조정	매년
선 택	모집	모집활동에 따라
	인터뷰	매달
	최종선택 결정	매달
사회화와 훈련	오리엔테이션과 서비스 전 훈련	매회 프로그램 종결 시
	배치	매달
	인서비스 훈련	매회 프로그램 종결 시
가이던스	감독승인	비공식적 방법으로 계속적
	관리	매년
	승인	매년
행 정	지역사회 연계	매년, 새로운 연계에 앞서
	기록과 보고서	매년
	예산	매달, 각 자원위원회 모임 전
	평가디자인	매년

출처 : 류기형 외(2006). 자원봉사론. 양서원, p. 187.

평가유형으로는 과정평가, 결과평가, 영향평가 등이 있고 평가의 영역은 ① 각 개인 자원봉사자의 기간별 평가, ② 자원봉사서비스에 대한 클라이언트의 평가, ③ 자원봉사 프로그램에 대한 직원의 평가, ④ 자원봉사 프로그램이 기관의 서비스에 주는 화폐적인 기여도의 평가가 있으며 평가를 위해서는 기관의 직원 및 자원봉사자 개개인에 대한 충분한 지식과 협조가 전제되어야 한다.

평가주체는 내부 평가자와 외부 평가자로 구분할 수 있으며 내부 평가자는 조정자, 자원봉사자, 클라이언트이며 외부 평가자는 전문 평가기관이나 외부 평가전문가이다.

평가방법은 주로 사례발표나 토론담당자에 대한 평가서 작성, 프로그램 기록, 관찰 자원봉사자들에 대한 설문조사(질문지법) 및 서비스를 제공받는 대상자에게 직접적인 인터뷰 등으로 그 효과성을 평가하게 된다(현외성, 2004 : 131-136).

특히 평가에서 고려해야 할 점은 자원봉사자 자신이 스스로 평가에 참여할 수 있는 기회를 제공하는 것이다.

꼭 알아야 할 내용

- 자원봉사 인정보상의 필요성
- 공식적인 인정보상
- 비공식적인 인정보상
- 자원봉사자의 유형에 따른 인정보상 이론 유형(3가지)
- 평가 유형
- 프로그램 영역별 평가 시기

Volunteerism

05 CHAPTER

자원봉사활동 프로그램 개발 및 갈등관리

1. 자원봉사활동 프로그램 개발

1) 자원봉사 프로그램의 개념

프로그램의 사전적 정의는 '진행 계획이나 순서'이다. 이는 일련의 일을 성공적으로 수행하기 위해서 사전에 그 일의 진행을 계획하는 것을 의미한다. 따라서 어떤 일을 잘 해내기 위해서는 사전 계획, 즉 프로그램이 필요하며, 이때 일의 수행을 돕는 하나의 실행도구로 볼 수 있다(김상아 외, 2016 : 11).

학자들의 프로그램에 대한 정의를 살펴보면 로이스와 동료들(Royse, et al., 2006)은 "특정 목표를 성취하기 위해 조직화된 활동들의 집합"이라고 하였다. 신원식 · 신근화(2016 : 18)는 "조직이나 기관을 전제로 하며, 그곳에서 추진되는 사업 또는 프로젝트"라고 하였다. 황성철(2015 : 18)은 "특정한 목적달성을 위하여 자원과 기술이 투입되어 일정한 절차에 따라 이루어지는 조직의 계획적인 활동체계"로 정의하고 있다.

이상의 정의에서 프로그램과 관련된 중심 단어는 '목적달성'과 '계획적인 활동체계'라고 할 수 있다. 즉, "프로그램은 목적달성을 위해 필요한 일련의 활동들을 체계적으로 잘 구성해 놓은 하나의 계획"이라고 볼 수 있다(김상아 외, 2016 : 11).

이러한 프로그램의 정의에 비추어 볼 때 자원봉사 프로그램이란 "의도된 계획에 따라 구체적인 목표를 달성함으로써 사람과 지역사회를 변화시키고자 하는 것이다. 아울러 서로 다른 역할과 책임을 가진 구성원들의 행동을 기술한 것이고 변화를 창출해 내는 자원봉사자 및 이용자 등 관련된 구성원 간의 관계에 대한 방법과 규범을 제공하는 것이라고 할 수 있다(볼런티어21, 2002).

따라서 자원봉사 프로그램이란 구체적인 활동은 물론 그 활동을 실행하는 데 필요한 욕구조사, 기획에서부터 자원봉사자 모집, 교육, 지도, 평가 등 일련의 과정을 포함한다. 또한 자원봉사 프로그램은 일반적인 사회복지 프로그램이나 지역사회 문제해결을 위한 프로그램과 유사한 성격이지만 자원봉사자들이 이 프로그램을 통해 어떠한 만족감을 느끼고 어떻게 참여시키며 어떠한 효율적 관리를 할 것인가에 초점을 두고 있다(한국자원봉사관리협회, 2008 : 45).

2) 자원봉사 프로그램 개발의 원칙

자원봉사활동은 과거부터 공적 사회복지의 한계를 보완·보충하는 데 커다란 역할을 하고 있다. 따라서 사회 환경변화에 따라 지역사회에서 활용 가능한 다양한 자원봉사 프로그램을 개발하여 사회복지 자원봉사 참여 활성화를 지원할 필요가 있다. 특히 자원봉사활동을 통해 새로운 경험에 도전하고, 자신의 잠재력을 발견하여 성취감과 긍정적인 자아상을 확립할 수 있는 자원봉사 프로그램 개발에 초점을 두어야 한다(고경환 외, 2018 : 10). 이러한 가치를 반영한 자원봉사 프로그램 개발원칙을 고경환 외(2008 : 114)에 제시한 내용을 통하여 살펴보면 다음과 같다.

① 지역사회 기반(community based)의 프로그램 개발

이는 사회복지실천의 기법으로 네트워킹(networking)과 연결되는 개념이다. 자원봉사를 할 수 있는 장소가 자원봉사 참여자의 생활권과 가까워야 부담이 적고 지속적으로 참여 가능하며 이후에도 지역사회에 관심이 높다는 점에서 지역사회를 기반으로 개발하여야 한다.

② 지속가능한 프로그램 개발

일회성 프로그램보다는 주기적으로 지속가능한 프로그램으로 설계하여야 한다. 예를 들면, 멘토링, 결연, 주기적 방문 등이다. 지속가능한 프로그램은

서비스를 제공받는 대상자나 도움을 창출하는 자원봉사자 양자 측면에서 지속적 만남을 통해 변화를 유도할 수 있기 때문이다.

③ 자원봉사활동의 현황 및 특성 파악을 통한 프로그램 개발

자원봉사자, 봉사대상자, 인증요원을 대상으로 실시한 자원봉사활동의 현황과 특성을 파악하며 프로그램을 개발하는 것이 필요하다. 이를 위해 자원봉사자가 지속적으로 봉사활동에 참여할 확률이 높은 봉사활동 유형 등을 참고하거나 봉사대상자들이 자원봉사를 받고 싶은 영역을 최대한 반영하는 것이 필요하다.

④ 자원봉사자 프로그램에 참여도를 높이는 프로그램 개발

자원봉사자 프로그램의 참여 과정은 동기화－실행－동기강화를 위한 피드백의 세 단계로 설계하는 것이 필요하다. 동기화는 프로그램 설계 단계에 직접 참여함으로써 프로그램에 중요한 요소를 결정하는 하나의 주체로서의 책임감을 부여하고 지속적인 참여와 정서적 보상(만족과 보람) 등을 획득할 수 있도록 한다.

3) 자원봉사활동 프로그램 계획에 반영해야 할 것들

자원봉사 프로그램을 계획할 때는 다음의 세 가지, 즉 리더 자신을 위한 준비, 팀원을 위한 배려, 이용자에 대한 배려가 선행되어야 한다(정민자 외, 2005 : 59-60).

(1) 관리자를 위한 준비

① 먼저 자원봉사 현장체험의 기회를 가져라

관리자 자신이 자원봉사활동에 대한 경험을 가져야만 프로그램 개발뿐만 아니라 프로그램 실행에 있어서 이용자와 자원봉사자들의 반응을 예측할 수 있으며, 다음 단계로 나아가는 데 도움이 된다.

② 자신감을 가져라. 그리고 팀원을 믿으라

자원봉사관리자로서 잘할 수 있다는 자신감을 가지고 적극적으로 활동한다면 분명 자기발전의 좋은 기회가 될 것이다. 그리고 자원봉사자들에 대한 확실한 믿음을 가지고 있다면 기대 이상의 성과를 얻게 될 것이다.

③ 협력자를 발굴하라. 그리고 네트워크를 만들라

정보나 기술을 제공해 주고 프로그램 계획과 실행을 도와줄 우호적인 내부 및 외부의 협력자를 발굴하게 된다면 자원봉사활동을 통하여 보다 큰 효과와 성취감을 얻게 될 수 있다.

(2) 자원봉사자를 위한 배려

① 자발성을 유도하는 내용을 반영하라

자원봉사자의 기본은 자발성과 자주성이다. 자원봉사자들의 욕구와 필요성이 먼저 반영되어야 한다. 아울러 자원봉사자가 스스로 선택하였다는 느낌을 갖도록 기회를 제공해야 한다.

② 연대감을 조성하는 내용을 반영하라

자원봉사활동의 가장 큰 보상은 성취감과 만족감이며, 특히 만족감은 동료 간의 인간관계에서 크게 영향을 받게 된다. 따라서 자원봉사를 하면서 자원봉사자들 간의 유대감을 강화할 수 있는 기회를 제공해야 한다.

③ 성취감을 도모하는 내용을 반영하라

프로그램에 참여하는 팀원들이 성취감을 느끼도록 직무를 설계해야 한다. 자원봉사활동의 큰 동기부여 요인은 바로 자원봉사활동 참여자의 성취감에 있다. 그렇기 때문에 자원봉사활동에서 얼마만큼 큰 성취감을 도모할 것인가에 따라 향후 자원봉사활동의 지속성을 유지하는 데 큰 영향을 주게 될 것이다.

(3) 이용자를 위한 배려

① 상대방이 원하는 것을 반영하라

자원봉사는 이용자가 기쁘게 받아들여야 하므로 상대방의 입장이 중요하게 반영되어야 한다. 선의라고 해서 싫어하는 상대에게 강요해선 안 된다.

② 생활리듬을 반영하라

봉사활동의 현장에 대한 충분한 정보가 없으면 충동적으로 선택하게 되고 적절한 계획을 세우는 데도 어려움이 있다. 사전에 현지조사를 하거나, 전문가에게 자문을 구하거나, 자원봉사자들과 동료들 간의 의견교환을 해야 한다.

③ 세심한 마음을 반영하라

시설이나 수요자에 대한 충분한 검토와 이해를 근거로 계획을 세우지 않으면 자원봉사활동이 오히려 피해를 줄 수 있다. 적절한 계획수립과 교육을 소홀히 해서는 안 되며, 활동을 시작하기 전에 준비를 철저히 해야 한다. 필요한 비품의 준비와 돌발적인 사태에 대한 대비책 등 세심한 준비가 필요하다.

꼭 알아야 할 내용

- 자원봉사 프로그램 개발이 가진 의미
- 자원봉사 프로그램 개발의 원칙(지역사회 기반, 지속가능, 자원봉사활동의 현황과 특성 파악, 참여도를 높이는 개발)
- 자원봉사 프로그램 개발에 있어서 관리자를 위한 준비사항
- 자원봉사 프로그램 개발에 있어서 자원봉사자를 위한 준비사항
- 자원봉사 프로그램 개발에 있어서 이용자를 위한 준비사항

2. 자원봉사활동 프로그램 개발과정

새로운 프로그램을 개발하는 경우 그 과정은 사회문제의 확인으로부터 시작하여 합법적이며 일반적인 목적을 설정하고, 구체적인 프로그램의 목표를 조작

화하며 그 다음으로 프로그램의 목적과 목표를 성취하기 위해 서비스와 활동을 설정하는 것으로 이루어진다. 이때 프로그램은 실용성(practicality)과 실행 가능성(feasibility)이 있어야 한다(볼런티어 21, 2002 : 51).

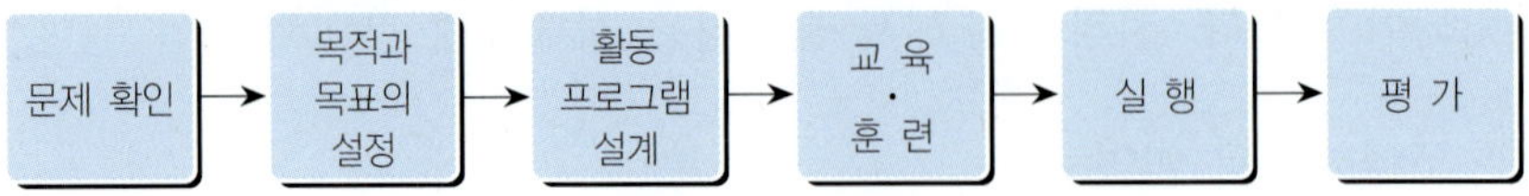

| 그림 5-1 | 자원봉사프로그램 개발의 과정

1) 문제 확인

자원봉사 프로그램 개발과정에 있어서 가장 선행되어야 하는 것은 문제를 진단하는 것이다. 자원봉사 프로그램의 근본 목적은 사람과 사회를 변화시키는 궁극적인 문제해결에 있다. 따라서 진단된 문제는 프로그램이 궁극적으로 해결하고자 하는 목적을 제공함으로써 프로그램의 존재의의를 뒷받침하는 것이다.

지역사회문제에 대한 조사를 위해서는 현장조사와 표적 집단에 대한 설문조사 등의 방법과 연구보고서를 찾거나 지역사회 문제를 찾을 수 있는 언론과 주요 단체들의 관심사 등 다양한 접촉을 통한 정보습득이 필요하다.

발견된 문제는 무엇보다 문제가 얼마나 크고 심각한지 그리고 그 문제를 겪고 있는 사람과 조직은 누구이며, 왜 그리고 어떤 과정으로 문제가 진행되고 있는지를 파악한다. 이렇게 파악된 내용은 구체적인 통계 및 자료들을 통해 객관적으로 제시되는 것이 중요하다. 또한 발견된 문제의 해결을 자원봉사자가 하기에 적합한 것인지 검토하고, 문제해결에 관심을 갖고 참여할 수 있는 집단을 파악하는 것이 필요하다. 문제의 진단과정에서 많은 경우 본질적 문제파악보다 나타난 현상에 급급하여 무엇을 할까 성급히 결정하는 경우가 있다. 문제진단이 바르게 되어야 프로그램이 달성하고자 하는 바람직한 목적과 목표를 설정할 수 있다(송금희, 2005 : 122-123, 최유미, 2018 : 119-120 재인용).

2) 목적과 목표의 설정

목적, 목표, 하위목표가 문제와 연관되도록 하기 위해서 목적은 문제의 정의,

목표는 문제의 원인, 하위목표는 세분화된 원인과 연결되어야 한다. 자원봉사 프로그램의 근본 목적은 사람과 사회를 변화시키는 궁극적인 문제해결에 있다. 따라서 프로그램의 목적은 문제의 진단에 따라 설정된다. 즉, 진단된 문제는 프로그램이 궁극적으로 해결하고자 하는 목적을 제공함으로써 프로그램의 존재의의를 뒷받침하는 것이다(승금희, 2005 : 123).

프로그램의 목표는 목표를 달성하기 위한 활동들로 구성되기 때문에 목표를 어떻게 설정하는가 하는 일은 프로그램의 방향을 결정하는 매우 중요한 과제이다. 목표는 프로그램이 변화시키려고 하는 상황이나 문제에 대한 기준을 설정하는 것이며, 또한 프로그램 활동의 결과로서 기대되는 변화의 정도를 포함한다. 목표에는 이 목표를 달성하기 위한 하위목표들이 존재하고, 또 하위목표를 달성하기 위한 수단이 존재한다(정진모, 2006).

실행목표를 설정할 때에는 다음과 같은 기준하에 작성되어야 한다(황성철, 2015 : 155-156).

① 이용자 중심의 성과목표

목표설정 시 반드시 프로그램 참여자에 해당하는 이용자를 중심에 두고 목표를 설정해야 한다. 사회복지 프로그램은 궁극적으로 이용자 집단의 변화, 유지, 보호와 직접 관련되어 있기 때문에 이용자 중심의 성과목표(outcome objectives)가 되어야 한다(예 10대 미혼모들이 산전 영양섭취 및 산모건강지침을 안다).

② 프로그램 목표는 프로그램 목적과 연관성을 유지

프로그램 목표는 상향적으로 프로그램의 목적과 기관의 설립목적에도 연관되어야 하며 하향적으로 서비스 목표나 구체적 프로그램 수행의 지침이 되어야 한다.

예 목적 : ○○○자립지원센터 뇌성마비장애인의 여가문화활동 향상을 목적으로 한다.
목표 : 2020년 12월 15일까지 뇌성마비장애인의 여가문화활동 기회를 증가한다.
하위목표 : 1. 2020년 12월 15일까지 월 1회 문화유적지를 견학한다.
2. 2020년 12월 15일까지 월 2회 영화 혹은 연극을 관람한다.
3. 2020년 12월 15일까지 연 4회 희망여행지를 관광한다.

③ 성취 가능한 긍정적 방향으로 설정

목표는 측정의 대상이 되어야 하기 때문에 반드시 현실적으로 이용자 집단의 욕구충족이나 문제해결의 방향으로 성취할 수 있는 수준에서 미래의 바람직한 방향을 긍정적으로 진술해야 한다(예 전일제 직장 취업으로 가계소득 수준을 50% 향상시킨다).

④ 측정 가능한 목표로 설정

측정 가능한 형태로 목표가 설정되지 않는 경우 성과평가에서 이용자 집단의 성취도 수준을 정확히 가늠하기 어렵기 때문이다(예 프로그램 참여자 80%가 조리사 자격증을 취득한다. 10대 미혼모를 대상으로 성교육서비스를 8회 실시한다).

3) 활동 프로그램 설계

자원봉사활동 프로그램을 설계하면서 준비해 두어야 할 사항에 대해 살펴보고자 한다. 사전에 이런 준비를 해두게 되면 자원봉사활동 프로그램을 실행하는 데 있어 효과적인 실행을 할 수 있다.

① 구체적인 활동 프로그램을 설계하고자 할 때 고려해야 할 세 가지 요소가 있다. 즉, 기관의 사명·목표에 적합한지, 자원봉사자의 욕구가 무엇인지, 대상자의 욕구가 무엇인지를 알아야 한다. 자원봉사자와 기관 및 도움을 필요로 하는 대상자 세 구성원이 원하는 공통점을 찾아서 업무를 기획한다면 그것은 가장 훌륭한 프로그램이 될 것이다.

② 자원봉사 프로그램 담당자와 자원봉사자 및 협력기관이 있을 경우 그 기관담당자와 수요처 담당직원이 함께 참여해 아이디어 회의를 하는 것이 필요하다. 그리고 선택된 내용으로 활동 프로그램을 수립한다.

③ 자원봉사자의 업무내용을 구체적으로 서술한 업무설명서를 작성하고 프로그램의 구체적 실행에 필요한 준비사항이나 용품들도 미리 파악해 둔다.

〈표 5-1〉 자원봉사 프로그램 계획 시 점검사항

체크부분	자원봉사 프로그램 계획 시 점검해야 할 사항
기획단계	• 프로그램은 기관의 사명 및 비전과 일치하는가? • 자원봉사 프로그램은 지역사회, 기관, 자원봉사자, 대상자의 욕구를 반영하고 있는가? • 프로그램에 동원될 수 있는 인적·물적 자원을 파악하고 있는가? • 기관은 자원봉사 프로그램이 달성하고자 하는 분명한 목적과 목표를 세워놓았는가? • 자원봉사 프로그램 목표는 측정 가능하게 개발되었는가? • 지역사회 내 다른 기관 및 단체들의 프로그램과 상호협력 또는 중복은 파악되었는가?
실행단계	• 프로그램 목표를 달성하기 위한 실행계획은 수립되었는가? • 업무분장은 적절하게 이루어졌는가? • 추진방법과 일정 그리고 지원체계는 구체적으로 명시되었는가? • 자원봉사자의 업무설명서는 작성되었는가? • 프로그램 실행과정에 관한 모니터링 계획은 있는가? • 프로그램 실행 시 적절한 지도감독 계획은 있는가?
평가단계	• 자원봉사 프로그램의 평가기준 및 방법이 마련되어 있는가? • 자원봉사 프로그램의 효율성 및 효과성은 평가될 수 있는가? • 자원봉사 프로그램의 자원봉사자 성과는 평가될 수 있는가? • 자원봉사 평가결과는 향후 반영될 수 있는가?

출처 : 한국자원봉사관리협회(2008). 자원봉사활동관리 표준매뉴얼 개발 연구, p. 46 참조.

체크부분	자원봉사에 영향을 미치는 조건들
☐	단기간의 자원봉사
☐	가까운 활동처
☐	도전적이고 재미있는 업무할당 기대
☐	폭넓은 영역으로부터 자원봉사자 배출
☐	전문적으로 대우받기를 바람
☐	다양한 전문기술을 가진 사람이 많음
☐	조직보다는 대의명분을 위해 일하기를 바람
☐	활동시간에 있어서 유동성 요구
☐	그룹과 가족단위 활동 인기
☐	직업 및 진로에 유용한 경험이 되기를 원함
☐	다양한 자원봉사 동기를 가짐
☐	사회통합에 대한 인식 증가
☐	경기변화, 실직자

출처 : 볼런티어 21(2002). 자원봉사관리자교육매뉴얼.

4) 교육 · 훈련

계획된 프로그램의 성공적 수행을 위해서는 자원봉사자들에 대한 오리엔테이션과 훈련이 요청된다. 그러나 오리엔테이션이 계획된 프로그램과 수칙을 일방적으로 주입시키는 행사가 되어서는 안 된다. 이들의 질문과 제안에 귀 기울여 반영하는 노력이 필요하며, 활동에 적극 참여함으로써 얻게 되는 개인적, 기업적, 사회적 이익이 무엇인지를 홍보하려는 노력이 필요하다.

직무수행에 대한 충분한 훈련이 없으면 자신의 역할이 갖고 있는 의미를 알지 못하여 금방 지치게 되거나 만족감을 얻지 못하여 참여도가 떨어지고, 지속적인 활동을 하지 못하게 될 수 있다. 또한 이러한 현상은 동료들에게도 부정적인 영향을 미치게 되며, 심각한 경우 동료 간 갈등을 유발하기도 한다(정민자 외, 2005 : 64).

5) 프로그램 실행

프로그램을 실행하면서 특히 유의할 것은 프로그램 계획에 얽매이는 것이다. 프로그램은 효과적인 자원봉사활동을 위한 도구이지 그 자체가 목적은 아니라는 사실이다. 때때로 자원봉사가 목적인지 아니면 프로그램이 목적인지를 구분하지 못하는 경우도 있다. 프로그램 실행에는 탄력적 운영을 할 수 있는 융통성이 필요한 것이다. 때때로 목적달성을 위하여 프로그램의 실행계획 수정은 불가피한 것이다(정민자 외, 2005 : 64).

6) 평 가

평가란 프로그램을 계획하고 수행한 후에 마지막 단계에서 실시하지만, 프로그램 계획 작성의 전 과정과 관련된 개념으로 사용목적에 따라 총괄평가(summative evaluation)와 형성평가(formative evaluation)로 구분될 수 있다.

총괄평가는 프로그램 운영이 끝날 때 행해지는 평가로서 평가의 결과를 성질이 비슷한 다른 프로그램, 상황 또는 대상에 대하여 일반화시키려는 것이다.

따라서 이와 같은 총괄평가는 성질이 비슷한 새로운 프로그램을 다시 시작할 것인지 또는 종결할 것인지 등을 결정짓는 데 유용한 것이 된다. 형성평가는 프로그램 운영 도중에 이루어지는 조사로서 계속되는 프로그램을 수정・보완하기 위하여 이루어지는 조사이다(최성재 외, 1993 : 329).

평가 내용에 대한 여러 가지 기준을 정리해 보면, ① 노력, ② 효과성, ③ 예상치 못한 결과, ④ 효율성의 네 가지로 요약할 수 있다(Tripodi, 1983 : 33).

노력은 계획된 목표의 달성을 위하여 필요한 프로그램 활동의 양과 종류를 말하는데 투입시간, 금전적 및 물질적 자원의 배분 및 사용, 이용자의 참여, 프로그램 담당자의 제반 활동 등이 포함된다.

효과성은 프로그램의 목표가 실제로 달성된 정도를 말하는 것인데, 즉 프로그램을 시작하였을 때 기대되었던 것에 비해서 프로그램 실시 후 실제로 나타난 바가 어느 정도였는가를 판단하는 것이다.

예상치 못한 결과는 처음에는 예상하지 못했지만 실제 프로그램 활동의 결과로 나타난 긍정적 또는 부정적 변화를 의미한다.

효율성은 투입(노력)과 산출의 비율로서 투입을 프로그램의 비용으로 보고 산출을 효과로 보면 효율성 = 산출 / 투입 = 효과 / 비용이 된다. 이러한 의미에서 효율성은 비용효과성(cost-effectiveness)이라고 할 수 있고, 경제학적인 비용-편익분석(cost-benefit analysis) 또는 비용효과 분석방법으로 측정된다(최성재 외, 1993 : 330).

꼭 알아야 할 내용

- 자원봉사 프로그램의 개발은 문제확인 → 목적과 목표의 설정 → 활동 프로그램 설계 → 교육・훈련 → 실행 → 평가의 과정을 통해 이루어진다.
- 지역사회문제의 진단과 목표의 설정
- 프로그램 설계 시의 고려 사항
- 평가의 종류와 방법

3. 자원봉사활동조직과 갈등

현대 조직사회에서는 많은 사람들과 집단들이 제각기 목표를 가지고 활동하기 때문에 심리적 마찰이나 불편한 관계가 발생하여 갈등이 보편적인 현상으로 나타나고 있다(류기형, 1999 : 245). 이렇게 보편적으로 발생하는 갈등을 자원봉사자를 관리하고 있는 관리자의 측면에서 어떻게 효과적이며, 효율적으로 관리하는지에 따라 자원봉사자의 적극적인 참여 속에서 프로그램을 수행할 수도 있고, 자원봉사자의 중도탈락으로 인해 프로그램을 중지하거나 신규 자원봉사자를 모집해야 할 수도 있다.

1) 갈등의 의의와 특성

갈등(conflict)이란 두 사람 이상(개인이나 집단)의 사이에서 함께 일하는 가운데 목적과 방법, 가치와 욕구가 서로 상반되거나 대립되어 나타나는 대립적 상호작용의 과정으로 볼 수 있는데, 조직생활에서 갈등이 존재하느냐의 문제는 인식의 문제라고 할 수 있다. 즉, 개인이 갈등을 인식하지 않는다면, 이는 갈등이 없다고 할 수 있을 것이다.

장인협 등(1998 : 120-121)은 갈등이란 희소자원이나 업무의 불균형적 배분 또는 처지, 목표, 가치, 인지 등에 있어서의 차이와 같은 원인과 조건으로 인해서 개인, 집단, 조직의 심리·행동 또는 그 주변에서 일어나는 대립적 교호작용이라고 정의하면서 그 특성을 다음과 같이 기술하고 있다.

① 갈등은 갈등의 주체인 개인, 집단, 조직 사이에서 발생하는 현상이다. 즉, 갈등은 개인과 개인, 개인과 집단, 개인과 조직, 집단과 집단, 집단과 조직, 조직과 조직 사이에서 일어난다.

② 갈등은 개인, 집단, 조직의 심리나 행동 또는 그 주변에서 일어난다. 갈등은 대립적 행동이 노출되지 않더라도 주체가 불안, 긴장, 적개심 등을 느끼게 되면 이미 존재하고 있는 것이다. 그것이 적극적 행위이냐 소극적 행위이냐에 차이가 있을 뿐이다.

③ 갈등은 갈등원인의 형성→갈등원인의 지각→심리적 대립감정의 형성→대립적 행동의 표면화로 연결되는 일련의 진행단계로 이루어지는 동태적 과정이다. 이러한 진행과정은 끝까지 진행되지 않고 어느 한 단계에서 중단될 수도 있다.

④ 갈등발생에는 반드시 그 원인과 조건이 수반된다. 그리고 조직의 모든 구성요소는 갈등발생의 잠재성을 지니고 있다고 할 수 있다.

이와 같은 갈등은 그 관리에 대한 인식의 변화를 하고 있음을 알 수 있다. 과거의 전통적 관점은 갈등은 조직관리의 잘못이나 불화 조성자들에 의하여 조장되어 조직을 저해하거나 목표달성을 방해하는 것이라고 보았다. 즉, 갈등은 불필요한 것이며 해로운 것으로 보고, 관리자들은 갈등 상황을 제거해야 한다고 보았다. 그러나 현대적 관점은 조직 내에서 갈등은 피할 수 없는 것이며, 때로는 조직관리에 필요한 것으로 본다.

2) 갈등에 대한 관점

갈등문제는 인간의 태생과 함께 시작된 것이므로 갈등에 대한 논의는 고대 철학자에게까지 소급될 수 있으나, 갈등에 대한 과학적 접근이 시도된 것은 최근의 일로서, 갈등에 대한 관점에는 대체로 <표 5-2>와 같은 변화단계가 있었다(S. P. Robinson, 1998).

〈표 5-2〉 갈등에 관한 관점

관 점	가 정	접근법
전통적 관점	갈등은 나쁜 것이다.	갈등제거
행동주의적 관점	갈등은 자연적인 것이며 불가피하다.	갈등수용
상호작용론적 관점	갈등은 긍정적인 것이며 필요하다.	갈등조장

출처 : 이성록(2003). 자원봉사매니지먼트.

첫째 갈등에 관한 전통적 견해는 갈등은 해로운 것이기 때문에 회피하여야 한다고 가정하였다. 그래서 관리자들의 책임의 일부는 조직에서 갈등을 제거하는 것이었으며, 구성원들 간의 조화와 협동을 강조하는 기계적인 조직구조를 강조하였다.

둘째, 전통적 관점 이후 1970년대 중반까지 조직 및 관리이론을 지배한 행동주의관점 또는 인간관계론적 관점은 조직의 본질적 성격상 갈등은 불가피한 자연적 현상이라는 주장을 제기하고 갈등의 수용을 주장한다. 목표에 대한 불일치가 존재하고 각 사람과 부서는 인정받고자 자신을 드러내며, 그 영역을 확대하기 위하여 서로 경쟁하게 된다. 따라서 갈등은 불가피하게 된다는 것이다. 갈등에 대한 인간관계론적 관점은 전통적 관점과 마찬가지로 갈등의 기능에 대하여는 여전히 부정적 입장이다. 즉, 갈등의 불가피성을 수용은 하지만 역시 갈등은 최소화되어야 한다는 것이다. 그래서 행동주의자들은 갈등의 관리(conflict management)가 아닌 갈등의 해소(conflict resolution)를 말하고 있다.

셋째, 갈등에 관한 최근의 근대적 이론의 관점은 상호작용주의 접근이다. 갈등에 대한 전통적 관점은 갈등의 제거를, 인간관계론 관점은 갈등을 수용하는 것에 초점을 둔 데 비하여, 상호작용주의 관점은 보다 적극적으로 갈등을 자극시키고 활용하자는 갈등이론이다. 즉, 조화롭고 평화로우며, 온건하며 전적으로 협동적인 조직은 정태적이고 무감동적이며, 변화와 개혁의 필요에 민감하지 못하게 되는 경향을 보인다는 것이다(이성록, 2003 : 265-267).

3) 갈등관리의 개념

갈등관리에서 갈등을 관리한다는 것은 단순히 갈등을 해소시킨다는 것만을 의미하는 것은 아니다. 조직에 부정적 영향을 미치는 지나친 갈등을 해소 또는 완화시키는 것뿐만이 아니라 조직에 유익한 적정 수준의 갈등은 용인하고 유지해 나가는 조치를 취하는 것, 그리고 조직에 유익하다고 판단되는 갈등을 조장하는 것까지를 포함하여 갈등관리라고 말한다. 갈등관리의 기본적 개념은 적정 갈등수준을 중심으로 갈등을 감소시키거나 자극하여 그 수준을 조정하여야 한다는 것이다.

그런데 문제는 과연 갈등수준이 어느 정도일 때까지 조장하고 또 어느 정도일 때부터 줄여야 하느냐, 즉 최적 갈등수준이 어느 정도이냐 하는 것이다. 그

것만 파악해 낼 수 있다면 갈등문제의 해결은 그리 어렵지 않을 것이다. 왜냐하면 갈등조장과 해소의 방법은 이미 많이 제시되고 있기 때문이다.

또 하나의 문제는 이러한 적정 갈등수준을 측정할 수 있는 도구가 개발되어 있지 않다는 점이다. 따라서 적정 수준의 갈등에 대한 판단은 관리조정자의 주관적 판단에 의존할 수밖에 없다. 그러나 이러한 제약점은 자원봉사 관리조정자에게는 매우 중요한 도전이 된다. 즉, 갈등관리에 있어서 관리조정자의 판단이 결정적이므로 보다 성숙한 전문적 가치 및 상황판단 능력과 고도의 개입기술이 요구되는 과업이다(이성록, 2003 : 267-267).

꼭 알아야 할 내용

- 조직에 있어서 갈등이 존재하는 이유
- 갈등의 특성
- 갈등에 대한 관점(전통적 관점, 행동주의적 관점, 상호작용주의 관점)
- 갈등관리의 개념

4. 자원봉사조직의 갈등원인

자원봉사활동 시에 갈등은 자주 일어나기 마련이며, 이러한 갈등을 어떻게 관리할 것인가가 자원봉사활동을 조정함에 있어 중요한 요인이라고 볼 수 있다. 이성록(2003)은 자원봉사조직에서 일어나는 갈등의 원인에 대해 다음의 네 가지 차원에서 분석하여 살펴보고 있다.

1) 과업의 상호의존성

자원봉사자와 유급직원은 조직의 한정된 자원의 범위 안에서 활동해야 한다는 조직의 본질적인 면으로부터 상호의존적 특성을 갖게 된다. 따라서 동일자원에 대한 의존성이 증가할수록 갈등이 일어날 가능성도 커지게 된다. 예컨대 자원봉사조직의 제한된 자원의 집행에 대한 자원봉사자와 유급직원 사이 또는 자원봉사자 집단 간의 견해는 충분히 다르게 나타날 수 있기 때문이다.

시간의 상호의존성은 자원봉사자와 유급직원 활동일정에 관한 것으로서, 일정과 타이밍이 밀접할수록 양자 간의 갈등이 발생할 가능성은 커진다. 즉, 특정 문제 접근이나 이용자에 대한 서비스의 일정에 대한 견해 차이는 역할과 입장에 따라 충분히 다르게 나타날 수 있다(이성록, 2003 : 269).

2) 목표와 역할의 기대 차이

목표와 역할의 기대 불일치는 개인 간 또는 집단 간 갈등의 원인이 된다. 자원봉사 조직에 있어서 구성원들은 그들의 역할이 강화됨에 따라 보다 상이한 목표를 갖게 된다. 예컨대 자원봉사자가 지역사회문제 개선과 자기성장이라는 목표를 갖는다면 유급직원은 자원봉사자 활용을 통한 서비스로 예산절감과 조직발전이라는 목표를 갖는다. 그리고 상이한 목표를 가진 두 집단의 구성원들은 상이한 시각과 행동을 취하게 된다. 따라서 같은 문제에 대응함에 있어서 상이한 시각과 행동으로 갈등을 발생시킬 소지가 큰 것이다(이성록, 2003 : 269).

3) 지각의 차이

현실에 대한 지각 차이는 의견의 불일치를 촉진시키고 공동 의사결정이나 협력을 어렵게 만들어 갈등의 요인이 된다. 또한 구성원들이 이질적일수록 협동적으로 일할 가능성은 적어진다. 지각 차이는 구성원들의 배경 · 가치관 · 교육정도 · 연령 · 정보체계 · 사회적 관계 유형 등과 같은 차이점에서 기인하며 이러한 이질감은 조직의 분위기를 저하시키고 협력을 감소시킨다. 따라서 이질감으로 기인하는 지각의 차이는 쉽게 갈등을 유발한다. 자원봉사조직에 있어서 이러한 지각 차이는 구성원의 입장에서도 기인한다. 예컨대 특정 사안에 대하여 유급직원은 주로 전문성을, 자원봉사자는 사명감을 토대로 하여 각자 다른 입장에서 지각하기 때문이다(이성록, 2003 : 270).

4) 조직의 구조

(1) 의사결정 과정과 공식화 정도

조직의 의사결정정책, 공식화의 정도, 보상체계 등 조직의 제도 역시 갈등의 원인이 될 수 있다. 구성원이 의사결정 과정에 참여하여 의견의 불일치를 일으킬 경우 갈등이 촉발될 수도 있다. 그러나 어떤 결정에 영향을 받게 될 구성원이 의사결정 과정에 참여하지 않은 경우 갈등은 보다 크게 표면화된다. 한편 공식화의 정도가 낮을수록 갈등의 소지는 커진다. 즉, 상호작용의 방식을 표준화하지 않은 경우 역할규정이 불분명하여 관할권의 분쟁소지가 증가하게 된다(이성록, 2003 : 270).

(2) 가치기준과 보상체계

대개 자원봉사자는 새로운 변화로서 창의성을 중요하게 여기며 유급직원은 안전성을 소중하게 여긴다. 창의성의 경향은 현재의 방법을 부적절하게 여기는 반면 안전성의 경향은 현재의 방법을 적절한 것으로 판단하기 때문에 각기 다른 기준으로 과업에 임함으로써 갈등이 촉발된다. 한편 자원봉사자 조직에 있어서 상이한 보상체계는 특히 갈등의 원인이 된다. 즉, 자원봉사자와 유급직원을 평가함에 있어서 각기 다른 기준을 적용하고 보상체계가 다른 경우에 갈등이 야기된다(이성록, 2003 : 271).

꼭 알아야 할 내용

- 과업의 상호의존성에 의한 갈등
- 목표와 역할의 기대 차이에서 발생하는 갈등
- 지각의 차이에서 발생하는 갈등
- 조직의 구조로부터 발생하는 갈등

5. 자원봉사조직의 갈등양상

자원봉사조직에서 갈등이 일어나는 원인에 대해 자원봉사자와 직원 간의 관계차원, 동료 자원봉사자 간의 관계차원, 자원봉사자와 이용자와의 관계차원에서 살펴보고자 한다.

1) 자원봉사자와 직원과의 갈등

성공적인 자원봉사활동을 위해 자원봉사자와 유급직원과의 관계는 매우 중요하다. 하지만 자원봉사활동의 현장에서 예기치 않은 일들로 인해 자원봉사자와 직원 사이에 갈등이 발생하기도 한다. 자원봉사자는 유급직원의 전문성과 경험을 존중하고 그들의 지도와 감독을 받아야 하며, 유급직원 역시 자원봉사자들의 입장과 의견을 경청하고 그들의 요구를 가급적 활동과정에 반영해 주어야 한다(승금희, 2005 : 171-172).

① 우수한 자원봉사자들의 활동에서 직원들은 자신의 위치나 지위에 불안감을 느낄 수 있으며, 도전받는다는 피해의식을 갖게 된다.

② 자원봉사자에 대한 직원의 거부감은 서비스 질에 대한 우려에서 기인한다. 대부분의 자원봉사자는 업무와 관련된 충분한 훈련과 교육을 받지 못하기 때문에 전문성을 가진 직원들은 자원봉사자의 업무진행에 불만족을 느끼게 되고, 책임 있는 업무를 맡기지 못하게 된다.

③ 많은 직원들은 자원봉사자의 활용을 일시적 편의와 단순노동력의 지원책 또는 예산절감 차원에서 접근하고 있어 자원봉사자의 역할에 대한 인식이 부족하다.

④ 자원봉사자와 함께 일한 이전의 나쁜 경험으로 거부감이 생기게 되어 갈등의 요소가 된다.

⑤ 자원봉사자의 활용이 확대되면서 직원들은 이용자에게 직접적 서비스를 제공하던 역할을 점차 자원봉사자에게 위임하게 된다. 따라서 이용자와 직접적 서비스의 피드백 과정에서 얻을 수 있는 보람과 성취감 등 정서적

보상을 상실하게 되므로 자원봉사자에 대한 거부감이 잠재적으로 발생하게 된다.

맥컬레이와 빈야드(McCurley & Vineyard, 1986)는 유급직원과 자원봉사자의 관계가 불편한 이유를 다음과 같이 소개하였다.

① 관리자가 서비스 질이 떨어질 것이라는 두려움을 가질 때
② 자원봉사자가 직원보다 월등한 능력을 갖고 있는 데 대한 두려움을 가질 때
③ 직원과 상의하지 않고 자원봉사자가 자원봉사자의 활용, 업무기획, 모집, 인터뷰 등을 했을 때
④ 자원봉사 프로그램에 대해 직원이 주인의식을 갖지 않을 때
⑤ 관리자가 자원봉사자의 활동 동기와 역할에 대한 이해가 부족할 때
⑥ 자원봉사자 관리에 있어서 경험이 없거나 직원의 역할이 분명하지 않을 때
⑦ 자원봉사자 활용을 장려하는 인센티브제도가 없을 때
⑧ 자원봉사자에 대한 비현실적 기대 혹은 특정 봉사자에 대한 반감을 가질 때
⑨ 자원봉사자에게 잘못된 일의 부여 혹은 잘못된 자원봉사자 배치
⑩ 변화에 대한 두려움, 지역사회 평판에 대한 두려움

2) 동료 자원봉사자 간의 갈등

자원봉사자들은 동료관계를 매우 소중히 여긴다. 좋은 동료관계는 자원봉사자의 헌신과 기여를 높이는 요인이 되기도 하지만, 반대로 동료와 갈등을 일으키거나 관계가 어긋나게 되면 활동을 중단하고, 결국 조직을 떠나게 된다. 윌슨(Wilson, 1976)은 자원봉사 과정에서 동료관계의 갈등요인을 보상과 인정에 관련된 경쟁심이라는 설명을 하고 있다. 자원봉사자는 자원봉사관리자나 기관·시설의 직원, 동료 봉사자 및 이용자로부터 자신이 보통 이상의 존재로 인정되기를 바란다. 이러한 경쟁은 더 훌륭한 봉사활동을 위한 촉매제가 될 수도 있으나 배타적 경쟁심을 유발하여 봉사자 간의 시기와 질투를 지니는 갈등으로 발전되어 자원봉사활동의 저해요소가 되기도 한다(승금희, 2005 : 173-174).

3) 자원봉사자와 이용자와의 갈등

자원봉사자와 이용자와의 갈등은 매우 다양하고 심각한 것으로 나타나고 있다. 표면적으로는 잘 드러나지 않을 뿐 상당히 많이 일어나고 있는 것으로 알려지고 있다. 자원봉사활동이 단순한 도움의 활동이 아니라 변화의 활동이기 때문에, 변화에 대한 저항과 갈등이 발생할 수밖에 없는 것이다. 즉, 아이러니하게도 자원봉사활동에 대한 저항세력의 하나는 이용자이다.

다음은 윌슨(Wilson, 1976)의 견해에 따른 자원봉사자 활동태도를 갈등의 원인으로 설명해 보기로 한다.

① 무지성

이용자문제에 대한 무지성이 갈등을 일으키는 요인이 된다. 자원봉사활동은 이용자를 위한 활동이 아니라 함께 하는 활동으로서 이용자의 문제를 바르게 이해하고 함께 그 문제를 해결해 나가는 과정이다. 자원봉사자는 이용자의 세세한 부분까지 알지 못하기 때문에 여러 가지 문제들을 일방적으로 해석하여 행동하는 실수를 범하고 있다. 따라서 진짜 문제점이 어디에 있는지를 생각하고 판단하면서 이용자로 하여금 조금이라도 행복한 방향으로 발전할 수 있도록 자립을 지원하고 용기를 가져오는 활동인 것이다.

② 시혜성

자원봉사활동을 동정적 자선활동으로 생각하여 자신은 자선을 베푸는 우월자로서, 상대는 베풂을 받는 열등자로서 생각하면서 인간 차별의식을 갖게 되는데, 정성이 실리지 않은 동정심이나 위선적인 마음을 줄 때 상대는 베풂의 크기만큼의 상처를 입게 될 것이다.

③ 자기도취성

자원봉사자는 해야 되는 것과 해서는 안 되는 것을 지혜롭게 구별해야 한다. 자신이 마치 사랑의 화신이라도 된 것처럼 도취되어 소영웅주의적 행동을 하지 않도록 해야 한다.

④ 충동성

단계적이고 체계적인 활동이 아니라 특정 목적을 위해 즉흥적으로 하는 자원봉사활동 그리고 한번 해보는 것으로서의 활동자세는 위험한 일이다. 자원봉사활동의 단계적인 발전은 활동의 수준향상인 동시에 자원봉사자 자신의 인간적 수준향상이기도 하다.

⑤ 일회성

우리나라의 자원봉사활동의 수명은 대개 6개월에서 1년 정도로 짧다. 자원봉사활동은 자원봉사자 자신을 위해서도 평생 할 만한 일이다. 자원봉사활동에 참여한 많은 사람들이 중도하차함으로써 이용자들은 상처를 입고 불신감에 차게 된다. 이런 불신을 극복하고 성숙된 자원봉사 이미지를 창조해 나가야 할 것이다.

꼭 알아야 할 내용

- 자원봉사조직 내에서 발생하는 갈등원인
- 자원봉사자와 직원과의 갈등
- 동료 자원봉사자 간의 갈등
- 이용자와의 관계에서 오는 갈등

6. 자원봉사기관에서의 갈등에 대한 개입전략

자원봉사조직에서는 다양한 원인들과 관계에 의해 갈등이 일어나기 쉽다. 이렇게 발생한 갈등을 어떻게 관리해 나갈 것인가가 자원봉사활동을 관리하는 자원봉사조정자의 중요한 역할 중의 하나라고 볼 수 있다. 여기서는 자원봉사자들이 갈등이 발생할 경우 어떠한 증상을 보이며 이러한 갈등 상황에 대해 어떻게 대처해 나갈 것인가에 대해 살펴보고자 한다.

1) 갈등 상황 하에서의 증상들

갈등의 상황에서 보여주는 양상들은 여러 형태로 나타날 수 있지만 류기형 등(1999 : 251-252)은 이러한 증상들을 다음의 세 가지 형태로 구분하고 있다.

(1) 갈등의 회피

① 결근

② 도피 · 은신

③ 상사에게 무조건 따르기

(2) 갈등에 대한 억압적인 반응

① 질병

② 음주

③ 낮은 직무만족도

④ 불규칙한 업무성과

(3) 갈등에 대한 표현적인 반응

① 나쁜 소문 퍼뜨리기

② 도벽이나 기물파손 행위

③ 반조직적 행위

④ 거센 파업

〈표 5-3〉 갈등의 반응유형과 증상

반응유형	구체적 증상들
회 피	• 결근 • 도피 · 은신 • 상사에게 무조건 따르기(예스맨)
억압적 반응	• 질병 • 음주 • 낮은 직무만족도 • 불규칙한 업무성과

직접적이고 표현적인 반응	나쁜 소문 퍼뜨리기 도벽이나 기물파손 행위 반조직적 행위 거센 파업

출처 : Turner, S., & F. Weed(1983). Conflict in Organizations. Englwood Cliffs : N. J. : Prentice-Hall, p. 44.

2) 갈등해결의 기본 전략

자원봉사활동의 갈등관리의 행동원리는 김범수(2007 : 208)에 따르면 “첫째, 냉정하라. 당신이 옳다면 화를 낼 필요가 없다. 만일 당신이 그르다면 더욱더 화를 낼 자격이 없다. 둘째, 따뜻한 마음으로 귀담아 듣고 사실을 알려고 하라. 셋째, 문제해결을 위한 행동을 취하라, 넷째, 화합의 끝맺음은 원만하게 하라” 이다.

특히 직원과 자원봉사자 간의 분쟁을 예방하려면 다음과 같은 아홉 가지 점을 고려해야 한다(스티브 맥컬리 · 수비나드, 이강현 역, 1995, 류기형 외, 2010 : 243-244 재인용).

① 자원봉사자 활용에 관한 결정에 직원들을 참여시킨다. 왜냐하면 모든 사람들은 갑작스러운 결정을 좋아하지 않기 때문이다.

② 자원봉사자들을 위한 업무와 지원계획 그리고 감독체계에 대해 미리 계획한다. 그들 스스로가 일을 알아서 할 것으로 기대하지 말아야 한다.

③ 지위 때문에 자원봉사를 하려는 사람은 누구든지 받아들여서는 안 된다. 또한 자질을 고려하며, 많은 사람이 참여하는 것이 반드시 중요하지는 않다.

④ 자원봉사를 하려는 사람은 누구나 필요한 기술 혹은 지식을 봉사하면서 배울 수 있다고 간주하지 말고, 자원봉사자들에게 훈련이 필요하면 그들과 함께한다.

⑤ 직원은 적절히 자원봉사자의 활용에 필요한 모든 것을 이미 안다고 간주하지 말고, 직원이 더 좋고 많은 교육을 받아야 한다.

⑥ 자원봉사자들이 기관에 기여하는 것에 대해 감사를 표시한다.

⑦ 자원봉사자들과 함께 업무를 잘 수행한 직원에게도 포상한다. 비록 그들이 단지 자신의 일을 한 것뿐일지라도 자원봉사자들에 대한 감독 활동은 함께 할 수 있도록 하고, 모든 권한은 단지 조정자만이 행사할 수 있는 것은 아니다.

⑧ 주의를 끄는 문제가 발견되면 덮어두지 말고, 경청은 불만을 제고시키지 않음을 안다.

⑨ 분쟁 발생 시에 있어 '직원은 항상 옳다'든지, 혹은 '나의 자원봉사자들이 옳다 또는 그르다'라는 흑백논리를 적용하지 말고, 타협이 최선의 방책이다.

꼭 알아야 할 내용

- 갈등 상황에서 발생하는 증상
- 갈등의 반응유형과 증상
- 갈등해결 전략

06 CHAPTER 자원봉사활동의 전달체계

1. 자원봉사활동 지원체계의 현황과 과제

변화하는 환경에 능동적으로 대응하기 위한 역량 있는 자원봉사의 전문인력을 양성하고 자원봉사자의 자기계발·성장, 안전 보장 및 만족도 향상을 위한 다양한 지원이 필요하다. 이를 위해서는 관련 주체가 모두 안심하고 활동할 수 있는 자원봉사 환경조성과 자원봉사 활동환경·관리방식 개선 및 고도화된 전략사업의 추진 등이 필요하다(관계부처합동, 2018 : 31).

본 장에서는 자원봉사를 활성화시킬 수 있는 지원체계를 행정적 지원체계, 자원봉사 보상시스템, 법적 지원체계로 규정하고 그 현황을 살펴보며, 그리고 현행 지원체계가 가지고 있는 과제에 대해 살펴보고자 한다.

1) 행정적 지원체계

우리나라에서 자원봉사활동을 지원하는 정부부처는 국무총리 소속, 외교부, 행정안전부, 보건복지부, 여성가족부 등으로 구분된다.

〈표 6-1〉 자원봉사 관련 행정체계

명칭 / 내용	국무총리 산하	외교부	행정안전부	보건복지부	여성가족부
설치	자원봉사진흥위원회	한국국제협력단(KOICA), 월드프렌즈, KOICA 자문단	자원봉사센터(246개소) 중앙 1개 특별, 광역 17개 시도, 기초 228개소	사회복지 자원봉사센터, 사회복지 자원봉사 관리센터	한국청소년활동진흥원, 시·도청소년활동진흥센터, 터전
설치 근거	자원봉사활동 기본법 제8조	한국국제협력단법 제1조	자원봉사활동기본법, 지방자치단체 조례	사회복지사업법 제9조, 사회복지자원봉사관리규정, 자원봉사활동기본법 제4조, 노인복지법 제23조	청소년 기본법 제53조, 청소년활동 진흥법 제65조

① 국무총리 산하

국무총리 산하의 자원봉사진흥위원회는 자원봉사활동기본법(제8조)에 근거하여 자원봉사활동에 관한 주요 정책을 심의한다. 심의사항은 ① 자원봉사활동의 진흥을 위한 정책 방향의 설정 및 협력·조정, ② 자원봉사활동의 진흥을 위한 국가기본계획과 연도별 시행계획에 관한 사항, ③ 자원봉사활동의 진흥을 위한 제도 개선에 관한 사항, ④ 그 밖에 자원봉사활동의 진흥에 필요한 사항이다. 자원봉사진흥위원회는 진흥위원회와 실무위원회를 구성하여 5년마다 자원봉사활동의 진흥에 관한 국가기본계획을 심의한다.

② 외교부

외교부 산하 한국국제협력단(KOICA)은 우리 정부의 대외무상원조 전담기관으로서 우리나라와 개발도상국의 우호 협력관계 및 상호교류를 증진하고 이들 국가들의 경제·사회 발전을 지원하여 국제개발협력을 증진하는 것을 그 목적으로 하고 있다.

주요 사업으로는 학교·병원·직업훈련원 등을 지원하는 프로젝트 사업, 개발도상국 공무원을 한국으로 초청해 관련 분야 교육 및 개발경험을 전수하는 국내 초청 연수사업, 국내 청·장년 인력을 개도국에 파견해 현지 개발을 지원하는 해외 봉사단 파견사업, 해외 긴급재난 발생 시 지원하는 재난복구지원,

우리나라 개발 NGO들의 해외사업을 돕는 민관협력사업 등 다양한 개발협력 사업을 추진하고 있다.

월드프렌즈 코이카봉사단은 대한민국 정부가 파견하는 해외봉사단으로 1990년부터 현재까지 아시아, 아프리카, 중남미, 동구・CIS, 중동지역의 30여 개 국에서 활동하고 있다(KOICA, kov.koica.go.kr, 2020. 1. 21. 검색).

③ 행정안전부

행정안전부는 자원봉사활동기본법에 근거해 자원봉사 국가기본계획을 수립하고 자원봉사제도의 개선과 운영, 자원봉사센터 활성화 지원을 주요 업무로 하며 지방자치분권실 소속 지방행정정책관의 민간협력팀에서 담당한다. 행정안전부는 2020년 기준으로 중앙과 전국의 광역자치단체, 기초자치단체에 246개의 자원봉사센터를 설치하여, 시・군・구 직영, 민간위탁, 법인설립 등의 형태로 자원봉사센터를 운영하고 있다(한국중앙자원봉사센터, www.v1365.or.kr/company/01.php, 2020. 1. 20. 검색).

④ 보건복지부

보건복지부는 사회복지사업법 제9조에 근거하여 사회복지 자원봉사활동을 지원・육성하고 있다. 이 법에 근거하여 국가와 지방자치단체는 사회복지 자원봉사활동을 지원・육성하기 위하여 ① 자원봉사활동의 홍보 및 교육, ② 자원봉사활동 프로그램의 개발・보급, ③ 자원봉사활동 중의 재해에 대비한 시책의 개발, ④ 그 밖에 자원봉사활동의 지원에 필요한 사항을 실시하고 있다. 또한 국가와 지방자치단체는 이러한 사항을 효율적으로 수행하기 위하여 사회복지법인이나 그 밖의 비영리법인・단체에 이를 위탁하고 있다.

한편 전국 자원봉사단체・기관 상호 간 네트워크 체계를 구축하여 자원봉사자의 봉사실적을 정확하고 체계적으로 누적 관리하고 나아가 봉사실적에 대한 인정・보상 기반을 마련하기 위해 사회복지자원봉사관리센터를 운영하고 있다. 사회복지자원봉사관리센터는 사회복지사업법 제9조, 사회복지자원봉사관리규정, 자원봉사활동기본법 제4조에 근거하며, 전국 사회복지자원봉사의 체계적인 조직 관리를 통한 자원봉사 활성화를 도모하고자 보건복지부, 지방자치단체와 한국사회복지협의회, 시・도사회복지협의회, 시・군・구 사회복지협의회가 2001년도부터 자원봉사 실적 인증사업을 추진하고 있다(사회복지자원봉사 인증관리, www.vms.or.kr, 2020. 1. 19. 검색).

⑤ 여성가족부

여성가족부는 청소년자원봉사시스템인 두볼(Dovol)을 관리 운영하기 위하여 한국청소년활동진흥원, 시・도청소년활동진흥센터, 터전을 두고 있다. '한국청소년활동진흥원'은 청소년의 건강한 성장과 역량개발을 위해 청소년활동 전반을 지원하며, 청소년자원봉사 두볼(Dovol)을 총괄운영관리하는 기관이다. '시・도청소년활동진흥센터'는 전국 시・도별 청소년자원봉사활동을 운영・관리하는 기관으로 터전 인증 및 동아리 승인, 교육, 심사, 시상 등을 담당하고 있다. '터전'은 해당 지역 시・도 청소년활동진흥센터의 검토 및 심사를 거쳐 두볼을 통해 청소년자원봉사활동 프로그램 운영・관리, 확인서 발급 등을 진행할 수 있는 권한을 부여받은 기관이다.

두볼(Dovol)에서 진행하는 'Do Project(두 프로젝트)'는 청소년 스스로가 봉사활동 목표를 수립하고, 달성을 통해 성취감 및 보람을 느끼며, 지속적이고 적극적으로 봉사활동에 참여하도록 유도하는 청소년봉사활동 서비스이다(여성가족부, www.youth.go.kr, 2020. 1. 20. 검색).

2) 자원봉사활동 보상시스템

전국 사회복지자원봉사의 체계적인 조직 관리를 통해 자원봉사 활성화를 도모하고자 보건복지부, 지방자치단체와 한국사회복지협의회, 시・도사회복지협의회, 시・군・구 사회복지협의회는 2001년도부터 자원봉사 실적 인증사업을 추진하고 있다.

주로 '사회복지자원봉사 관리센터' 상호 간 유기적인 협력체계를 구축하여 사회복지자원봉사 프로그램을 운영하고, 소속 자원봉사자의 봉사활동 실적을 데이터베이스에 누적・관리하여, 국가・사회적 다양한 인정 프로그램을 발굴・제공하고 있다. 또한 봉사단별 활동성과 및 봉사실적을 인증관리시스템(VMS)에서 공정하게 관리하여 우수봉사단 및 봉사자에 대하여는 지방자치단체 및 정부 표창 대상자로 추천하여 동기를 부여하고 격려하고 있다.

자원봉사자들에게 주어지는 혜택은 다음과 같다.

① 취업 및 입학 등에 활용할 수 있는 사회복지 자원봉사 실적인증서 발급
② 우수자원봉사자에 대한 각종 훈·포상 추천 및 표창 수여
③ 자원봉사활동 중 신체적·물질적 사고대비보상체계를 마련하여 봉사활동에 대한 사회적 안정성 보장을 위하여 활동봉사자에 대하여 상해보험 가입
④ 일정 시간 이상 봉사활동 참여 실적 대상자에 대한 자원봉사자 배지 수여 등
⑤ 다양한 문화 이벤트 초청(영화 시사회, 뮤지컬, 연극, 콘서트, 놀이공원, 미술관 등)
⑥ 사이버대학교 등록금 감면 혜택으로 신편입생 정시 및 후기 신청자 중 VMS에 등록된 자원봉사자에게 장학 혜택을 주며, 누적봉사횟수 50회 이상 200시간 이상인 자원봉사자에게는 50% 감면, 누적봉사 100시간 이상인 자원봉사자에게는 30% 감면의 혜택
⑦ 인터넷 어학강의 할인(JC정철 최대 65% 할인)
⑧ 이달의 봉사자 및 추천자 선정(상품 증정, 매월 1회)
⑨ 기타 혜택(건강검진, 사이버 대학 장학금, 콘도 할인 등)

(사회복지자원봉사인증관리, www.vms.or.kr, 2020. 1. 19. 검색).

3) 법적 지원체계

자원봉사활동을 촉진하기 위한 법적 지원체계로서, 비영리민간단체지원법, 기부금품의 모집 및 사용에 관한 법률, 자원봉사활동기본법 등의 법적 지원체제가 있다. 비영리민간단체지원법은 비영리민간단체의 자발적인 활동을 보장하고 그 활동을 지원하기 위하여 제정된 법이며, 기부금품법은 비영리민간단체가 재정적 안정을 위해 기부금품을 모집하는 것과 관련된 법적 지원체계이다. 여기서는 자원봉사활동 기본법에 대해서만 살펴보고자 한다.

〈표 6-2〉 자원봉사활동 기본법의 주요내용

특 징	
제7조	자원봉사활동 범위 규정
제8조	자원봉사진흥위원회설치에 관한 규정
제9조	자원봉사활동 진흥을 위한 국가기본계획 수립
제11조	학교·직장 등에서의 자원봉사활동 장려
제13조	12월 5일 자원봉사자의 날 및 자원봉사주간에 관한 규정
제14조	자원봉사자보호에 관한 사항
제16조	국·공유재산의 사용에 관한 규정
제19조	자원봉사센터의 설치와 운영에 관한 사항

출처 : 자원봉사활동 기본법(법률 제14839호, 2017. 7. 26. 타법개정).

4) 자원봉사활동 지원체계의 과제

자원봉사활동 진흥을 위한 국가기본계획 등으로 인하여 자원봉사분야의 제도화 및 양적성장과 법·제도적 기틀은 어느 정도 갖추었으나, 실질적인 자원봉사 참여의 확대로 이어지는 성과는 부족하다고 할 수 있다. 제도 구축 및 홍보·행사 중심의 지원으로, 참여율 향상을 위한 적극적 전략이 부족하다고 할 수 있다(관계부처합동, 2018 : 9).

① 행정적 지원체계의 과제

자원봉사 참여문화의 확산을 위해, 자원봉사 참여주체·활동영역·활동내용의 질적 확장과 관리방식의 개선이 필요하다. 또한 자원봉사활동의 효과적 지원을 위한 기존 제도의 기능 강화 및 전문적 자원봉사관리체계의 구축이 필요하다. 나아가 중앙부처·지자체의 5개년 사업계획을 바탕으로 실제 이행 가능한 정책과제를 중심으로 실천현장에서 필요한 과제의 발굴과 지원이 필요하다(관계부처합동, 2018 : 9).

② 법적 지원체계의 과제

자원봉사활동 기본법 제19조 제2항에서 필요한 경우 국가기관 및 지방자치단체가 자원봉사센터를 직접 운영할 수 있게 되어있어 자원봉사센터에 대한 민간의 자율적 운영원칙이 잘 지켜지지 않는 요인으로 작용하고 있으며, 자원봉사센터 및 단체에 대한 국가차원의 지원근거 규정이 미약한 상황이어서 이에 대한 개정이 필요한 실정이다(최일섭, 2007 : 44).

특히, 한국자원봉사협의회와 자원봉사센터 간의 상호 연계 및 관계규정이 명확하지 않아 이에 대한 개정이 필요하다.

③ 국가지원의 과제

성숙해진 시민의식과 다양한 시민참여를 기반으로 자원봉사의 양적 성장과 질적 발전을 위해 공동체적 통합 모색이 필요하다. 이를 위해서는 자원봉사 관련 정책·사업 전반의 체계적·안정적 추진이 필요하며, 적정 규모의 예산·조직·인력 설계 및 지원이 필요하다. 나아가 자원봉사자 경력·성장단계별로 분화된 전문 교육 콘텐츠 개발과 자원봉사포털 내 축적된 빅데이터를 활용하여 수요자와 공급자 간의 연계지원과 국내·외 자원봉사활동 관련 정보를 효율적으로 제공하는 포털 기능의 강화 등이 필요하다(관계부처합동, 2018 : 11-29).

꼭 알아야 할 내용

- 자원봉사활동의 행정적 지원체계
- 자원봉사활동의 보상적 지원체계
- 자원봉사활동의 법적 지원체계
- 자원봉사활동 지원체계의 과제

2. 자원봉사활동 전달체계

자원봉사 전달체계는 공공·민간 자원봉사조직의 인적자원과 물적자원을 자원봉사활동수요자와 연결시키는 서비스전달체계이다. 이러한 자원봉사전달체계는 효과적이고 효율적인 서비스 제공을 통하여 자원봉사활동 수요자의 삶의 질을 향상시키는 중요한 역할을 한다. 여기서는 자원봉사전달체계 중 주로 민간 중심의 전달체계를 살펴보고자 한다.

1) 정부전달체계

현행 자원봉사와 관련된 정부전달체계로는 행정안전부의 자원봉사센터, 여성가족부의 한국청소년활동진흥원, 시·도청소년활동진흥센터, 터전, 보건복지부의 사회복지자원봉사센터, 사회복지자원봉사관리센터, 외교부의 국제협력단(KOICA) 등이 있다.

2) 민간전달체계

(1) 민간전달체계의 유형

민간전달체계로서 자원봉사단체의 유형은 다음과 같이 나눌 수가 있다. 자선형과 인권 그리고 행정 등을 감시 비판하고 약자의 목소리를 대변하는 대변형, 그리고 행정 등으로부터 위탁을 받아서 직접서비스 등을 제공하는 사업형, 지역을 기반으로 한정된 지역에서만 활동하는 지역형 그리고 전국형 또는 국제형 등으로 나눌 수가 있다.

① 자선형 자원봉사단체

자선적인 자원봉사단체는 전통적인 형태의 이타적인 자선활동을 말한다. 종교적인 사상과 신조를 배경으로 또는 사회적 지지를 배경으로 다양한 활동을 벌이고 있다. 재원은 기부를 중심으로 충당하며 기업이나 정부로부터는 독립해서 공익적인 활동을 벌인다.

② 대변형 자원봉사단체

정부, 기업의 반사회적 활동을 감시 또는 비판하고 약자의 사회적 입장을 대변하는 활동을 한다. 환경, 반전, 인권, 소비자보호, 장애인 및 고령자의 권리보호 등의 분야에 활동이 활발하다. 국가의 정책과 제도 등의 결정에 영향을 미치는 활동도 한다. 재정은 주로 기부에 의해서 성립된다. 기업과 정부로부터 독립해서 활동한다. 전문가가 중심이 되어서 활동하는 경우도 많다.

③ 사업형 자원봉사단체

사회적 서비스의 제공, 정보제공, 정책제공 활동을 사회적 사업으로서 행하는 자원봉사단체를 말한다. 가정봉사원 파견사업과 같은 경우가 해당된다. 또는 행정으로부터 조사 의뢰를 받은 경우도 있다. 사회적 서비스는 보건, 복지, 의료, 예술, 문화, 국제교류, 스포츠, 인권운동, 자원봉사 중간지원 등 다양한 분야가 존재한다. 자금은 사업을 통한 보조금 또는 기부금 등으로 운영된다. 정부 또는 기업과는 독립 및 협력의 관계를 유지하면서 긴장과 신뢰를 관계를 형성하는 속에서 사업을 추진한다.

④ 지역형 자원봉사단체

지역을 기반으로 지역의 욕구에 부합되는 서비스 제공 등의 활동을 하는 단체를 말한다. 지역형 자원봉사단체는 지역주민들과 행정의 연락·조정하는 역할을 하면서 직접적으로 사회적 서비스를 제공한다. 지역과 밀접한 관계 속에서 지역의 욕구에 대해서 행정이 제공할 수 없는 서비스를 제공하는 역할이 많다. 재원은 기부금과 보조금 등이 중심을 이룬다. 행정과 기업과의 관계는 긴장을 유지하면서 신뢰관계로 협력과 비판하는 관계를 유지하는 것이 중요하다.

⑤ 전국형 자원봉사단체

전국적인 네트워크를 가지고 대개 특정 분야에 대해서 활동을 하는 경우를 말한다. 인권상담 또는 대변적인 분야, 또는 소비자보호 등 다양한 단체가 활동을 하고 있다. 재정의 충당은 하고 있는 사업에 따라서 기부, 보조금, 조성금 등 다양하다. 행정 또는 기업과도 협력과 견제의 균형을 유지하면서 활동하는 것이 요구된다.

⑥ 국제형 자원봉사단체

국제적인 네트워크의 발달로 사람들은 지구적인 발상으로 인류의 공통이익과 공통의 관심에 대한 높은 관심 속에 빈곤, 재해, 무력, 전쟁, 여성운동, 환경운동 등의 문제에 대해서 세계적인 네트워크를 형성해서 큰 성장을 하고 있다. 재정은 기부금이 중심이 된다. 대개는 정부와 기업을 비판하는 입장에서 활동하는 경우가 많다.

(2) 민간 전달체계의 활동 주체

① 중 · 고교와 대학

중 · 고교에서는 1990년대 중반부터 전국적으로 일제히 봉사활동이 진행되었고, 대학에서도 대부분 봉사학점제가 도입되면서 학생봉사활동이 크게 활성화되었다. 일부 대학들은 사회봉사단 등 전담조직을 두고 봉사활동을 지원한다. 그 밖에도 학생회의 농촌봉사활동과 동아리의 활동이 가장 일반적인 봉사활동이다.

② 청소년자원봉사 단체

청소년을 위한 봉사활동과 청소년이 자원봉사자로 참여하는 봉사활동이 다양한 청소년자원봉사단체에서 이루어지고 있다.

③ 시민사회단체

시민사회단체의 자원봉사활동은 주로 자원봉사자의 자발적인 참여에 의해 이뤄지기 때문에 시민사회단체가 자원봉사 업무를 전문화해 자원봉사자를 조직적으로 모집, 활동하고 있다. 최근에는 수도권뿐 아니라 전국에서 시민사회단체들이 설립되고 있다.

④ 기업

우리나라의 기업들은 자원봉사활동에 적극적이지 못한 상태에 있다. 기업들 중 삼성그룹 회사들이 가장 적극적으로 사회봉사단 체제를 정비해서 조직적인 봉사활동을 하고 있다. 대부분의 회사들은 사회공헌팀 혹은 동아리 · 동호회 차원에서 소규모 봉사활동이 비정기적으로 이뤄지고 있다.

⑤ 구호, 종교, 멤버십 단체

구호단체, 종교기관 및 멤버십 단체들이 전통적인 자원봉사단체이다. 자원봉사자들은 적십자사와 구세군 등의 구호단체, 가톨릭, 개신교, 불교 등 종교 관련 단체에서 주로 봉사활동을 해왔다. 또 라이온스클럽, 로터리클럽 등 멤버십 단체들도 봉사활동을 주요 활동 중 하나로 삼아왔다.

⑥ 병원과 보건의료기관

병원, 기타 의료기관에서 봉사활동이 이뤄지게 된 것은 최근의 일이다. 많은 병원들과 의료기관들이 자체 사회사업실 등의 부서를 통해 자원봉사자를 모집해서 병원 일반 업무와 의료에 필요한 보조업무에 활용하고 있다.

⑦ 국제봉사단체, 국제기관

1990년대에 와서 한국의 국제봉사단체들이 조직되어 지금은 국제사회에 나가 왕성한 국제봉사활동을 하고 있다. UNICEF, UNESCO 등의 국제기구들의 한국위원회가 자원봉사자를 많이 활용하는 자원봉사단체 역할을 한다.

⑧ 국제행사단체

국제행사가 잦아지면서 다양한 봉사활동이 이뤄져왔다. 2002년의 경우 월드컵 축구대회와 아시안게임에 수만 명의 자원봉사자들이 활동하는 등, 국제행사가 있게 되면 어김없이 자원봉사활동을 볼 수 있다. 국제행사를 마련하는 기관과 단체들이 일시적인 자원봉사단체 역할을 하는 것으로 볼 수 있다.

⑨ 자원봉사전문단체

자원봉사에 대해 전문적으로 조사연구를 하거나 교육훈련을 시행하는 단체들도 중요한 자원봉사단체들이다. 또 자원봉사센터를 협의체, 자원봉사단체들의 협의회 등 다양한 협의기구들이 전문 자원봉사업무를 담당하고 있다.

꼭 알아야 할 내용

- 자원봉사전달체계란 무엇인가?
- 민간전달체계의 활동유형
- 민간전달체계의 주요 활동주체와 특징

3. 자원봉사센터의 유형과 역할

자원봉사센터란 자원봉사활동의 개발·장려·연계·협력 등의 사업을 수행하기 위해 법령과 조례 등에 따라 설치된 기관·법인·단체 등을 말한다(자원봉사활동 기본법 제3조 제4호). 자원봉사센터 설치 근거 법령·조례로는 자원봉사활동기본법, 시·도 및 자치구 자원봉사활동 지원조례, 노인복지법 제23조 제2항, 사회복지사업법 제9조, 청소년기본법 제53조 제3항, 청소년활동진흥법 제65조 등이 있다(찾기 쉬운 생활법령정보, easylaw.go.kr, 2020. 1. 20. 검색).

1) 자원봉사센터의 유형

(1) 기능에 따른 분류

자원봉사센터의 유형을 기능적 측면에서 분류하면 조정형, 송출형, 수용형 등 세 가지 모형으로 나눌 수 있다(이성록, 2003).

① **조정형** : 지역사회에서 자원봉사 인력의 수요와 공급을 조정하는 기능을 주로 담당하는 유형으로 일반적으로 지역 자원봉사센터가 이에 해당된다.

② **송출형** : 내부 구성원들 중 자원봉사 참여 희망자들에게 자원봉사활동현장을 알선하고 지원하는 기능을 수행하는 유형으로서 교회나 기업, 대학 등에 설치된 자원봉사 사무국이 이에 해당한다.

③ **수락형** : 외부로부터 유입된 자원봉사인력의 참여를 수락하여 활용하기 위해 설치된 유형으로서 사회복지자원봉사센터 경우가 이에 해당한다.

(2) 수요와 공급, 조정자 측면의 분류

자원봉사활동의 수요와 공급의 측면에서 수요자 중심의 자원봉사센터, 그리고 이 수요와 공급을 적절히 조정하고 자원봉사센터 간의 효율적인 연계 역할을 수행하는 조정자 중심의 자원봉사센터로 분류해 볼 수 있다(박태영 외, 2004 : 202).

① 수요자 중심의 자원봉사센터

종합사회복지관, 재가복지봉사센터, 사회복지 관련시설, 병원 의료사회사업실, 상담기관, 시민단체(NPO, NGO, 환경단체)

② 공급자 중심의 자원봉사센터

민간형태의 비사회사업적 영역, 교육기관(대학, 중·고교 사회봉사단), 기업, 종교봉사

③ 조정자 중심의 자원봉사센터

공공형태의 자원봉사센터가 해당되며, 일반적으로 자원봉사센터를 지칭할 때는 조정자 중심의 자원봉사센터를 의미하고 있다.

한편, 자원봉사센터를 설립주체에 따라 분류하면 순수하게 민간에 의해 설립되고 운영되는 민립(民立) 자원봉사센터와 정부 혹은 지자체에서 설립한 관립(官立) 자원봉사센터로 대별할 수 있다. 관립은 자원봉사 센터도 지역 자원봉사센터로 다시 나눌 수 있다(이성록, 2005b).

2) 자원봉사센터의 운영체계

자원봉사센터의 운영체계는 설립주체에 따라 민간형과 공공형으로 나눌 수 있다. 민간형은 주로 설립주체가 NPO, NGO, 대학, 기업, 종교단체 등으로 순수 민간에 의해 자발적으로 설립되어 운영되는 자원봉사센터를 말한다. 공공형은 행정자치부에서 행정단위로 설치한 시·도 및 시·군·자치구 자원봉사센터와 정부부처별로 설치한 기능중심의 사회복지 자원봉사센터, 한국청소년진흥센터, 여성자원활동센터 및 노인지역봉사기관 등이 있다. 공공형 자원봉사센터의 운영체계는 다음과 같다.

(1) 행정자치부의 자원봉사센터

자원봉사활동기본법(시행령 제15조)에 따라 중앙자원봉사센터, 광역자원봉사센터(특별시·광역시·도), 기초자원봉사센터의 역할(시·군·자치구)을 살펴보면 다음과 같다.

① 중앙자원봉사센터의 역할

- 특별시・광역시・도 및 시・군・자치구 자원봉사센터에 대한 지원
- 특별시・광역시・도와 시・군・자치구의 자원봉사센터 관리자에 대한 교육훈련
- 지역 자원봉사와 관련한 프로그램의 개발, 보급 및 조사, 연구
- 지역 자원봉사센터 및 자원봉사단체 등과 협력 및 정보교류
- 자원봉사 정책 지원 및 협조
- 자원봉사 통합포털시스템 홈페이지(www.1365.go.kr) 운영
- 그 밖에 국가의 자원봉사 진흥에 기여할 수 있는 사업

② 광역자원봉사센터(특별시・광역시・도)의 역할

- 특별시・광역시・도 지역의 기관・단체들과의 상시협력체계 구축
- 자원봉사 관리자 및 지도자의 교육훈련
- 자원봉사 프로그램의 개발 및 보급
- 자원봉사 조사 및 연구
- 자원봉사 정보자료실 운영
- 시・군・자치구 자원봉사센터 간의 정보 및 사업의 협력・조정・지원
- 그 밖에 특별시・광역시・도 지역의 자원봉사 진흥에 기여할 수 있는 사업

③ 기초자원봉사센터의 역할(시・군・자치구)의 역할

- 시・군・자치구 지역의 기관・단체들과의 상시협력체계 구축
- 자원봉사자의 모집 및 교육・홍보
- 자원봉사 수요기관 및 단체에 자원봉사자 배치
- 자원봉사 프로그램의 개발・보급 및 시범운영
- 자원봉사 관련 정보의 수집 및 제공
- 그 밖에 시・군・자치구 지역의 자원봉사 진흥에 기여할 수 있는 사업

(한국자원봉사센터협회, www.kfvc.or.kr, 2020. 1. 19. 검색)

(2) 보건복지부의 사회복지 자원봉사센터

사회복지 자원봉사센터는 사회복지사업법 제9조에 따라 사회복지기관 및 시설에서 자원봉사활동을 운영하는 곳을 말한다. 한국사회복지협의회, 시·도 사회복지협의회는 '사회복지자원봉사관리센터(시설·법인·단체, 보건·의료, 기업 등)' 상호 간 유기적인 협력체계를 구축하여 사회복지자원봉사 프로그램을 운영하고, 소속 자원봉사자의 봉사활동 실적을 데이터베이스에 누적·관리하여, 국가·사회적 다양한 인정 프로그램을 발굴·제공하고 있다. 특히 봉사단별 활동성과 및 봉사실적을 인증관리시스템(VMS)에서 공정하게 관리하여 우수봉사단 및 봉사자에 대하여는 지방자치단체 및 정부표창 대상자로 추천하여 동기를 부여하고 격려하고 있다(사회복지자원봉사인증관리, www.vms.or.kr, 2020. 1. 19. 검색).

(3) 보건복지부의 노인지역봉사기관

노인복지법 제23조 제2항에 따른 재가노인과 시설노인을 위한 지역봉사기관에서 자원봉사활동을 운영하는 곳을 말한다. 노인을 위한 자원봉사활동으로 노인복지이용시설 및 생활시설에서의 봉사활동, 노인가정을 방문하여 노인이 생활하는 데 겪는 각종 어려움에 도움을 제공하는 가정봉사원서비스, 노인복지회관, 노인교실 및 일반사회복지관에 찾아오는 노인들에 대한 노인복지서비스 제공 및 안내활동, 식사제공서비스 등이 있다.

(4) 여성가족부의 한국청소년활동진흥원

한국청소년활동진흥원에서는 청소년을 위한 자원봉사시스템으로 두볼(Dovol)을 운영하고 있다. 두볼(Dovol)은 "Do Volunteer(자원봉사 하다)"의 약자이다. 청소년자원봉사 두볼(Dovol)은 봉사활동 정보검색, 신청, 확인서 출력은 물론 1365나눔포털을 통해 나이스(학생생활기록부)로 실적 전송이 가능하다.

참가대상은 초, 중, 고, 대학, 일반인 개인봉사활동 및 동아리활동을 하고자 하는 모든 자이며, 자원봉사활동을 하게 되면 1365 자원봉사포털(행정자치부) 연계를 통한 나이스(NEIS, 교육부) 전송 봉사활동확인서 및 이력확인서를 발급

받을 수 있다. 또한 청소년자원봉사자 상해보험 지원 서비스를 받을 수 있으며, 병무청 군 모집병 1차 서류심사 시 사회봉사가산점 인정(최대 8점)을 받을 수 있다(한국청소년활동진흥원, www.youth.go.kr, 2020. 1. 20. 검색).

〈표 6-3〉 공공형 자원봉사센터의 종류

내용 / 부처	센터명	근거법령	업 무
행정안전부	자원봉사센터	자원봉사활동 기본법 제19조, 지침 및 조례	지역 자원봉사 활성화
보건복지부	사회복지자원봉사센터	사회복지사업법 제9조	사회복지 봉사활동 지원
	노인지역봉사기관	노인복지법 제23조 제2항	노인 지역봉사 활성화
여성가족부	한국청소년활동진흥원	청소년활동 진흥법 제6조	청소년활동 진흥

출처 : 찾기 쉬운 생활법령정보, easylaw.go.kr, 2020. 1. 20. 검색.

3) 자원봉사센터의 역할

박태영 외(2004 : 201)은 자원봉사센터의 역할로 지역사회 내의 주민들을 동원하여 자원봉사활동을 적극적으로 참여하도록 지원하는 것으로 자원봉사자에 대한 상담·조언, 자원봉사에 대한 인정 및 보상, 자원봉사의 조직화, 자원봉사에 대한 조사·연구역할과 자원봉사의 활성을 위해서 수요처에 대한 욕구파악, 정보수집, 수요처와의 연계 및 정보망 구축에 대한 역할로 설명하고 있다.

이러한 역할을 자원봉사센터의 기능과 연계시켜 분류해 보면 <표 6-4>와 같다.

〈표 6-4〉 자원봉사센터의 기능과 역할 분류

기 능	역 할	업 무
수급조정	수 급	모집, 상담, 연결, 관리배치
	안내(상담)	자원봉사활동에 대한 상담
기록, 등록	기록 및 등록	활동기록 작성(활동카드, 상담카드 작성)
		등록카드 작성(등록카드, 욕구카드 작성)

<table>
<tr><td rowspan="7">자원봉사
활동의 지원</td><td rowspan="2">기자재, 장소대여</td><td>회의장, 기자재의 제공</td></tr>
<tr><td>자원봉사활동에 대한 각종 지원금 소개,
절차안내, 자원봉사활동을 위한 기금조성</td></tr>
<tr><td rowspan="2">인정 및 보상</td><td>자원봉사자 보험가입</td></tr>
<tr><td>자원봉사활동 인정서, 수첩발급, 자원봉사자 표창</td></tr>
<tr><td rowspan="2">상담, 조언</td><td>자원봉사활동에 관한 상담, 정보제공</td></tr>
<tr><td>자원봉사활동에 관한 자료의 안내, 제공, 대출</td></tr>
<tr><td>육성, 조직</td><td>자원봉사자 소그룹 활동의 지원(전산 프로그램 설치)</td></tr>
<tr><td rowspan="3">양성, 연수</td><td rowspan="2">교육, 훈련</td><td>자원봉사자 오리엔테이션 및 재교육</td></tr>
<tr><td>자원봉사자 학교, 워크숍</td></tr>
<tr><td>연 수</td><td>자원봉사담당자 교육 및 훈련</td></tr>
<tr><td rowspan="2">홍보, 개발</td><td>홍 보</td><td>홍보지, 포스터 발행, 자원봉사신문 발행, 사례집 발간</td></tr>
<tr><td>개 발</td><td>자원봉사캠페인 실시, 자원봉사체험학교</td></tr>
<tr><td rowspan="3">네트워크화</td><td>연계망 구축</td><td>자원봉사단체 간의 협의체 구성</td></tr>
<tr><td rowspan="2">교 류</td><td>자원봉사자, 자원봉사활동그룹, 관계기관, 단체, 담당자 간 교류</td></tr>
<tr><td>지역연대사업(지역 내 공동의 자원봉사자대회 참가)</td></tr>
<tr><td rowspan="2">조사연구</td><td>조사연구</td><td>욕구, 지역사회조사</td></tr>
<tr><td>프로그램 개발</td><td>조사, 연구를 통한 프로그램 개발</td></tr>
</table>

출처 : 박태영 외(2004). 자원봉사론. 백산출판사, p. 201.

꼭 알아야 할 내용

- 자원봉사센터의 개념
- 자원봉사센터의 유형
- 자원봉사센터의 운영체계
- 자원봉사센터의 역할

4. 자원봉사센터의 활성화 방안

(1) 민간중심 운영체계로의 활성화

자원봉사는 민간중심의 운동임에도 불구하고 공공형센터의 비중이 높아 정부의 과도한 개입을 유발하여 자발성에 근거한 시민들의 자발적 참여를 저해한다. 자원봉사활동은 지방자치단체와 민간단체가 공공재를 공동 생산하는 파트너십을 갖고 있다. 그러나 동시에 이것은 지방자치단체의 활동 및 복지, 환경, 교육 등 사회 제반 영역에 대하여 감시, 비판하는 역동적 기능을 함께 갖고 있다. 만일 자원봉사센터가 이러한 역동적 기능을 수행하지 못한다면 센터의 활동은 자주성을 상실하여 정치적으로 이용되거나 관변단체로 낙인 찍혀 주민들로부터 외면을 받게 될 것이다. 결국 자원봉사활동이 그 본질을 지속적으로 유지하기 위해서는 자원봉사센터의 관 직영 체제를 탈피하고 전문성을 가진 민간 영역의 참여로 확대해야 한다(박태영 외, 2019 : 157-158).

이를 위해서는 전국 자원봉사센터 민간화를 통한 자율성·전문성 확대가 필요하다. 즉, 지방자치단체 직영 자원봉사센터의 법인화·비영리법인 위탁 운영 전환이 필요하며, 지자체 직영 운영에 따른 부작용을 해소하고 민간의 창의성·전문성을 활용한 독립적 사업 추진 기반 구축이 필요하다. 나아가 자원봉사센터 민간화를 위한 관련 제도 정비, 지원 및 자원봉사센터 법인화 매뉴얼 배포 등 직영 센터의 법인 전환을 위한 지원이 필요하다(관계부처합동, 2018 : 27).

(2) 자원봉사센터 재원의 확대와 다각화

대부분의 자원봉사센터가 겪고 있는 재정적인 열악성은 센터 개소 초기부터 제기되었던 문제로서, 오늘날 자원봉사의 사회적 가치와 역할이 점점 증대되고 있지만 이러한 예산의 부족으로 인해 자원봉사활동에 대한 사회적 요구에 제대로 대응하지 못하고 있는 실정이다.

자원봉사 영역과 정부 영역의 관계는 복지국가의 위기에 따른 불가피한 작은 정부의 제약을 극복하기 위한 방안으로서 소위 공공재 생산의 공동 생산을 수행하는 공사 파트너십의 상호보완적 관계이다(이성록, 2003). 따라서 자원봉사센터들이 겪고 있는 예산 부족문제의 해결은 자원봉사센터의 자구적인 노력은 물론 정부와 지방자치단체의 지속적인 지원이 필요하다. 그리고 운영 기관은 정부 부담의 재정을 효율적으로 집행하여 최대한의 효과를 도출하기 위해 노력해야 할 것이다(박태영 외, 2019 : 158).

자원봉사센터 재원의 다각화를 위한 하나의 방안으로 자발적 기탁금품 접수를 허용하여야 하며, 기업의 사회공헌 사업과의 연계 등 민간재원 활용방안의 모색이 필요하다. 나아가 자원봉사센터의 지방자치단체 의존도를 줄여 자율적 사업 역량을 확장하여야 한다(관계부처합동, 2018 : 28).

(3) 자원봉사센터의 역량강화 및 전문성 확충

자원봉사센터의 활성화를 위해서는 자원봉사활동을 조정·관리할 수 있는 전문인력의 배치가 중요하다. 그러나 우리나라의 경우 지방자치단체가 직영하고 있는 자원봉사센터의 경우 일반 행정공무원을 배치하여 자원봉사활동을 일반 행정수준에서 다루고 있으며 전문인력의 채용을 원천적으로 봉쇄하고 있다. 그리고 민간단체가 운영하고 있는 센터의 경우에도 직원의 처우가 열악하여 전문인력을 지속적으로 활용하지 못하고 있다(박태영 외, 2019 : 159).

자원봉사센터 내의 전문인력의 부재는 참여 자원봉사자의 심리사회적 지지체계의 부재로 이어질 수 있으며 이로 인해 주민참여를 통한 지역사회복지 역량을 쇠퇴시킬 수 있다(이성록, 2003). 따라서 자원봉사센터 내 기존 인력에게 자원봉사 관련 전문교육·훈련을 실시하는 일뿐만 아니라 훈련된 전문인력을 채용하도록 제도화하는 일도 함께 병행되어야 한다(박태영 외, 2019 : 159).

나아가 센터 예산·인력 확충 및 운영여건 개선을 위하여 지역 센터의 사업역량강화를 위한 예산·전문인력 확충을 추진하며, 센터장·직원 전문 자격요건 강화, 직원 처우개선 등 운영여건 개선을 위한 자원봉사센터 운영지침 개정이 필요하다. 또한 전국 센터의 동반성장을 위한 센터 간 교류 확대와 강점센터 벤치마킹 및 취약센터 대상 주제별 컨설팅 지원, 권역별·직책별·영역별 센터

관계자 네트워크 구축 및 센터 운영 관련 수시 교류가 필요하다(관계부처합동, 2018 : 27).

(4) 자원봉사센터 유형에 따른 특성화와 기능 확립

우리나라 자원봉사센터 조직의 가장 큰 문제점은 정부 소관부처별로 설치하고 지원하고 있는 조직체계에 있다. 정부 부처별로 지원하는 방식과 운영하는 형태가 다르며, 센터별로 이용 대상이 달라 종합적인 지원체계로서의 자원봉사센터의 기능을 수행하는 데는 한계를 내포하고 있다. 그러므로 조정자 중심의 자원봉사센터가 적절한 기능을 수행하기 위해서는 소관부처별로 자원봉사센터 간의 적절한 정리 작업이 필요하다(박태영 외, 2019 : 159).

따라서 자원봉사센터별 특성화와 전문화에 기초한 적정한 역할설정이 이루어져야 한다. 각 자원봉사센터가 제 기능을 수행하기 위해서는 자원봉사문화 확산과 보급을 위하여 시민참여를 이끌어 내고 다양한 자원봉사활동을 개발·전파하며 체계적인 자원봉사관리체계를 구축하는 등의 기능 정립이 무엇보다 필요하다. 그리고 영역별 설립 목적에 따른 역할을 설정함으로써 업무의 중복을 피하고, 자원봉사활동의 효율성과 효과성을 증대시켜야 한다(박태영 외, 2019 : 159-160).

(5) 자원봉사센터와 유관 영역 간 협력체계 구축

자원봉사센터의 유기적인 협력관계는 각 영역이 다른 영역의 기대와 요구에 적절하게 부응할 수 있는 체계의 구축을 통하여 이루어질 수 있다. 또한 유기적인 협력체계를 기초로 센터별로 적절한 역할이 설정된다면 자원봉사활동의 활성화에 기여할 수 있다. 이 유기적인 협력관계가 적절히 기능하기 위해서는 네트워크 구축을 통한 자원봉사센터 간 역할교류가 필수적이며, 자원봉사센터 간 역할교류는 센터별 고유한 역할을 설정하고 그 설정된 역할을 적절히 수행하고 협력관계를 유지할 때 센터 간 네트워크가 적절하게 기능할 수 있을 것이다(박태영 외, 2019 : 160).

이를 위하여 지역센터 중심의 자원봉사 연대·협력 플랫폼을 구축하여 지역

내 자원봉사와 유사 공익활동·시민사회 분야를 연결하는 허브 기능을 수행하여야 한다. 나아가 자원봉사센터 내 대외협력 전담부서 설치 및 각종 협력사업을 실행하고, 기업·사회적경제 조직·공공기관 등 유관영역과의 협력·융합을 통한 새로운 형태의 자원봉사 발굴 등이 필요하다(관계부처합동, 2018 : 28).

꼭 알아야 할 내용

- 민간중심 운영의 활성화
- 자원봉사센터의 재원 확대와 다각화
- 자원봉사센터의 역량강화 및 전문성 확충
- 자원봉사센터 유형에 따른 특성화와 기능
- 자원봉사센터와 유관 영역 간 협력체계 구축

07 CHAPTER 자원봉사활동 정보망

1. 지역사회복지 네트워크의 필요성

1) 지역사회복지 네트워크의 필요성

최근 들어 지역사회에 대한 관심이 증가하면서 지역사회복지실천에 대한 관심 또한 증가하고 있다. 지역사회는 주민들이 함께 생활하는 공간으로서 모든 사람들이 더불어 행복하게 살아가기 위해서는 지역사회복지실천의 개입이 반드시 필요하다.

지역사회는 다양한 역사, 문화, 전통, 습관, 감정 등을 함께 공유하면서 살아왔지만, 최근에는 급속한 인구노령화 등의 사회문제에 따른 인구감소 문제, 노인의 빈곤・질병・학대・자살・고독사 문제와 청년실업, 가정폭력, 아동의 학대・방임 등의 가정문제를 비롯하여 주민들 간의 갈등과 폭력 등이 지역사회의 일상이 되고 있다. 이러한 일상에서는 기존의 사회복지제도나 단편적인 사회복지서비스 제공 이외에 지역사회를 기반으로 하는 지역사회복지 네트워크의 필요성이 절실히 요구된다.

지역사회복지 네트워크가 사회복지실천영역에서 필요한 이유는 다음과 같다(엄태영, 2020 : 161-163).

(1) 작은 조직의 한계 극복

일반적으로 사회복지조직들은 영리조직에 비해 규모에 있어서 영세한 경우가 많기 때문에 자원개발 과정에 투입할 수 있는 인적・물적 자원이 부족하다.

따라서 목적을 같이 하거나 지역사회에서 이웃하고 있는 사회복지 관련 조직들이 네트워크를 형성하고 함께 자원을 발굴하는 것이 필요하다.

(2) 조직의 위험부담 분산

네트워크는 조직의 활동영역 확장에서 나타나는 위험부담을 감소시켜 준다. 사회복지조직이 감당해야 하는 사회복지영역의 문제는 점점 복잡해지고 있기 때문에 여러 조직이 네트워크를 형성하고 함께 사업을 수행하면 하나의 조직이 감당해야 하는 위험부담을 분산시킬 수 있다.

(3) 경쟁력 강화

작은 규모의 조직은 큰 규모의 조직에 비해 다양한 분야에서 경쟁력이 낮을 수밖에 없다. 작은 조직은 네트워크를 통해 규모를 키움으로써 상대적으로 경쟁력을 높일 수 있다. 예를 들어, 특정 목적을 위해 작은 조직들이 함께 공동으로 신문광고를 게재함으로써 적은 비용으로 높은 홍보효과를 기대할 수 있게 된다.

(4) 환경 변화에 적응

사회복지기관을 둘러싼 환경은 매우 빠르게 변화되고 있기 때문에 개별 기관의 노력만으로는 변화의 흐름을 따라가기 힘들다. 네트워크를 통해 공동으로 정보공유, 토론회, 공청회, 세미나 등의 학습기회를 함께 가짐으로써 환경변화에 빠르게 적응할 수 있다.

(5) 규모의 경제 실현

복지영역에서도 조직들이 매일 사용하지 않는 장비나 비품들을 공동으로 구매하여 함께 활용하거나, 자원개발 및 대상자 발굴을 위한 노력을 공동으로 수행함으로써 소요되는 비용을 최소화할 수 있다. 이를 직접 서비스 비용에 재투입함으로써 조직운영의 효과성과 효율성을 극대화할 수 있다.

2) 지역사회복지와 정보네트워크

그동안 사회복지는 지역사회의 다양하고 고유한 특성이 반영되지 못하고 중앙정부 차원에서 상명하달(top-down)방식의 제도수립 과정을 거쳐왔으나, 최근에는 지역사회의 다양한 복지 관련 공공, 민간 주체들이 함께 참여하여 지역사회문제 해결을 위한 전략적 계획을 수립하고 있다. 이러한 결과는 지역사회복지와 관련된 다양한 주체들이 정보네트워크를 구축함으로써 가능하게 된 것이다.

지역사회복지실천에서 정보네트워크의 등장배경은 다음과 같다(엄태영, 2020 : 160-161).

(1) 지역사회중심의 사회복지제도

지역사회보장계획은 궁극적으로 지방자치단체가 계획을 수립하는 것이지만, 그 과정 속에서 지역사회복지와 관련된 다양한 주체들의 참여와 네트워크가 그 기반이 되고 있다.

(2) 사회복지의 통합적 접근

사회복지에 대한 욕구가 복잡하고 다양해지면서 기존의 정부중심의 관료적, 획일적 접근만으로는 수요자의 요구를 충족하기 어려워졌다. 따라서 지역사회복지 관련 주체들의 긴밀한 연계와 정보공유를 기반으로 한 사례관리적 접근을 통해 통합적 지역사회복지 인프라를 구축하는 것이 필요해졌다. 이를 위한 기본 전제가 바로 지역사회 복지서비스 공급주체들 간의 통합적 접근을 위한 네트워크 구축이다.

(3) 정보통신기술의 발전

정보통신기술의 눈부신 발전으로 대면만을 통한 네트워크 시대는 종료되고, 편리한 시간과 장소에서 물리적 거리에 구애받지 않고 네트워크를 형성할 수 있게 되었다. 지역사회복지실천과 관련된 네트워크가 구축되면, 곧바로 인터넷 기반의 공동체를 형성하고 이곳에서 실시간 단체대화와 정보공유를 하게 된다. 또한 SNS를 통하여 보다 많은 사람들과 먼 곳에 있는 사람들과도 친밀한 관계를 형성하게 되어 네트워크의 활동이 더욱 활성화되었다.

꼭 알아야 할 내용

- 지역사회복지 네트워크의 필요성
- 지역사회복지와 정보네트워크

2. 자원봉사 네트워크화의 활용방법

1) 자원봉사 네트워크화의 필요성

지역사회의 자원봉사는 개인, 가족, 친구 혹은 기업체, 종교기관, 학교 등 개인이나 집단 등의 조직적인 참여로 이루어진다. 이들의 참여형태도 다양하지만, 자원봉사활동 대상이 되는 사람이나 프로그램도 다양하다. 그래서 자원봉사를 전문적으로 연결·조정·관리하는 자원봉사기관은 '중복과 배제' 현상이 발생하지 않고, 보다 효과적이고 효율적으로 자원봉사활동을 수행할 수 있도록 조직적이고 체계적으로 매개역할을 하고 있다.

자원봉사와 관련되는 제반 구성 체계는 상호 여러 가지 네트워크를 형성하고 있다. 이러한 네트워크는 크게 자원봉사 공급체계, 매개체계, 수요체계, 환경체계의 네 가지로 나눌 수 있다(현외성, 2006 : 67-71).

(1) 공급체계(자원봉사 실천주체)

자원봉사의 공급체계는 자원봉사를 필요로 하는 대상이나 분야에 대응하여 여러 가지 서비스, 현금, 물품 등을 제공하는 개인이나 집단을 말한다. 오늘날 각종 사회클럽, 자원봉사조직, 각급학교, 종교기관, 기업, 공공조직 등 다양한 조직들이 자원봉사의 공급주체로 활동하고 있다.

(2) 매개체계(자원봉사 추진체계)

자원봉사자들은 대체적으로 자원봉사기관인 매개체계를 통하여 자원봉사에 대한 안내 및 대상과 분야를 연결 받아 봉사활동을 시작하게 된다. 이와 같이 매개체계는 자원봉사활동을 연결・조정하거나 전체적인 관리・운영을 수행하는 자원봉사 전문기관이나 조직을 말한다. 현재 우리나라에서 자원봉사기관으로서 역할을 수행하는 조직은 자원봉사단체협의회, 자원봉사정보안내센터, 자원봉사인증센터, 자원봉사센터 등 공공 및 민간조직이 매우 다양하게 존재하고 있다.

(3) 수요체계(자원봉사 대상 또는 분야)

현대사회에서 자원봉사를 필요로 하는 사람들이나 해결해야 할 문제의 분야는 매우 다양하다. 일반적으로 사회문제로 인하여 고통받고 있는 개인이나 집단은 말할 것도 없고 특별한 재난이나 사고 등이 발생할 경우에도 자원봉사가 필요하다. 자원봉사의 대상은 도움이 필요한 영유아, 아동, 청소년, 노인, 장애인, 한부모가정, 빈곤가정 등을 포함하여 환경, 보건의료, 교통, 문화, 예술, 스포츠, 지역사회, 국제사회 등 다양하다.

(4) 환경체계(자원봉사 지원체계)

자원봉사의 수요체계, 공급체계, 매개체계를 둘러싸고 있으며, 각각의 체계들에게 영향을 미치고 받을 수 있는 것을 환경체계라고 한다. 환경체계는 자원봉사를 원활하게 하는 데 기여하는 역할을 수행하는 지원체계로 법률, 제도적 장치, 정보체계, 시민들의 참여의식, 사회적 분위기, 전통 등이 있다.

2) 자원봉사 네트워크 운영방법

네트워크를 구축하는 데는 많은 시간과 노력이 요구되기 때문에, 네트워크의 기술은 활용하지 않는 것보다 활용을 할 때가 더욱 효과적이고 효율적일 때만 사용해야 한다. 따라서 자원봉사 네트워크 운영방법은 다음과 같다(엄태영, 2020 : 172-176).

(1) 일치점 찾기

무엇보다도 네트워크에 참여한 조직들 간의 일치점을 찾아야 한다. 네트워크의 참여 목적은 참여조직들이 함께 설정함으로써 일치점이 공유될 수 있다. 가급적이면 일반적인 수준에서 네트워크의 목적을 찾는 것이 바람직하다. 왜냐하면 자원봉사 네트워크에서는 사회복지와 다소 거리가 있는 다양한 지역사회 조직들이 참여할 수 있기 때문이다.

(2) 수평적인 운영방식

자원봉사 네트워크는 몇몇 조직들이 주도하지 않고 수평적으로 운영되는 것이 바람직하다. 수평적인 운영방식이 깨어지면 네트워크가 추구해 온 목적을 달성할 수 없을 뿐만 아니라, 타 조직에 대한 의존성이 커지고 조직들 간의 갈등이 발생함으로써 어렵게 시작한 네트워크 자체가 해체될 수도 있다.

(3) 결속력 제고

자원봉사 네트워크가 잘 운영되기 위해서는 참여하는 구성원들 간의 특성을 고려한 결속력이 제고되어야 한다. 결속력을 강화하는 방법으로는 취미활동이나 여가를 함께하기, 공동 학습기회, 정기적인 공동사업 수행 등이 있다. 이러한 결속력 강화 프로그램은 목적달성을 위한 하나의 수단이므로 항상 네트워크의 당초 목적을 상기하고 있어야 한다.

(4) 재원 확보

자원봉사 네트워크가 안정적으로 운영되기 위해서는 활동에 필요한 운영재원을 확보하기 위한 노력이 필수적이다. 이를 위해서는 네트워크 참여 조직들의 공식적인 회비가 기본이 되어야 할 것이고, 네트워크 형성과 사업운영을 목적으로 지원되는 외부펀드를 활용할 수 있다.

(5) 수직적 네트워크 형성

수직적 네트워크는 생애주기별 접근에 초점을 맞춰야 한다. 그동안은 지역사회의 다양한 기관들의 서비스를 연계하고 조정하여 서비스 통합이 이루어지도록 하는 수평적 네트워크의 접근이 주된 내용이었다. 이제는 지역사회의 아동들이 청소년으로 성장하는 과정과 장년들이 노년으로 진입하는 과정에서 필요한 각종 지원 등 생애주기별로 요구되는 서비스를 안정적으로 지원할 수 있도록 자원봉사 네트워크가 운영되어야 한다.

(6) 네트워크 설치지역

자원봉사 네트워크의 구축범위는 대체로 시·군·구의 기초자치단체의 관할구역과 일치되는 것이 보편적이다. 일반적으로 지역사회의 공동현안 문제가 형성되는 것이 시·군·구의 기초자치단체의 관할구역과 일치되기 때문이다.

꼭 알아야 할 내용

- 자원봉사 네트워크의 필요성
- 자원봉사 네트워크의 운영방법

3. 자원봉사정보망의 개념과 기능

1) 자원봉사정보망의 개념

지역사회의 다양한 자원봉사 욕구와 서비스에 대응하기 위해서 매개체계인 자원봉사기관들의 유기적 연계 및 네트워크 구축이 필수적임을 앞에서 살펴보았다. 이러한 매개체계들이 자원봉사활동과 관련된 제반 업무를 효율적이고 체계적으로 추진하기 위해서는 자원봉사활동을 자원봉사자의 모집 및 사업홍보, 교육, 대상자 연결, 활동시간 인증관리 등을 통합적으로 관리할 수 있는 자원봉사정보망의 구축은 필수적이다.

자원봉사정보망은 전국의 자원봉사 관련 기관을 하나의 네트워크로 연결한 것으로 자원봉사와 관련된 데이터베이스를 구축하여 각종 정보와 자료를 공유하며 통합적으로 관리하는 시스템을 말한다. 이러한 자원봉사정보망과 데이터베이스의 구축은 첫째, 통합정보 전산화를 통해 자원봉사자 모집, 교육, 배치, 관리 등 업무 전반에 대하여 편리성·접근성·효율성을 높여준다. 둘째, 각 기관별·업무별·대상별 자료나 정보의 연결과 공유를 통하여 중복을 배제함으로써 업무의 능률을 향상시킨다. 셋째, 자원봉사자 개개인에 대한 기본 정보와 활동시간 등에 대한 표준정보파일을 구축함으로써 자원봉사자의 경력관리를 쉽고 경제적으로 할 수 있게 한다.

2) 자원봉사정보망의 기능

자원봉사정보망은 자원봉사 공급체계(자원봉사자), 매개체계(자원봉사기관), 수요체계(자원봉사 대상 또는 분야), 환경체계(자원봉사 관련 법·제도 등) 전반에 큰 영향을 미치고 있다. 따라서 현재 각 부처별 또는 민간영역에서 운영되고 있는 자원봉사정보망을 모두 연계하는 전국 통합 자원봉사정보망 구축이 시급하며, 그 기능은 다음과 같다.

(1) 상호 호환성을 갖는 통합 데이터베이스 구축으로 효율성과 생산성 제고

각각의 자원봉사정보망이 자원봉사자 모집, 교육, 배치, 인증관리 및 자원봉사 대상 또는 분야 발굴을 위해 다양한 홈페이지를 구축하고 있어서 자원봉사정보망 사용자로 하여금 많은 불편과 혼란을 주고 있다. 또한 관리운영의 중복으로 효율성과 생산성을 저해하고 있다. 자원봉사정보망 간의 상호 호환성을 갖는 통합 데이터베이스 구축은 전국 통합 자원봉사정보망을 통해 효율성과 생산성을 높일 수 있게 한다.

(2) 자원봉사정보망 간의 연계·협력과 자원봉사 대상별 특성화

전국 통합 자원봉사정보망의 운영은 운영자의 관리 면에서 효율성과 생산성을 높일 수 있으나 다양한 자원봉사 희망자의 특성과 그들의 욕구를 반영하기에는 한계를 가진다. 지금까지 자원봉사정보망의 운영 상황을 살펴보면, 해당 정부부처의 자원봉사대상자를 중심으로 자원봉사정보망의 주도권을 가지려는 양상으로 비춰지고 있다. 전국 통합 자원봉사정보망은 각 자원봉사정보망의 개별적 특성을 고려하고 해당 자원봉사자의 참여통로로서, 그들이 교육적 욕구와 생산적인 자원봉사활동을 위해 효과적으로 지원할 수 있도록 연계·협력이 가능하게 한다.

(3) 자원봉사정보망의 고부가가치 도모와 적극적인 홍보 가능

전국 통합 자원봉사정보망의 성공 여부가 자원봉사자의 참여 활성화를 전제한다고 볼 때, 자원봉사정보망의 적극적인 홍보는 매우 중요한 일이다. 따라서 전국 통합 자원봉사정보망 구축을 통해 각각 운영되고 있는 자원봉사정보망의 고부가가치를 도모하고, 대형 포털사이트와의 연계를 통한 홍보, 다양한 이벤트 실시 등을 할 수 있어 적은 비용으로 적극적인 홍보를 가능하게 한다.

(4) 자원봉사수요처의 쉽고 편리한 자원봉사자 모집홍보 및 배치 요청

자원봉사정보망은 풍부한 자원봉사활동과 관련한 정보를 포함하고 있어야 한다. 그러나 현재 각각의 자원봉사정보망은 다양한 자원봉사활동 대상이나 분야를 제공하지 못하고 있다. 전국 통합 자원봉사정보망 구축은 다양한 자원봉사수요처가 쉽고 편리하게 자원봉사자의 모집홍보나 배치 요청을 할 수 있게 한다.

(5) 사이버 자원봉사 커뮤니티 조성과 운영의 활성화

사이버 자원봉사 커뮤니티는 자원봉사수요처와 자원봉사자, 자원봉사관리자와 자원봉사자 간의 의사소통 창구로서 자원봉사정보망의 활성화에 기여하게 된다. 대부분의 자원봉사정보망이 사이버 자원봉사 커뮤니티 조성을 위해서 노력하고 있으나, 운영 실적은 저조한 실정이다. 전국 통합 자원봉사정보망은 사이버 자원봉사 커뮤니티의 조성과 운영을 활성화하고, 자원봉사와 관련된 모든 사람들 상호 간의 유대관계를 강화시켜 자원봉사의 활성화에 기여하게 된다.

(6) 자원봉사정보망 시스템의 고도화 및 고품질 자원봉사 정보 서비스 제공

자원봉사정보망이 미래지향적으로 체계화되기 위해서는 시스템 고도화에 따른 새로운 부가서비스가 필요하다. 현재 각각 운영 중인 자원봉사정보망은 단순 홈페이지 기능 외에는 휴대폰 문자 서비스, 메일링 서비스, 교육 콘텐츠 서비스 등의 고도화된 서비스를 충분히 제공하지 못하고 있다. 전국 통합 자원봉사정보망은 효과적으로 시스템의 고도화를 할 수 있어, 자원봉사정보망의 모든 사용자에게 체계적이고 효과적으로 고품질의 자원봉사 정보서비스를 제공할 수 있다.

꼭 알아야 할 내용

- 자원봉사정보망이란
- 자원봉사정보망의 기능

4. 우리나라 자원봉사정보망의 실제

1) 각 부처별 자원봉사정보망과 체계화 방안

현재 운영되고 있는 각 부처별 자원봉사정보망은 다음과 같다. 먼저 우리나라의 자원봉사에 대한 총괄책임을 맡고 있는 행정안전부에서 운영하고 있는 '1365 자원봉사포털'(www.1365.go.kr)은 자원봉사 허브(Hub) 포털이다. 그리고 보건복지부에서 운영하고 있는 '사회복지자원봉사 인증관리'(www.vms.or.kr), 여성가족부에서 운영하고 있는 '청소년자원봉사'(www.youth.go.kr), 농림축산식품부에서 농촌재능나눔을 위해 운영하고 있는 '스마일 재능뱅크'(www.smile-bank.kr), 외교부에서 해외봉사를 위해 운영하고 있는 'KOICA'(www.koica.go.kr), 문화체육관광부에서 문화체육자원봉사 매칭시스템으로 운영하는 '문화품앗e'(csv.culture.go.kr), 환경부에서 운영하는 '국립공원자원봉사'(volunteer.knps.or.kr),

법무부에서 운영하는 교정자원봉사지원센터(www.cvcenter.org), 교육부에서 운영하는 교육행정정보시스템(NEIS)의 '학생서비스를 위한 자원봉사내역'(stu.sen.go.kr), 국방부의 병무청에서 사회봉사 실적을 관리하는 '병무민원포털'(mwpt.mma.go.kr) 등으로 다원화되어 있다.

이처럼 우리나라의 자원봉사정보망은 각 부처별로 개발되어 산만하게 운영되고 있으며, 자원봉사활동의 대상에 따라 다소 상이한 콘텐츠로 구성되어 있다. 따라서 자원봉사정보망의 체계화 방안과 민간영역을 포함한 전국 통합 자원봉사정보망의 구축은 당연히 자원봉사에 대한 총괄책임을 맡고 있는 행정안전부가 앞서서 적극 추진해야 한다.

2) 1365 자원봉사포털(구, 자원봉사종합관리시스템)

행정안전부가 한국중앙자원봉사센터에 위탁하고 있는 '1365 자원봉사포털'은 **❙그림 7-1❙**과 같이 "1년 365일 자원봉사하기 좋은 날"이라는 의미를 지니고 있으며, '1365 기부포털', '자원봉사 아카이브', '자원봉사종합보험 관리시스템'을 함께 운영하고 있다.

❙그림 7-1❙ '1365 자원봉사포털' 홈페이지 메인화면

'1365 자원봉사포털'은 그동안 개별적으로 이루어지던 전국의 자원봉사 정보를 한곳에 모아 다양한 자원봉사 정보 검색은 물론 신청부터 실적 확인까지 원스톱으로 제공하고 있다. '1365 자원봉사포털'에 가입하면 전국 단위 자원봉사 정보 및 조회-신청-실적 확인-확인서 발급이 가능하다. 국민들이 자원봉사활동을 쉽고 편리하게 참여하고 이용할 수 있도록 ❙그림 7-2❙의 자원봉사 실적 연계 맵핑과 같이 타 자원봉사정보망과 연계를 통하여 자원봉사활동 통합실적 확인 및 확인서를 직접 발급받을 수 있는 서비스를 제공하고 있다.

또한 지역, 분야 등 국민들이 자신의 조건에 맞는 '맞춤형 자원봉사'를 검색하고, 자원봉사 상세정보를 꼼꼼히 확인하여 자원봉사 신청할 수 있도록 하고 있으며, 자원봉사종합보험을 통해 자원봉사활동 중 발생할 수 있는 사고위험으로부터 자원봉사자를 보호하고 있다.

| 그림 7-2 | '1365 자원봉사포털'의 자원봉사실적 연계 맵핑

3) 사회복지자원봉사 인증관리(VMS)

보건복지부가 한국사회복지협의회에 위탁하고 있는 '사회복지자원봉사 인증관리(VMS)'는 ❙그림 7-3❙과 같이 사회복지사업법 제9조, 동법시행령 제25조 제3항에 따라 '사회복지자원봉사'의 조직적이고 체계적인 운영관리 및 활성화를 위하여 필요한 사항을 정함을 목적으로 운영하고 있다.

❙그림 7-3❙ 사회복지자원봉사 인증관리(VMS) 홈페이지 메인화면

'사회복지자원봉사 인증관리(VMS)'의 비전은 ❙그림 7-4❙와 같이 "사회복지 자원봉사 특성화로 행복한 「나눔문화」 확산"으로, 목표는 "클라이언트 중심의 역동적인 자원봉사활동 인프라 확충"이다. 추진전략은 ① 사회복지 자원봉사 인프라 확충, ② 클라이언트 중심 일감개발과 봉사활동 홍보, ③ 사회복지 자원봉사 수요·공급 연계시스템 구축, ④ 자원봉사활동 동기부여 인정 프로그램 개발 확대이다.

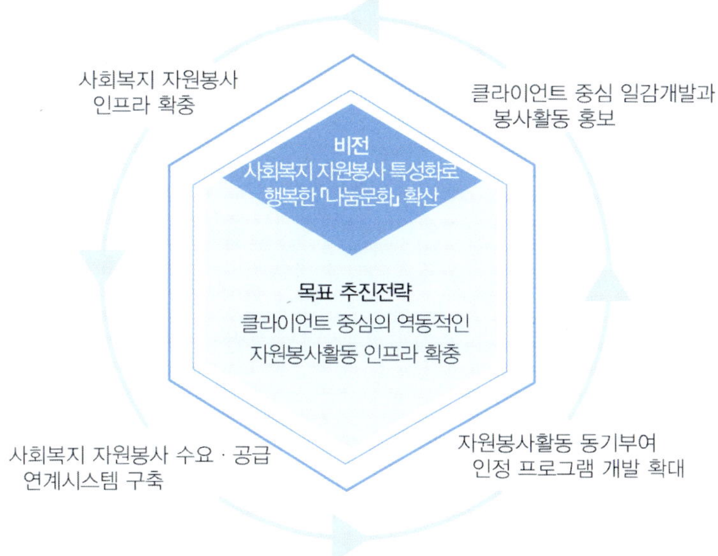

그림 7-4 VMS의 사업목표 및 추진전략

전국의 VMS를 총괄하는 '중앙사회복지자원봉사관리본부'가 수행하는 사업은 다음과 같다(사회복지자원봉사관리규정 제5조).

① 전국 사회복지자원봉사 운영관리 총괄
② 자원봉사에 관한 조사연구, 정책건의, 홍보·출판
③ 시·도 관리본부 소속 관리센터 인증요원 양성 및 전문관리자 육성 등 교육훈련
④ '자원봉사자 카드' 발급 및 관리
⑤ '사회복지자원봉사 관리시스템' 구축 운영
⑥ 중앙관리본부가 설치한 관리센터의 운영관리
⑦ 전국 '지역사회봉사단' 관리 총괄
⑧ 시·도 관리본부 및 시·군·구 관리본부, 각 관리센터의 모니터링
⑨ 기타 사회복지자원봉사 활성화 사항 등

이 외에도 사회복지자원봉사 시·도 관리본부는 관할 사업지역 내에서 관할지역 VMS 정보관리 및 책임을 총괄하고 있다. 자원봉사자가 활동하는 사회복

지시설 등의 대표자는 시・도 관리본부에 '사회복지자원봉사 관리센터'의 지정을 신청할 수 있다. 지정신청서를 접수한 시・도 관리본부가 신청요건을 검토하고 사실 확인을 거쳐 '사회복지자원봉사관리센터 지정서'를 교부할 수 있는 범위는 다음과 같다(사회복지자원봉사관리규정 제6조).

① 사회복지사업법 제2조에 설치근거가 있는 법인・단체 및 사회복지시설
② 사회복지사업법의 사업을 목적으로 설립된 각종 법인
③ 사회복지사업법의 사업을 목적으로 비영리민간단체지원법에 의하여 설립된 비영리민간단체
④ 법인이 운영 중인 각급 의료기관 중 전담직원[1])을 두고 사회사업실 또는 사회복지 전담부서를 운영 중인 사업장
⑤ 영리사업 목적의 법인 또는 산하 사업장으로서, 사회공헌 또는 사회 복지 증진을 위한 자원봉사자를 모집하여 활동중인 기관 또는 사업장
⑥ 사회적기업육성법에 따른 사회적기업 및 협동조합기본법에 따른 사회적 협동조합
⑦ 보건복지부 및 해당 광역자치단체로부터 사회복지사업을 목적으로 지정 및 위탁을 받은 센터 및 단체 등
⑧ 사회복지법인이 운영하는 사회복지사업법의 사업을 목적으로 설립된 별도의 센터 및 단체 등

또한 시・도 관리본부는 매 연도마다 시・군・구 관리본부 또는 관할지역의 관리센터별 다음 각 호의 운영 현황을 점검하고, 제1호 및 제2호에 해당하는 경우 지정사항을 취소하며, 그 결과를 중앙관리본부에 보고해야 한다(사회복지자원봉사관리규정 제15조).

① 자원봉사실적 정보의 허위등록 또는 인증서의 허위발급 등 자원봉사의 신뢰성을 저해하는 부당한 처리를 한 경우
② 제14조 제5항에 의한 모니터링에 불응 또는 고의적으로 회피한 경우

1) 전담직원 : 의료사회복지사, 사회복지사 자격을 소지하고 해당 직위로 근무하는 직원(타 부서 겸직 불가)

③ VMS의 정보등록 현황 점검결과 매년 12월 말일 기준 개인별 활동봉사자가 없는 경우. 다만, 영리법인이 자원봉사 현장을 통하여 봉사활동실적 정보를 등록하는 경우 지정사항 취소 대상에서 제외한다.
④ 관할지역 관리센터가 역할수행 곤란에 따라 지정취소를 요구하는 경우
⑤ 자원봉사자 개인정보의 오·남용 및 부정사용을 한 경우
⑥ 인증관리요원의 접속계정 공유 등 신뢰성을 저해하는 행위를 한 경우
⑦ 자원봉사활동 관련 관리소홀 및 부실 등으로 인해 지역사회 내 물의를 야기한 경우

또한 관리센터별 사회복지자원봉사 인증요원은 자원봉사자의 봉사활동 내용을 '사회복지자원봉사 실적 인정기준 가이드라인'을 참조하여 VMS에 등록하고 공정하게 관리하여야 한다. 또한 자원봉사활동 실적에 관한 정보를 자원봉사활동일지 등 증빙서류에 근거하여 즉시 등록하되 부득이한 경우에는 자원봉사실적이 있는 날로부터 반드시 15일 이내 정보 등록함을 원칙으로 한다.[2)]

VMS는 2010년 7월 이후부터 헌혈실적 1회당 4시간의 자원봉사로 인정하는 헌혈실적연계 제도를 운영하고 있으며, ❙그림 7-5❙와 같이 행정안전부의 '1365 자원봉사포털' 및 교육부, 국방부 등과 자원봉사자의 활동실적을 연계·운영하고 있다.

2) 사회복지자원봉사관리규정(2019. 6. 26. 시행) 제9조.

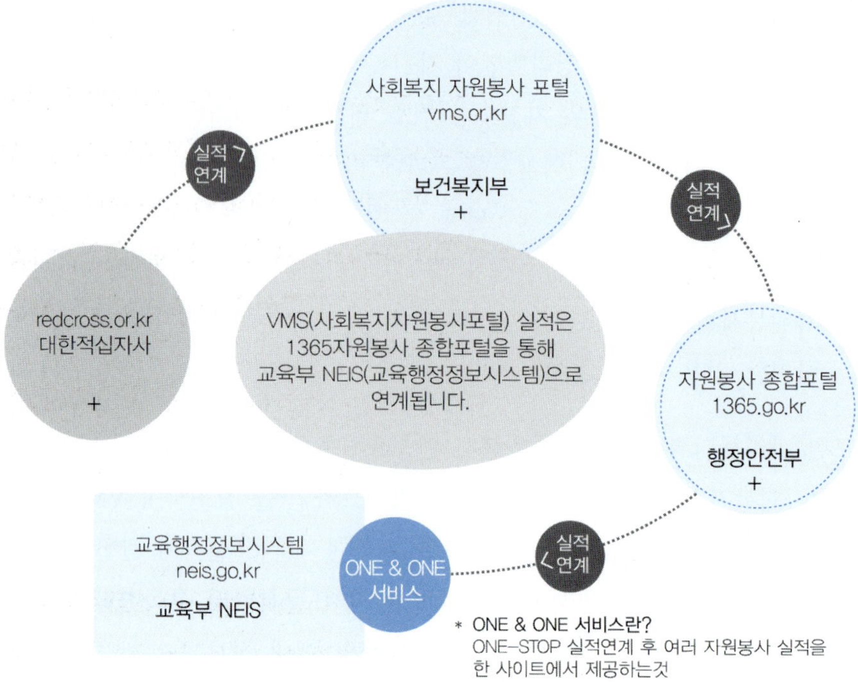

| 그림 7-5 | 'VMS'의 자원봉사 실적연계 맵핑

꼭 알아야 할 내용

- 각 부처별 자원봉사정보망과 체계화 방안
- 1365 자원봉사포털
- 사회복지자원봉사 인증관리(vms)

PART 02

자원봉사활동의 실제

제 8 장 아동 및 청소년 자원봉사활동

제 9 장 여성 및 가족 자원봉사활동

제 10 장 노인 자원봉사활동

제 11 장 장애인 자원봉사활동

제 12 장 대학 및 기업 자원봉사활동

제 13 장 사회복지기관 · 전문직 및 종교계 자원봉사활동

제 14 장 시민단체(비영리민간단체) 자원봉사활동

제 15 장 의료시설(병원) 자원봉사활동

제 16 장 자원봉사활동의 새로운 동향과 과제

08 CHAPTER 아동 및 청소년 자원봉사활동

1. 아동 및 청소년의 특성과 자원봉사활동

아동은 연령별로 볼 때 영유아보육법에서는 영·유아라 함은 6세 미만의 취학 전 아동을 일컬으며, 아동복지법과 모자복지법 및 국민기초생활보장법에서는 18세 미만의 자라고 규정하고 있다. 청소년 기본법 제3조 제1항에서는 '9세 이상 24세 이하'를 청소년이라 정의하고 있고, 청소년 보호법 제2조 제1항에서는 청소년을 '만 19세 미만'으로 정의하고 있다(법제처). 연령별로 볼 때 청소년은 아동과 성인의 중간단계라고 볼 수 있다.

아동의 특성을 살펴보면 <표 8-1>과 같다. 즉, 아동은 아직은 누군가에게 의존해야 하는 시기로, 미성숙한 과정에서 성숙한 과정으로 발전해 나가는 과정이다. 또한 다양한 지식, 기술, 가치 등에 관한 학습을 필요로 하는 시기이며, 욕구나 원망에 대하여 만족을 즉각적으로 얻기를 원하는 시기이다. 아동은 생리적 욕구뿐만 아니라 정신적, 심리적, 인간적 욕구 등의 인격적 욕구의 충족을 강하게 갈망하는 존재이며, 아동기란 인간사회에 태어나서 인간으로서 독립된 생활을 가능하게 하는 사회적응을 학습해야 하는 시기이며, 인간으로서의 성장발달을 위한 교육과 지도가 필요한 시기이다(배기효 외, 2015).

〈표 8-1〉 아동의 특성

의 존	• 아동은 생존, 즉 그의 신체적, 지적, 사회적 발달을 타인들의 사랑이나 관심, 또는 보호에 의존하게 됨 • 아동들은 자립할 수 있을 때까지는 누군가에게 의존해야 건전하게 성장, 발달할 수 있음
성 숙	• 미성숙한 과정에서 성숙한 과정으로 옮아가는 과정 • 아동은 자신의 성장단계에 적절하게 대처하면서 필요한 이해력, 기능 또는 능력 등을 발전시켜 나가게 됨 • 아동은 자기수준에 맞는 지식, 기술, 행동방식 및 가치 등에 관한 학습을 필요로 함
민감성	• 아동은 그의 욕구나 원망에 대하여 만족을 즉각적으로 얻기를 원하며, 느슨하게 참고 기다리기가 어려움 • 아동들의 욕구충족에 대한 계속적인 실패는 불안과 불신, 또는 자신의 세계관을 왜곡시키는 적개심 등을 조성하여 결국은 냉담과 퇴행하게 됨
욕 구	• 아동은 식욕 갈증, 호흡, 수면, 휴식, 배설, 고통회피 등의 생리적 욕구뿐 아니라 정신적, 심리적, 인간적 욕구 등의 인격적 욕구의 충족을 강하게 갈망하는 존재임 • 성장과정에서 적절한 수준의 생리적 욕구와 인격적 욕구의 충족을 강하게 갈망하는 존재임
적 응	• 아동기란 인간 사회에 태어나서 인간으로서 독립적 생활을 가능하게 하는 사회적응을 학습해야 하는 시기 • 생리적 성장발달과 사회적 적응을 잘할 수 있는 인간으로서의 성장 발달을 위한 교육과 지도가 필요함

출처 : 배기효 외(2015), p. 207.

청소년기의 특성은 <표 8-2>과 같이 신체 생리적 특성으로는 성장의 급등기를 맞이하면서 생리적 발달이 심리적 발달에도 영향을 미치는 점을 들 수 있고, 지적 특성으로는 지능, 적응력, 형식적 조작의 사고기능 등이 발달하며, 정서적 혼동을 경험하며 양가감정 등을 경험하게 된다. 사회적 특성으로는 독립적인 대인관계를 구축하며 선택적인 교우관계와 동년배 연대의식 형성 등을 하게 된다.

〈표 8-2〉 청소년기의 특성

신체·생리적 특성	• 여자 10세, 남자 13세 전후에 성장 급등기를 맞이함(2차 성징) • 생리적 발달은 청소년 초기의 심리적 발달에 큰 영향을 미침
지적 특성	• 지능은 12~14세까지 급상승, 17~18세에 절정에 달함 • 지능의 우열에 따라 상황에 대한 적응력의 차이가 나타남 • 형식적 조작의 사고기능, 가설적 사고, 추리와 탐색, 비판적 사고의 발달 : 비합리적 사고는 점차 현실적·합리적 사고를 하게 됨
정서적 특성	• 성충동의 급격한 증가로 정서적 혼동을 경험함 • 양가감정 : 존경심과 열등감, 의존과 자립, 부모에 대한 애정과 경멸 : 청소년 후기가 되면서 점차 줄어 듦
사회적 특성	• 독립적인 대인관계 구축 • 선택적인 교우관계를 형성하고 동년배와의 연대의식을 형성 기성세대에 대한 비판적 안목과 배타적인 성향을 지님

출처 : 배기효 외(2015). 자원봉사론, p 219 재인용.

우리나라에서 아동 및 청소년들이 자원봉사활동에 참여하게 된 본격적인 계기는 1995년 5월 31일 교육개혁위원회가 제시한 '신교육체제수립을 위한 교육개혁방안'에서 9개의 정책과정 중의 하나인 '인성 및 창의성을 함양하는 교육과정'에서 제시되었을 때부터라고 볼 수 있으며, 이를 통해 아동 및 청소년의 수련활동과 봉사활동을 학교생활부에 반영하는 것을 주요 골자로 하고 상급학교 진학 시에 이를 반영하도록 규정하였다.

이후 아동 및 청소년 자원봉사활동은 양적인 면이나 질적인 면에서 급속도로 발전해 오고 있다. 2000년대 들어 청소년 자원봉사 참여는 매년 증가하여 2019년에는 10대와 20대 인구의 각각 62%(203만여 명), 14%(59만여 명)가 자원봉사활동에 참여하였다(1365자원봉사포털).

꼭 알아야 할 내용

- 아동·청소년의 특성
- 아동·청소년의 자원봉사활동

2. 아동 및 청소년 자원봉사활동의 의의

아동 및 청소년에게 있어서 자원봉사의 의의를 살펴보면, 다음과 같은 점을 들 수 있다(김범수 외, 2007). 첫째, 개념적 지식을 확대할 수 있다. 교실에서 얻은 지식은 학생들이 배운 것과 그 기술을 활용하여 다른 사람들에게 뭔가 도움을 줄 수 있을 때, 또 복잡한 사회상황과 연관을 맺을 수 있을 때 확대된다.

둘째, 경험적 학습의 기회가 된다. 아동 및 청소년들이 배우고 접하는 지식은 대부분 전해 듣거나 조사 분석된 것이다. 그러나 자원봉사활동은 아동 및 청소년들 자신의 직접적인 경험을 통하여 배우게 된다.

셋째, 기술 및 능력을 개발할 수 있다. 자원봉사활동을 통해 아동 및 청소년들은 자신이 가지고 있는 능력과 기술을 실제로 활용해 볼 수 있다. 이러한 기회는 정보나 자료를 수집하고 분석하는 것, 판단하는 것, 타인을 배려하는 마음을 개발하는 것, 도구사용법 익히기, 대화기술의 습득 등을 포함한다.

넷째, 지역사회에 관한 지식을 습득하게 된다. 아동 및 청소년들은 자원봉사활동을 통해 사회문제 및 현실에 대해 광범위한 이해를 도모할 수 있다. 어떻게 사회문제가 발생하고, 이를 개선하고 변화시키기 위해 어떠한 조치가 현실적으로 취해질 수 있는가 등에 대해 이해할 수 있다.

다섯째, 사회적 통합의 효과를 얻을 수 있다. 아동 및 청소년들은 여러 가지 연령층, 다른 가치관 및 배경을 가진 사람들과 관계를 맺고 협동하는 가운데 배울 필요가 있다. 사회에 대한 인식의 부재나 편견의 문제는 단순한 접촉에 의하여 해결되지 않는다. 오직 상호작용을 통해서만 다른 사람의 사회환경을 파악할 수 있다.

여섯째, 성인의 역할을 탐색할 수 있다. 아동 및 청소년들은 성인 역할 및 성인과의 관계를 탐색하기 위하여 교사나 부모 이외의 다른 성인들과 접촉할 필요가 있다. 자원봉사활동은 청소년들이 다른 성인들과 평등한 동반자 관계를 형성할 수 있게 한다.

일곱째, 일하는 경험을 얻는 기회가 된다. 아동 및 청소년들은 자원봉사활동을 통해 직업의 선택에 영향을 줄 수 있는 통찰력을 얻게 되고 미래 직업을 탐색하는 데 있어 도움이 될 경험을 얻을 수 있다.

여덟째, 여가시간을 건설적으로 활용할 수 있다. 아동 및 청소년들이 여가시간을 창의적이고 건설적으로 활용하는 데 도움이 된다. 아동 및 청소년들은 자원봉사활동을 통하여 민감성, 자발성, 자긍심 및 좋은 판단력을 기를 수 있다.

아홉째, 의사결정 및 책임감을 키울 수 있다. 아동 및 청소년들은 주도권을 가지고 일을 추진하며 책임을 지도록 기대되는 상황에 놓일 수 있다. 즉, 그들은 문제를 파악하고 결정을 내리고 책임을 지도록 도전받을 수 있다. 이를 통해 그들은 책임감을 기르며 다른 사람을 통해 자신의 행동결과를 관찰하게 된다(오세영 · 박은아, 2019).

아동 및 청소년기의 여러 변화나 발달과업과 관련하여 자원봉사활동이 가지는 의의는 여러 선행연구에서도 효과성 입증이 되어왔다. 즉, 상당수의 연구에서 아동 및 청소년기 자원봉사활동 참여가 자아존중감, 자기효능감, 정서적 안정 및 삶의 만족도, 의사소통 및 리더쉽을 비롯한 사회성 개발, 진로발달 및 진로선택, 학교생활 적응, 시민의식, 공동체 의식 및 사회적 자본 형성 등에 영향을 준 것으로 나타났다(강명례, 2019). 아동 및 청소년에 대한 자원봉사활동의 기대효과는 <표 8-3>과 같이 볼 수 있다.

〈표 8-3〉 아동 · 청소년 자원봉사활동의 기대효과

기대효과	내 용
개인적 성장과 발달	자아존중감, 개인적 유능감, 자아와 도덕 발달, 새로운 역할과 관심의 탐색, 새로운 도전의 수용과 위험의 감수, 가치와 신념의 수정과 강화, 책임감의 양상, 자기행동의 결과에 대한 수용
지적 성장과 발달	기본적인 학업기술(생각의 표현, 읽기, 계산하기), 높은 수준의 사고기술(편견 없는 태도, 문제해결, 비판적 사고), 봉사경험과 직접적으로 관련된 내용과 기술, 경험으로부터 습득한 기술(관찰, 질문, 지식에 적용), 지식의 습득과 보유에 대한 동기, 책이나 강의를 통해서 설명할 수 없지만 꼭 알아야 할 통찰력, 판단 및 이해
사회적 성장과 발달	다른 사람의 복지에 대한 관심과 사회적 책임성, 정치적 유능성, 민주시민의 참여정신 함양, 자원봉사와 관련된 직업에 대한 지식과 탐색, 다양한 배경과 삶의 상황에 처해있는 사람들에 대한 폭넓은 이해와 평가

출처 : Gonrad & Hedin(1989), 류기형(2018) 재인용.

꼭 알아야 할 내용

- 아동 · 청소년 자원봉사활동의 의의
- 아동 · 청소년 자원봉사활동의 기대효과

3. 아동 및 청소년의 자원봉사활동 영역

아동 및 청소년 자원봉사활동의 영역은 다음의 세 가지로 분류될 수 있다.

(1) 장소에 따른 영역

아동 및 청소년 자원봉사활동의 영역을 장소에 따라 살펴보면, 학교, 각종 사회단체, 지역사회 공공기관, 지역사회복지관, 사회복지시설, 병원 등으로 볼 수 있다.

〈표 8-4〉 장소에 따른 자원봉사활동 내용

구 분	활동내용
학 교	• 학교동아리 활동과 봉사활동을 통해 자신의 자아실현과 학업성취에 영향을 주면서 유기적으로 이루어져야 함 • 학교주변청소, 환경미화작업, 학교 및 학습신문 만들기, 학교도서관 정리활동 등
각종 사회단체	• 각종 활동과 사무보조, 켐페인, 도서정리 및 각종 자료정리 등
지역사회의 공공기관	• 주민자치센터, 구청 등이 대표적 기관 • 지역 내의 업무보조, 청소활동, 공공시설 점검, 교통감시, 청소년 유해시설 조사, 놀이터 정리 및 청소, 문화시설관리 및 유적지 조사 등
지역사회복지관	• 주민자치센터, 구청 등이 대표적 기관 • 지역 내의 업무보조, 청소활동, 공공시설 점검, 교통감시, 청소년 유해시설 조사, 놀이터 정리 및 청소, 문화시설 관리 및 유적지 조사 등
사회복지시설	• 장애인시설, 노인복지시설, 육아시설에서의 식사보조, 학습지도, 외출동행, 책 읽어주기 등
병 원	• 세탁물 보조, 차트 정리, 환자보조, 책 읽어주기, 화장실 동행, 거즈 접기 등

출처 : 오세영 외(2019), p 117.

(2) 대상에 따른 영역

청소년이 봉사할 수 있는 대상자별로 분류하여 보면, 아동, 장애인, 노인, 지역사회, 국제 사회 등으로 볼 수 있다.

〈표 8-5〉 **대상에 따른 봉사활동의 분류**

구 분	활동내용
아동 · 청소년	보육시설의 교재 제작, 간식 만들기, 아동의 귀가활동지도, 동화책 읽어주기, 놀이시설 점검, 장난감 및 동화책 수집, 저소득층의 학습지도 및 놀이지도 등
장애인	식사보조, 직업재활보조, 신문이나 책 읽어주기, 장애인의 학습지도, 놀이지도, 타이밍 및 녹음작업, 나들이 보조 등
노 인	집 안 청소, 취사, 세탁보조, 책 읽어주기, 은행업무, 병원 동행, 생활활동보조, 노인 말벗 등
지역사회	지역캠페인, 공공시설 및 기관 등의 편의시설 실태조사, 공공시설의 점검, 관광안내, 자원봉사신문 제작, 지역행사활동 지원, 재활용품 선별, 내 고향 가꾸기 등
국가 및 지역사회	군인 위로방문, 재해구호활동, 불우이웃돕기, 헌혈 및 골수기증, 국제사회를 위한 국제협력 및 난민구호 등

출처 : 오세영 외(2019), p. 118.

(3) 활동목적에 따른 영역

청소년 자원봉사활동은 목적에 따라 일손돕기 활동, 위문활동, 지도활동, 캠페인 활동, 자선 및 구호활동, 환경 및 시설보전활동, 지역사회개발활동, 기타 영역으로 구분할 수 있다.

〈표 8-6〉 **활동목적에 따른 영역**

구 분	활동내용
일손돕기활동	복지시설 일손돕기, 공공기관 일손돕기, 병원 일손돕기, 농어촌 일손돕기, 학교내 일손돕기
위문활동	고아원 위문, 양로원 위문, 장애인 위원, 병약자 위문, 자매부대 위문
지도활동	동급생지도, 하급생지도, 사회교육지도
캠페인활동	공공질서확립캠페인, 교통안전캠페인, 학교 주변정화캠페인, 환경보전캠페인
자선 · 구호활동	재해구호활동, 불우이웃돕기, 헌혈 및 골수기증, 국제협력과 난민구호
환경 · 시설 보전활동	깨끗한 환경 만들기, 자연보호, 나무심기 및 가꾸기, 문화재 보호
지역사회개발활동	지역실태조사활동, 지역사회 가꾸기, 지역홍보활동, 지역행사지원활동

출처 : 오세영 외(2019), pp. 118-119.

꼭 알아야 할 내용

- 아동 · 청소년의 장소에 따른 자원봉사활동 영역
- 아동 · 청소년의 대상에 따른 자원봉사활동 영역
- 아동 · 청소년의 활동목적에 따른 자원봉사활동 영역

4. 아동 및 청소년 자원봉사활동의 과제와 개선방안

청소년 자원봉사활동의 문제점을 류기형 외(2018)에서는 <표 8-7>과 같이 제시하였다. 구체적으로 보면, ① 입시 위주의 교육으로 인해 봉사할 시간적 여유가 없다. ② 봉사활동이 불규칙하며 지속성이 없고, 봉사기간을 이수하고 나면 봉사활동을 중단한다. ③ 자발적인 봉사활동이 아니라 점수따기식의 활동으로 봉사의식이 희박하다. ④ 적극적인 의욕이나 동기에 비해 전문적 지식, 구체적 방법과 기술이 부족하다. ⑤ 봉사영역이 단순한 업무보조에 한정된다. ⑥ 청소년 봉사활동자 수의 급격한 증가로 인하여 프로그램 투입 지도인력(자원봉사 조정자)이 부족하다. ⑦ 학교와 지방자치단체의 적극적 지원과 협조가 결여되었다. ⑧ 봉사활동의 사후확인 및 평가가 소홀하다. ⑨ 봉사 프로그램과 학습과의 연계가 미비하다. ⑩ 자원봉사활동의 예산 및 보상체계가 부족하다. ⑪ 자원봉사단체나 기관과 학교와의 연계가 부족하다. ⑫ 안전사고에 대한 대비책이 갖추어져 있지 않다(류기형 외, 2018).

〈표 8-7〉 청소년 자원봉사활동의 문제와 원인

문 제	원 인
국민적 합의 부족, 사회지도층의 솔선수범 부족, 자원봉사 개념 부족, 청소년 자율성 미비, 입시 위주의 교육(시간이 없다)	사회적 미성숙
정부의 지원미비와 홍보부족(교육, 평가), 정책 일관성 및 목표 부족, 예산 및 보상체계의 부족(교사, 학교 평가), 안전사고 대비책의 불비	정책 부족
교사들의 개념 이해 부족, 학습과의 연계 미비, 교사의 참여 의욕과 시간부족, 학생지도방법 모름, 훈련 부족, 담당교사의 부족, 학교장의 의지와 이해 부족, 봉사활동의 부서조직 미비	학교 개입 부족
학부모의 이해 부족, 제도적 참여기회의 부족	학부모 개입 부족
기관, 단체들의 프로그램 조직 부족, 학교와의 연계 부족, 단체 지도인력의 부족, 기관 및 단체의 인센티브 부족	지역사회 개입 부족

출처 : 류기형 외(2018). 자원봉사론, p. 260.

청소년 자원봉사활동의 문제점 등을 바탕으로 학교에서 실시해야 할 아동 및 청소년 자원봉사활동과 관련한 과제와 개선방안을 제시하면 다음과 같다.

(1) 학교에서 실시해야 할 아동 및 청소년 자원봉사활동 관련 과제와 개선방안

① 학교 교직원의 자원봉사의 중요성에 대한 인식 향상 : 이를 위한 교육 및 훈련 필요

아동 및 청소년 자원봉사활동을 보다 효과적으로 시행하기 위해서는 학교의 교장선생님이나 선생님들이 청소년들에게 있어서 자원봉사는 단순히 점수를 위해서 시행하는 것이 아니라 다양한 교육적 효과가 있음을 인식할 수 있어야 하며, 이를 바탕으로 학생들을 지도하는 것이 필요하다. 이를 위해서 학교 교장선생님 및 선생님들을 위한 자원봉사교육 및 훈련이 필요하며, 이를 통해 선생님들은 자원봉사활동의 교육적 효과성을 인식하고, 학생들을 위한 자원봉사활동의 정보제공, 교육 및 지도 등을 할 수 있도록 해야 할 것이다.

② 학교에서 아동 및 청소년들을 위한 자원봉사 전문교육 및 훈련 실시 필요

학교에서는 아동 및 청소년들에게 자원봉사의 중요성과 의미, 동기부여를 할 수 있는 자원봉사 관련 전문교육이나 훈련, 평가 등을 보다 체계적으로 실시할 필요가 있다. 즉, 아동 및 청소년들에게 자원봉사의 동기와 만족도를 높이기 위해서는 자원봉사의 의미와 동기를 탐색할 수 있는 시간이 필요한데, 현재 이러한 부분의 교육이 부족한 것이 현실이다. 자원봉사 교육을 실시할 때에는 의례적인 것보다는 오랜 자원봉사경험을 가진 강사나 전문가 등을 활용하여 교육하는 것이 좋을 것이며, 청소년들에게 가장 적합한 교육내용과 방법 등을 모색하여 실시하는 것이 좋다. 또한, 사전교육뿐만 아니라 자원봉사활동 중에 교육도 필요한 경우 이루어져야 하며, 활동 후에도 평가의 시간을 반드시 갖는 것이 필요하다.

③ 학교–지역사회 다양한 자원봉사대상기관–자원봉사센터 연계 활성화 필요

아동 및 청소년들의 자원봉사활동을 체계적으로 추진하기 위해서는 학교와 지역사회 다양한 자원봉사대상기관, 자원봉사센터 등이 효율적인 연계 체계를 구축할 필요가 있으며, 이를 바탕으로 효과적인 청소년을 위한 자원봉사활동 활성화 방안을 도출하여 시행할 필요가 있다.

(2) 지역사회 자원봉사활동기관에서 아동 및 청소년 자원봉사활동과 관련한 과제와 개선방안

① 지역사회 자원봉사활동기관에서 아동 및 청소년 자원봉사활동의 중요성을 인식할 필요 : 아동 및 청소년을 위한 자원봉사 프로그램 개발 필요

지역사회 자원봉사활동기관에서는 중·고등학생 자원봉사자의 경우에는 모집을 기피하거나, 청소년들이 할 수 있는 자원봉사 프로그램이 준비되어 있지 않은 경우가 발생하고 있다. 이러한 점에는 여러 가지 원인들이 있겠지만, 무엇보다도 아동 및 청소년들이 할 수 있는 자원봉사활동은 단순 일손돕기 활동에 머무를 수밖에 없다고 생각하는 인식 등 때문이라고 볼 수 있다. 그러나, 아동 및 청소년들의 경우에도 강점과 특기 등 다양한 전문성을 갖추고 있다. 따라서 자원봉사활동기관에서는 아동 및 청소년들이 다양한 역량을 발휘할 수 있는 자원봉사 프로그램을 사전에 기획하고 청소년 자원봉사자들이 지원을 신청한 경우에 가장 적합한 자원봉사 프로그램으로 배치해야 할 것이다. 또한, 자원봉사활동기관에서 청소년 자원봉사자를 위한 적합한 프로그램이 준비되어 있지 않다면, 적절하게 상황을 설명하고 거절하거나 배치를 하지 않도록 하는 것이

바람직하다. 왜냐하면, 준비되어 있지 않은 상황에서 무조건적으로 자원봉사자를 받아서 업무를 수행하도록 하는 것은 아동 및 청소년 자원봉사자들에게 의미 없는 자원봉사를 하게 될 확률이 높기 때문이다.

② 아동 및 청소년들의 자원봉사 동기부여와 만족도를 높일 수 있는 자원봉사 교육 및 훈련, 인정 및 보상 전략 필요

현재 지역사회 자원봉사활동기관에서는 아동 및 청소년 자원봉사자들에게 자원봉사와 관련된 기본적인 교육 및 훈련을 제공하고 있다. 그러나 아동 및 청소년 자원봉사자들이 자원봉사활동에 동기가 부여되고 자원봉사활동의 만족도를 보다 높이기 위해서는 자원봉사교육 및 훈련 등이 보다 체계적이고 효율적인 방법으로 준비되어 시행되어야 할 것이며, 이를 통해 자원봉사가 아동 및 청소년들의 성장이나 발달과업 달성 등에 다양한 효과성을 발휘할 수 있도록 도와야 할 것이다. 또한 아동 및 청소년 지역사회 자원봉사활동기관에서는 다양한 인정보상 방법을 활용해야 한다. 점수부여뿐만 아니라, 체계적인 인정보상의 기준을 마련하여 자원봉사활동을 열심히 수행한 아동 및 청소년들에게는 기준에 따른 포상, 온 오프 홍보물 게시 등 다양한 인정 보상 활동을 수행한다면, 아동 및 청소년들의 자원봉사활동이 활성화될 뿐 아니라 궁극적으로는 지역사회 활동기관에도 중요한 자원활용으로 도움을 제공할 수 있을 것이다.

③ 아동 및 청소년 자원봉사활동을 촉진하기 위한 인적·물적 환경 준비 필요

청소년 자원봉사활동이 원활히 수행되기 위해서는 자원봉사활동의 인적·물적 환경 등을 충분히 마련하고 시행을 하도록 해야 한다. 환경은 물리적 환경으로 자원봉사사물함, 자원봉사자 실, 자원봉사조끼, 이름표 등을 마련하는 것이 필요하며, 전염병, 재난재해 등을 대비하여 장소나 기자재 등의 안전성 여부를 확인하고 준비를 하는 것도 필요하다. 또한 자원봉사보험 가입 등도 확인을 해서 만약의 경우도 대비하도록 해야 한다. 동시에 자원봉사활동기관에서 전 직원을 대상으로 청소년 자원봉사의 중요성과 활용방안 등을 교육·훈련하는 것 등도 필요하다.

(3) 국가적 과제와 개선방안

마지막으로 아동 및 청소년 자원봉사활동이 아동 및 청소년뿐만 아니라 관련 기관들에서 상호 도움이 되기 위해서는 국가적으로 아동 및 청소년 자원봉사활동에 대한 다양한 지원 방안 등과 관련된 정책 등이 계속해서 연구되고 제시되어야 하며, 이러한 정책 방안들이 실제 자원봉사현장에서 활용될 수 있도록 할 것이다.

꼭 알아야 할 내용

- 아동 · 청소년 자원봉사활동의 과제
- 아동 · 청소년 자원봉사활동의 개선방안

09 CHAPTER 여성 및 가족 자원봉사활동

1. 여성 자원봉사활동

1) 여성 자원봉사활동의 개념과 의의

자원봉사자(volunteer)라는 말의 어원은 'volo'라는 라틴어에서 파생된 'voluntas'에서 기원한 것으로, 'volo'라는 라틴어 원어는 근본적으로 여성의 본능, 속성, 인간애, 모성애, 공동체 의식에서 시작된 개념이다(전재일, 2000 : 13). 여성 자원봉사자란 '개인, 집단, 지역사회에서 발생하는 문제를 예방, 통제, 개선하는 일을 다루는 여러 조직 및 기관에서 보수 없이 자발적으로 활동하는 여성'으로 정의(한국여성개발원, 1999 : 13)할 수 있다.

우리나라는 여성이 주축이 되어 자원봉사활동을 시작한 것은 1921년 메이어스(Mayers) 선교사가 태화기독교 여자관을 설립하면서 여성계몽 및 교육, 아동보건사업을 실시한 시점이라고 할 수 있다. 그러나 이 시기에는 외국 선교단체가 중심이 되어 주로 여성계몽 및 아동건강증진 사업들이 선교의 일환으로 실시된 인보사업이었다는 점에서 순수한 의미의 자원봉사활동과는 차이가 있다.

이와 달리 대한적십자가 1947년 발족시킨 적십자부녀봉사대는 인도주의와 개인 및 사회의 발전을 위한 복지운동을 기본 정신으로 출발하였다는 점에서 순수한 의미의 여성 자원봉사활동이 시작된 계기라고 할 수 있다(권경옥, 2004 : 13-14).

2018년 사회복지 자원봉사 통계연보에 따르면, 2018년 활동자원봉사자는 총 127만 2,588명으로, 2009년 108만 1,041명보다 191,547명 증가한 것으로 나타났다. 자원봉사자 중 여성 자원봉사자가 74만 851명으로 전체 자원봉사자의 58.2%를 차지하므로 남성보다 여성 자원봉사자가 1.4배 많다. 그리고 직업별 총 자원봉사시간을 살펴보면, 주부가 전체의 17.3%로 자원봉사활동시간이 가장 많다. 연령대별 성별 총 자원봉사시간을 살펴보면 여성이 63.8%로 남성에 비해 봉사시간이 많음을 알 수 있고, 특히 60대 여성의 비율이 높게 나타났다(www.vms.or.kr). 즉, 오늘날에도 여성은 자원봉사활동의 중요한 참여자이며, 우리나라 봉사활동의 주축을 이루고 있는 것으로 알 수 있다.

현대에서 자원봉사활동은 사회적 필요에 따른 산물인 동시에 다양한 사회문제에 대처하기 위한 인간의 자발적인 노력으로 자원봉사활동을 행하는 측과 도움을 필요로 하는 측의 만남을 통해 발전해 왔다. 특히 여성의 자원봉사활동은 동·서양을 막론하고 자원봉사활동의 역사에 큰 중심 역할을 해왔다(서선녀, 2005 : 8).

이와 같이 여성 자원봉사자가 많다는 것은 여성의 의식수준이 향상된 결과이며 또한 여성의 사회참여증진, 유휴인력의 활용이라는 면에서 유익한 반면, 여성은 무보수의 일에만 참여를 한다고 인식되거나 시간이나 경제적 여유가 있는 중상류 여성만이 참여할 수 있는 것으로 오해될 수 있는 부정적 측면도 고려해 볼 수 있다(이팔환·백남덕, 2000 : 16).

그러나 다수의 여성이 참여하는 자원봉사활동의 의의는 네 가지, 즉 사회참여의 증진, 자원봉사활동의 생활화 실현, 대인적 서비스의 보완 그리고 유휴인력의 활용으로 정리해 볼 수 있다. 먼저, 여성들의 사회참여를 증진하는 것으로, 주부들의 자원봉사활동은 현대사회를 살아가는 주체적인 인간으로 자아실현은 물론 잠재능력을 계발, 활용함으로써 사회에 공헌할 수 있다. 특히 자원봉사활동은 한 인간이 자신을 사회적 존재로 자각하며 스스로 다른 사람에게 또는 다른 사람과 더불어 봉사하는 경험을 통해 자신의 인격성장과 잠재능력을 실현하는 기회를 갖게 하는 것으로 복지사회의 토대가 된다.

두 번째, 자원봉사활동 생활화를 위해서는 가정생활에서 자원봉사활동의 정신이나 경험이 내재화될 수 있도록 하는 것이 중요하다. 따라서 주부들이 자원봉사활동에 만족감을 느끼고 적극적으로 참여하며 자원봉사활동에 대한 올바른 이해와 철학을 가짐으로써, 가장 기초생활 단위인 가정에서부터 자원봉사활동이 삶의 한 과정에서 자연스럽게 행해질 수 있다.

세 번째, 현대사회의 다양한 문제를 해결하는 데 정부의 노력만으로는 어려움이 많게 되었다. 특히 가족기능의 약화로 인해 가족 내의 노인, 아동, 장애인에 대한 보호의 필요성이 대두되면서 인간적인 만남, 정서적인 교류, 외출서비스, 식사서비스, 목욕서비스 등 사람에 의해서만 해결이 가능한 대인적 서비스에 대한 요구가 등장하였다. 이런 역할은 상대적으로 시간적 활용이 자유로운 여성에게 적합하다고 볼 수 있다.

마지막으로 국민들의 의식수준이 높아짐에 따라 정부에 대한 행정 및 복지서비스 요구가 증대하고 있다. 이러한 요구에 여성의 유휴인력을 활용한다면 예산절감 및 다양한 복지수요를 충족시킬 수 있다(서선녀, 2005 : 8-11).

2) 여성 자원봉사활동의 특성

요즈음 '여성과 고령자의 사회참여, 청소년의 사회참여'라고 하는 말을 사회 각처에서 부르고 있어, 구체적인 활동이 진행되고 있다. 또한 삶의 방식(life style)도 변화해서 여성의 경우, 자녀양육이나 남편을 보살피는 것이 인생의 전부가 아니고 성의 차이에서 오는 역할과 고정관념을 배척하기 위해 여성이 보다 자기실현을 꾀하고 사회와 강한 접촉을 하면서 살아가는 것이 요구되고 있다(대구광역시 종합자원봉사센터, 1997).

현대사회에 있어서 여성 자원봉사활동의 특성은 여성의 비경제활동이 증가함에 따른 유휴여성인적자원의 개발에 대한 정부의 관심이 증대하고 있으며, 전업주부가 큰 주축을 이루고 있다는 것이다.

한편, 근대적인 자원봉사활동을 태동으로 전개되어 온 여성의 자원봉사활동은 우리 역사 속에서 여성중심의 소규모의 민간활동에서 정부주도의 활동으로, 그리고 최근에는 여성자원의 특성화와 전문성을 확대하는 차원의 여성정책과제로 진전되고 있는 특징을 가지고 전개되어 온 것으로 볼 수 있다(서선녀, 2005 : 13).

여성의 자원봉사활동은 여성 집단적인 차원에서 여성이 시민으로서의 의무와 권리를 행사함으로써 시민사회의 주인이 될 수 있고, 특히 공공영역에서 활발히 활동함으로써 기존의 고정된 성역할에서 벗어나 다양한 형태의 사회참여와 사회적 기여를 통해 여성 전체의 지위향상을 도모할 수 있는 계기가 되고 있다. 시민참여적인 관점에서 지향되는 자원봉사활동은 여성의 자원봉사활동이 단순한 구호활동과 제한적 서비스 활동에서 복지사회와 지방자치시대에 맞는 공동체적 삶을 위한 시민운동으로 전환되고 있음을 보여준다(서선녀, 2005 : 16).

3) 여성 자원봉사활동의 필요성

여성 자원봉사활동의 필요성에 대해 여성이 자원봉사활동의 대상으로 간주되는 경우와 여성이 자원봉사활동의 주체로 간주되는 것으로 나누어 살펴보고자 한다.

먼저 여성이 자원봉사활동의 대상이 되는 경우, 여성을 위한 자원봉사활동의 배경은 여성 빈곤의 문제, 성폭력 및 가정폭력의 주된 피해자, 증가되는 여성범죄, 성 상품화 등 현대사회에서 여성이 갖는 취약성에 근거하고 이런 문제를 해결하는 데 국가나 제도적 장치만으로 해결하기 힘들기 때문이다(현외성 외, 1998 : 155). 여성을 위한 자원봉사활동은 여성문제에 대한 사회적 인식을 개선시키고 문제인식을 통한 해결의지 형성과 자발적인 시민들의 참여를 유도할 수 있다(이팔환 · 백남덕, 2000 : 230).

다음으로, 여성이 자원봉사활동의 주체로 간주되는 경우, 여성의 자원봉사활동은 개인의 시간, 기술, 지식 및 능력을 가치 있고 의미 있는 활동에 활용하는 것으로, 봉사자 자신에게는 생활의 의미를 찾도록 해주며 자존심의 유지 내지 정신건강증진 면에서도 긍정적인 의미를 갖는다. 또한 타인이나 공공복지를 위한 활동에 참여하고 인생의 다른 경험을 통한 새로운 자극을 받음으로써 인격의 발전과 성숙을 꾀할 수 있는 기회로서의 의미를 가진다.

여성의 자원봉사활동이 요청되는 배경을 현대사회의 특성과 연관하여 개인적·가정적·사회적 측면에서 살펴보고자 한다(권경옥, 2004 : 10-13).

첫째, 여성 자원봉사활동은 개인의 자아발견을 위해 필요하다. 자원봉사는 사회에 대하여 자신이 가지고 있는 능력과 자원의 일부를 서비스하는 것인 동시에 사회에서 현재 나타나고 있는 다양한 새로운 인간관계를 맺도록 하며, 자원봉사에 필요한 새로운 기술을 배우게 함으로써 여성이 살아가는 데 필요한 인지적이며 정의적인 능력과 재능을 키워준다.

둘째, 여성 자원봉사활동은 사회공동체의 약화방지를 위해 필요하다. 여성의 자원봉사활동은 일차적으로 개인이나 집단을 도울 뿐만 아니라 사회적 공동체 의식, 책임의식, 이타주의 등의 자원봉사활동에 깔려 있는 의식과 정신을 고양시켜 이상적인 사회를 만들어 가는 의식의 변화운동으로 연결될 수 있다.

셋째, 여성 자원봉사활동은 시민교육·복지교육의 증진과 사회참여의 확대를 위해 필요하다. 여성의 자원봉사활동은 현대사회에서 필요한 인력을 보강하고 사회구성원들로 하여금 사회참여를 촉진시키는 계기를 만들어 준다. 그리고 자원봉사활동은 모든 연령에 속한 사람들에게 있어 전 국민을 위한 시민교육, 복지교육의 좋은 기회가 된다. 특히, 직접적인 자원봉사활동을 통해 건강한 시민으로서 참여하고 사회문제에 새로운 인식을 갖게 된다.

넷째, 여성 자원봉사활동은 사회변동에 따른 새로운 요구의 발생에 대처하기 위해 필요하다. 평균 수명의 연장으로 인하여 노인수가 증가하고, 교통사고와 각종 산업재해로 장애인이 늘어나고, 이혼·별거 등으로 소년소녀 가장들이 눈에 띄게 증가하고 맞벌이 부부의 증가로 인해 육아문제가 대두되는 등 사회변동으로 새로운 욕구들이 발생한다. 그러나 기존의 사회적·제도적 장치로서는 새로운 욕구에 대처하기 어려우므로 과거의 지역공동체나 가족 및 친족이 수행했던 원조기능을 새로운 조직과 집단이 대체해야 하는 필요성이 대두되고 있다.

다섯째, 여성 자원봉사활동은 여가의 선용과 자아실현의 기회가 된다. 늘어나는 여가시간을 의미 있게 보내고자 하는 욕구가 있으므로 자원봉사활동을 함으로써 보람 있는 여가선용을 할 수 있고, 다른 사람의 생활을 보고 다른 환경에 접해봄으로써 자신을 돌아보고 생의 보람과 희망을 갖게 되는 의미 있는 활동이다.

여섯째, 여성 자원봉사활동은 사회문제의 해결과 방안에 기여한다. 현대 사회의 사회문제는 개인의 책임이라기보다는 사회적·환경적 요소에 영향을 받으므로 집단적·사회적 노력을 통해서 해결할 수 있다. 자원봉사활동은 기존 조직을 새롭게 하고 문제발전과 해결은 다양한 활동에 동참하여 효과적으로 문제를 해결할 수 있는 토대를 만든다.

4) 여성 자원봉사활동 영역

(1) 여성 자원봉사활동의 영역

여성 빈곤의 문제, 성폭력 및 가정폭력의 주된 피해자, 증가되는 여성범죄, 성 상품화 등 현대사회에서 여성이 갖는 취약성에 근거하여 여성을 위한 자원봉사활동이 이루어지며, 이러한 여성을 위한 자원봉사활동은 여성문제에 대한 사회적 인식을 개선시키고 문제인식을 통한 해결의지를 형성하며 자발적인 시민들의 참여를 유도할 수 있다.

여성을 위한 자원봉사활동은 크게 두 가지 지원방식, 즉 직접적인 대인봉사활동과 간접적인 자원봉사활동으로 나눌 수 있다(김범수 외, 2001 : 193-194 재인용).

첫째, 직접적인 대인봉사활동으로는 심리적 지지, 사회성 증진 그리고 생활안정 등의 세 가지 방법이 있다. 심리적 지지의 방법은 정서적 위문과 심리적 자립이 있고, 사회성 증진의 방법은 교육지원, 사회활동지원, 여가선용이 있다. 생활안정의 방법은 취업지원, 의료지원, 생활지원이 있다.

둘째, 간접적인 자원봉사활동으로는 시설지원과 사회환경 조사가 있다. 업무보조, 도서정리, 모자원 캠프보조 등의 시설지원과 저소득층 지원 설문조사 광고, 비디오 모니터링, 각종 캠페인 등의 사회환경 조사가 있다.

여성이 자원봉사활동의 주체인 여성의 자원봉사활동 영역은 여성단체 중심으로 살펴보면, 불우이웃돕기, 지역사회봉사, 국가 및 지방자치단체 주관 봉사활동 참여, 봉사활동을 위한 기금 마련영역에 걸쳐 다양하게 이루어지고 있다(박태영 외, 2004 : 253-254). 불우이웃돕기에는 결식아동 돕기, 소년소녀가장 돕기, 장학사업, 경로잔치, 노인간호봉사단, 실직가정 돕기, 자매결연, 출산지원비, 장애인 행사 자원봉사, 각 시설에 기부금 헌납 등이 있다. 지역사회봉사에는 재난위기지원과 지역사회봉사활동, 농촌일손돕기, 그 외 교도소방문, 농산물직거래 자원봉사 등이 있다. 그리고 국가 및 지방자치단체에서 주관하는 행사에 자원봉사를 하거나 봉사활동을 위한 기금마련을 위해 바자회를 개최하거나 재활용품 수집, 농사일 참여 등의 자원봉사를 한다. 그러나 대부분의 활동이 일회성이거나 전통적인 보살핌의 역할을 강조하고 있다.

(2) 재능나눔동아리 : 나누리

이 사례는 2019년 사회복지자원봉사 따뜻한 사진・이야기 및 우수 프로그램 공모전 수상집에 수록된 내용이다(한국사회복지협의회, 2019).

① 프로그램 개요

㉠ 실시배경 : 배움에서 시작한 나눔봉사동아리

재능나눔동아리 '나누리' 내 각 동아리들은 울산 북구종합사회복지관에서 2015년부터 2018년까지 경력단절여성 및 중장년층여성을 대상으로 진행했던 평생교육 프로그램을 통해 참여자 간 관계가 형성되고, 배움을 통해 나눔을 실천하고자 하는 분들이 모여 프로그램이 끝난 후에도 지속적인 자조모임을 진행함으로써 자체적인 동아리가 형성되었다.

동아리 활동으로는 자조모임을 통한 역량강화 및 봉사활동으로 진행되고 있으며, 최대 5년에서 최소 1년까지 정기적으로 총 8개의 동아리가 활동하고 있다. 복지관 내 평생교육 프로그램을 통해 형성되어 개별적으로 활동하고 있는 재능나눔동아리를 대상으로 소통의 기회마련과 지속적인 활동을 독려하고자 2018년 12월 총 8개의 동아리를 대상으로 재능나눔동아리 '나누리' 발대식을 실시하였으며, 이를 통해 활동에 대한 동기부여 및 목적설정의 기회를 가졌다.

2019년에는 '나누리'의 재능나눔활동에서 나아가 자원을 직접 연계하고, 지역주민이 나눔을 실천할 수 있는 기회를 주도적으로 마련하도록 연합활동을 지원함으로써 지역사회 내 나눔문화 확산을 도모하고자 하였다.

㉡ 사업목적 및 목표

- **목적** : 주민 간의 관계망 증대를 통한 지속가능한 마을공동체 만들기
- **목표** : 재능나눔봉사단의 역량강화 및 지역 내 나눔문화 확산

㉢ 그 외

- **기간** : 2019. 1. 1.~ 2019. 12. 31.
- **장소** : 울산 북구 지역(8개 행정구역 전체)
- **참여인원** : 67명
- **소요예산** : 2,850,000원

② 프로그램 진행일정

구분 \ 기간	1월	2월	3월	4월	5월	6월	7월	8월	9월	10월	11월	12월
간담회 실시	■	■										
자조모임 진행		■	■	■	■	■	■	■	■	■	■	■
자원봉사 진행		■	■	■	■	■	■		■	■	■	■
외부활동 연계	■	■	■	■	■	■	■	■	■	■	■	
대표자회의 및 연합활동 실시				■	■		■	■	■	■		
보수교육 진행								■	■	■		
성과공유회 실시											■	

③ 세부 사업별 추진방법 및 내용-프로그램 세부내용

1. 보수교육

- 주민리더교육
- '나누리' 자체 재능공유활동
- 동아리별 역량강화 프로그램

2. 자조모임 : 주 1회 동아리활동, 봉사활동 실시

1	미싱유	매주 금	홈패션물품 제작 및 판매를 통한 지역사회 후원금품 전달	5	송사리	매주 수·금	청소년 및 부모 대상 마을공동체 프로그램 재능기부 활동 진행
2	이혈	매월 2·4주 수	어르신 대상 이혈요법 봉사활동	6	강동 테이핑	매월 3주 수	어르신 대상 테이핑 봉사활동
3	보드락	매주 목	취약계층아동 대상 보드게임 재능기부	7	캘리 투게더	매주 목	캘리그라피 물품제작을 통한 지역사회 후원
4	반창꼬	매월 3주 목	장애인전용목욕탕 내 장애어르신 대상 테이핑 봉사활동	8	수다 쟁이	매주 화	토탈공예물품 제작을 통한 지역사회후원 및 재능기부 프로그램 진행

3. 연합활동

- 동아리 대표자회의, 지역사회 축제 내 체험부스 운영

4. 재능나눔활동

- 지역주민과 함께하는 재능나눔활동(1+1 물품제작을 통한 취약계층 물품지원)
- 물품제작 및 판매를 통한 취약계층세대 지원
- 지역사회 내 연계를 통한 재능나눔 프로그램 진행

5. 성과공유회

- 연말 성과공유회를 통한 1년간 활동에 대한 서로에게 피드백 제공 및 소통의 기회 마련

④ 홍보

홍보매체	홍보내용	홍보결과
복지관 소식지	• '나누리' 발대식 및 교류회 • '나누리'를 소개합니다 • '나누리' 대표자회의	• 기관 소식지 '좋은사람들' 52, 53호
언론보도	• '나누리' 발대식 및 교류회 • '미싱유' 기부금 전달	• 경상일보 2018. 12. 13. • 울산제일일보 2019. 7. 15.
법인 홈페이지	• '나누리' 소개	• 어울림복지재단 7월 스토리
복지관 홈페이지	• '나누리' 활동 내용 공유	• 갤러리 총 16개

⑤ 프로그램 활동성과

1. 울산지역주민 대상 재능기부활동 진행

- 지역 내 착한가게 현판 글씨 제작/ 총 5곳
- 지역주민 대상 나눔 프로그램 진행(리본공예, 냅킨공예)/ 총 3회, 총 40명
- 농소1동주민센터 연계 북구지역 벽화 그리기 봉사활동 진행/ 총 1회
- 청소년 대상 체험으로 배우는 인문학 프로그램 및 자원봉사 프로그램 진행/ 총 5회, 총 43명
- 북구종합사회복지관 장난감도서관 회원 대상 기념이벤트 캘리그라피 문구제작
- 북구지역 아동 대상 방학문화학교 프로그램 진행/ 총 20회, 총 284명
- 북구지역 축제 체험부스 진행/ 총 1회, '나누리' 6팀 참여

2. 취약계층 대상 물품지원 및 재능기부활동 진행

- 지역아동센터아동 졸업식 리본꽃다발 지원/ 총 7명
- 북구 동지역사회보장협의체 연계 취약계층 베개커버 지원/ 총 29명
- 북구지역 어르신 대상 나눔 프로그램 진행(리본공예 냅킨공예)/ 총 3회, 총 45명
- 북구지역 어르신 대상 어버이 리본카네이션 전달/ 총 120명
- 북구 장애인전용목욕탕 이용자 대상 테이핑 봉사활동 진행/ 총 3회, 총 114명
- 북구지역 어르신 대상 이혈봉사활동 진행/ 총 13회, 총 111명
- 북구지역 어르신 대상 테이핑 봉사활동 진행/ 총 19회, 총 309명
- 성인지적장애인 대상 나눔 프로그램 진행(리본공제, 캘리그라피)/ 총 2회, 총 24명

취약계층아동 졸업식 꽃다발 후원

성인 지적장애인 대상 나눔 프로그램

어르신 대상 테이핑 봉사활동

3. 북구지역 취외계층을 위한 후원금 전달

- 설명절 맞이 장애아동 재활 및 치료를 위한 후원금 200만 원 전달/ 2019. 2. 1./ 미싱유 봉사단
- 북구지역 위기가정세대 긴급지원비 마련을 위한 후원금 250만 원 전달/ 2019. 7. 12./ 미싱유 봉사단

4. 재능나눔동아리 '나누리' 대표자회의를 통한 주도적 활동 계획 수립/ 총 2회

5) 여성 자원봉사활동의 과제와 개선방안

이상에서 살펴본 여성 자원봉사활동의 내용을 토대로 여성 자원봉사활동 활성화 방안을 모색해 보고자 한다(류기형 외, 2002; 서선녀, 2005 : 87-89).

첫째, 자원봉사활동에 대한 전 국민 계몽 및 의식교육이 필요하다. 자원봉사활동을 사회복지서비스의 제공이라는 차원으로 한정시키는 자원봉사에 대한 잘못된 인식의 전환이 필요함에 따라 국가와 자원봉사기관에서 홍보와 재교육의 역할을 담당해야 한다.

둘째, 여성 자원봉사활동이 대부분 일회성이거나 전통적인 보살핌의 역할을 강조함으로써 지속적인 자원봉사활동이 이루어지지 못하고 있는 실정이다. 다른 집단에 비해 주부가 자원봉사활동에서 차지하는 비율은 상대적으로 높은 반면, 중도탈락률도 높은 편이므로 양적으로 수를 더 늘리는 것도 중요하지만 활동을 지속하기 위해서는 질적으로도 활동내용을 다양화해야 한다. 즉, 여성 자원봉사활동 전문영역을 개발하고 효율적인 관리체계가 필요하다.

셋째, 주부들이 원하는 자원봉사형태는 집단이나 조직적인 형태이며, 가족단위를 선호한다. 이러한 점을 고려해서 우리 실정에 맞는 가족 프로그램이나 소집단 중심의 활동 프로그램을 개발해야 한다.

넷째, 자원봉사활동 생활화를 위해 제도적으로 뒷받침하고 활동을 지원할 수 있는 조직망을 구성하고 지원체계를 일원화해야 한다.

다섯째, 자원봉사활동에서 교육, 훈련이 중요함에도 불구하고 실제로 체계적으로 실행되고 있는 곳은 많지 않다. 주부 자원봉사활동을 전담해서 관리하는 직원을 배치하거나 전문가 역할을 보완할 수 있는 리더, 준전문가 개발과 배치가 시급하다.

여섯째, 자원봉사활동 경력을 인정하여 경제활동 참여에 인센티브를 부여하는 것이 필요하다. 여성 자원봉사자들의 연령층이 낮아지고 고학력화됨에 따라 자원봉사활동 경력을 인정하여 사회복지 인력으로 직업화하는 등 자원봉사자들을 부족한 노동력 활용차원이 아닌 지역복지주체로 성장시킬 수 있어야 한다.

주부들의 자원봉사자의 참여비율이 높으므로 더 많은 주부들이 참여하도록 노력하여야 하며, 아울러 중도탈락을 예방하기 위해 활동내용을 다양화하고 전문화하는 질적 개발을 통해 기존 자원봉사자를 지속시키기 위한 노력들을 기울여야 할 것이다.

꼭 알아야 할 내용

- 여성 자원봉사활동의 개념
- 여성 자원봉사활동의 의의
- 여성 자원봉사활동의 특성
- 여성 자원봉사활동의 필요성
- 직접적인 대인자원봉사활동과 간접적인 대인봉사활동

2. 가족 자원봉사활동

1) 가족 자원봉사활동의 개념과 의의

비공식적으로 가족이 함께 자원봉사활동을 한 것은 상당히 오래전부터 있어 온 일이지만 가족 자원봉사활동(family volunteering)이라는 용어의 사용은 매우 최근의 일이므로 아직 공통적으로 합의된 가족 자원봉사활동에 대한 개념은 찾아보기 힘들다.

그리고 가족 자원봉사활동의 개념은 국가, 사회, 학자, 봉사활동 분야에 따라 다양하게 전개되므로 다양하게 정의되지만, 일반적으로 가족 자원봉사활동은 가족을 하나의 단위로 하는 공공복지를 향한 가치이념의 실현과 동시에 민주적 방법에 의한 자주적·협동적 실천노력이며, 개인과 집단과 지역사회에서 발생하는 제반 사회문제를 예방·해결하고 사회적 환경을 개선하기 위하여 공사의 조직체를 통하여 무보수로 서비스를 제공하는 활동이라고 정의할 수 있다(양옥남, 2006 : 286 재인용).

이러한 광의적 개념에서 시작하는 가족 자원봉사활동은 개별적 자원봉사활동과 달리 최소한 2명 이상의 가족구성원이 함께 지역 자원봉사활동에 참여하는 것을 말한다. 보통 참여하는 가족의 구성은 핵가족의 부모와 자녀, 부부, 조부모와 손자녀, 성인의 형제나 자매, 함께 거주하면서 혈족관계가 아닌 사람 등으로 나타나고 있다(박정숙, 2005 : 5-6).

우리나라에서는 1996년 부산자원봉사센터를 시작으로 가족 자원봉사활동이 전개되고 있으나 아직 초기단계로 대도시 소수기관을 중심으로 실시되고 있으며, 가족 자원봉사활동의 개념 정립과 프로그램 공급차원에서 어려움을 겪고 있다(박정숙, 2005 : 59).

가족 자원봉사활동의 기본 전제는 지역사회문제 해결과 가족 구성원들 간의 유대 강화이다. 가족 자원봉사활동은 자녀에게 부모나 성인에 대한 긍정적 모델링을 제시하고, 성인에게 있어서는 노년기를 바람직하게 보내기 위한 긍정적 활동을 학습하는 예비 사회화과정으로서의 기능을 할 수 있으므로, 가정 내에서 각기 다른 발달단계에 있는 가족원들에게 가족의 건강성을 부여한다고 볼 수 있다. 그리고 가족놀이문화가 부족한 우리 사회의 특성을 반영한다면, 가족 자원봉사활동은 가족놀이문화와 자원봉사활동 및 지역사회문제 해결을 접목하면서도 가족구성원이 함께 함으로써 가족의 기능을 강화하는 프로그램인 것이다(김정옥 · 장덕희, 2003).

그리고 가족 자원봉사활동의 중요성이 제대로 인식되지 않은 상황에서 가족성원들이 함께 자원봉사에 참여한다는 것은 개별적으로 하는 자원봉사활동과 다른 의미를 지닌다. 즉, 가족단위의 자원봉사는 가족성원들의 상호작용이 증가하고 자원봉사활동에 대한 의견을 나누는 등 가족의 유대를 공고히 할 수 있는 계기가 된다.

자원봉사활동을 관계 맺기를 통한 체험의 기회로 볼 수 있다. 특히 가족들이 함께 자원봉사활동을 하며 다른 가족들을 경험하는 것은, 나 자신과 내 가족만의 경험에 갇혀 있던 가족원들을 각성시켜 주는 기회가 되고 새로운 가족문화를 느끼고 경험하게 된다. 이를 통한 내 가족에 대한 객관화는 보다 건강한 시민으로서의 자리매김을 하게 할 것이다.

그리고 만연하는 가족이기주의를 해소하고 증가되는 지역사회문제를 지역사회의 가족들이 힘을 합해 해결해 가는 가족 자원봉사활동은 우리나라 사회문제를 해결하는 대안으로 큰 의미가 있다.

2) 가족 자원봉사활동의 특성

가족 자원봉사활동은 가족이 자원봉사의 하나의 단위이며, 최소한 2명 이상의 가족구성원이 함께 자원 봉사활동에 참여하는 것을 말한다. 쉽고 간단한 자원봉사활동 프로그램부터 시작하는 것이 좋으며, 가족이 그들의 봉사를 통해 지역사회에 기여했다는 느낌과 경험을 가지게 하는 것이 성공적인 자원봉사 프로그램이다. 또한 가족들 간의 시간조정이 어려우므로 주말을 이용하여 대개 2~5시간 정도 활동하는 것이 바람직하다.

가족을 단위로 하는 자원봉사활동의 몇 가지 장점을 두 가지 측면, 즉 가족에 대한 효과와 조직 및 지역사회에 대한 효과로 나누어 살펴보면 다음과 같다(박정숙, 2005 : 13-14).

(1) 가족에 대한 효과

① 가족 자원봉사활동을 통해 가족과 같이 지내는 시간이 많아진다. 즉, 가족과 함께하는 시간을 보내지 못하는 가족은 가족 자원봉사활동에 참여함으로써 이 문제를 해결할 수 있다.

② 가족 자원봉사활동은 자녀에게 다양한 일을 경험하게 하고, 새로운 기술들을 배울 수 있게 하는 기회를 제공하여 구성원들의 잠재능력을 발견할 수 있도록 하는 데 용이하고, 이러한 잠재력을 신장시키는 데 필요한 수단과 방법을 고려할 수 있도록 해준다.

③ 개인으로서, 그리고 한 가족으로서의 자긍심을 갖게 된다.

④ 가족 자원봉사활동은 구성원들 간의 더욱 돈독한 인간애를 느낄 수 있게 해준다. 가족단위의 자원봉사활동은 단절되기 쉬운 대화의 창구역할을 하며, 다양한 화제를 주고 심층적인 대화를 할 수 있게 하여 가족문제

해결능력을 강화시켜 준다.

⑤ 사회의 기본 단위이며 인간의 삶의 터전으로서 가정의 중요성을 인식하고 건전하고 건강한 가정을 지켜나가기 위해 노력하게 된다.

⑥ 가족 자원봉사활동은 사회적 책임을 자녀에게 전달할 수 있다.

⑦ 가족 자원봉사활동의 실천적 체험을 통한 은혜와 감사하는 마음을 갖게 되고 기쁨 및 보람을 체험함으로써 긍정적이고 밝은 마음으로 가족을 대할 수 있게 되며, 더 나아가 가족의 추억을 만들 수 있다.

(2) 조직 및 지역사회에 대한 효과

① 자원봉사 저변확대의 계기를 마련하게 된다.

② 소집단을 통한 자율적 운영을 권장하여 지속적인 자원봉사집단을 갖게 된다.

③ 청소년문제, 환경문제 및 제반 사회문제해결에 효과가 있다.

④ 청소년 자원봉사활동을 교육적으로 시행할 수 있는 해결책을 제시한다.

⑤ 지역사회를 개선하는 힘은 가족이 가지고 있다는 것을 인식하게 된다.

⑥ 가족 자원봉사활동 동아리를 통해 이웃 간의 화합을 도모하고 공동체 의식을 함양한다.

⑦ 가족 자원봉사활동으로 아이들에게 일찍부터 자원봉사의 경험을 하게 함으로써 민주시민으로 성장할 수 있는 교육의 장을 마련한다.

3) 가족 자원봉사활동의 필요성

가족 자원봉사활동은 최근에 대두되기 시작하여 아직 그 중요성이 제대로 인식되지 않아 널리 확산되고 있지는 않지만, 우리 사회의 주요 현상들과 맞물려 가족 자원봉사활동의 필요성이 대두되고 있다. 가족 자원봉사활동의 당위성을 가져다준 우리 사회현상을 중심으로 그 필요성을 살펴보면 다음과 같다(최덕경 외, 2006 : 287-292).

먼저, 급속한 산업화 현상이 나타나고 있다. 우리나라는 압축적 경제성장을 추구하는 산업화 과정을 거치면서 급격한 사회변동을 경험했으며, 가족의 구조와 형태, 가족의 기능, 그리고 가족 관계 등에 많은 변화를 초래하여 가족의 유대가 약화되었다. 그로 인해 가족위기 혹은 가족해체에 대한 우려가 높아지고 있으며, 아울러 이혼율의 증가, 가족 내 폭력의 심화, 청소년비행 증가 등이 심각한 사회문제로 제기되고 있다.

가족 자원봉사활동은 이러한 문제해결의 좋은 대안이 될 수 있다. 독거노인이나 장애인들을 찾아가 돌보고 말벗을 해드리며 손자녀의 역할을 함으로써 노인이나 장애인의 가족기능을 보완하는 역할을 할 뿐만 아니라, 가족 자원봉사활동을 통해 자녀들과 부모가 공통의 관심사와 주제를 갖게 되고 이에 대해 서로 대화하는 시간이 늘어나며 가족구성원들 간의 결속력 약화를 방지할 수 있다. 또한 자녀들은 봉사활동을 통해 자신과 다른 삶의 모습을 보면서 사회에 대한 관심이나 이웃과 더불어 살아가는 방법을 배우므로 교육적 효과를 가질 뿐 아니라 봉사활동을 하는 부모의 모습이 자녀에게 좋은 귀감이 될 수 있다.

다음으로는, 주 5일 근무제의 시행이다. 2005년 노동부 자료에 따르면, 주 5일제 근무를 하는 기업이나 기관은 8,374개, 해당 근로자는 180여만 명으로 나타났으며, 업종과 규모에 따라 2011년부터 전면 주 5일 근무제가 실시되었다. 이러한 주 5일제 시행으로 가족이 함께 하는 시간이 금요일 오후부터 일요일 오후까지로 늘어났다. 가족단위의 여가활동은 구성원 간의 응집력 및 의사소통을 강화하고, 자녀에 대한 교육적 효과를 높이는 등 긍정적 기능이 많으므로 가족이 함께하는 시간 활용과 관리가 중요하다. 즉, 휴식을 단순히 쉬는 시간이 아닌 재창조의 기회로 만들어야 한다.

주 5일제 시행의 근본취지에 맞게 건설적인 여가, 양질의 취미생활로 승화시키기 위해 가족 자원봉사활동은 최고의 방안이 될 수 있다. 여가시간을 활용한 가족 자원봉사활동은 사회 속에서 자신의 위치를 생각하게 하고 나눔의 소중함을 배울 수 있는 시간이 되며, 가족의 유대관계가 강화되고 지역사회에 기여하므로 '더불어 살아가는' 사회를 만들어 가는 성취감을 느낄 수 있으므로 주 5일 근무제를 활용한 가족 자원봉사활동을 기획하는 것이 필요하다.

마지막으로, 학생 자원봉사활동의 의무화 시행이다. 청소년 자원봉사활동이 1995년 5·31 교육개혁으로 중·고등학교 내신 성적에 반영됨에 따라 학부모의 관심이 높아지고 각종 사회단체나 기관 그리고 언론에서도 관심을 가지면서 청소년 자원봉사활동 활성화 분위기가 확산되고 있다. 이와 아울러 주 5일 근무제가 시행됨에 따라 부모와 아이들이 함께 봉사활동에 참여하고자 하는 욕구가 맞물려 가족 자원봉사활동의 필요성이 대두되고 있다.

4) 가족 자원봉사활동 영역

(1) 가족 자원봉사활동의 영역

가족 자원봉사활동의 영역은 크게 사회복지영역과 지역사회운동으로 나누어 볼 수 있고, 그 외 환경, 문화예술, 홍보, 교육 등의 영역에서의 가족 자원봉사활동을 기획할 수 있다.

먼저, 사회복지영역의 대상은 노인, 장애인, 아동 및 청소년, 노숙자, 그리고 여성이며, 시설봉사와 재가봉사로 구분할 수 있다. 예를 들면, 시설아동 및 청소년을 위해 가족들이 함께 할 수 있는 자원봉사활동으로는 시설을 방문하여 아동과 놀아주기, 목욕봉사, 학습지도 등을 할 수 있다. 재가아동 및 청소년을 위해 가족들이 함께 할 수 있는 자원봉사활동으로는 장보기, 부식 다듬기, 설거지, 도시락 배달, 학습지도, 아동 돌보기 등을 할 수 있다. 그 외 사회복지영역에서 공공기관봉사나 기금마련도 실행할 수 있다.

다음은 지역사회운동영역이다. 지역사회 내 현안을 중심으로 가족들이 함께 자원봉사하는 것이다. 예를 들면, 참 좋은 이웃되기, 살기 좋은 우리 지역 만들기 등에 가족들이 함께 활동할 수 있다. 그 외 환경, 문화예술, 홍보, 교육 등의 영역에서도 가족들이 함께 자원봉사활동을 할 수 있다. 예를 들면, 지역사회문화탐방이라던가 자연보호활동, 알림도우미활동 등을 할 수 있다.

(2) ○○재단에서 운영하는 가족 자원봉사단 프로그램 사례

이 재단의 가족 자원봉사단의 봉사활동내용은 농촌체험봉사, 환경체험봉사, 사회복지 분야의 봉사활동으로 이루어진다. 그리고 본 프로그램의 특징은 새로운 체험과 배움이 있는 자원봉사활동, 휴식과 즐거움, 자연을 벗 삼은 자원봉사활동 그리고 가족이 더욱 친밀해지고 가까워지는 활동으로 가족 자원봉사활동의 효과 이상의 다양한 측면을 고려하였다고 볼 수 있다. 프로그램의 운영기간과 전체 일정 그리고 각 영역별로 세부 프로그램의 내용을 간략히 살펴보면 다음과 같다(nanumfamily.kbedu.or.kr/index.html).

① 프로그램 운영기간

구 분	'09. 6.	'09. 7.	'09. 8.	'09. 9.	'09. 10.	'09. 11.	'09. 12.	'10. 1.	'10. 2.	'10. 3.
환 경	1회			1회	1회	1회				
농 촌				1회	1회					1회
사회복지				1회	1회		1회			1회

② 프로그램 전체 일정

구 분	프로그램내용	지 역	일 시
2009년 06월	숲속 봉사활동	개화산	2009. 6. 27.
2009년 09월	갯벌봉사체험	강화도	2009. 9. 26.
	작물수확 및 폐비닐 제거봉사	충남 홍성	2009. 9. 26.
	어르신봉사	서울	2009. 9. 26.
2009년 10월	장애인시설체험봉사(1박 2일)	충북 제천	2009. 10. 10~11.
	야생동물보호체험	가평군	2009. 10. 24.
	작물수확 및 거름 만들기	양평	2009. 10. 24.
2009년 11월	철새보호체험	철원군	2009. 11. 28.
	연탄배달	서울	2009. 11. 28.
2010년 3월	작물수확 및 마을청소봉사	양평	2010. 3. 27.
	나눔교육과 봉사활동	서울	2010. 3. 27.

③ 세부 프로그램

㉠ 환경영역 : 숲속 봉사활동－날아라, 새들아!

목 차	내 용
오리엔테이션	참가자 인사, 행사 프로그램 안내 등
숲새와 생태계 이야기	숲은 우리에게 어떤 존재이며, 생태계에서 얼마나 중요한 부분을 차지하는지, 숲과 새는 어떤 관계인지에 대해 간략하게 들어봅니다.
새소리 알아맞히기 게임	봄에 쉽게 만날 수 있는 숲새들에 대해 배워보고, 재미있게 새소리로 구분하는 가족놀이를 한다.

숲해설과 함께하는 생태놀이	향기나는 식물놀이, 외나무다리, 애벌레놀이, 촉각게임, 야생열매놀이 등 숲을 재미있게 이해할 수 있는 놀이를 함께한다.
새집 만들어 달기	가족끼리 하나의 새집을 만들고 적당한 위치에 직접 달아주며 새들에게 보금자리를 마련해 준다.
숲 산책하기	숲길을 자유롭게 가족이 나들이 하거나 즐길 수 있는 시간이다.

㉡ **농촌영역** : 작물수확 및 마을청소봉사－딸기잼 체험과 함께 깨끗한 팔당 만들기, 봄맞이 대청소

시 간	활동내용
10 : 00	녹색농촌체험마을 도착
10 : 00～10 : 30	행사취지 설명 및 질울고래질 녹색농촌체험 마을 소개
10 : 30～12 : 00	딸기 농장 체험, 딸기 따기, 딸기 잼 만들기 체험
12 : 00～13 : 00	점심식사
13 : 00～16 : 00	개울청소(개울바닥 청소)
16 : 00～17 : 00	우리 먹을거리, 떡메 치기, 두부 만들기 등 진행
17 : 00～	하루 일정 평가/ 지역주민, 생산자와 환담

㉢ **사회복지영역** : 장애인시설 체험봉사－아름다운 가족, 아름다운 만남

시 간	활 동 내 용
11 : 00～12 : 00	점심식사
12 : 00～13 : 00	원장님 인사말씀/ 시설소개
13 : 00～15 : 30	봉사활동 영역(1) 가족별 송편빚기 대회
15 : 30～16 : 30	가족별 천하장사 씨름대회
16 : 30～17 : 30	“딩동댕 가족장기자랑” 연습
17 : 30～19 : 30	저녁식사
19 : 30～21 : 30	봉사활동 영역(2) 마당에서 펼쳐보는 놀이한판 “딩～동～댕 세하가족장기자랑”
21 : 30～	친목의 시간 “우리 가족을 소개합니다”
08 : 00～09 : 00	아침식사
09 : 00～11 : 00	자원봉사활동(3) 소곤소곤 행복한 세하이야기
	아토피 치유 효과만점 “천연비누 만들기”
	농부의 해결사 “지렁이 화분 만들기”
	들꽃을 이용한 “압화 부채 만들기”
	한지를 이용한 “한지 필통 만들기”
	짚으로 전통을 엮지요 “새끼 꼬기, 축구공 만들기”

11 : 00 ~ 12 : 00	노력봉사(생활관 프로그램)
12 : 00 ~ 13 : 30	점심식사
13 : 30 ~ 14 : 00	소감문 작성 및 영상물 보기

(3) 가족나눔봉사단 : 완주군 건강가정 · 다문화가족지원센터

이 사례는 2018년 사회복지자원봉사 따뜻한 사진 · 이야기 및 우수 프로그램 공모전 수상집에 수록된 내용이다(한국사회복지협의회, 2019).

① 프로그램 개요

㉠ 실시배경

완주군건강가정지원센터는 2004년 '건강가정기본법' 제정으로 가족 기능 약화, 사회문제 확산, 가족문제 예방 · 해결을 위한 가족 여가 문화 형성, 건강한 가정을 만들고자 설립된 후 2009년 가족봉사단 운영 매뉴얼이 만들어진 뒤 가족봉사단이 2010년에 창단되었다. 또한 완주군 다문화가족지원센터는 결혼이민자 대상으로 한울터 봉사단이 2012년 완주군 평생학습동아리 지원사업에 선정되어 창단하였다. 이후 2016년 완주군 건강가정지원센터와 완주군 다문화가족지원센터가 완주군 건강가정 · 다문화가족지원센터로 통합되면서 다문화, 비다문화를 모두 아우르는 가족나눔봉사단을 창단하였다.

2018년 기준 전라북도의 다문화가정의 결혼이민자 수는 전국 결혼이민자 318천 명의 3.3%인 10,568명으로 전국 9위에 해당한다. 그 중 완주군은 도농복합도시의 특성으로 결혼이민자가 꾸준히 늘어나 한 유치원에는 원생 10명당 5~6명이 다문화 가정의 자녀이기도 할 만큼 다문화가정이 증가하고 있다. 그러므로 가족봉사단 활동을 통해서 가족문제 예방 및 해결과 소외계층을 위한 나눔문화 확산뿐 아니라 다문화, 비다문화의 소통과 교류의 장을 통해 다문화 사회에 대한 이해를 증진시켜 지역사회 안정화에 기여하고자 실시하게 되었다.

㉡ 사업목적 및 목표

- 가족의 건강한 여가활동 공유를 통한 가족 간 대화 증진 및 가족 내 문제 예방, 가족관계 증진
- 지역 소외계층에 대한 관심을 통한 지역나눔문화, 가족·지역사회 협동문화 형성
- 봉사활동을 통해 다문화 감수성 증대와 다문화-비다문화 간 연결 고리 역할
- 가족봉사단 운영을 통해서 지역사회 내 네트워크 형성

㉢ 그 외

- 기간 : 2010년 7월~2018년 12월
- 장소 : 완주군 내 지역사회 소외계층 및 사회복지 기관
- 참여인원 : 봉사단 회원 421명(수혜자 약 1,000명)
- 소요예산 : 2,500,000원

② 프로그램 진행일정

구분 \ 기간	1월	2월	3월	4월	5월	6월	7월	8월	9월	10월	11월	12월
간담회 및 활동 평가(상·하반기)		■	■					■				
봉사자 모집 공고 및 신규회원 모집	■	■	■									
가족봉사단 발대식 실시			■	■								
가족봉사단 봉사활동 진행				■	■	■	■		■	■	■	
가족봉사단 단합대회 진행				■								
청소년봉사단 창단						■						
청소년봉사단 봉사활동 소양교육						■	■					
청소년봉사단 봉사활동 진행								■	■	■	■	
봉사단 평가회												■

③ 세부 사업별 추진방법 및 내용

<table>
<tr><th>목 표</th><th>사업내용(세부 프로그램)</th><th>시행시기</th><th>참여인원</th><th>시행횟수</th></tr>
<tr><td>봉사단 내실화</td><td>• 신규회원 연 10가정 이상 확대
• 기존 유령회원 재정비
• 봉사단 규칙 수립</td><td rowspan="2">연중</td><td rowspan="2">200명</td><td rowspan="2">상시</td></tr>
<tr><td>센터 입지 향상</td><td>• 언론보도
• 봉사처 발굴을 위한 외부자원연계 진행
• 연 8회 이상 봉사활동 진행</td></tr>
<tr><td rowspan="5">만족도 및 소속감 향상</td><td>• 발대식(친목모임)</td><td>3월</td><td>100명</td><td>1회</td></tr>
<tr><td>• 간담회 진행
• 평가회 진행</td><td>3월
8월
12월</td><td>45명</td><td>3회</td></tr>
<tr><td>• 단합대회</td><td>4월</td><td>70명</td><td>1회</td></tr>
<tr><td>• 봉사활동
• 바자회(청소년봉사단 사업비 마련 및 선풍기 후원 기금 마련)
• 경증장애인시설봉사(레크리에이션, 간단한 만들기, 산책, 공연 등)</td><td>5월
6월
7월
10월</td><td>150명</td><td>4회</td></tr>
<tr><td>• 나눔봉사활동(송편봉사, 김장봉사, 선풍기 후원)</td><td>6월
9월
11월</td><td>130명</td><td>3회</td></tr>
<tr><td rowspan="2">청소년 봉사단 실시</td><td>• 청소년 봉사단 창단 및 교육</td><td>6월
7월</td><td>30명</td><td>2회</td></tr>
<tr><td>• 청소년 봉사단 봉사활동</td><td>8월
9월
10월
11월</td><td>60명</td><td>4회</td></tr>
</table>

④ 홍보

홍보매체	홍보내용	홍보결과
보도자료	신규 봉사단 모집 및 봉사활동 홍보	가족봉사단의 존재와 활동을 알리고 신규 가입자 증가, 다문화, 비다문화에 대한 인식 개선의 기회를 제공
성과보고서	가족봉사단의 한 해 봉사활동 성과를 센터 성과보고서에 담아 매년 각 센터 및 유관기관에 전달	가족봉사단의 존재와 활동을 알리고 타 기관과의 연계 진행

밴 드	봉사활동 사진 및 내용을 실시간으로 공유	봉사활동에 대한 자긍심과 지속적인 활동에 대한 동기 부여
공모전	봉사활동 관련 사진 공모전에 입상하여 가족봉사단 사진 전시를 통해 활동을 알림	가족봉사단의 존재와 활동을 알리고 다문화, 비다문화에 대한 인식 개선의 기회를 제공

⑤ 프로그램 활동성과

㉠ 비다문화 가정과 다문화 가정이 함께 참여하는 가족봉사단

2018년 8년째를 맞이하는 가족봉사단은 가족자원봉사활동으로 이루어지고 있는데 타 센터와 공통점이 있으나 2016년 완주군 건강가정지원센터와 완주군 다문화가족지원센터가 통합되어 비다문화가정과 다문화 가정이 함께 어우러져 봉사활동을 진행한다는 데 의미가 있다.

㉡ 프로그램의 주체로서 능동적인 참여를 통한 가족봉사단 내 소속감 및 자긍심 증진

가족봉사단은 센터 내 프로그램에서 벗어나 가족봉사단 회원들이 가족봉사단의 활동에 주체적이고 자발적으로 참여함으로써 활동 방향과 계획을 논의해 진행하였다. 간담회를 통해 가족봉사단 회원들의 욕구를 파악하고 상반기 간담회는 하반기 활동에, 하반기 간담회는 내년도 계획에 즉각 반영하여 가족봉사단이 능동적으로 봉사활동에 참여할 수 있게 지원하였다.

㉢ 자발적인 수익활동을 통한 가족봉사단 재원 마련

가족봉사단의 예산 부족 문제를 스스로 해결하고자 2018년 5월 가족봉사단 바자회를 자발적으로 열어 가족봉사단 회원들이 직접 물품을 기부하고 진열, 판매하여 나온 수익금 1,000,000원을 가족봉사단 사업비에 기부했다. 또한 올해 진행되었던 [제2회 완주군 관내 사회복지 현장활동 및 사회공헌 활동 나비채 사진 공모전]에서 실시한 사회복지 현장 활동에 대한 사진 공모 분야에서 입상하여 수여받은 상금 10만 원도 가족봉사단 사업비에 기부하는 등 가족봉사단의 노력으로 가족봉사단 재원마련을 진행하고 있다.

㉣ 가족봉사단 내 청소년 봉사단 창단

올해 가족봉사단 사업 초 간담회에서 봉사단 자녀들을 대상으로 하는 청소년봉사단 창단의 욕구가 파악되어 5월 가족봉사단 바자회를 통해 나온 수익금을 청소년봉사단 창단에 후원하였다. 이를 통해 2018년 6월 청소년 봉사단이 창단되어 2018년 12월 기준 14명의 청소년회원들이 매월 둘째 주 토요일마다 꾸준히 청소년 봉사단에 참여하고 있다.

㉤ 가족봉사단 참여 가족의 가족관계성 향상

청소년 봉사단 회원을 대상으로 자아존중감 검사를 실시하였고, 청소년 봉사단 회원 중 가족봉사단에 꾸준히 참여한 회원과, 가족봉사단이 아니거나 지속적으로 참여하지 않은 회원 간의 가족관계 문항에서 유의미한 차이를 보였다. 특히 '가족 중에 나에게 관심을 보여주는 사람이 있다'와 '우리 가족은 대체로 내 기분을 잘 이해해 주는 편이다', '우리 가족은 날 잘 이해하고 있다' 등 총 25문항 중 가족과 관련된 6개의 문항에서 가족봉사단 활동에 지속적으로 참여한 가족의 청소년 회원 모두가 가족봉사단에 참여하지 않은 청소년 회원보다 더 높은 점수가 나타났다.

5) 가족 자원봉사활동의 과제와 개선방안

(1) 가족 자원봉사활동의 과제

현재 이루어지고 있는 가족 자원봉사활동을 토대로 가족 자원봉사활동 실시에 따른 장애요인을 살펴보면 다음과 같다(박태영 외, 2004 : 309-313).

첫 번째, 대상자 모집이 용이하지 않다는 문제가 있고 중도탈락률이 높다. 1회 이상 가족 자원봉사활동을 한 경우의 대부분은 중3, 고1, 고2의 가족들로 상급학교 진학 시 유리한 점수를 얻기 위해 1~2년 참가한 후 자녀가 상급학교 진학하면 중단하는 경우가 많다는 것이다. 게다가 교육부에서 대학진학 시 인정해 주던 청소년 사회봉사활동 점수의 가점이 줄어들면서 가족 자원봉사 희망자 모집에 어려움을 겪고 있다.

두 번째, 활동시간의 제약이 많다. 가족 자원봉사자들의 경우, 교육은 방과후에 이루어져야 하고 활동은 주말에 해야 하는 경우가 많다. 이러한 부분은 해당 기관의 직원이 주말에 근무해야 하는 등의 부담감 때문에 저조한 실정이다.

세 번째, 수요처 개발의 어려움이 있다. 아동시설의 경우, 가족 자원봉사자들이 왔을 때, 시설아동들이 그 가족들을 보며 자신과의 차이를 인식하는 등 심리적인 상처가 될 수 있어 기관에서 기피한다. 또 노인시설의 경우도 어린 아동이 있는 가족은 활동의 제약을 가져온다고 보고 거부하기도 하므로 가족 자원봉사자들이 봉사할 기관을 확보하는 데 어려움이 있다.

네 번째, 부족한 자원봉사 의식 및 자원봉사에 대한 올바른 가치관 확립이 시급한 과제이다. 지역사회 주민이 함께 참여할 수 있는 주민참여형 프로그램으로 승화시키기 위한 대안이 바로 가족 자원봉사활동이고, 가족 자원봉사활동에 참여한 아동과 청소년은 미래세대의 자원봉사자로 소중한 인적 자산이므로 자원봉사의식 고취 및 자원봉사에 대한 올바른 가치관 확립이 필요하다.

(2) 가족 자원봉사활동 개선방안

가족 자원봉사활동이 성공하기 위해서는 용의주도적인 계획, 좋은 사업디자인, 집중적인 관리 그리고 가족 자원봉사자들과 지도감독자 사이의 긍정적인 관계수립이 필수적이라 할 수 있다. 그 외 좀 더 가족 자원봉사활동을 활성화하기 위한 방안들을 모색해 보면 다음과 같다(박정숙, 2005 : 62-64).

첫째, 가족 자원봉사자를 활용하기 위해 가장 필요한 것은 가족 자원봉사활동에 적합한 구체적인 프로그램을 개발하는 것이다.

가족 자원봉사활동이 지역사회의 특성에 맞으며, 가족에게 배움의 기회를 제공하고 가족봉사자 개개인의 욕구도 충족시킬 수 있는 다양한 프로그램을 개발하여 활동 참여단계에서부터 가족의 욕구를 정확히 반영할 수 있는 조직적이고 체계적인 관리시스템이 마련되어야 할 것이다.

또한 가족 자원봉사활동을 활성화하기 위해서는 문화예술, 소비자 분야, 환경 분야 등 다양한 분야에 프로그램을 개발할 필요가 있다. 또한 가족 자원봉사활동을 희망하는 가족모집을 용이하게 하기 위해 가족과의 질적인 시간활용,

가족의 변화, 책임의식, 봉사활동의 가치 배우기라는 가족으로부터의 가족문제 해결방법 학습, 지역사회와의 접촉, 기회제공 등의 가족 자원봉사활동이 창출하는 부가적인 프로그램이 시급히 개발되어야 한다.

둘째, 법적·제도적 지원체계의 정비로 현재 다원화되어 있는 자원봉사센터의 행정적 지원체계의 조정을 통해 지역 간의 편차 및 중복문제를 해결하기 위하여 통합적인 관리체계를 구축할 필요가 있다. 즉, 자원봉사센터에서도 유관 자원봉사기구와 연계한 자원관리시스템을 구축해 자료 수집 및 정보공유 등 활발한 교류가 필요하다.

셋째, 가족이 자원봉사활동 이후 자원봉사활동에 대한 만족을 높이고 이를 지속적으로 이루어지게 하기 위해서는 대상 가족에 대한 다양한 교육이 필수적이다. 즉, 가족 자원봉사자들에게 적합한 교육 프로그램 개발, 교육교재 개발, 교육강사진 구성 등에 투자할 필요가 있다. 이러한 자원봉사교육 시 자원봉사가족들의 욕구와 기관의 욕구 사이에 균형을 맞추는 것이 중요하며, 가족성원의 개별성에 기초한 융통성 있는 시간 조정과 교육내용 및 프로그램에 대한 차별성은 소정의 교육효과를 거두는 데 반영되어야 하는 부분이다.

넷째, 가족들에게 적합한 자원봉사 프로그램을 개발하는 것이 가장 중요하므로 가족 자원봉사활동을 전담할 수 있는 전문인력의 배치가 필요하며, 기존 자원봉사관리자가 담당할 경우 가족 자원봉사활동에 대한 교육이나 정보제공을 통해서 관리능력을 향상시킬 수 있도록 지원하는 등 가족 자원봉사조정자를 육성하는 것이 필요하다.

다섯째, 가족 자원봉사활동 인정과 보상의 지원을 하여야 한다. 자원봉사활동 시 필요한 최소한의 경비나 자원봉사자 모임, 활동 지원 등 여러 가지 형태의 보상들이 주어져야 하며, 특히 이러한 물질적 보상뿐만 아니라 정신적인 보람과 만족을 느낄 수 있는 인정과 보상체계가 주어지도록 해야 한다.

여섯째, 가족 자원봉사자를 위한 시설 및 여건 마련이 필요하다. 예를 들면, 자원봉사자가 쉴 수 있는 자원봉사자실이나 가족 자원봉사자를 위한 탁아 프로그램 등이 제공된다면 요보호 아동이 있는 가정에서도 참여가 늘어날 것이다. 그리고 기업에서 주말 봉사활동 활성화를 위해 유급휴가제도를 도입하는 것도 좋은 방안이 될 것이다. 아울러 일부 시행되고 있는 상해보험제도를 전 자원봉사자를 대상으로 도입하는 것도 가족 자원봉사활동의 여건 조성에 큰 기여를 할 것이다.

일곱째, 가족들이 함께 자원봉사활동에 참여하므로 가족관계의 변화와 역동을 어떻게 잘 관리하느냐가 가족 자원봉사활동의 성공 여부를 결정하게 될 것이므로 가족 자원봉사관리자는 이러한 부분을 면밀히 관찰하고 개입 및 조정해야 한다.

마지막으로 아직 가족 자원봉사활동의 저변확대가 미흡한 실정이므로 가족 자원봉사활동에 대한 의미와 정신, 활동사례 및 효과에 대한 적극적인 홍보를 실시하여 가족 자원봉사활동을 활성화시키는 것도 필요하다.

꼭 알아야 할 내용

- 가족 자원봉사활동의 개념
- 가족 자원봉사활동의 의의
- 가족 자원봉사활동의 특성
- 가족 자원봉사활동의 필요성
- 가족 자원봉사활동의 영역

Volunteerism

10
CHAPTER

노인 자원봉사활동

1. 노인 자원봉사활동의 개념과 의의

노년기에 여가를 어떻게 보낼 것인가에 대한 관심은 젊은 시절에 무슨 일을 어떻게 할 것인가에 대한 관심과 같다. 그러나 노년기의 여가는 젊은 시절의 여가와는 차원이 다른 의미가 내포되어 있다. 노년기의 여가는 일하고 잠시 쉬는 여가가 아니라 생활 자체다(최순남, 1995 : 230). 그러므로 인간의 평균수명이 길어지고 자녀양육과 같은 일에서 해방된 노년기를 '어떻게 보다 풍성하게 보낼 것인가', 그리고 취미를 중심으로 한 자기만의 세계를 살아가는 처세가 아닌, '어떻게 보다 사회와 적극적으로 관계를 가지며 살아갈 것인가' 등이 문제화되고 있다.

또한 인구 고령화, 가족의 노인부양기능 약화, 그리고 미흡한 노인복지제도 등의 사회현상으로 인하여 빈곤, 질병, 고독과 소외의 문제를 경험하는 사회의 존성 노인도 증가하고 있다. 이러한 문제를 국가가 해결하기에는 한계가 있으므로 '노인을 위한, 노인에 의한' 자원봉사활동이 매우 필요하게 되었다. 즉, 노인 자원봉사활동은 60대 이상 노인이 노인을 위한, 노인에 의한 자원봉사활동이라고 볼 수 있다.

사회복지 자원봉사 통계연보(2018)에 따르면, 전체 활동자원봉사자 1,272,588명 중 10대와 20대가 66.3%로 가장 많은 부분을 차지하고, 60대 이상 자원봉사자는 114,162명(9%)으로 나타났다. 그러나 자원봉사자 1인당 평균봉사 시간이 20.2시간인 것에 비해 60대 이상 자원봉사자 평균봉사 시간은 47.4시간으로 나타났으며, 자원봉사자 1인당 평균봉사 횟수는 6.1회인 것에 비해 60대 이상 자원봉사자 평균봉사 횟수는 15.6회로 나타나 전체 자원봉사자 중 수적으로는 참여비율이 낮으나 실제적으로 참여하는 횟수나 시간은 더 많은 것을 알 수 있다(www.vms.or.kr).

이러한 노인 자원봉사활동을 기대할 수 있게 된 사회적 배경은 비교적 경제적으로 안정된 노인층이 점차 증가하고 있고, 노인이 활용할 수 있는 여가시간이 증대하고 있다는 것이다. 또한 노인들의 건강 수준이 향상되고 있으며, 사회에 유익한 활동을 통하여 삶의 보람을 찾으려고 하는 노인이 증가하고 있다. 그리고 사회정책적 측면에서, 고령화사회를 맞이하여 복지서비스를 제공하는 데 있어서는 민간부문의 협력이 불가결한 바, 이를 노인인력의 활용을 통하여 해결하려는 시도와 부합된다고 볼 수 있다.

또한 자원봉사활동의 참여가 노인에게 주는 이익은 퇴직으로 상실되었던 사회적 지위와 역할을 보충해 주어 자신의 사회적 가치성을 회복해 주고 따라서 사회적으로 유용한 존재가 되고 있다는 자신감을 가질 수 있게 한다. 나아가 노년기의 자아상을 긍정적으로 유지하게 하고, 소외감에서 벗어나도록 도우며, 창의성과 책임성을 발휘할 수 있는 기회를 제공해 준다. 또한 젊은 세대와 함께 자원봉사를 함으로써 세대간의 연대감을 키워 나갈 수 있다(양옥남 외, 2006 : 293).

이러한 노인 자원봉사활동의 의의를 정리하면 다음과 같다(김범수 외, 2002, 219-223).

첫째, 자원봉사활동은 노인의 사회심리적 욕구를 충족해 자기성숙을 경험할 수 있게 한다. 즉, 자긍심 회복, 적극적인 자기표현, 성취감 경험, 적절한 가족관계유지, 기능저하방지, 노화방지 등 효과를 얻으면서 자기성숙의 기회를 갖는다.

둘째, 생활의 지혜와 전문적인 능력은 지역사회문제, 특히 노인과 관련된 문제를 해결하고 예방하는 데 기여할 수 있다. 지역사회에서 진정한 어른으로 역할하면서 공동체 의식을 강화하게 된다.

셋째, 퇴직으로 인해 상실되었던 사회적 지위와 역할을 보충해 주며, 사회의 일선에서 물러나 자칫하면 상실되기 쉬운 자신의 사회적 가치성을 회복하거나 유지할 수 있게 해주어서 아직도 자신이 사회에서 유용하고 주요한 존재가 되고 있다는 가치감을 갖게 해주며, 노년기의 자아상을 긍정적으로 유지시켜 줄 수 있고, 소외감 극복을 돕고 창의성과 책임성을 발휘할 수 있는 기회를 제공해주며, 고령자와 젊은 세대와의 교류를 적극적으로 추진하고, 세대 간의 연대를 키워가며, 노화 또는 노인들에 대한 인상을 긍정적으로 바꾸어 놓고, 사회에 봉사하고 사회를 발전시키는 데 기여한다는 점이 있다.

꼭 알아야 할 내용

- 노인을 위한, 노인에 의한 자원봉사활동
- 노인 자원봉사활동의 의미

2. 노인 자원봉사활동의 특성

노인 자원봉사활동은 3대 원칙이 있다. 즉, 제1원칙은 활동의 원점을 인권옹호에 둔다는 것이며, 제2원칙은 활동함에 있어서 시민적 성격을 견지하고, 제3원칙은 활동함에 있어서 민주주의 정신과 절차 및 방법을 존중해야 한다는 것이다. 이러한 원칙과 함께 자원봉사활동은 자발성, 복지성, 무급성, 지속성을 겸비한 활동으로 발전해 왔으며, 이들의 특성을 구체적으로 살펴보면 다음과 같다(김장근, 2003 : 19-20 재인용).

첫째, 노인 자원봉사활동에서는 사회적 위기나 사회적 문제를 주민이 스스로 적극적으로 대처하고 행동하는 자발적인 특성이 있다.

둘째, 자발성에 바탕을 둔 행위가 자신만의 이익이 생기고 지역사회성원이나 곤란을 겪고 있는 한 사람 한 사람의 복지를 향상시키지 않으면 안 된다는 뜻의 복지성을 가진다. 이것은 자원봉사활동이 자신의 영리나 어느 특정 종교의 확장 또는 특정 집단의 이익이나 특권을 지지하는 활동이어서는 안 된다는 것을 의미한다. 즉, 노인 자원봉사활동은 봉사활동과정을 통해 상대적인 이타주의적인 정신이 내재할 수 있다.

셋째, 노인 자원봉사활동은 경제적으로 유급이 아니고 주민의 봉사활동이라는 무급성의 특성을 갖는다. 즉, 직업이 아니라는 의미이며, 비영리적인 행위이므로 금전적 보수를 기대하지 않고 활동을 하는 것을 말한다.

넷째, 마지막 특성은 지속성으로 노인 자원봉사활동에서는 과제해결을 위해 일정 기간 지속되는 프로그램을 가지고 있어야 하며 활동 자체가 임의로 변경되거나 단절되어서는 안 된다는 것이다.

노인들은 자원봉사활동을 통하여 자신이 가지고 있는 활용가능성을 다른 사람과 함께 나누며 상호발전의 기회를 얻고 중요한 경험을 할 수 있다. 그러므로 노인 자원봉사활동은 노인 자원봉사자에게 보다 풍요로운 노년기를 보낼 수 있도록 하며, 동시에 노인의 잠재인력을 활용한다는 점에서 사회발전에도 기여할 수 있다.

꼭 알아야 할 내용

- 노인 자원봉사활동의 3대 원칙
- 노인 자원봉사활동의 특성

3. 노인 자원봉사활동의 필요성

노인의 사회참여나 봉사활동에 대한 필요성은 1989년 제정된 우리나라 노인복지법 제2조에서, '노인은 후손의 양육과 국가 및 사회발전에 기여하여 온 자로서 존경받으며, 건전하고 안정된 생활을 보장받아야 하며, 또한 노인은 그 능력에 따라 적당한 일에 종사하고 사회적 활동에 참여할 기회를 보장받아야 한다. 노인들 자신은 노령에 따르는 심신의 변화를 자각하고 항상 심신의 건강을 유지하고, 그 지식과 경험을 활용하여 사회발전에 기여하도록 하여야 한다'고 명시하여 노인복지의 기본 이념에서 밝히고 있다(최덕경 외, 2006 : 272).

또한 인구고령화, 가족의 노인부양기능 약화, 그리고 미흡한 노인복지제도로 인하여 빈곤, 질병, 고독과 소외의 문제를 경험하는 노인문제를 국가차원에서만 해결하기에는 한계가 있으므로 노인문제해결이라는 차원에서의 '노인을 위한 자원봉사'와 노인복지 증진차원에서의 '노인에 의한 자원봉사'를 구분하여 노인 자원봉사활동의 필요성을 살펴보면 다음과 같다(고양곤, 1999 : 136-138).

첫째, 노인인구의 급증으로 인하여 노인들의 빈곤, 질병, 고독과 소외감을 해결하기 위한 많은 자원봉사자의 도움이 필요하다. 현 세대 노인들은 정치적 압박과 사회적 혼란 속에서 살면서도 가정과 나라를 지키며 희생적으로 살아왔으나, 자신의 노후준비는 제대로 하지 못한 세대이기도 하다. 결과적으로 현재 노인들은 가난과 질병 그리고 소외 속에 살아가며 자원봉사자들의 도움을 기다리는 경우가 많다. 그러나 지금까지 정부에서 실시해 온 노인복지정책은 노인부양을 가정에서 책임지게 하고, 일부 저소득층 무의탁노인만을 선정하여 극히 제한적인 거택보호, 시설보호 등을 제공하여 왔을 뿐이다. 현재 정부의 노인복지예산이나 인력으로는 날로 증가하는 노인의 서비스 욕구를 충당하지 못하고 있으므로 정부의 부족한 시책을 보완하기 위해서 민간 차원의 노인을 위한 자원봉사활동이 절실히 요구되고 있다.

둘째, 노인 스스로 실천하는 봉사활동이 필요하다. 평균수명 연장과 조기퇴직으로 길어진 노령기를 어떻게 무슨 일을 하면서 보내느냐에 따라 노후 삶의 의미와 보람이 달라질 수 있기 때문에, 노인의 사회참여와 여가선용의 일환으로 노인의 자원봉사활동이 필요하다. 노인은 다른 연령계층과 달리 정년이라는 퇴직제도 때문에 타의에 의해 직업인으로서의 역할을 상실하게 된다. 은퇴자는 정년퇴직 후 새로운 역할을 찾지 못하면 고독과 소외를 경험하며 지내는 경우가 많다. 이러한 경우 그 대체역할로 지역사회에서 수행할 수 있는 자원봉사활동을 들 수 있다. 노인들은 자원봉사활동을 함으로써 타인에게 도움을 주고 사회발전에 공헌하는 생산적인 활동을 계속하여 노후생활에서 갖게 되는 열등감이나 소외감을 극복하고, 자신감과 유용감을 가지며 지역주민과 더불어 통합적인 생활을 영위할 수 있을 것이다. 또한 나이 든 사람들이 살아있는 동안 가정이나 사회에서 무엇인가 기여하고자 하는 것은 자연스러운 요구 중의 하나이다.

그동안 밝혀진 이론 중에서 노인이 자원봉사활동에 참여하는 이유는 ① 다른 사람들을 도와주기 위하여, ② 새로운 친구를 만나기 위하여, ③ 외로움을 없애기 위하여, ④ 이미 익힌 기술을 사용하고 싶어서, ⑤ 새로운 기술을 얻기 위하여, ⑥ 관심사나 흥미를 나누기 위하여, ⑦ 성취감을 맛보기 위하여, ⑧ 무료함을 없애기 위하여, ⑨ 바쁘게 지내고 싶어서, ⑩ 즐겁게 살기 위하여, ⑪ 유용하다고 생각되는 일에 자신의 시간을 보내기 위하여, ⑫ 새로운 일을 경험하기 위하여, ⑬ 삶의 경험을 서로 나누기 위하여, ⑭ 비슷한 또래집단과 어울리기 위하여, ⑮ 젊은 사람과도 어울리고 싶어서 등이다.

이와 같이 노인 자원봉사활동은 노인이 자원봉사의 수혜자로서, 또는 공급자로서 필요한 활동이다. 그러므로 노인 자원봉사활동은 노인문제해결과 노인복지 증진차원에서 매우 중요함을 인정하고, 이를 활성화하기 위한 정부와 민간차원의 긴밀한 협조와 노력이 있어야 할 것이다.

꼭 알아야 할 내용

- 노인 자원봉사활동의 필요성
- 노인이 자원봉사활동에 참여하는 이유
- 노인이 자원봉사의 수혜자로서, 공급자로서 필요한 행동

4. 노인 자원봉사활동 영역

일반적으로 노인은 체력과 순발력이 다른 연령층에 비해 뒤떨어지므로 과도한 체력이나 집중력을 요하는 활동에는 적합하지 않으며, 노인들이 일생을 통

해 축적하여 온 경험과 기술을 충분히 발휘할 수 있고, 역할상실을 대체할 수 있으며, 흥미를 느낄 수 있는 봉사 프로그램이 개발되어야 할 것이다. 그리고 도시와 농촌의 지역적 특색을 감안한다면 지역사회의 독창성을 살린 노인 자원봉사 프로그램 개발이 가능할 것이다(김범수 외, 2001 : 225). 일반적으로 우리나라 노인들이 참여할 수 있는 자원봉사활동의 영역은, 상담 및 교육, 행정, 정치, 법, 경영, 보건 및 의료, 예술, 문화, 레크리에이션, 대인서비스, 환경보호, 교통지도, 청소년 선도 등이 있다(김영숙, 2005 : 19-20). 노인의 자원봉사활동에 적합한 직종을 정리하면 <표 10－1>과 같다.

〈표 10–1〉 노인의 자원봉사활동에 적합한 직종

분 야	적합직종
교육분야	• 각종 지도교사 : 동화구연교사, 서예 및 동양화 강사, 예절강사, 한문강사, 전통놀이 강사, 방과후 교사, 검정고시반 교사 • 교통지도원 : 아침 통학길 교통지도, 교통 안내
환경분야	• 환경 모니터링요원 : 상수원 감시, 불법쓰레기처리 감시, 숲 해설원 • 미화원 : 공공장소 녹화 · 미화 작업
사회복지분야	• 상담사 : 교도소 등의 무의탁 수용자들 상담, 청소년상담, 법률상담, 의료상담 등 • 가정봉사원 : 독거노인 돌보기, 장애인 돌보기, 고아 돌보기 • 사회복지시설 보조원 : 각종 사회복지시설 보조 업무(밑반찬보조, 도시락배달, 배식보조원)
공공분야	• 안내원 : 공항 안내원, 박물관 안내원, 도서관 안내 • 통역원 : 월드컵, 올림픽 등과 같은 국제행사에 외국어 봉사

출처 : 성희자(2005). 노인자원봉사자의 효과적인 관리를 위한 보상체계. 대구자원봉사포럼 제8차 정기포럼 재인용.

이러한 노인 자원봉사활동 영역에 대해 좀 더 구체적으로 알아보기 위해 주체적 입장과 객체적 입장으로 나누어 살펴보고자 한다(박차상 외, 2006 : 293-297 재인용).

1) 주체적 입장 : 노인여가활동으로 인식되는 자원봉사활동

노인에 의한 자원봉사활동은 노인이 주체가 되어 사회에 참여하고 자원봉사활동을 통해 스스로 건강증진과 소외 그리고 고독문제를 극복해 나가는 노인복지 증진차원이라고 할 수 있다.

한국보건사회연구원(2005)에서 우리나라 노인의 일반적인 여가활동을 연구한 결과를 살펴보면, ① 가족과 함께 하는 일이 29.8%로 가장 많으며, ② 친구 만남, 친가 방문, 동호인 모임 등 사교활동이 21.7%, ③ 신문 보기, 라디오 청취, 텔레비전 시청이 9.5%, ④ 관광・등산・낚시・답사 등의 여행이 5.8%, ⑤ 종교활동이 5.1%, ⑥ 화투・장기・바둑 등이 3.0%, ⑦ 자녀 및 손자녀 양육이 3.0% 등의 순서로 노인의 주된 여가활동이 되고 있다. 그러나 우리나라 노인의 여가활동 가운데 사회(자원)봉사활동 참여비율은 0.9%에 불과하여 적극적 여가활동을 실천하지 못하고 있는 것으로 나타났다.

노년기의 여가활동이 사회참여를 통해 더욱 적극적인 형태로 발전되는 것은, 정신적・육체적 건강을 유지하고 사회적 지지망(social support)을 구축할 수 있으며, 문화창조와 전통문화의 발전적 계승에 도움이 되므로 노인 개인뿐 아니라 사회적으로 이점이 있다.

적극적 형태의 노인여가활동으로 인식되는 노인의 자원봉사활동은 크게 2개의 영역, 즉 개인과 가정을 중심으로 하는 자원봉사와 지역사회에서의 자원봉사로 구분된다(이인수, 1999 : 244-246).

(1) 개인과 가정을 중심으로 하는 자원봉사

개인과 가정을 중심으로 자원봉사는 노인의 도움을 필요로 하는 개인과 가정을 대상으로 활동하는 봉사다. 활동내용은 ① 가사보조, ② 의료 및 재활서비스, ③ 사회적 보호 등이 있다. 가사보조는 생활환경에 필요한 일들을 수행하는 지원(청소, 세탁), 식생활 지원(생필품 구입, 급식 서비스), 난방관리(난로 청소, 점화 및 소화, 연탄가스 점검) 등이 있다. 의료 및 재활서비스에는 재활기구 사용보조, 병원안내, 간병, 물리치료, 운동 및 마사지, 임종간호 등이 있다. 사회적 보호는 어려움에 처한 개인과 가정이 올바른 사회생활을 하도록 인도하는 봉사활동으로 맞벌이 가정의 어린이 돌보기, 장난감 수집 및 공급, 장난감수리병원 운영, 아동놀이지도, 어린이놀이터 청소 및 관리, 한문교육, 도덕교육, 학습부진아지도, 청소년상담, 청소년행사 돕기, 소년소녀가장 지원, 학원폭력예방 프로그램 지원, 미혼모 및 불우여성 상담, 윤리・도덕교육, 불우한 노인이나 장애인의 말벗, 외출동행 등이 있다. 이 중에서 특히 가사보조나 재활서비스는 60대 초반 노인이 80대 이상 고령노인을 대상으로 할 수 있는 자원봉사활동으로 노인이 노인을 위해 봉사한다는 점에서 매우 의미있는 일이다.

(2) 지역사회에서의 자원봉사

노후의 적극적인 여가활동으로서의 자원봉사는 지역사회를 대상으로 더 광범위하게 이루어질 수 있는데 그 활동영역을 정리하면 다음과 같다.

① **노인입소시설** : 양로시설이나 요양시설 등 노인입소시설에서 노인이 자원봉사를 하는 것으로 예능지도, 스포츠·레크리에이션 지도, 소그룹지도, 취미·미술지도, 놀이친구, 신앙상담 및 생활상담, 이발·미용서비스, 일반가정 초대 및 생일축하 파티, 외출동행, 거동 불편자를 위한 식사보조, 옷갈아입기 보조, 목욕보조, 산책안내, 병간호, 말벗, 청소 등이 있다.

② **복지관** : 사회복지관이나 노인복지관에서 노인이 자원봉사를 하는 것으로 전화상담, 시설의 운영을 돕기 위한 후원회원 모집, 직업지도 및 알선 프로그램 보조, 시설입소자의 사회재활을 위한 프로그램 계획 및 지원, 가정봉사원으로서의 활동, 청소, 취사보조, 세탁, 기계류 고장수리, 사무보조, 운전기사, 자문위원, 시설 및 사회복지제도 개선을 위한 대변자 등으로 참여할 수 있다.

③ **근린공원 및 환경정화** : 쓰레기 줍기, 쓰레기분류 및 관리, 나무 심기, 환경오염 조사 및 계몽, 산불감시 등으로 활동할 수 있다.

④ **농촌살리기 및 국산품애용 캠페인** : 대도시에서의 우리 농산물 애용운동, 농촌일손돕기, 국산품 애용 가두캠페인 등으로 활동할 수 있다.

⑤ **문화예술** : 판소리지도, 미술교육, 서예지도, 도자기 기술지도, 연극 및 춤지도, 각종 문화행사 지원, 전통문화전승운동, 청소년들에 대한 전통문화교육, 노인합창단의 병원위문 등에 참여할 수 있다.

⑥ **보건 및 의료서비스** : 병원업무 보조, 간병서비스, 임종간호, 환자위문 공연 등으로 활동할 수 있다.

⑦ **범죄예방 및 법률문제** : 성폭력상담·교육 및 계몽, 유해환경조사 및 퇴치 캠페인, 지역사회 안전보호, 학교폭력예방 및 치료에 참여, 정책건의, 지역방범대 육성, 무료법률상담, 유언 및 유산상속절차 보조 등으로 활동할 수 있다.

⑧ **교통 및 안전관리** : 건널목 교통정리, 지하철 안전지도원, 각종 행사를 위한 교통질서 정리, 교통단속 감시원, 학생 등·하교 시 사고예방, 교통안전지도, 지역의용소방대 육성, 119 전화당번 등으로 활동할 수 있다.

⑨ **정치 및 사회활동** : 부정선거 감시, 선거사무소 사무보조, 투표·개표참관인 활동, 선거인 등록사업 보조, 정당 활동, 북한동포 및 중국에 사는 교포돕기·계몽운동, 부녀회와 공동으로 불우이웃돕기, 전통음식바자회 운영, 불량상품조사 및 고발 등 소비자보호운동, 중소기업 살리기 프로그램 개발 및 자문 등으로 활동할 수 있다.

2) 객체적 입장 : 노인을 위한 사회적 서비스와 자원봉사활동

노인문제 해결이라는 차원에서의 노인을 위한 사회적 서비스와 자원봉사활동을 살펴보면 다음과 같다.

(1) 사회적 서비스

노인을 위한 자원봉사활동에 참여하는 사람은 국가 및 민간단체 등에서 실시하고 있는 노인복지 프로그램이 어떤 것들이 있는가를 앎으로써, 필요한 경우 사회적 서비스를 받을 수 있도록 주선할 수도 있고 또한 자원봉사자가 할 수 있는 역할을 명확히 할 수 있다. 노인복지서비스는 소득보장서비스, 의료보장서비스, 주거보장서비스, 기타 사회적 서비스로 구분해 볼 수 있다.

(2) 노인을 위한 자원봉사활동

자원봉사자들은 노인문제를 완화하거나 해결하기 위한 각종 사회적 서비스에 참여할 수 있다. 대표적인 봉사활동은 다음과 같다.

① **노인복지이용시설 및 생활시설에서의 봉사활동** : 목욕, 청소, 말벗, 편지쓰기 대행, 빨래 등 여러 가지 서비스는 물론 복지시설에 서비스를 제공하여 간접적으로 노인을 돕는 각종 활동이 있다. 자원봉사자로서 회화, 연극, 서예, 편물, 수예, 음악, 집단활동, 레크리에이션지도 등의 특기가 있는 사람은 프로그램 강사나 강사보조자로 참여할 수 있고, 시설을 운영하기 위한 사무실을 도울 수도 있다.

② **가정봉사원서비스** : 가정봉사원서비스는 노인가정을 방문하여 노인이 생활하는 데 겪는 각종 어려움에 도움을 제공하는 서비스로, 주 1회 정도 방문하여 1~3시간 정도 봉사하는 것이 일반적이며 긴급 시에도 방문하여 도움을 제공할 수 있다. 예컨대 무의탁노인, 독거노인의 질병 발병 시 건강관리 및 일반 간호시중이라든지, 병원을 방문할 때 동반하거나 간병하는 일을 들 수 있다. 그리고 노인문제를 상담하거나 전화방문서비스, 교통편의 제공서비스 등 여러 가지가 전개되고 있다.

③ **노인복지서비스 정보 제공 및 안내활동** : 노인복지회관, 노인교실 및 일반 사회복지관 등에 찾아오는 노인들의 욕구나 문제에 적절한 서비스나 프로그램을 안내하고 소개하는 일을 할 수 있다.

④ **식사제공서비스** : 노인복지단체, 종교단체 또는 자원봉사자들만의 모임 등에서 식사를 만들어 거동불편 노인에게 전달하거나 노인 이용시설에 설비 혹은 무료로 제공하는 일을 할 수 있다.

⑤ **대인적 서비스** : 입욕, 식사, 외출·산책, 쇼핑 등의 보조역할과 간병이나 보행훈련 등의 보조, 작업 훈련 등의 보조 등 재활의 보조, 활동의 보조 및 지도, 학습활동의 지도, 스포츠 활동 등을 도와줄 수 있다.

⑥ **환경개선서비스** : 세탁물 정리, 단추 달기, 요리 보조 등 일생생활 중의 보조역할과 청소, 유리 닦기, 정원 정리, 칼 갈기 등의 환경정비를 들 수 있겠다.

3) 노인 자원봉사활동 사례

(1) 독거 어르신의 심리적 치유를 위한 무지개 사진관 이야기 : 대구중구노인상담소

① 프로그램 개요

㉠ 실시배경

중구노인상담소는 노인들의 심리·정서적 부적응 문제를 돕기 위해 설립된 노인심리상담 무료서비스기관이다. 그래서 건강과 경제력의 상실, 사별 등의 부정적 사건으로 소외감과 외로움을 호소하거나, 더 이상 삶의 의미를 찾지 못한 채 극단적 선택에 내몰려 찾아오는 위기 어르신들을 자주 만나게 된다. 2018년도에 기관에서 노인들의 심리적 건강에 대한 설문조사를 실시한 결과에 의하면, 우울과 고독감 검사에서 지역 어르신의 심리적 건강은 우려할 만한 수준이었다. 설문조사에 응답한 40%가 고독감과 우울이 높았으며 특히 독거노인이면서 경제력이 낮을수록 시급한 조치가 필요한 것으로 나타났다. 설문조사를 하면서 어르신과 면담한 내용에도 우울하고, 자살까지 생각하는 어르신이나 자살시도를 하다가 미수에 그친 자살생존 어르신은 '끝없이 돌아가는 고통의 굴레'에서 '세상에 나 하나'밖에 없는 것 같은 심정을 견디고 있다고 했다. 이 외에도 어르신들은 자신의 구차한 삶이 남에게 알려지는 것이 싫어서 대인관계를 기피하면서도, 내 마음을 알아주는 사람이 다가와 주기를 바라는 이중적인 양가감정을 겪고 있었다. 무엇보다 이러한 환경에 장기간 방치될수록 타인과의 상호작용 능력, 대인관계 기술, 문제 해결 능력이 급격히 감퇴되면서 사회적 관계에서 철수하는 악순환이 반복된다. 특히 젊을 때와 달리 60대가 넘으면 어려움을 겪을 때 어깨를 빌려줄 새로운 친구나 이웃을 사귀기가 더 어려워진다고 한다. 그래서 린다 그래튼(Lynda Gratton, 2016)은 '100세 인생'이란 저서를 통해 100세 시대에 좋은 삶을 누리기 위해 유형자산인 돈보다 가족과 친구, 이웃 등의 인간관계를 의미하는 무형자산이 더욱 중요하다고 했다.

이러한 이론과 경험에 기초하여 삶의 바닥을 치는 외로움으로 고통스러워하는 독거어르신들이 주인공이 되어 지역의 주민들과 함께 자신과 삶, 그리고 가족과 이웃에 대한 긍정적 의미를 부여하는 프로그램이 필요하다고 판단했다. 이를 위해 독거어르신 중 심리적으로 취약한 위험군을 대상으로 삶의 재미와 의미를 고양시켜 줄 매체로 '사진'이라는 표현 양식을 채택했고, 지역의 사진동호회원, 자원봉사자들이'정기출사'라는 활동을 통해 어르신과 자연스럽게 만날 수 있는 지역 커뮤니티를 형성하고자 했다. 나아가 어르신들이 수동적인 참여자가 아니라 카메라를 직접 들고 자신이 바라본 세상을 담는 '능동적인 행위'를 통해, 타인과 적극적으로 소통하는 기회를 가질 수 있는 '사진 치유 프로그램'을 포함하였다. 이를 통해 독거어르신들이 노년기에 가장 소중한 무형의 자산인 친구, 이웃을 만드는 사회적 경험을 통해 고립된 인간관계와 마음의 상처를 치유하는 기회가 되도록 운영하고자 했다.

ⓛ 사업목적 및 목표

- 독거어르신들이 사진을 매개로 친구를 사귀는 자연스러운 기회를 만들어 주변과의 관계에 자신감을 갖는다.
- 자원봉사자와 긍정적인 역할과 활동을 공유하여 문화생활의 주체가 되는 사회적 경험과 성취감을 증진한다.
- 사진치료를 통해 내면의 치유와 타인과의 소통을 경험함으로써 독거노인의 삶의 질을 높이는 대안을 마련한다.

ⓒ 그 외

- 기간 : 2018년 5~9월
- 장소
  - 사진출사장소 : 수창청춘맨숀, 대구예술발전소, 달성공원, 송림사, 팔공산, 대구시티투어 테마코스(송해공원, 도동서원) 등
  - 사진치유장소 : 중구노인상담소 교육실, 평산아카데미
  - 참여인원 : 총 44명
  - 소요예산 : 4,500,000원

② 프로그램 진행일정

내용 \ 기간	5~6월	7월	8월	9월	10월
사업계획 수립 및 대상모집					
사진교육 및 야외출사					
사진치료 프로그램 운영					
사진 전시회					
결과보고 제출					

③ 세부 사업별 추진방법 및 내용

회기	날짜	활동명	세부내용
1	6/12(화) (오전)	O.T 및 사진 기초교육	• 장소 : 대구중구노인상담소 교육실 • 시간 : 11:00~12:00 • 대상 : 독거 어르신 12명, 자원봉사자 28명, 사진교육강사, 사진치료강사 • 내용 : 사업 취지 설명 및 향후 일정 안내와 사진기초교육강사(대구사진작가협회)를 초빙하여 초보자도 쉽게 사진을 잘 찍을 수 있도록 함
2	6/12(화) (오후)	야외출사	• 장소 : 수창청춘맨숀 & 대구예술발전소 • 시간 : 14:00~16:00 • 대상 : 독거 어르신 11명, 자원봉사자 22명, 사진교육강사, 사진치료강사 • 내용 : 독거어르신 개인당 디지털 카메라를 들고 수창청춘맨숀과 대구예술발전소에 마련된 스튜디오에서 사진을 찍음
3	6/19(화)	야외출사	• 장소 : 달성공원 • 시간 : 14:00~16:00 • 대상 : 독거 어르신 11명, 자원봉사자 22명, 사진교육강사, 사진치료강사 • 내용 : 독거 어르신 개인당 디지털 카메라를 들고 달성공원에서 사진을 찍음
4	6/28(목)	사진치료 집단상담 (과거, 현재, 미래의 나)	• 장소 : 대구중구노인상담소 교육실 • 시간 : 14:00~16:00 • 대상 : 독거 어르신 11명, 자원봉사자 23명, 사진교육강사, 사진치료강사 • 내용 : 사진치료강사(청아교육상담연구소장)가 어르신이 찍은 사진으로 사진치료를 함

5	7/11(수)	야외출사	• 장소 : 대구시티투어테마코스(비슬산 코스) • 시간 : 9:30~17:00 • 대상 : 독거 어르신 12명, 자원봉사자 23명, 사진교육강사, 사진치료강사 • 내용 : 독거 어르신 개인당 디지털 카메라를 들고 테마코스별 배경으로 사진을 찍음
6	7/17(화)	사진치료 집단상담 (과거, 현재, 미래의 나)	• 장소 : 대구중구노인상담소 교육실 • 시간 : 14:00~16:00 • 대상 : 독거 어르신 11명, 자원봉사자 24명, 사진교육강사, 사진치료강사 • 내용 : 사진치료강사(청아교육상담연구소장)가 어르신이 찍은 사진으로 사진치료를 함
7	8/24(금) (오전)	야외출사	• 장소 : 팔공산 • 시간 : 10:00~12:00 • 대상 : 독거 어르신 11명, 자원봉사자 22명, 사진교육강사, 사진치료강사 • 내용 : 독거 어르신 개인당 디지털 카메라를 들고 팔공산에서 사진을 찍음
8	8/24(금) (오후)	사진치료 마라톤집단상담 (나와 사진과의 어울림)	• 장소 : 평산아카데미 세미나실 • 시간 : 14:00~16:00 • 대상 : 독거 어르신 11명, 자원봉사자 22명, 사진교육강사, 사진치료강사 • 내용 : 사진치료강사(청아교육상담연구소장)가 어르신이 찍은 사진으로 사진치료집단상담을 함
9	9/18(화)	사진 전시회	• 장소 : 중구보건소 4층 커뮤니티홀 • 시간 : 10:00~16:00 • 대상 : 독거 어르신 12명, 자원봉사자 26명, 사진교육강사, 사진치료강사, 노인상담소 직원, 내빈 등 • 내용 : 어르신이 찍은 사진으로 사진전시회를 개최

④ 홍보

홍보매체	홍보내용	홍보결과
• 지역신문 • 중구소식지 • 홍보물	• 지역 언론기관에 무지개사진관 이야기 사진전시회 보도자료 배포 및 게재 • 무지개 사진관이야기 달성공원 야외출사 보도자료 게재 • 무지개 사진관이야기 어르신 행복사진전 보도자료 게재	• 경상매일신문(2018. 9. 28) 보도 • 대구일보(2018. 9. 27) 보도 • 중구소식지(2018. 8. 1) 보도 • 중구소식지(2018. 11. 10) 보도

• 효자손(1,000개) 제작 • 홍보전단지(500장) 제작	• 홍보전단지 및 홍보물품 제작 배부	• 중구청 복지정책과 2회 • 운영위원회 위원에게 전단지 전달 • 전단지 및 홍보물품 배부 • 중구지역사회복지협의체 노인분과 등 전단지 전달
• PPT • 홍보전단지(500장)	• 타 복지기관에 프로그램 홍보 • 홈페이지 게시판, 이메일로 사업소개 • 시청 및 구청 복지정책과 사업 소개 • 지자체 지역복지협의체 노인분과 및 통합사례관리팀에 사업 소개 • 프로그램 홍보물 제작 및 배부	• 운영위원회 위원에게 사업소개 및 홍보 요청 2회 • 중구청 복지정책과 2회

⑤ 프로그램 활동성과

1. 독거 어르신 중에서도 우울과 고독감이 높거나 자살 기도 후 생존자, 자살을 생각하는 어르신 등, 심리적 문제로 사회적 관계에 어려움이 있는 위기 독거어르신을 발굴하여 프로그램을 운영한 점이 의의가 있음
2. 활동기간이 지속될수록 자신의 작품 세계가 날로 나아지는 것을 눈으로 확인하고, 사진작가의 긍정적 평가와 주변의 인정을 받는 기회가 늘면서 활동 동기가 높아져 출석률이 98% 유지됨
3. 지역 사진동호회원은 자신의 재능을 나누어 주고, 국민연금 공단 자원봉사자와 노인상담봉사자들은 야외 출사 등에 1:1로 어르신과 매칭하여, 마음속 이야기를 나누는 시간을 극대화하면서 밀착 동행하는 등, 사진을 매체로 새로운 사회적 관계를 경험할 수 있었음
4. 프로그램을 마치면서 그동안의 성과물과 작품을 모아서 공공장소에서 사진 전시회를 하여 지역사회의 큰 관심과 응원을 받았고 언론에도 보도됨. 이로 인해 어르신들은 자원봉사자와 함께 프로그램의 완성도에 기여한 연대감과 성취감을 느낌

(2) 2019년 제13회 전국노인자원봉사대축제

“즐거운 봉사, 행복한 마음, 아름다운 세상”이라는 슬로건 아래 2007년부터 개최되어 온 노인자원봉사대축제는 자원봉사를 하는 어르신들의 자긍심을 고취하고, 아울러 사회에 이바지하는 적극적이고 활동적인 노인상을 확산시킴으로써 보다 긍정적이고 새로운 노인문화를 만들어 나가고자 한다. ‘존경과

사랑이 함께하는 사회, 활기찬 노인자원봉사'라는 주제로 2019년 9월 30일(월)~10월 1일(화) 진행된 제13회 전국노인자원봉사대축제에는 약 1,000여 명의 노인자원봉사자와 관계자가 참여하였다. 많은 노인자원봉사활동 중 우수한 17개 사례를 간략하게 소개하고자 한다(보도참고자료, 2019. 11. 4).

연번	지역	성명/ 단체명	소 속	활동내용
1	서울	나래영상 행복나눔봉사단	대한노인회 서울연합회	노인 컴퓨터 및 스마트폰 교육, 장수사진 제작, 봉사활동 현장 영상 촬영
2	부산	동원사랑 나눔클럽	대한노인회 부산진구지회	독거노인 반찬지원, 환경정화(노노케어)
3	대구	행복플러스 봉사클럽	대한노인회 대구연합회	독거노인 발굴(노노케어), 그라운드 골프 강습
4	인천	사랑과나눔 노인자원봉사클럽	대한노인회 인천 남동구지회	노노케어, 환경정화, 쉼터운영
5	광주	실버천사 노인자원봉사클럽	대한노인회 광주 광산구지회	요양원 및 독거노인 이미용, 목욕봉사, 텃밭 가꾸기
6	대전	스포츠스태킹 봉사클럽	대한노인회 대전연합회	노인 및 장애인 컵 쌓기 교육(치매예방)
7	울산	두동봉사클럽	대한노인회 울산 울주군지회	지역 관공서 및 학교 가꾸기, 환경정화
8	경기	고양 아코누리클럽	대한노인회 경기 고양시덕양구지회	요양원, 경로당 문화공연(아코디언)
9	강원	용지봉사클럽	대한노인회 강원 강릉시지회	시장 환경개선, 잡초제거, 교통안전
10	충북	붉은노을 노인자원봉사클럽	대한노인회 충북 보은군지회	문화공연, 노노케어, 환경정화
11	충남	천안경우회 자원봉사클럽	대한노인회 충남 천안시지회	범죄 및 사기예방 캠페인, 교통안전, 환경정화
12	전북	향기봉사단	대한노인회 전북연합회	경로당 및 복지관 미용지원, 노노케어
13	전남	모란댄스 자원봉사클럽	대한노인회 전남 강진군지회	양로원 문화공연, 노노케어, 행사보조

14	경북	고운소리 봉사클럽	대한노인회 경북 상주시지회	요양원 문화공연
15	경남	들풀향기 봉사클럽	대한노인회 경남 남해군지회	폐자원 활용 화분 제작, 장애인 시설 지원, 환경정화
16	제주	제주상록 사랑나눔봉사단	대한노인회 제주연합회	요양원 손 마사지, 행사장 보조봉사
17	세종	아름 자원봉사클럽	대한노인회 세종시지회	지역 주요시설 관리, 환경캠페인, 문화공연

꼭 알아야 할 내용

- 노인 여가활동으로 인식되는 자원봉사활동
- 노인을 위한 사회적 서비스와 자원봉사활동

5. 노인 자원봉사활동의 과제와 개선방안

1) 노인 자원봉사활동의 과제

노인 자원봉사활동은 노인자원봉사자에게 보다 풍요로운 노년기를 보낼 수 있도록 하며, 동시에 노인의 잠재인력을 활용한다는 점에서 사회발전에도 기여할 수 있다. 그리고 노인 자원봉사활동은 노인 자신의 생산적인 활동이나 사회통합 차원에서, 그리고 지역사회발전을 위하여 필요한 활동이다. 이러한 점에서 고령화사회에 진입한 우리나라에서 노인 자원봉사활동의 활성화가 노인복지의 주요 과제 중의 하나라고 할 수 있다.

현재 노인 자원봉사활동의 문제점은 자원봉사활동을 통해서 노인들이 얻게 되는 보상이 실제로 거의 없다는 것이다. 이는 곧 자원봉사 참여저하로 이어진다. 또한 자원봉사활동에 동참할 수 있는 경로가 다양하지 않다. 따라서 참여의 향이 있더라도 바로 참여로 이어지지 못하는 경우가 많다. 그리고 노인의 신체적, 심리적, 사회적 특성에 맞는 자원봉사 프로그램이 개발되지 않고 있다. 너무 무리한 과제를 준다든지, 너무 단순한 과제만을 부과해 참여의욕을 저하시키는 결과를 초래할 수 있다. 즉, 자원봉사활동 후의 심리적, 물질적 보상의 부족, 노인의 자원봉사활동 참여의 필요성에 대한 동기부여 및 참여를 유도하는 홍보가 부족하고 노인의 심신 기능에 맞는 프로그램 개발이 미흡한 것이다(양옥남 외, 2006 : 294-295).

노인 자원봉사활동이 활성화되지 못하고 있는 원인을 좀 더 구체적으로 살펴보면 다음과 같다(고양곤, 1999 : 140-142).

첫째, 노인 자신의 의지부족과 여건 미비의 문제이다. 자신의 인생경험과 지혜를 살려 이웃을 돕고 사회에 공헌하고자 하는 욕구가 있는 경우라도, 노인 자원봉사활동이 조직화되지 않았고, 참가하는 방법을 모르거나 노인이 무력감을 갖고 자신을 평가 절하하는 것이 적극적인 노인봉사활동에 방해 요소가 되고 있다.

둘째, 노인의 경제 및 건강상의 문제이다. 대개의 노인들은 경제적 자립능력이 없는 경우가 많으며 대부분의 노인들이 만성질환을 가지고 있어 자원봉사활동에 참여하기는 어려운 점이 많다.

셋째, 노인 자원봉사활동을 위한 다양한 프로그램이 미비하다. 앞으로 노인들이 자신의 경험과 능력을 충분하게 발휘할 수 있는 자원봉사 프로그램이 개발된다면 잠재적 노인자원봉사자들로 발굴, 전환시킬 수 있는 가능성을 충분히 가지고 있다.

넷째, 노인의 봉사활동에 대한 홍보가 부족하다. 노인들이 자원봉사에 참여하게 되는 경로를 보면, 노인교실이나 노인학교와 같은 프로그램을 통해 자원봉사활동에 참여하거나, 봉사활동에 참가 중인 친지나 친구의 권유를 받아 자원봉사를 하게 된다. 이것은 노인 자원봉사활동에 대한 홍보가 아직 비공식적인 통로에 의존하고 있다는 것을 알 수 있다. 앞으로 노인 자원봉사활동을 활성화시키기 위해서는 라디오, 신문, 텔레비전 같은 대중매체에 의한 더 적극적인 홍보방안이 모색되어야 할 것이다.

다섯째, 노인 자원봉사활동에 대한 인식이 부족하다. 노인의 잠재능력과 축적된 경험은 그 활용도가 매우 높으나, 노인인력활용에 대한 사회의 인식이 저조하다. 그러므로 다양한 영역에서 노인의 소중한 경험과 방대한 능력을 발휘할 기회를 만들어 주어야 한다.

여섯째, 사회적 지원체계가 미비하다. 노인의 자원봉사 참여를 유도하기 위하여 노인이 참여하고 싶어 하는 자원봉사 프로그램을 개발하고, 또한 노인을 자원봉사 프로그램과 연결시켜 줄 수 있는 자원봉사조직이 절대적으로 필요하다. 물론 지역자원봉사센터가 있지만 노인을 전문적으로 조정하고 관리하는 체계가 미흡한 상태다. 따라서 노인 자원봉사활동의 필요성을 홍보하고 참여유도를 적극적으로 수행할 수 있는 체계적이고 종합적인 노인자원봉사조직이 필요하다.

일곱째, 제도적 장치가 미비하다. 자원봉사활동에 대한 사회적 경력인정, 상해보험제도, 노후봉사의 저축제 등의 제도적 장치가 개발되지 못했다는 점이 노인 자원봉사활동에 있어서의 문제점으로 지적될 수 있다.

2) 노인 자원봉사활동의 개선방안

노인의 여가활동이 고독과 무료함을 달래는 소극적 기능을 넘어 노인의 건강을 유지하고 지식과 기술을 끊임없이 개발하여 사회에 유익한 기능을 하는 발달적·사회적 기능을 갖게 하기 위한 자원봉사활동을 활성화하기 위하여, 노인들 스스로가 자신들의 참여 가능성을 인지하고, 적극적인 대응을 할 수 있도록 유도해야 하며, 노인의 참여 경로를 정비하고 이에 대한 홍보를 적극적으로 하는 방안이 마련되어야 한다. 또한 노인들이 보람을 느끼고 참여할 수 있는 프로그램을 개발해야 한다. 아울러 자원봉사활동에 참여하는 데 필요한 경비나 이동 수단을 제공하는 것도 참여를 활성화할 수 있는 방안이다(양옥남 외, 2006 : 294-295).

좀 더 구체적으로 노인 자원봉사활동을 활성화시키기 위하여 ① 노인의 소득과 건강 확보, ② 노인자원봉사센터 설치와 기반 구축, ③ 노인 자원봉사활동 프로그램 개발, ④ 노인 자원봉사활동 홍보 및 봉사원의 적극적 모집, ⑤ 노인 자원봉사활동을 위한 재원 확보, ⑥ 노인자원봉사자를 위한 지원체계 확립과 같은 방안을 제안할 수 있다(박차상, 2006 : 300-309).

(1) 노인의 소득과 건강 확보

자원봉사활동에 참여하기 위해서는 일정한 소득과 건강 그리고 의지가 있어야 한다. 따라서 노인의 소득과 건강을 증진시켜 줄 수 있는 시책이 있어야 장기적인 차원에서의 노인 자원봉사활동이 발전할 수 있을 것이다. 그러므로 전 국민의 국민연금 지급, 국민기초생활보장법에 의한 생계지원 확대, 보건의료 및 간병서비스의 제도화 등 국가적 차원의 소득보장 및 의료보장이 확대 실시될 때 노인 자원봉사활동이 더욱 활성화될 것이다.

(2) 노인자원봉사센터 설치와 기반 구축

첫째, 노인 자원봉사활동을 체계적으로 연구, 개발, 지도, 교육, 훈련, 배치, 조정, 관리해 줄 조직과 인력이 필요하므로 노인자원봉사센터를 설치하는 것이다. 우리나라는 노인 자원봉사활동을 전담하는 봉사센터나 행정기관은 아직 개발되지 않았다. 그러나 날로 증가하는 노인인력을 활용하기 위해서 고령자 취업과 봉사활동을 전담할 수 있는 기구나 부서를 설치하는 것이 필요하다.

둘째, 노인을 위한 자원봉사활동의 기반을 구축하는 것이다. 노인 자원봉사활동 기반의 조직화에 관하여 한국보건사회연구원의 방안은 대한노인회의 조직을 활용하면서 노인 자원봉사활동 기반을 조직화하는 것이다. 노인 자원봉사활동 기반의 하부 조직으로는 노인 자원봉사활동 진흥위원회, 노인 자원봉사활동 지도위원회, 그리고 노인 자원봉사활동 추진위원회를 구성하는 것이다. 각각 조직의 기능을 살펴보면, 노인 자원봉사활동 진흥위원회는 기금의 조성 및 배분, 프로그램의 개발 및 자원, 조사 및 연구, 대정부활동 및 국제 활동 기능을 수행하는 것이다. 노인 자원봉사활동 지도위원회는 관련 행정기관과의 협조, 인력의 수급 및 교육훈련, 홍보 및 정보의 제공 기능을 수행하는 것이다. 그리고 노인 자원봉사활동 추진위원회는 노인자원봉사자의 등록, 관리 및 활동 지원 기능을 수행하는 것이다.

(3) 노인 자원봉사활동 프로그램 개발

우리나라 노인의 자원봉사활동 내용의 대부분은 일시적이고 비전문적이며 전시적인 프로그램에 치중되어 있는 경향이 있다. 그러므로 노인자원봉사자에게 적합한 프로그램(예 만물박사 할아버지, 이야기 할머니, 청소년 선도활동, 양조부모 역할, 전통문화 고수, 문화재 보호 방범 · 경비 활동 등)을 연구하고 개발하여 노인들의 심신기능과 적성에 맞는 봉사활동을 소개하여야 할 것이다.

(4) 노인 자원봉사활동 홍보 및 봉사원의 적극적 모집

노인인구가 많다고 해서 모두 노인자원봉사자가 되는 것은 아니다. 노인 자원봉사활동을 활성화하기 위해서는 노인의 특성과 욕구를 파악하고, 자원봉사에 관한 동기와 기회를 제공해야 할 것이다. 봉사자들에게 자원봉사에 관한 동기와 흥미, 각종 정보를 제공하기 위해서는 대중매체를 이용하는 방법, 행정기관이나 봉사단체의 광고, 사회복지관의 홍보, 친구나 친지의 권유, 종교단체를 통한 홍보 등을 들 수 있다. 또한 전문가 단체나 퇴직자 모임, 노인학교, 지역부녀회나 계모임 등 이미 형성되어 있는 집단을 대상으로 홍보하고 모집하는 것도 효과적일 것이다.

(5) 노인 자원봉사활동을 위한 재원 확보

자원봉사자가 무보수로 일한다고 하더라도 노인 자원봉사활동을 위한 조직의 운영비, 인건비, 연구비 등의 소요경비가 필요하다. 그러므로 노인자원봉사조직을 지원하는 제도적 장치가 필요하고, 저소득층 노인의 인력활용 및 소득보장의 차원에서 중앙 및 지방정부에서 사회복지 관련법들을 통하여 노인자원봉사조직을 적극적으로 지원해 주는 방법도 바람직하다.

(6) 노인자원봉사자를 위한 지원체계 확립

민간에서 자발적으로 노인 자원봉사활동이 전개되도록 정부에서 초기 조건을 형성하여 주면, 노인에 의한 초기의 자원봉사활동이 엄청난 파문을 일으켜 사회에 많은 영향을 줄 수 있다.

이러한 지원체계에는 전 노인자원봉사자 보험제도 도입, 노인자원봉사자의 포상, 자원봉사 저축제도 확산, 지역봉사 지도원제도 활성화, 봉사자 정기검진, 노인 자원봉사활동 시범실시, 노인 자원봉사활동 권장 및 금지의 지침과 기준 제시, 노인 자원봉사활동의 사회적 분위기 조성, 그리고 노인자원봉사자 관련 정책의 보완 등을 들 수 있다.

노인 자원봉사활동에서 자원봉사관리자의 유의사항은 다음과 같다(김범수 외, 2001 : 230).

- 노인의 성격이나 습관을 파악한다.
- 인생 설계 한가운데 자원봉사활동을 배치한다.
- 건강 · 안전에 주의한다.
- 요보호자라도 의욕이 있는 한 자원봉사활동을 할 수 있게 한다.
- 부부, 가족관계를 배려한다.
- 노인은 자원봉사활동 대상자이기도 함을 잊지 않는다.
- 다양한 내용을 준비해서 자원봉사활동의 계기를 만든다.
- 활동에 임하기 전에 충분히 교육한다.

꼭 알아야 할 내용

- 노인 자원봉사활동이 활성화되지 못하고 있는 원인
- 노인 자원봉사활동의 개선방안
- 노인 자원봉사자를 관리할 때 유의사항

Volunteerism

11 CHAPTER 장애인 자원봉사활동

1. 장애인의 개념과 특성

1) 장애인의 개념

장애의 개념은 나라와 시대와 사회적 환경에 따라 변화하고, 한 국가의 사회문화적, 정치적, 경제적 상황에 따라 다르므로 보편적인 정의를 내리기가 쉽지 않을 뿐만 아니라, 학문분야에 따라 다르며, 이론과 임상에서도 차이가 있다. 이러한 경향은 장애에 대한 연구와 사회적 이해가 높아질수록 더욱 심화되고 있다.

오늘날 널리 이해되고 있는 장애의 개념은 크게 협의의 개념과 광의의 개념으로 구분할 수 있다. 즉, 신체 또는 정신의 기능저하, 상실 등을 지칭하는 의학적 수준에서의 개념은 협의의 개념이고, 세계보건기구(WHO)에서 정의한 바와 같이 의학적 수준뿐만 아니라 이로 인해 발생되는 능력의 저하(disability)와 사회적 불리(handicap)를 포함한 광의의 개념이다.

1975년 UN의 장애인 권리선언은 "장애인이라 함은 선천적이든 후천적이든 신체적 · 정신적 능력의 불완전으로 인하여 일상의 개인적 또는 사회적 생활에서 필요한 것을 확보하는 데 자기 스스로 완전히 혹은 부분적으로 확보할 수 없는 사람을 의미한다"라고 정의하였다. 또한 1979년 UN총회에서는 "장애는 개인과 그 환경 간의 관계로 파악되어야 한다"라고 함으로써 장애의 정의에 기능상의 장애뿐 아니라 사회적 불리(handicap)도 포함되어야 함을 명시하고 있다.

1980년 세계보건기구(WHO)에서 규정한 국제장애분류(ICIDH : International Classification of Impairments, Disabilities, and Handicaps)에 의하면, 장애의 개념을 심신의 손상(impairments), 능력장애(disability), 사회적 불리(handicap)의 세 가지 차원으로 보고 있다. 손상은 능력장애와 사회적 불리에 영향을 주며, 능력장애는 개인적 차원에서 일상생활의 활동에 나타나며, 사회적 불리는 사회적 차원, 즉 다른 사람과의 관계에서 비롯되는 것으로 장애인이 경험하는 불이익, 편견, 차별 등을 의미한다.

WHO는 1997년 새로운 장애분류표(ICIDH-2)에서 1980년의 세 가지 장애개념인 손상, 능력 장애, 사회적 불리가 내재하고 있는 장애에 대한 부정적인 의미, 즉 장애가 개인적인 손상에서 출발하여 고정된 개념의 능력장애나 사회적 불리로 고착된다는 잘못된 의미를 바꾸기 위해 중립적 의미의 장애개념으로 개정하였는데, 장애개념을 손상(impairment), 활동(activity), 참여(participation)로 정의하면서 이것은 상호관련성을 가지며, 개인의 질환과 정서상태인 보건상태(health condition)와 사회환경적 요인이 복합적으로 상호작용되어 나타나는 결과라고 설명했다. 여기서 환경적 요인은 사회적 태도, 건축장벽의 특징, 법체계들을 의미하며, 개인적 요인은 성, 나이, 보건상태, 삶의 형식, 습관, 양육태도, 성격, 사회적 배경, 교육 정도, 과거와 현재의 경험, 심리적 특성을 의미한다. 2001년 5월 WHO는 1997년 제안된 ICIDH-2의 장애개념이 장애개념으로 통용될 수 있도록 승인하였으며, 이 개념의 특징은 장애에 대한 개념을 개인적 요인과 사회적 요인을 동시에 고려한 것이라고 볼 수 있다. 지금까지 각국에서 널리 사용한 장애에 대한 정의는 일반적으로 의학적 모델(medical model) 또는 개인적 비극모델(personal tragedy model)이었다. 그러나 최근에는 이러한 의학적 모델에 반대되는 사회적 모델(social model)이 등장되었다. 이 모델은 장애를 보다 근본적인 관점에서 바라보는 것으로서 사회구조가 장애인을 거의 배려하지 않았기 때문에 장애인들이 사회 주류에서 배제되고 있다는 점을 인정하고 있다. 즉, 의학적 모델은 장애의 주안점을 치료를 통한 개인의 변화에 두고 있고, 사회적 모델은 장애를 유발하는 사회적 환경들을 개선해야 된다는 데 두고 있다(도미향 외, 2006 : 167).

우리나라에서의 장애에 대한 정의는 장애인복지법, 「장애인 등에 대한 특수교육법」, 장애인고용촉진 및 직업재활법에서 규정하고 있다. 장애인고용촉진 및 직업재활법의 장애에 대한 정의는 장애인복지법을 그대로 적용하고 있으므로, 장애인복지법과 「장애인 등에 대한 특수교육법」의 정의를 살펴보면 다음과 같다.

1981년 제정된 '심신장애자복지법'은 1989년 '장애인복지법'으로 전문개정, 1999년 2월 전문개정되었다. 1999년 2월 31일 시행령과 시행규칙의 개정으로 장애 범주가 확대되었고 장애에 대한 개념이 재개념화되었다. 개정된 장애인복지법 제2조에서는 장애인의 정의를 "장애인은 신체적 · 정신적 장애로 오랫동안 일상생활이나 사회생활에 상당한 제약을 받는 자로서 대통령령이 정하는 장애의 종류 및 기준에 해당하는 자"로 규정하면서 장애종류를 신체적 장애와 정신적 장애로 구분하여 정의하고 있다. 신체적 장애라 함은 주요 외부 신체기능의 장애, 내부기관의 장애들을 말하며, 정신적 장애라 함은 지적장애 또는 정신적 질환이 발생하는 장애로 규정하고 있다. 그리고 동법 시행령 제2조에서는 장애인의 기준을 정하고 있는데, 여기서는 신체장애를 지체장애, 뇌병변장애, 시각장애, 청각장애, 언어장애, 신장장애, 심장장애, 호흡기장애, 간장애, 안면장애, 장루 · 요루장애, 뇌전증장애 등으로 규정하고 있으며 정신장애는 지적장애, 정신장애, 자폐성장애로 규정하고 있다.

장애아동 교육을 위한 관련법으로는 특수교육진흥법이 1977년 제정된 후 1994년 개정되었다. 이 법은 특수교육대상자의 특수교육 및 관련 서비스 제공을 위하여 2007년 「장애인 등에 대한 특수교육법」으로 전면 개정되었다. 이 법률에서의 특수교육대상자는 시각장애, 청각장애, 지적장애, 정서 · 행동장애, 자폐성장애, 의사소통장애, 학습장애, 건강장애, 발달지체, 그 밖에 대통령령으로 정하는 장애에 해당하는 사람 중 소정의 절차에 따라 특수교육을 필요로 하는 사람으로 진단 · 평가된 사람이다. 이 범주에 속한 아동은 특수교육이 필요한 장애아동이라고 볼 수 있다. 하지만 우리나라의 경우 일반적으로 장애개념을 정의할 때는 장애인복지법상의 장애인을 장애개념으로 본다.

2) 장애분류 및 특성

장애인복지법에 근거한 장애의 범주 및 종류는 2000년도에 장애인복지법 시행령과 시행규칙이 전면 개정되어 대폭 확대되면서 장애를 크게 신체적 장애와 정신적 장애로 구분하고 있다.

신체적 장애는 외부 신체기능의 장애와 내부기관의 장애로 나뉜다. 외부 신체기능장애에는 지체장애, 뇌병변장애, 시각장애, 청각장애, 언어장애, 내부기관장애에는 신장장애, 심장장애가 포함된다. 정신적 장애는 발달장애와 정신장애로 분류되며 발달장애 범주에는 지적장애, 자폐성장애가 포함되었다. 또한 2003년부터 장애범주에 호흡기 질환, 간질환, 안면기형, 장루·요루, 간질 등 다섯 가지 유형이 추가되어 <표 11－1>과 같이 15가지 종류로 확대되었고, 2015년부터 간질장애는 뇌전증으로 명칭이 변경되었다.

〈표 11-1〉 장애인의 분류

대분류	중분류	소분류	세분류
신체적 장애	외부신체 기능의 장애	지체장애	절단장애, 관절장애, 지체기능장애, 변형 등의 장애
		뇌병변장애	중추신경의 손상으로 인한 복합적인 장애
		시각장애	시력장애, 시야결손장애
		청각장애	청력장애, 평형기능장애
		언어장애	언어장애, 음성장애
		안면장애	안면부의 변형으로 인한 장애가 지속되며, 이로 인하여 사회생활 활동이 현저하게 제한
	내부기관의 장애	신장장애	투석치료 중이거나 신장을 이식받은 경우
		심장장애	일상생활이 현저히 제한되는 심장기능 이상
		호흡기장애	폐나 기관지 등 호흡기관의 기능에 장애로 일상생활 및 사회생활 활동이 제한
		간장애	간의 기능에 장애가 지속되며, 이로 인하여 기본적인 일상생활 및 사회생활 활동이 제한
		장루·요루 장애	장루·요루 기능에 장애가 지속되며, 이로 인하여 일상생활 및 사회생활 활동이 제한
		뇌전증장애	뇌전증으로 인한 기능 및 능력장애가 지속되며, 이로 인하여 일상생활 및 사회생활 활동이 제한

<table>
<tr><td rowspan="3">정신적 장애</td><td rowspan="2">발달 장애</td><td>지적장애</td><td>지능지수가 70 이하인 경우</td></tr>
<tr><td>자폐성장애</td><td>소아청소년 자폐 등 자폐성장애</td></tr>
<tr><td colspan="2">정신장애</td><td>정신분열, 분열형 정동장애, 양극성 정동장애, 반복성 우울 장애</td></tr>
</table>

(1) 신체적 장애

① 지체장애

지체장애는 사람의 몸 중의 골격, 근육, 신경 중 그 어느 하나의 일부나 전체에 질병이나 외상 등으로 그 기능에 장애가 있을 때 대체로 운동장애(또는 감각장애를 동반하기도 함)의 상태로 그 증상이 나타나게 되는데 이를 지체장애라고 한다. 그러나 골절이나 근육의 파열상 등으로 어느 기간 동안 지체운동이 부자유한 상태일 때는 지체장애라고 보지 않으며, 그 장애가 영구적으로 남아 있을 경우에 지체장애라고 한다.

② 뇌병변

뇌병변장애란 중추신경의 손상으로 인한 복합적인 장애로 뇌성마비, 외상성 뇌손상, 뇌졸중(腦卒中) 등 뇌의 기질적 병변에 기인한 신체적 장애로 보행 또는 일상생활 동작 등에 제한을 받는 사람을 말한다. 뇌성마비의 주증상은 근육의 마비이다. 그러나 대부분의 경우 감각장애, 언어장애, 청각장애, 이상행동 등 여러 장애를 동반하고 있다. 뇌성마비는 뇌전증을 일으키는 경우도 있으며 약 70% 정도에서 지능이 떨어져 학습은 물론 사회적응에도 많은 어려움을 겪게 된다. 외상성 뇌손상은 후천적, 비퇴행적이며 정상적인 건강 및 발달환경에서 갑작스럽게 발생된다는 점에서 다른 형태의 뇌손상과는 다르며, 일반적으로 정의할 때 퇴행성이나 선천성이 아닌 외부의 물리적 힘에 의한 손상의 결과로서 신체, 인지, 사회·심리 등의 다양한 기능에 장기적인 장애를 야기하는 뇌에 대한 후천적인 손상을 의미한다. 뇌졸중은 뇌혈관 장애로 갑자기 몸의 반대측 절반에 마비가 온 것을 말한다.

③ 시각장애

시각장애란 눈의 기능에 문제가 있는 경우를 총칭하여 말하는데, 장애의 기준은 시력 또는 시야의 이상유무 및 그 정도에 둔다. 그리고 시력의 저하는 안경으로 보완되므로 장애유무를 판정하기 위한 시력은 안경착용 후 측정한 교정시력으로 한다. 일반적으로 시각장애는 시력이 제로인 맹(盲)과 시력이 저하되어 책에 실려있는 보통 크기의 글자를 읽을 수 없는 약시로 구분된다.

④ 청각장애

청각장애는 귀에서부터 뇌에 이르기까지 청각전달에 관여하는 기관 중 어느 부분에 이상이 생겨 소리를 듣지 못하거나 들은 소리의 뜻을 정확하게 이해하지 못하는 경우를 총칭하여 말하는데, 일상생활에서 청각을 사용할 수 없는 상태인 농(聾, deaf)과 주로 큰 소리로 해야만 들리는 난청(hard of hearing)으로 구분된다.

⑤ 언어장애

언어장애란 선천적 · 후천적 원인으로 인해 의사소통과정에 문제가 생겨 언어습득 및 발달에 지장을 초래한 경우를 말한다. 의사전달이 잘 이루어지려면 다른 사람의 말 소리를 들을 수 있는 청각과 그 뜻을 이해하고 자신을 뜻을 가질 수 있는 지능 그리고 뜻을 표현할 수 있는 음성 및 조음기관에 이상이 없어야 하는데, 뜻을 표현할 수 있는 음성 및 조음기관에 이상이 있는 자를 언어장애인이라고 한다. 장애인복지법 시행령에서는 언어장애인의 기준을 음성기능 또는 언어기능에 영속적인 현저한 장애가 있는 사람으로 기준을 제시하고 있다.

⑥ 안면변형장애

안면변형장애는 선천성 기형, 질환 및 사고 등으로 인한 안면부위의 변형(색깔, 모양, 혹 등)으로 인한 장애가 있어 사회생활 활동에 현저한 제한을 받는 사람을 의미한다.

⑦ 신장장애

신장의 기능부전으로 인하여 혈액투석이나 복막투석을 지속적으로 받아야 하거나, 신장의 기능에 영속적인 장애가 있어 일상생활 활동에 현저한 제한을 받는 사람을 말하는데, 장애인복지법 시행령에서는 1개월 이상 혈액 투석 또는 복막 투석을 받고 있는 사람과 신장을 이식받은 사람으로 규정되고 있다.

⑧ 심장장애

심장의 기능부전으로 인하여 일상생활 정도의 활동에도 호흡곤란 등의 장애가 있어 일상생활 활동에 현저한 제한을 받는 사람을 말하는데, 장애판정 직전 1년간 동일 심장질환에 대하여 지속적으로 치료를 받았으나 호전의 기미가 없을 정도로 장애가 고착되었을 때에 판정한다.

⑨ 호흡기장애

호흡기장애는 폐나 기관지 등 호흡기관의 기능에 장애가 있어 일상생활이나 사회생활 활동이 현저하게 제한되어 항상 개호가 필요하거나, 수면, 휴식 등 제한된 시간을 제외하고 항상 개호가 필요한 사람 또는 수시로 개호가 필요한 사람을 말한다.

⑩ 간장애

간장애는 간 기능의 장애로 인하여 일상생활 및 사회생활 활동이 극도로 제한되어 항상 개호가 필요하거나, 현저하게 제한되어 수면, 휴식 등 제한된 시간을 제외하고 항상 개호가 필요한 경우, 또는 수시로 개호가 필요한 경우, 만성간 질환으로 간이식을 받은 사람을 말한다.

⑪ 장루・요루장애

직장이나 대장, 소장 등의 질병으로 인해 대변 배설에 어려움이 있을 때 복벽을 통해 체외로 대변을 배설시키기 위해 만든 구멍을 장루라고 한다. 이와 같은 결장루, 회장루, 요루 기능에 장애가 있어 일상생활이나 사회생활 활동에 현저한 제한을 받는 사람을 장루・요루장애라고 한다.

⑫ 뇌전증 장애

인간 뇌를 구성하고 있는 신경세포 중 일부가 다양한 원인에 의해 기능이상을 일으켜 짧은 시간동안 정상적으로 발생하는 전기보다 과도한 전기를 발생시킴으로써 발작을 일으키는 신경계의 만성질환을 뇌전증이라 한다. 뇌전증으로 인한 기능 및 능력장애가 지속되며, 뇌전증으로 인한 기능 및 능력장애로 인하여 일상생활이나 사회생활 활동에 현저한 제한을 받는 사람을 뇌전증장애라고 한다. 뇌전증은 20세 이전에 발병하는 경우가 전체 환자 수의 75%를 차지하고 있다. 발작이 시작되는 연령에 따른 원인으로는 신생아 및 유아는 출산 시 두부외상이나 산소부족으로 인한 뇌손상 그리고 뇌염이나 뇌막염, 선천성 기형, 저혈당증 또는 저칼슘증 등으로 인해 발작이 일어날 수 있으며, 소아는 열성 경련, 뇌염 및 뇌성마비로 인한 경우가 흔하다.

(2) 정신적 장애

① 지적장애

우리나라 장애인복지법에서는 지적장애인이란 정신발육이 항구적으로 지체되어 지적 능력의 발달이 불충분하거나 불완전하고 자신의 일을 처리하는 것과 사회생활에의 적응이 현저히 곤란한 사람으로 규정하고 있다. 세계보건기구(WHO)는 지적장애란 일반적으로 지적능력발달이 불충분하다든지 불완전한 상태를 의미한다고 정의하고 있다. 미국정신의학회에서는 지능지수 기준으로 경도(mild : IQ 50~75), 중(中)도(moderate : IQ 25~50), 중(重)도(severe : IQ 0~25)로 구분하고 있다. 이 기준에서 경도는 교육가능자(educability), 중(中)도는 훈련가능자(trainability), 그리고 중(重)도는 전적인 요보호자(total dependency)로 규정하고 있다.

② 정신장애

정신장애인이란 정신병(기질적 정신병 포함)·인격장애·기타 비정신병적 정신장애를 가진 자로 의학적 진단분류에 따라 정신과 전문의에 의해 진단명을 부여받은 자를 말한다.

우리나라 장애인복지법 시행령에 의하면, 정신장애인이란 지속적인 정신분

열병, 분열형 정동장애(情動障碍), 양극성 정동장애 및 반복성 우울장애에 의한 기능 및 능력장애로 인하여 일상생활 혹은 사회생활을 영위하기 위한 기능수행에 현저한 제한을 받아 도움이 필요한 사람이라고 규정하고 있다.

③ 자폐성장애

자폐증은 1943년 케너(Kanner)에 의해 처음 보고되었으며 유아자폐증이라 명명하였다. 자폐증은 1만 명당 4~7명의 빈도로 우리나라에 약 4만 명이며 남・여의 비율은 3~4 : 1로 남자가 많은 것이 특징이다. 케너의 자폐아 증상 열 가지는 다음과 같다.

① 대인관계를 형성하지 못한다. ② 언어습득이 지연된다. ③ 언어발달상 대화할 수 없는 언어를 사용한다. ④ 반향어, 즉 다른 사람의 말을 되풀이하는 경향이 있다. ⑤ 대명사를 반전(反轉)하여 사용한다. ⑥ 틀에 박힌 놀이를 반복한다. ⑦ 동일성 유지에 대한 강박적 욕구가 있다. ⑧ 상상력의 결여를 보인다. ⑨ 기계적 암기력이 좋다. ⑩ 외견상 정상적 신체발달을 보인다.

자폐성장애의 주된 원인은 복합적으로 작용되기 때문에 정확한 원인을 제시할 수는 없지만 대체적으로 정신・사회적 원인과 유전적 원인, 출산 시 뇌손상이나 신경전달물질 이상 등의 생물학적 요인이 주된 원인인 것으로 추측되고 있다.

꼭 알아야 할 내용

- 장애인의 개념
- 장애분류 및 특성

2. 장애인 자원봉사활동의 필요성

1) 장애인이 겪는 문제

(1) 가족갈등

장애인의 문제는 개인만의 문제로 국한되는 것이 아니라 다양한 문제가 발생되면서 가족 전체의 심리적 안정과 결속의 위험 요소로 작용할 수 있다. 장애인의 부모는 비장애인의 부모에 비하여 높은 스트레스를 받고 있고, 양육에 대한 부담감을 가지고 있다. 대부분의 장애인 부모들은 양육으로 인한 심리적, 신체적, 경제적 부담과 함께 자녀의 미래에 대한 불안을 느끼고 있다. 특히, 주 양육자인 어머니는 자녀를 돌보는 데 많은 시간을 소비하고 있으며 신체적으로 만성적인 과로 상태에 있게 된다. 외부와의 관계에 있어서도 접촉을 피하는 경향이 있으며, 가족외출 등에 제약을 받고 있다. 경제적 측면에서도 장애자녀 양육으로 인한 특별한 지출이 필요한 경우가 많다. 그리고 장애자녀의 치료와 교육 및 재활을 위한 장애자녀에 대한 관심집중은 가족갈등을 유발하기도 한다(도미향 외, 2006 : 183).

(2) 경제적 문제

한 가정에 장애인이 발생하게 되면 그 가정의 부모와 형제, 배우자, 자녀들은 생활의 어려움을 겪게 되는데, 장애로 인한 추가적인 비용이 많이 들기 때문에 경제적 부담이 가중된다. 장애인의 가족들은 장애인과 관련하여 상당한 정도의 추가지출 부담을 안고 있음에도 불구하고 이 모든 부담이 전적으로 개별 가족에게 전가되어 장애인이 적절한 치료와 교육을 받지 못하고 방치되어 있는 경우가 적지 않은 것으로 파악되고 있다. 이는 결국 장애 정도를 심화시키고 재활의 가능성과 기회를 축소시킴으로써 사회적으로도 커다란 손실을 초래하게 된다.

(3) 교육 문제

장애아동에 대한 특수교육은 초등학교 및 중학교 과정은 의무교육이며, 유치원 및 고등학교 과정의 교육은 무상교육으로 제공된다. 이처럼 학령기 장애아들은 적절한 교육을 받을 수 있도록 장애인 등에 대한 특수교육법에 규정되어 있음에도 불구하고 실제로 장애아동들이 학교로부터 받는 서비스는 제한적이다. 왜냐하면 지역에 따라 특수학교와 특수학급이 불균형하기 때문이다.

미국의 경우에도 장애인들은 비장애인들보다 낮은 수준의 교육을 받고 사회로 진출하며, 기술교육에 있어서도 비장애인들에 비하여 저급한 수준의 기술과 자격증을 가지고 학교를 떠나기 때문에 취업률이나 고용지위의 수준도 낮은 것으로 보고되고 있다(Harris, 1989; U.S Department of Education, 1995).

(4) 의료적 문제

장애인 중 대다수는 저소득계층으로 장애로 인한 과중한 의료비를 부담하고 있어 재활을 위한 의료서비스를 지속적으로 받아야 하는 경우임에도 불구하고 의료의 중단 혹은 포기를 하는 경우가 있다. 그리고 장애인 재활을 위한 재활시스템이 대도시 중심으로 편중되어 있으며, 장애발생 초기부터 지역사회중심(CBR) 재활서비스로 이어지는 지속적인 재활시스템 부족에 따른 장애인 의료적 문제가 심각하다.

(5) 고용문제

장애인들은 사회적 편견으로 인해 근로의 권리로부터 소외되고, 일할 기회가 주어지지 않고 있는 실정이다. 한국보건사회연구원의 '청장년 장애인의 경제활동 실태와 정책과제' 보고서에 따르면 2014년 기준으로 20~59세 청·장년 장애인의 실업률은 7.8%로 제시되었는데, 이는 전체 인구 집단의 실업률 3.7%의 2.1배에 달하는 수치다. 이처럼 장애인은 비장애인에 비해 취업기회가 낮음을 알 수 있다. 그리고 취업분야는 단순노무직 등에 편중되어 있어 여전히 우리나라 장애인 고용문제는 높은 실업율과 낮은 임금 등이 문제인 것을 알 수 있다.

(6) 심리적 문제

대부분의 장애인은 개인에 따라 차이가 있지만, 자신의 장애를 받아들이는데 있어 어려움을 겪고 있다. 장애인의 심리적 상태는 대개 부정, 퇴행, 분노,

불안, 우울, 수용의 형태로 나타나는데, 이러한 심리적 반응은 질병 발생이나 외상 후 시간이 경과함에 따라 다르게 나타나며, 장애인이 처한 환경에 따라, 즉 사회적 지원체계에 따라 차이가 있다.

2) 장애인 자원봉사활동의 필요성

장애인은 일상생활이나 사회생활을 적응해 나가는 데 일정 기간 이상, 정신적·신체적으로 불편하거나 불리한 조건을 가지고 살아가고 있다. 그리고 장애인들은 전통적으로 불구자 또는 사회적 낙오자라는 관점에서 동정과 구호의 대상으로 간주되어 왔다. 이에 따라 어느 시대나 사회를 막론하고 장애인은 자원봉사활동의 일차적 대상이 되어 왔다. 특히 현대에 들어와서 장애인복지가 시설보호중심의 복지에서 지역사회중심의 복지, 즉 재가복지와 사회통합, 정상화를 지향함에 따라 장애인을 대상으로 한 자원봉사활동의 중요성은 점점 더 큰 비중을 차지하고 있다.

장애인들이 가지고 있는 문제는 복잡하며, 장애인의 사회복지서비스 욕구를 개입하기 위해서는 지속적이며, 장기적인 개입이 필요하다. 그러나 우리나라의 경우 장애인을 위한 사회복지서비스가 장애인복지 선진국에 비해 양적·질적으로 매우 부족한 것이 현실이다. 그리고 장애인복지서비스의 접근성에 있어서 대도시 중심으로 이루어져 있으며, 전문가 부족 등으로 서비스 욕구에 비해 개입이 낮은 실정이다. 서비스 개입방법의 관점에서 보면 장애인 당사자의 서비스 선택권 중심, 즉 당사자주의로 변화되었기에 다른 어떤 분야보다 자원봉사활동이 필요한 분야라 하겠다.

꼭 알아야 할 내용

- 장애인이 겪는 문제
- 장애인 자원봉사활동의 필요성

3. 장애인 자원봉사활동의 영역

1) 장애인 자원봉사활동에 있어서 에티켓

일시적인 동정보다는 충분한 이해와 지속적인 노력이 뒷받침되는 사랑의 관계, 도움을 받는 대상자이기보다는 이웃관계가 바람직하다. 일방적 관계보다는 서로의 인격을 나누고 대화할 수 있는 도움을 주고받는 관계가 되도록 노력할 필요가 있다. 장애인은 모두가 같지 않고 각기 개개인이 다르다는 점을 염두해야 한다. 그리고 장애인은 여러 면에서 소외받기 쉬운 환경에 있으므로, 봉사활동 이전에 인간적으로 친해지는 노력이 필요하다. 장애인 봉사활동 시에 장애 특성별 에티켓은 다음과 같다.

(1) 지체장애인에 대한 에티켓

지체장애는 이동 혹은 신체적 과제를 수행하는 능력에 영향을 주는 장애로 개인마다 독특하게 나타난다. 지체장애인은 주로 휠체어나 목발 등의 보장구를 사용하게 되는데 일상생활에서 필요한 기술을 잘 알아서 응대해 주면 더욱 의미 있는 인간관계를 만들 수 있다.

지체장애인에 대한 에티켓으로 출입문과 엘리베이터에서 문을 열어주거나 문을 잡아준다. 왜냐하면 출입문을 두 사람이 통과하기보다는 혼자 통과하는 것이 더 쉽기 때문이다. 엘리베이터를 잡아주는 것도 출입문을 잡아주는 것과 같은 요령으로 하면 된다. 휠체어를 밀어줄 때는 휠체어 사용자에게 도움이 필요한지를 먼저 묻는다. 휠체어 사용자에게 밀어주겠다는 의사표시 없이 휠체어를 밀게 되면 사고의 위험이 있다. 그리고 내리막길이나 오르막길에 휠체어 사용자에게 알리지 않고 휠체어를 놓는 것은 위험하다. 계단을 오를 때는 휠체어를 뒤로 뉘어 앞바퀴가 들리도록 하여 밀고, 계단을 내려올 때는 휠체어 사용자에게 앞으로 내려오는 것이 좋은지 뒤로 내려오는 것이 좋은지 물어본 다음 어느 쪽으로 내려오든지 휠체어 앞바퀴가 들리도록 한 상태로 내려오면 된다. 이때 휠체어 사용자의 상체가 휠체어 등받이에 붙도록 하여야 한다. 보행 장애인의 계단 이용을 도와줄 때는 장애인 옆으로 걸으면서 팔을 뻗어 장애인이 팔을 잡아 의지하고 균형을 유지할 수 있도록 한다. 장애인과 식사 시 음식점을 선택할 때는 식탁이나 의자의 배열이 널찍하게 되어 있는 곳을 선택하고 만약 음식점이 크다면 현관에서 멀지 않은 테이블에 앉는 것이 좋다. 휠체어 이용 장애인과 대화할 때는 대개 앉아서 이야기하는 것이 같은 눈높이를 가지기 때문에 최선의 방법이다.

(2) 시각장애인에 대한 에티켓

시각장애인은 이동을 위해서 맹인안내견이나 지팡이를 사용한다. 맹인안내견은 시각장애인이 걷는 방향을 따라 안전하게 길을 안내하도록 특수하게 훈련받은 동물이다. 맹인안내견은 보통 개를 묶는 긴 끈 대신에 짧은 견장을 두른 견복을 입고 있다.

시각장애인과 함께 걸을 때는 팔을 시각장애인에게 내준다. 팔을 잡고 걷게 되면 훨씬 수월하게 걸을 수 있다. 팔은 팔꿈치부분이나 팔꿈치 위를 잡게 하는 것이 좋다. 반대로 시각장애인의 팔을 잡는 것은 실례되는 행동이다. 시각장애인이 팔을 잡을 때는, 갑자기 돌거나 또는 움직이는 행동을 하지 않는다. 계단 엘리베이터 또는 어떤 곳에 접근할 때는 우선 멈춰 서서 처한 상황을 설명한다. 방향과 장소를 알려줄 때는 전후좌우와 몇 발짝, 몇 미터 등 정확한 위치를 말해줘야 한다. 시각장애인은 그들의 주변 환경에 관한 정보의 대부분을 소리를 통해서 얻는다. 지나치게 큰 소음은 중요한 소리를 듣는 데 혼동을 준다. 예를 들면, 시각장애인이 사무실에 들어올 때는 복사기 소리를 내지 않는다든가, 안전하게 거리를 건널 수 있도록 경적을 울리지 않는다든가, 시각장애인이 처음으로 집을 방문했을 때 음악소리를 줄여주는 등의 배려를 해주는 것이 좋다. 그리고 식사 시에는 먼저 각 그릇의 위치와 그 음식내용을 작은 목소리로 설명해 주어야 한다(그릇의 위치는 시계방향으로 말하면 빨리 알아들을 수 있다).

(3) 청각 · 언어장애인에 대한 에티켓

청각 · 언어장애는 외형적으로 드러나지 않기에 많은 사람들이 장애인 인지를 잘 모르는 경우가 많다. 청각장애인을 만나면 우선 수어, 필담 중 가장 좋은 의사소통방법을 확인하는 것이 좋다.

청각장애인과 대화할 때는 적당히 크고 일정한 소리로 약간 느린 속도로 분명하고 바른 입모양으로 간략하게 이야기한다. 말끝을 흐리지 않도록 유의한다. 한 문장을 말하고 약간 쉰 후 다음 문장을 말한다. 새로운 주제에 대해 이야기하고자 할 때 얼마간 시간을 두고 이야기한다. 청각장애인, 특히 구화법을 모르는 청각장애인들에게 몸짓 및 얼굴표정은 매우 유용하다. 입 모양이 바로 보이도록 머리를 움직이거나 지나친 얼굴표정을 짓지 않는다. 수화가 가능하면 수화로 대화한다. 시간이 다소 걸리더라도 손바닥이나 종이에 글자를 써서 읽어주는 것도 좋은 방법이다.

언어장애인과 대화할 때는 언어장애인의 대화 속도는 비장애인만큼 빠르지 않으며 청각장애를 함께 지닌 경우 상대방의 대화를 이해하는 데 더욱 시간이 걸림을 인식하여야 한다.

얼굴, 눈을 바라보고 대화에 충분한 주의를 기울여야 한다. 장애인의 말이 확실히 끝날 때까지 기다린 다음 적당하게 천천히 말을 한다. 장애인이 오랫동안 이야기할 때는 고개를 끄덕이고 몇 마디 말을 하여 여전히 경청하고 이해하고 있음을 알린다.

언어장애인이 말하는 것이 힘들어 보일지라도 그가 말하고자 하는 것을 끝마칠 때까지 기다린다.

(4) 지적장애인에 대한 에티켓

지적장애인은 신체적으로 건강하여 비장애인과 외견상의 차이가 없으므로 이들이 장애인이라는 인식을 거의 하지 못한다. 따라서 지적장애인을 도와주기 위해서는 먼저 이들을 정신질환자로 오인하지 않아야 한다. 지적장애인이 사용하는 말의 발음이 불명확하고 단어선택이 미숙하더라도 끝까지 주의 깊게 들어주어 이들이 말하고자 하는 의사를 정확히 파악해야 한다.

지적장애인을 도울 때는 그가 현재 할 수 있는가, 어느 정도 할 수 있는가, 흥미는 무엇인가를 잘 관찰하는 것이 중요한다. 돕거나 가르칠 때에는 그가 감당할 수 있는 수준에서 반복적이고 지속적으로 하는 것이 좋다. 그리고 지능지수가 낮다고 어린아이 취급을 하지 말고 나이에 맞는 인격적인 대우와 예절을 갖추어 대해야 한다.

(5) 자폐성장애에 대한 에티켓

자폐성장애인은 감정, 의견의 표현이 서투를 뿐 비장애인과 똑같은 감정을 느끼고 있음을 배려해야 한다. 자폐성장애인은 고지식하여 변화하는 상황에 적응이 어려우므로 문자나 그림으로 된 일과표를 작성하여 일과와 내용에 대해 사전에 충분히 설명해 주고, 사전에 약속된 순서대로 생활을 하는 것이 좋다. 자폐성장애인은 낯선 장소, 익숙하지 않은 절차, 낯선 사람, 예측하지 못했던 상황 등에 심하게 불안해할 수 있으며, 착석하지 못하고 밖으로 나가려 한다든가, 계속 소리를 내는 등의 여러 가지 행동특성을 보일 수 있으므로 어떤 활동을 할 때는 사전에 충분한 설명, 예행연습 등이 필요하다. 그리고 자폐성장애인은 위험한 순간의 대처능력이 현저히 떨어지므로 뜨거운 물, 전기, 자동차 등 위험할 수 있는 상황에서는 항상 주의를 기울여야 하고, 언어적 주의만이 아닌 직접적인 도움을 주어야 하므로 손이 닿을 수 있는 가까운 거리에 늘 함께 있어야 한다. 자폐성장애인과 대화할 때에 표현에 있어서 "나", "너", "우리" 등의 인칭대명사를 사용하는 데 어려움이 있으므로 이들의 말을 끝까지 주의 깊게 들어주고 상황과 문장 속에서 표현하고자 하는 의사를 정확히 파악하여야 한다.

(6) 신장장애인에 대한 에티켓

신장장애인이 지나치게 무거운 물건을 들어야 한다면 혈액투석을 하는 팔목에 무리가 가지 않도록 도와야 한다. 운동 및 자극적인 장난을 하면서 갑작스럽게 힘을 주어 혈액투석을 하는 팔목, 혹은 복막투석을 하는 복강부분을 잡거나 밀치는 일이 없도록 주의하여야 한다. 장거리 여행을 할 때는 비상사태를 대비해서 여행지 근처에 인공신장실이 있는지에 대한 사전조사가 필요하다. 투석환자는 식사조절이 필요하므로 염분 함량이 높고, 과식하기 쉬운 외식의 횟수는 줄이는 것이 좋다. 외식 시에는 주문을 할 때, 소금 혹은 소스 등의 염분을 넣지 않고 따로 달라고 요청하는 것이 좋다.

(7) 뇌전증장애인에 대한 에티켓

뇌전증장애인의 경련이 발생되었을 때 응급처치는 장애인을 눕게 하고 머리 아래에 푹신한 것을 깔아준다. 안경을 벗기고 넥타이를 풀어주고 꽉 끼는 옷을 입었을 때는 단추를 풀어준다. 주변의 딱딱하고 날카로운 물건은 치워야 하며, 경련 도중 어떤 것이라도 입에 넣어서는 안 된다.

경련이 끝났을 때에는 옆으로 뉘어서 숨쉬기를 도와주고 입안의 분비물이 흘러나오게 한다. 완전히 깨어날 때까지 음식물이나 물을 주지 않고 주변에서 지켜보아야 한다.

(8) 정신장애인에 대한 에티켓

정신장애인을 대할 때에는 우선 그 특성을 알아야 한다. 가장 흔한 증상이 사고이상이며 망상이나 연상의 이완 등의 문제로 현실적응의 어려움을 겪고 있기 때문에 이에 대해 자원봉사자는 이해하는 자세를 가져야 한다.

자원봉사활동을 할 때 치료적인 접근에서 해야 하는 점과 친구를 사귀는 방법, 나의 의사를 적절하게 다른 사람에게 전달하는 방법, 여가를 좀 더 효과적으로 이용하여 삶의 질을 높이는 방법을 알려주는 것이 중요하다.

2) 자원봉사활동 영역별 활동의 내용

자원봉사활동 영역은 사회활동자원, 보호 및 교육과 관련된 활용, 시각장애인 이동훈련, 생활지원, 취업지원 등의 활동이 있다.

(1) 사회활동 지원

사회활동 지원으로는 전화상담, 장애인 친구되기, 장애인 대중교통 이용 및 지역기관 이용 지도, 수어통역, 외출동행 등이 있다.

① 전화상담

장애인이나 그 가족들에게 상담이나 필요한 정보를 제공해 주는 활동이다. 장애인 복지기관에 설치된 전화 상담실에서 장애로 인하여 갖게 되는 의료, 교육, 직업, 사회, 심리적 문제들에 대한 상담 및 재활에 필요한 정보제공 등을 수행한다. 이 밖에 장애인을 양육한 경험이 있는 부모가 장애자녀를 둔 다른 장애아 부모에게 자신의 경험을 바탕으로 상담을 해주는 활동도 가능하다. 이는 장애로 인해 갖게 되는 심리적 문제를 동료로서 이해하고 지지하며, 재활에 필요한 정보를 제공해 주는 것이다.

② 장애인 친구되기

장애인 친구되기는 지적 능력의 부족으로 인하여 인간관계의 폭이 좁고 사회적 경험과 사회환경에 대한 적응력이 부족한 자폐성장애인, 지적장애인 등과 친구가 되어 경험의 폭을 넓혀주고 좋은 친구관계를 통해 삶의 질을 향상시키는 프로그램이다. 취미 활동 등 다양한 활동 등을 함께 하거나 전화나 편지 등을 통해 자연스런 친구관계를 형성한다.

③ 장애인 대중교통 이용 및 지역기관 이용 지도

혼자서 대중교통을 이용할 수 없는 자폐성장애인이나 지적장애인에게 버스, 지하철 등 대중교통을 이용하여 자기가 원하는 곳에 갈 수 있도록 지도하는 활동이다. 이와 함께 동사무소 등 지역사회의 각종 공공시설이나 대중목욕탕 등을 이용할 수 없는 장애인에게 시설을 이용할 수 있도록 지도하고 보조하는 활동 등도 가능하다.

④ 의사소통을 위한 수어통역

일반인, 즉 건청인이 하는 말을 청각장애인이 이해할 수 있게 수어로 통역하거나 장애인이 수어로 전하는 것을 건청인에게 통역하는 것을 말한다. 각종 행사 시 수어를 사용하여 통역하는 봉사 등이다. 전문적인 수어통역사는 자격증을 취득해야 하지만 일반인들이 자원봉사활동을 통하여 기본적인 수어를 배울 수 있는 기회를 가질 수 있다.

⑤ 중증 장애인 외출동행

외출동행은 거동이 불편한 장애인에게 외출을 도와주는 활동이다. 재가 중증 장애인이나 거주시설에 생활하는 장애인을 대상으로 야외교육장과 관광지, 지하철 타보기 등의 프로그램을 경험할 수 있도록 도움을 주는 활동이다(김범수 외, 2006 : 275).

(2) 장애아동의 보호 및 교육과 관련된 활동

장애아동의 보호 및 교육과 관련된 활동으로는 장애아동 돌보기, 장애아동 학습지도, 컴퓨터 교육, 체육 및 여가활동 보조 등이다.

① 장애아동 돌보기

장애아동을 양육하고 있는 부모 대신 장애아동을 돌보아 주거나 장애아동을 치료·교육하기 위해 재활기관을 이용할 때 동행하는 것도 가능하다. 장애아동의 등하교를 위해 통학버스에 오르내리는 것을 보조하고, 통학버스 안에서 아동의 안전을 관리하거나 장애아동을 치료·교육하는 재활기관에서 프로그램을 보조할 수 있다.

② 장애아동 학습지도

방과후 특수학교·일반학교·기숙사 또는 가정에서 장애아동을 지도하거나, 장애아동 복지시설 또는 야간학교에서 장애아동을 지도하거나, 주말에 가정에서 장애아동을 지도하거나, 시각장애 부모를 둔 일반아동에게 환경 및 사물의 이해 지도, 청각장애 부모를 둔 일반아동에게 언어 및 기타 학습을 지도한다.

③ 장애인 컴퓨터 교육

장애인가정, 복지시설, 특수학교 등을 방문하여 장애인에게 컴퓨터를 활용할 수 있도록 교육하는 프로그램이다. 장애아동에게 한정된 프로그램은 아니지만 장애아동들이 주된 대상이 되는 경우가 많다.

④ 체육 및 여가활동 보조

특수학교나 장애인복지시설 등에서 장애인이 체육활동을 할 때 지도하거나 보조할 수 있다. 이때 체육복 착탈의 보조, 이동보조, 체육활동 후 목욕보조,

체육활동의 파트너 역할 등이 있다. 체육활동 외에도 장애인의 책 읽어주기, 영화나 연극 관람, 장기나 바둑 등의 여가활동을 보조하는 것도 가능하다.

(3) 시각장애인 이동훈련

시각장애인이 어떤 장소로 이동할 때 안전하게 이동할 수 있도록 훈련하는 이동훈련·보행훈련을 보조하는 활동이다. 안내받기, 자기보호, 방향과 위치 알기 보조, 교통시설 이해, 흰지팡이 보행, 보행보조물 이용 등이 있다. 이와 유사한 활동으로 시각장애인들이 다양한 책자를 접할 수 있도록 녹음서 제작 보조와 점자출력용 또는 음성출력용 도서를 컴퓨터에 입력하는 활동도 가능하다.

(4) 생활지원활동

장애인 생활지원 활동에는 혼자서 목욕을 하지 못하는 장애인 및 거동이 어려운 재가 중증장애인 및 재활시설 생활인의 목욕보조, 이동목욕차량 목욕보조 등이 있으며, 스스로 반찬을 만들 수 없거나 경제적으로 빈곤한 장애인 가정 등에 반찬을 만들어 배달해 주는 활동, 장애인의 이·미용을 지원하는 활동, 중증장애인 가정 등에 청소, 세탁, 심부름 등 일상생활을 지원해 주는 활동 등이다.

(5) 취업지원활동

취업활동으로는 구인·구직 개척, 구직 장애인을 위한 직업상담, 취업알선 및 사후지원, 작업지도 및 보조 등이다.

① 구인·구직 개척

장애인을 고용할 사업체를 개척하고 구직 장애인을 찾아내는 활동이다. 장애인 고용의무사업장이나 기타 사업장을 대상으로 장애인 고용의 필요성, 장애인 고용정책, 장애인 고용에 따른 지원 등에 대한 정보제공, 지역사회에 거주하는 장애인이나 부모를 대상으로 장애인 고용촉진사업 설명, 구인·구직 정보지의 발송 등이 있다.

② 구직 장애인을 위한 직업상담

해당 기관을 통해 구직 장애인이 직업상담이나 직업평가를 받을 수 있도록 이들을 보조하거나 직업상담 자료를 전산화하는 활동이다.

③ 취업알선 및 사후지원

장애인의 취업을 돕고, 장애인이 취업 후 직장에서 적응을 잘할 수 있도록 돕는 활동이다. 취업전형 시 구인사업체까지 구직 장애인과 동행해서 구인사업체의 인사담당자에게 구직 장애인의 적성·직무에 관한 조언, 구인 사업주와 구직 장애인을 대상으로 하는 장애인 취업설명회 장소에서 장애인 안내, 행사장 정리, 사업주 업무지원, 수어통역, 기타 행사진행 지원, 취업 장애인에게 직장 적응에 대한 조언, 차량지원, 취업 장애인과 사업주의 친목을 도모하는 취업자 간담회 행사지원 등이 있다.

④ 작업지도 및 보조

장애인복지관, 보호작업장 등에서 지적장애인 등의 장애인들이 하는 작업을 보조하거나 직업훈련생의 작업을 지도하는 활동이다. 특히 지적장애인이나 중증의 뇌성마비인들은 작업능력과 작업속도, 작업의 정확도 등이 부족하므로 이에 대한 보조인력으로 활동할 수 있다.

(6) 장애인 시설 및 단체를 위한 활동

장애인 시설 및 단체를 위한 활동으로는 업무보조, 환경관리, 행사진행 등이다.

① 관련 시설·단체의 업무보조

장애인복지시설 및 단체, 특수학교 등의 각종 업무수행을 보조하는 프로그램이다. 우편물 발송, 도서정리, 서류정리 및 통계처리, 기관 방문자 안내, 외국자료 번역 및 통역 등이 있다.

② 후원자 개발·관리보조

장애인복지사업의 확대를 위한 재정적인 도움과 장애인복지에 대한 지지자

확보를 위한 사업을 보조하는 프로그램이다. 후원활동 참여 및 후원자 관리 보조 등이 있다.

③ 설비·장비보수 및 환경 관리

경제적으로 어렵거나 기능인력이 없는 장애인 시설 또는 가정을 방문하여 전기·보일러·상하수도 등 설비보수, 조경, 실내장식, 정리정돈, 환경관리, 기자재 점검 및 수리 등의 서비스를 제공하는 프로그램이다.

④ 장애인 관련 각종 행사

장애인복지시설·단체·특수학교 등에서 이루어지는 각종 행사를 주관·보조하거나 봉사단체가 프로그램을 직접 주최·주관하여 추진하는 프로그램이다.

(7) 의료분야 및 재활치료 보조

의료분야에서의 보조는 장애인은 비장애인에 비해 의료 검진 시에 어려움을 겪을 수 있다. 예를 들면, 뇌병변 장애인의 경우 행동이 자유롭지 않아서 의료 검진 자체가 어려운 경우가 발생할 수 있다. 이러한 경우에 이동보조나 부축 등 원활한 의료진료를 할 수 있도록 보조하는 것이다.

자원봉사자가 할 수 있는 재활치료 보조는 장애인의 하지기능을 향상시키기 위해 일정 기간 동안 장애인을 바르게 세워 주는 것이나 걷는 훈련 시에 이를 보조하거나, 팔의 기능을 회복할 수 있도록 바퀴를 돌리는 연습을 시키는 등 물리치료 분야에서 봉사할 수 있다. 또한 손과 팔의 기능회복을 위해 퍼즐 맞추기 지도나 각종 작업도구 및 기자재 사용 보조하기 등의 작업치료분야에서도 활동할 수 있다.

(8) 제도나 환경개선 활동

제도나 환경개선의 과제에 응하는 것으로서, 사회행동(social action)이 있다. 예를 들면, 휠체어가 다닐 수 있도록 단차가 없는 거리 만들기, 장애인용 화장실이나 엘리베이터가 공공시설, 호텔, 교통기관에 설치되도록 하는 운동, 고용이나 취학의 촉진, 장애인 주택의 개조 등이 있다.

이상과 같은 활동영역에서 가장 중요한 것은 장애인자립과 생활의 확충을 위해서, 장애인, 장애인부모, 복지(교육)종사자와 협동해 가는 것이다.

(9) 동료상담자로서의 활동

장애인복지패러다임의 변화로 재활서비스 중심에서 장애인 당사자주의를 반영한 자립생활서비스 확대가 장애인복지 분야의 핵심이다. 자립생활패러다임은 전문가 중심의 재활서비스에서 당사자 중심의 서비스로 변화를 가져왔는데, 자립생활서비스는 미국에서 출발해서 현재 일본 등에서 활발히 전개되고 있다. 지금까지 우리나라 장애인은 서비스 수혜자로 선택권과 결정권의 보장 없이 생활해 왔다. 그러나 중증장애인이라 할지라도 지역사회 내에서 독립적인 삶을 살아갈 수 있도록 스스로 서비스를 선택하도록 지원하는 것이 자립생활서비스의 목표라 할 수 있다. 자립생활서비스의 중점서비스는 주거환경의 개선과 동료상담, 활동보조인 서비스, 고용서비스 등인데, 여기에서 중요한 동료상담 서비스는 장애인 당사자만이 할 수 있는 서비스이다. 동료상담서비스는 장애인으로서 살아온 경험을 통해 경험자로서 또는 장애 극복자로서 장애로 인해 고통받고 있는 동료장애인에게 심리적인 개입을 하는 것이다. 따라서 장애인이 자원봉사영역에서 주체적인 활동을 하는 분야의 대표적인 활동이 동료상담의 자원봉사자로의 역할이다.

꼭 알아야 할 내용

- 장애인 자원봉사활동에 있어서 에티켓
- 자원봉사활동 영역별 활동의 내용

4. 장애인 자원봉사자의 자세와 유의사항

장애인과 비장애인이 더불어 사는 사회를 만들기 위해서는 지역사회의 환경 개선과 더불어 자원봉사자의 역할이 강조된다. 자원봉사자들은 장애인에 대한 지역사회의 편견을 없애고 장애인에게 불리한 사회적 환경과 제도를 개선하는 데 있어 일정 부분 역할을 담당할 수 있으며, 직접적인 서비스 제공자로서 장애인의 재활을 도울 수 있다.

일반적으로 장애인을 대상으로 하는 자원봉사에 있어서 주의할 점은 장애인을 대할 때 지나치게 무관심한 것도 바람직하지 않지만 과잉 친절을 베푸는 것도 바람직하지 못하다는 것이다. 그리고 장애인을 위한 봉사활동에는 지속적인 활동과 책임감이 더욱 요구된다. 특히, 봉사활동에 필요한 준비를 철저히 하는 태도와 특히 장애인들에 대한 호칭을 사용하는 데 있어 보다 주의를 기울여야 할 것이다.

장애인을 위한 자원봉사의 목표는 다음과 같다(한국사회복지협의회, 1997 : 14-15).

- 장애인이 주류사회에 통합되어 정상적인 생활을 할 수 있게 한다.
- 장애인과 비장애인이 빈번하고 집중적인 접촉을 할 수 있게 한다.
- 장애인도 비장애인이 하는 경험과 같은 경험을 할 수 있게 한다.
- 장애인의 잠재력이나 소질이 충분히 계발되고 장애가 개선되게 한다.
- 장애인이 많은 체험과 지식을 가질 수 있게 하고, 생활에 필요한 기술을 획득할 수 있게 한다.
- 장애인이 여가를 선용하고, 풍부한 정서생활을 할 수 있게 하며, 기타 원하는 활동이나 해야 할 활동을 할 수 있게 한다.
- 보다 많은 장애인이 취업하고 직장에서 적응을 잘할 수 있게 한다.
- 장애인이 지역사회 및 기관을 편하게 이용할 수 있게 한다.
- 장애인이 자신감과 삶의 의욕을 가질 수 있게 한다.
- 장애인을 지원하는 데 필요한 정보나 자료를 단기간 내에 확보하여 이를 활용할 수 있게 한다.

- 행사의 진행이나 사업의 운영이 원활하게 이루어지게 함으로써 장애인에게 보다 많은 이익이 돌아갈 수 있게 한다.
- 장애인과 그 가족의 부담 그리고 장애인 단체나 기관종사자의 부담이 경감될 수 있게 한다.
- 비장애인이 장애인과 그들에 필요한 지원을 이해하고 이들에 대해 관심을 가질 수 있도록 한다.
- 비장애인은 물론 장애인도 사회적 의식(공동체 의식)을 가질 수 있게 한다.
- 자원봉사가 삶의 보람을 느낄 수 있게 한다는 것을 비장애인이 인식할 수 있게 한다.

이러한 목표하에 장애인을 위한 자원봉사활동을 하는 자원봉사자의 역할은 첫째, 진정한 동료·친구로서 역할이다. 장애인에게는 진정한 친구가 필요하기 때문에 자원봉사자의 가장 큰 역할은 친구로서의 역할이라 할 수 있다. 친구는 상대방을 이해하고, 관심을 갖고, 경청하고 도울 수 있는 준비가 되어있는 사람이다. 장애인을 돕는 봉사자는 장애인이 처한 상황을 공감하고 이해해 주는 자세가 무엇보다 요구된다.

둘째, 치료나 교육 등 재활의 조력자로서 활동이다. 재활 프로그램에 참여하여 전문가의 지시에 따라 치료를 돕거나 교사의 요청에 따라 학습을 도울 수 있으며, 자립훈련의 훈련자로서 활동할 수 있다. 그러므로 장애인이 주로 이용하여야 하는 장비나 시설에 대해서도 이해해야 할 것이다. 장애인에 맞는 적합한 욕조, 변기, 침구, 워드프로세서, 시각이나 청각장애인용 일상생활용구 등과 보장구 등에 대해서도 잘 알고 있다면 보다 효율적으로 도와줄 수 있을 것이다.

셋째, 장애인의 대변자로서의 활동이다. 장애인이 지난날 극복해 온 좌절감이나 절망감, 상실감 등으로 다시 고통받지 않도록 배려해야 한다. 장애인과 함께 고통과 즐거움을 나누고 공감할 수 있는 마음을 가져야 할 것이다. 자원봉사자는 장애인 문제에 대하여 지역사회가 관심을 갖도록 알리고 해결을 촉진하는 활동을 할 수 있다. 장애인에 대한 인식개선을 촉구하고 사회단체나 종교단체 등에서 장애인을 지지할 수 있도록 지원하는 활동을 할 수 있다.

한편 자원봉사자에게 있어서도, 장애인과 관계하는 것은 생각으로 이해하는 것보다는 무척 힘든 일이다. 특히, 주의를 기울이지 않으면, 서비스를 제공하는 자원봉사자의 일방적 자기만족으로 끝나는 경우가 많다. 따라서 자원봉사자와 장애인 쌍방이 커뮤니케이션의 부족에 의해 상호불신이 생기지 않기 위해서 기회가 있을 때마다 솔직하게 서로 이야기를 하고, 서로가 불만이 없는가를 확인하는 것이 필요하다. 이를 위해서 도움을 받는 장애인과 공감대를 형성해야 할 것이며, 그의 환경에 대한 세심한 관심을 기울여야 할 것이다. 그리고 무엇보다 사회생활에 있어서 자립을 확대할 수 있도록 봉사의 방향을 정해야 한다.

꼭 알아야 할 내용

- 장애인을 위한 자원봉사의 목표
- 장애인을 위한 자원봉사활동을 하는 자원봉사자의 역할

12 CHAPTER 대학 및 기업 자원봉사활동

1. 대학 자원봉사활동

1) 대학 자원봉사활동의 의의와 필요성

(1) 대학 자원봉사활동의 의의

대학의 사회봉사는 대학의 고유 기능인 교육, 연구와 함께 주요 3대 기능중의 하나이다. 따라서 첫째, 진리탐구와 학문을 창조하는 기능, 둘째, 학문을 전수하고 배우는 기능, 셋째, 사회에 환원하는 기능이 그것이다.

과거의 대학은 교육과 연구의 기능을 중요시하고 상아탑과 순수 아카데미즘(academism)을 고수하여 자원봉사의 중요성이 상대적으로 과소평가되어 왔고, 21세기에 들어선 지금의 대학은 교육의 장보다는 취업을 위한 준비단계로서 개인주의적 경향이 강해지고 있어 왕성한 자원봉사활동을 저해하고 있다. 그러나 시대적 변화와 사회적 요청 속에서 대학에 요구되는 내용 또한 달라지면서 대학의 교육·연구기능 외에도 캠퍼스 밖의 사회, 지역공동체에 참여하고 기여하는 적극적인 대학으로서 대학이 속한 지역사회의 욕구와 변화에 대응해야 하는 필요성이 증대되면서 대학 자원봉사활동의 중요성이 강조되고 있다.

일반적으로 대학 자원봉사의 의의는 크게 다음 세 가지 형태로 구분할 수 있다.

첫째, 학문적 연구결과를 활용함으로써 지역사회문제와 발전에 활용하는 것이다.

둘째, 대학의 문화나 교육시설 및 인적자원을 개방·활용하여 지역사회 주민의 욕구 충족과 지역사회복지에 기여하는 것이다.

셋째, 교수와 학생 등 대학구성원이 직접 지역사회에 자발적으로 참여하여 사회적인 기대와 욕구에 부응하며 지역 주민과 연대하여 지역사회 변화와 발전을 꾀하는 것이다.

(2) 대학 자원봉사활동의 필요성

대학 자원봉사활동의 필요성은 다음 다섯 가지로 정리된다.

① 사회지도자로서의 자질 함양

대학생은 미래 우리 사회의 각 분야에서 선구적인 역할을 담당하게 될 위치에 있다. 학문적 지식과 기술은 물론 인격적 역량에서도 타인을 이끌 수 있는 자질을 갖추어야 한다. 대학시절 다양한 사회봉사활동 과정과 경험을 통해 사회문제와 사회발전에 대한 올바른 이해와 인식을 가질 수 있으며, 자신의 전공영역과 연결시킬 수 있는 좋은 계기가 된다.

② 전문지식 및 기술의 적용과 연마

대학은 1차적인 기능으로서 학문을 통한 전문지식과 기술을 연마하는 곳이다. 자신의 전공영역에서 연마한 전문지식과 기술을 현장에 적용하여 지역사회 발전과 지역사회 문제를 해결함과 동시에 현장을 통한 체험과 응용능력을 배양하여 새로운 지식과 기술을 보완하는 학습의 연장으로 활용할 수 있다. 가능하면 자신의 전공영역과 관련된 분야에서 자원봉사활동을 실천하면 더욱 유익할 수 있다.

③ 사회문제에 대한 새로운 인식과 공동체 의식의 체득

자신의 전공을 살리거나 혹은 가치관에 따라 사회봉사활동을 수행하는 과정에 여러 가지 상황과 문제에 직면할 수 있다. 이런 과정과 경험을 통해 상황대처 능력과 문제해결 능력을 배양할 수 있고 원시안적 시야를 통한 새로운 인식의 힘을 키울 수 있다. 이 상황에서 학생들은 다양한 체험과 학습을 통해 국가와 사회를 되돌아보는 계기를 가질 수 있으며, 사회구성원으로서 책임감과 함께 공동체정신을 함양할 수 있다.

④ 인간의 존엄성과 가치, 국가관에 대한 올바른 인식

자원봉사활동을 수행하는 과정에서 다양한 자원봉사영역과 자원봉사이용자들을 통해 건전한 국가적·사회적 인식과 그들이 처한 어려움을 새롭게 이해할 수 있으며, 사회적 약자에 대한 가치와 인간의 존엄성, 그리고 건전한 국가관을 가질 수 있는 계기가 될 수 있다.

⑤ 성숙한 자아의 형성

자원봉사활동 과정에서 전통적인 사회미덕으로서 상부상조의 정신을 계승·발전시킬 수 있으며, 자신 및 가정과 사회를 새롭게 볼 수 있는 시야를 갖게 된다. 즉, 타인에 대한 배려와 이해심을 넓히는 경험을 하게 되고 인류평화에 기여하게 되는 것이다.

그리고 이러한 자원봉사활동을 통해 추구할 수 있는 이득은 다음과 같다.

㉠ 사회적 이익

자원봉사활동을 통한 사회적 이득을 살펴보면, 첫째, 사회적 비용 절감, 둘째, 지역주민이 함께 지역사회에 일함으로써 지역사회통합을 증진, 셋째, 시민정신을 함양시키는 교육적 효과를 들 수 있다.

㉡ 개인적 이익

자원봉사활동을 통한 개인적 이익으로는 첫째, 책임감, 자아훈련, 일의 경험 등 장래 사회생활 및 직업활동 시 필요한 덕목을 쌓고, 둘째, 타인과 함께 일함으로써 인간관계 및 사회적응을 미리 학습할 수 있으며, 셋째, 남을 위하여 일하는 자원봉사활동을 통하여 스스로 내적 만족감을 얻을 수 있는 것이다.

㉢ 자원봉사 이용자의 이익

자원봉사이용자들에게 구체적인 도움을 제공함으로써 삶의 희망 을 일깨워 주고 이러한 물리적, 정신적인 도움으로 이용자 자신들의 삶에 좀 더 긍정적인 자세를 가지게 할 수 있다.

2) 대학 자원봉사활동의 현황

많은 대학들이 자원봉사활동의 중요성과 필요성을 인식하여 교과과정에 정규 또는 비정규과정으로 '자원봉사' 또는 '사회봉사'를 개설하여 학생들로 하여금 직접 참여하도록 유도하고 있다. 대체로 이러한 대학의 노력은 매우 바람직한 일이며 전체적으로 확대되고 있는 추세이다.

대학자원봉사는 1995년 5월 31일 교육개혁조치로 자원봉사활동이 대학입시자료로 활용됨에 따라 그 중요성이 부각되었고, 1996년 대학의 자원봉사활동을 지원하고 상호연합, 교류 증진을 위해 한국대학사회봉사협의회(대사협)가 조직되어 대학자원봉사가 확대되어 왔다.

따라서 2019년 기준 한국대학사회봉사협의회 회원대학으로는 268개 대학(교)으로서 전체대학(교) 중 79%가 참여하고 있다(한국대학사회보사협의회, 2019). 회원대학으로 참여하고 있지는 않지만 대부분의 대학이 자원봉사 관련 자체조직의 구성과 프로그램의 기획, 사회봉사 및 관련 교과목을 개설하여 운영하고 있는 것으로 나타나고 있다.

(1) 대학 사회봉사활동의 환경적 배경

우리나라에서 대학의 자원봉사활동에 대한 관심과 참여가 급속도로 확대되기 시작한 것은 대체로 1990년대 중반부터이다. 대학의 자원봉사활동이 강조되게 된 환경적 요인을 살펴보면 다음과 같다.

첫째, 지역사회문제와 이의 해결을 위한 인식과 의식의 변화에서 출발하였다.

둘째, 1996년 '한국대학사회봉사협의회'의 조직과 운영을 계기로 자원봉사에 대한 대학 간의 상호 연계와 정보교환을 가능하게 하였다.

셋째, NGO시대의 부상을 들 수 있다. 이는 국내·외 각종 사회문제에 적극적으로 접근·대처함과 동시에 제3섹터의 역할이 중요하다는 점에서 많은 대학들이 NGO에 대한 관심을 가지기 시작하였다.

넷째, 교육부의 1995년 교육개혁조치의 결과이다. 이와 관련하여 중·고등학교 학생들의 자원봉사활동의 의무적 참여방침과 함께 자원봉사활동에 대한 일반 국민들의 인식의 변화를 가져오게 되었다.

다섯째, 대학종합평가의 평가기준에 사회봉사영역이 포함된 점을 들 수 있다. 이는 대학 스스로가 사회봉사에 대한 폭넓은 관심을 가지게 되는 계기가 되었으며, 대학의 경쟁력 제고에도 많은 변수가 되고 있다.

(2) 한국대학사회봉사협의회의 구성

한국대학사회봉사협의회는 대학의 자원봉사활동을 지원하고 상호협력 및 교류증진을 위해 1996년 전국대학의 총장을 중심으로 조직되게 되었다. 이와 관련한 구체적 내용은 다음 표와 같다.

〈표 12-1〉 **한국대학사회봉사협의회**

■ 설립목적

전국의 대학 및 전문대학이 회원이 되어 사회봉사교육과 자원봉사활동에 관한 상호협조를 통하여 대학생들이 재학 중 사회적·윤리적 문제에 대한 경험과 사례를 향상시키고, 나아가 국민 전체의 바람직한 자원봉사문화를 창달함.

■ 단체 연혁

- 1996. 9. 17 한국대학사회봉사협의회 창립총회
- 1997. 3. 31 사단법인 '한국대학사회봉사협의회' 설립인가(교육인적자원부장관)

■ 조직현황

- 전국 268개 대학(교) 참여(2019년 12월 기준)
- 이사회 : 총 20명
- 운영위원회 : 총 5명
- 전문위원회 : 총 18명
- 자문위원회
- 사무국

■ 기능

- 대학생사회봉사활동의 육성·발전
- 대학교육과정과 사회봉사의 연계에 관한 연구·개발
- 대학의 사회봉사활동에 관한 연수·지원
- 국내·외 사회봉사 관련 기관과의 교류·제휴
- 대학사회봉사 프로그램 개발·보급
- 기타 회원대학 상호 간에 협의·조정이 필요한 사항

■ 역할

- 전공학문연계 대학사회봉사활동 지원
- 한국대학생 해외봉사활동 파견
- 지역·권역별 대학연합 사회봉사활동
- 대학사회봉사의 정보개발연구·교류확산

- 사회봉사세미나 및 워크숍
- 뉴스레터 사회봉사 발간·배포
- 대학사회봉사홈페이지 운영

▪ **사무국 소재지**
- 서울특별시 중구 다산로 11길 25(한국대학교육협의회)

3) 대학 자원봉사활동의 활성화 방안

(1) 대학 자원봉사활동에 대한 가치 인식과 제도화

대학 자원봉사활동이 보다 효과적으로 전개되고 활성화시키기 위해서는 무엇보다도 대학 구성원들의 자원봉사에 대한 가치인식과 대학문화 속에 정착시키려는 노력이 필요하며, 대학에서 자원봉사활동을 제도적으로 강화함과 동시에 소요예산에 대한 재정을 확보하려는 노력이 필요할 것이다.

(2) 대학 자원봉사활동 전담 조직의 설치와 전문인력 확보

현재 대부분의 대학 자원봉사활동은 효과적인 육성·지원체계를 갖추지 못하여 많은 어려움을 겪고 있는 실정이다. 학생들의 폭넓은 참여와 사회적 기여 그리고 교육적 효과를 유도하기 위해서는 기본 체제 구축이 선행되어야 한다.

대학에서 자원봉사활동을 정착시키기 위해서는 다양화된 대학 자원봉사활동 전담기구의 역할이 보다 중요하므로 이를 전담하고 관리하는 조직이 필요하며, 자원봉사전담직원을 확보하기 위한 예산지원과 전문가를 확보하기 위한 방안이 마련되어야 한다.

그리고 새로운 참여자들을 위한 적극적인 홍보와 체계적인 교육훈련 그리고 정보제공, 상담지도, 적시적소 배치, 평가 등의 노력도 동시에 이루어져야 한다.

(3) 자원봉사활동 교과목의 개설확대와 국내·외 자원봉사활동의 다양화

대학의 교육과정 속에 자원봉사활동 교과목 개설을 확대하고, 사회봉사 관련 교과목 운영은 봉사학습 개념의 모델을 설정하여 운영하는 것이 바람직할 것이다.

대학의 자원봉사활동은 정규교과목과 연계되어야만 성공할 수 있다. 학생들이 강의실에서 배운 이론을 현장실습을 통하여 검증할 수 있는 기회를 갖도록 해야 한다. 따라서 학과의 특성에 맞는 프로그램을 개발하여 자원봉사활동에 기초한 학습이 되도록 함으로써 학생들의 다양한 욕구와 기대를 최대한 수용할 수 있으며 대학의 바람직한 문화로 정착될 수 있을 것이다. 그리고 다양한 국내·외 자원봉사활동 프로그램을 개발하여 적극적으로 참여할 필요가 있다.

(4) 지역사회 중심과 기관단체와의 연계

지역사회 중심적 대학 자원봉사활동이라는 측면에서 대학의 활동방향이 설정되어야 하며, 대학과 지역사회 간에 상호신뢰와 개방에 기초한 적절한 역할분담이 이루어져야 할 것이다. 그리고 대학 자원봉사활동이 지역사회 활동으로 정착되기 위해서는 봉사학습 개념이 초기교육에 제도화되어야 한다.

자원봉사활동이 효과적으로 추진되기 위해서는 자원봉사자를 활용하는 지역사회 기관·단체·개인과의 긴밀한 연계가 필요하다. 특히 지역사회의 기관·단체와의 유기적인 파트너십을 형성하여 공동으로 봉사활동 프로젝트를 기획함으로써 안정적이고 지속적인 봉사활동이 가능해진다.

(5) 동기부여와 인센티브제도 도입

대학의 자원봉사활동이 보다 효과적으로 이루어지기 위해서는 봉사활동에 대한 자발적인 참여를 유도할 수 있도록 동기를 부여하는 것이 무엇보다도 중요하다.

이를 위해서는 봉사활동에 대한 적극적인 홍보와 의도적인 교육이 필수적이다. 대학의 자원봉사활동이 순수하게 자발적으로 확대되기 위해서는 대학 내의 홍보수단을 최대한 이용하여 봉사활동의 필요성과 각종 사례들을 지속적으로 홍보하여 자원봉사활동에 대한 분위기를 조성하고 이용자의 욕구충족과 활동의 지속성을 위해 스스로 사명감과 신념을 가질 수 있도록 하여야 한다.

대학 자원봉사활동을 정착시키기 위해서는 자원봉사활동을 학점으로 인정하거나 각종 유인책을 도입하여 봉사활동을 장려해 나갈 필요가 있다.

따라서 학생들의 참여를 유도하기 위하여 각종 인센티브를 제공함과 동시에 대학의 자원봉사활동에 대한 행·재정적 지원이나 우수 활동자에 대한 각종 보상·인정이 이루어질 때 보다 건전한 활동으로 정착될 수 있다.

4) 대학 자원봉사교육의 원칙

미국의 전국경험교육협회(National Society for Experimental Education)의 연구진은 사회봉사교육이 지향하는 교육적 목표를 바탕으로 프로그램의 내용이 추구하는 10개의 기본 원칙을 다음과 같이 설정하였다(한국대학사회봉사협의회, 1997).

첫째, 사회봉사 프로그램에는 공동의 선을 추구하기 위한 책임 있고 진취적인 사람들이 참여하여야 한다. 사회봉사교육 프로그램 참여자는 자신들과 사회가 중요하다고 인식하는 과제를 선정해야 한다. 이 같은 행동을 취하기 위해서는 개인의 선험적 지식이나 경험의 수준을 넘어서야 하며, 적극적인 참여자가 되기 위한 개인의 행동에 책임감이 필요하고 충분한 경험과 권한이 부여되어야 한다.

둘째, 사회봉사 프로그램은 사람들에게 자신들의 사회봉사 경험을 비판하고 평가할 수 있는 조직된 기회를 부여하여야 한다. 어떤 갈등과 문제들에 대하여 자연스럽게 토론하고 사회적 공동선에 이르도록 하여야 하며, 이 과정에서 나타난 문제나 오류에 대해 개인적 반성을 통하여 사회적 책임감과 적극적인 시민의식을 갖게 한다.

셋째, 사회봉사 프로그램은 참여자 모두에게 분명한 사회봉사와 학습목표를 구체화시켜야 한다. 봉사자와 이용자가 상호 확고한 인식을 가지고 모두가 이 점에 대하여 창의적인 의견교환을 통해 분명한 타협점을 찾아야 한다.

넷째, 사회봉사 프로그램은 사회봉사 이용자가 봉사의 필요성을 인식할 수 있는 욕구를 갖도록 하여야 한다. 사회봉사의 필요성에 대한 명확한 해답은 1차적으로 이용자가 되는 것이다.

다섯째, 사회봉사 프로그램은 사회봉사자와 기관조직의 책임을 분명히 하여야 한다. 이는 사회봉사활동 과정에서 일어날 수 있는 각 구성원들 사이의 갈등을 최소한으로 억제할 수 있는 기제로 작용하게 된다.

여섯째, 사회봉사 프로그램은 상황의 변화를 감안하는 준비과정을 통해 자원봉사자와 서비스 욕구를 연계시켜야 한다. 이를 통하여 이용자의 욕구에 보다 능동적으로 대처하게 되며, 이는 궁극적으로 사회봉사활동의 효율성과 효과성을 높일 수 있다.

일곱째, 사회봉사 프로그램은 조직이 진지하며 적극적이고 일관된 실천을 기대하여야 한다. 프로그램의 효과성을 높이기 위하여 후원조직과 이용자 조직 모두로부터 강력하고 지속적인 실천이 뒷받침되어야 한다.

여덟째, 사회봉사 프로그램은 목표달성을 위한 훈련 · 감독 · 모니터링 · 지원 · 인정 · 평가 등이 뒤따라야 한다. 이는 프로그램의 제공 측과 이용자 측 양측의 쌍방적인 책임과 긴밀한 커뮤니케이션에 달려있는 문제이다.

아홉째, 사회봉사 프로그램은 시간적인 여유를 가져야 하고, 이는 관계자 모두의 이해에 부합되어야 한다. 해당 프로그램마다 경험의 기간과 시간이 복합적으로 작용되어야 한다.

열째, 사회봉사 프로그램은 보다 다양한 계층의 참여와 역할을 기획하여야 한다. 연령별 · 성별 · 소득 수준별 · 기능별 다양성뿐 아니라 민족적 · 인종적 · 종교적 배경의 다양성이 반영될 수 있도록 기획되는 것이 바람직하다.

위에서 제시한 사회봉사 프로그램의 원칙이 모든 대학, 모든 학생들에게 일관되게 적용될 수는 없다. 대학마다 학생들마다 참여수준과 동기가 다양할 것이며 전공별로도 각기 관심사가 다를 수 있다.

이를 고려하여 대학의 사회봉사교육을 위한 모형을 아래 그림에서와 같이 정립해 볼 수 있다. ❙그림 12-1❙의 아래쪽으로 갈수록 대학 차원의 개입 책임이 넓어지고 있다(최일섭 외, 1996).

단계	내용
동아리 활동	• 기존의 학생회나 동아리가 스스로 활동을 할 때 대학에서 지원
중개 · 알선	• 대학의 봉사활동 담당 조직에서 학생봉사활동을 지원하고 외부 기관 · 단체와의 연계를 통한 공동참여와 적시적소 배치를 지원한다.
학점 인정	• 학과 또는 해당 교과목에 대하여 학점을 인정해 주는 제도 도입과 개선
교과 실습	• 전공 또는 교과목의 일부로 자원봉사활동을 포함시키는 경우이다. 개인 교수가 선택할 수도 있고 단과대학 차원에서 인정하는 경우도 있음
과목 확대	• 사회봉사 교과실습을 학과차원 또는 단과대학 차원에서 봉사활동을 장려하는 제도
교양 확대	• 특정 학과 또는 단과대학에서 독립과목을 개설하여 사회봉사이론과 실기를 학생들이 경험할 수 있도록 하는 제도 • 현재 많은 대학들이 이 모형을 따르고 있음
전공 필수	• 학과 또는 단과대학에서 해당 전공의 필수과목으로 사회봉사를 포함시키는 제도
학점 인정	• 대학의 교육정책상 사회봉사를 '졸업필수' 과목으로 선택하는 경우

| 그림 12-1 | 대학 사회봉사교육을 위한 모형

출처 : 김범수 외(2004). 자원봉사의 이해. 학지사, pp. 151-152 재구성.

꼭 알아야 할 내용

- 대학 자원봉사활동의 의의와 필요성
- 대학 자원봉사활동의 활성화 방안

2. 기업의 자원봉사활동

1) 기업 자원봉사활동의 의의와 필요성

(1) 기업 자원봉사활동의 의의

기업의 자원봉사 또는 기업의 사회봉사라는 용어는 1970년대 이후 미국 기업들이 사원 자원봉사활동을 기업차원에서 제도적으로 뒷받침해 주면서 등장하였다.

기업자원봉사란 회사가 임직원들의 자원봉사활동을 정책적으로 유도하며, 자신의 시간과 기술을 지역사회에 제공하고자 하는 임직원을 공식적으로 지원하는 활동이며, 지역사회문제를 해결하기 위해 기업이 직접 참여하는 자원봉사활동으로 기업도 지역사회의 일원으로서 소속된 몫을 담당하는, 즉 '기업시민정신'에 입각하여 기업윤리를 실천하는 활동이다.

기업 자원봉사활동의 배경에는 사회적인 책임을 수행한다는 새로운 경영이념에 따라 기업 역시 사회에서 다른 구성원과 더불어 살 수 있는 방법을 모색하고 다양한 사회 문제를 해결하며 윤리적인 측면을 준수하는 주체로서 적극적으로 참여해야 할 필요성을 인지하면서 사회적으로 강조되기 시작했다(Ells & Walton, 1961).

현대사회에 들어와 기업의 사회적 책임이 강조되면서 다양한 형태로 변신을 도모하고 있다. 기업의 사회적 책임으로서 기업의 역할과 인식 등을 살펴보면 다음과 같다.

첫째, 사회공헌을 통한 기업의 역할이다.

고전적 의미인 '자선'을 행하는 것이 아니라 기업이 지닌 사회적, 도덕적인 책임을 이행하는 것이며, 이에 용어 자체도 사회공헌에서 기업시민활동으로 바뀌고 있다.

둘째, 기업의 역할에 대한 인식 변화이다.

기업의 역할이 단순히 값싸고 품질 좋은 상품을 생산하고 이를 통해 부를 창출하며 이익을 실현하는 것을 의미하던 시대는 지났다. 다시 말해 고용의 증대와 세금납부라는 소극적인 역할에서 한 걸음 더 나아가 기업시민의 입장에서 사회적인 의무와 책임을 완수하는 전략적 사회공헌활동과 상생경영의 요소로서 파악되는 것이다.

셋째, 국민의 인식 변화이다.

지방자치제 시행으로 지역문제에 대한 주민들의 관심이 증대되고 있으며, 외환위기로 인한 전 국민의 자성 분위기가 고조되었고, 시민단체의 증가 및 그 위상이 증대되고 있다. 특히 기업에 대한 기대감과 기업도 지역사회 구성원으로서 책임을 다해야 한다는 요구가 표출되고 있다.

(2) 기업 자원봉사활동의 필요성

기업 자원봉사활동의 필요성은 첫째, 기업 자체가 추구하는 전반적인 경제적, 사회적 목적을 달성하고 기업의 다양한 구성원과 이해 당사자들의 기대에 부응할 수 있는 가장 효과적인 도구로 역할을 한다.

둘째, 다양한 문제가 산재해 있는 지역사회를 위해 특정 기술과 전문성을 구비하고 있는 직원 개개인에게 재능과 에너지를 공급할 수 있다.

셋째, 자원봉사활동을 통해 기업은 도덕적으로 올바른 위치를 지킬 수 있고, 이는 자체 노동력을 강화하는 요인이 된다(조휘일, 1995).

또한 피터 드러커(Peter Druker)는 사회섹터(자원섹터 또는 제3섹터)를 통해 현대화된 사회가 책임 있는 시민과 일을 성취하는 시민을 다시 창조해 낼 수 있으며, 개인들에게, 특히 지식 노동자들에게 사회를 변화시키고 지역사회를 재창조할 수 있는 공간을 마련해 줄 수 있다는 확신이 점차 실현되고 있으며, 기업은 곧 무수한 지역사회 시민들로 구성되어 있기 때문에 기업 역시 지역사회에 대한 시민의식과 책임감을 갖는 것은 너무나도 당연한 일이라고 하여 기업의 자원봉사활동이 사회에 미치는 영향을 강조하였다.

기업이 자원봉사활동을 함으로써 얻게 되는 이득은 다음 여섯 가지로 요약된다.

첫째, 직원들 간 팀워크 기술을 향상하고, 훈련의 기회를 제공한다.

둘째, 사회에 대한 책임감, 도덕적 윤리의식을 고취하는 기회를 갖는다.

셋째, 기업의 공공 이미지와 평판을 높임과 동시에 직원의 사기를 높일 수 있다.

넷째, 노동생활의 질 향상으로 애사심과 생산성을 제고시킨다.

다섯째, 사원들의 직무능력과 기술을 향상시킨다.

여섯째, 기업과 지역사회와의 관계를 강화한다.

2) 기업 자원봉사활동의 현황 및 사례

1990년대 중반 이후 기업들은 직원의 자원봉사활동에 관심을 보이기 시작하여 직원 대상 자원봉사교육, 기업 내 자원봉사단 조직, 외부 자원봉사단체 지원, 직원 의무자원봉사제 도입 등을 추진하고 있으며 대표적 기업으로는 삼성그룹, 현대그룹, 포항제철, SK텔레콤, 한화, 제일제당, KT 등 대기업은 물론 중소기업까지도 다양한 형태와 프로그램을 기획하여 자원봉사를 실천하고 있다. 삼성그룹의 경우 1994년, 삼성 모든 계열사에 삼성사회봉사단을 조직하고 봉사업무담당 전담직원을 배치하여 기업의 이윤을 사회에 환원한다는 취지로 활발하게 활동하고 있다.

2016년 전국경제인연합회에서 실시한 2015년 기업의 운영방식별 지출 현황에서는 자체사업 48.2%, 파트너십 13.6%, 일반기부(간접 프로그램) 38.2%로 나타나고 있다. 또한 기금충당 방식으로 매칭 그랜트(matching grant)제도를 실시하고 있는 기업도 늘어나고 있다.

중앙일보사의 경우 1994년부터 매년 '전국자원봉사 대축제'를 실시하고 있으며 현재는 JTBC와 공동으로 주최하고 있다. 지역의 언론사들 또한 우수자원봉사자와 단체 등에 대한 시상식 및 자원봉사 관련 기사를 지속적으로 게재·홍보하고 있다.

(1) 양적 측면의 현황

기업의 사회공헌활동에 대해 조사한 자료(전경련, 2016 사회공헌백서)에 의하면 2000년 7천억 수준이던 사회공헌 지출 규모가 2015년에는 2조 9천억대로 꾸준히 증가하였으며, 참여기업은 2009년 220개사에서 2015년 255개사로 크게 늘어나고 있다.

기업의 사회공헌 활동영역과 지출영역을 살펴보면 특정 영역에 편중되어 있음을 볼 수 있다. 2015년 분야별 사회공헌 지출비율을 살펴보면, 특히 취약계층 영역에 33.5%, 교육·학교·학술 영역 17.5%, 문화·예술·체육영역 16.4%, 해외지원 3.7%, 환경보전 1.3%, 의료·보건 1.6%, 기타 2.6% 등으로 나타나고 있다.

(2) 사회공헌활동 사례

기업의 사회공헌활동사례를 살펴보면 크게 세 가지 형태로 이루어지고 있음을 알 수 있다.

첫째, 코즈 마케팅(cause marketing)으로서 기업의 경영활동과 사회적 이슈를 연계시키는 마케팅 활동이다.

둘째, 기업의 사회적 책임(CSR : Corporate Social Responsibility)으로서 기업활동에 영향을 받거나 영향을 주는 이해관계자에 대해 법적, 경제적, 윤리적 책임을 감당하는 경영기법이다.

셋째, 사회적 가치 창출(CSV : Creating Social Value)로서 기업경영에 있어서 기업이 수익창출 이후에 사회공헌활동을 하는 것이 아니라 기업 활동 자체가 사회적 가치를 창출하면서 동시에 경제적 수익을 추구할 수 있는 방향으로 이루어지는 활동을 의미한다.

따라서 사회공헌활동의 대표적 기업 사례를 살펴보면 상당수 기업들이 상시적으로 사회봉사활동을 추진하고 있다는 것이 그 특징이다. 각각의 기업의 특성을 살린 사회 공헌 활동의 활성화와 함께 일반기업들의 사회공헌과는 다른 차별화된 사회공헌활동이 이루어질 수 있도록 나름대로 고민하고 개발해야 할 필요가 있다.

3) 기업 자원봉사활동의 활성화 방안

기업의 자원봉사활동은 다른 분야의 자원봉사와 비교하여 그 역사는 상대적으로 짧지만 괄목할 만한 성과를 거두고 있다. 따라서 체계적 기업자원봉사활동의 활성화 방안을 제시하면 다음과 같다.

(1) 자원봉사 지원제도의 수립

기업자원봉사의 활성화를 위해 기본적이고 쉽게 이행할 수 있는 것은 직원들의 자원봉사활동을 기업이 공식적으로 인정해 주는 것이다. 대부분의 사람이 자신의 선한 일을 알아주고 인정해 줄 때 더욱더 보람을 느끼고 봉사의 매력을 맛볼 수 있다. 인정의 한 방법으로 활동상황을 적절히 홍보하는 것이다. 자원봉사자의 활동사항을 사내 또는 외부 홍보매체에 적극적으로 소개하여 자원봉사자의 사기를 높여줄 수 있으며 참여하지 않는 직원들에 대한 권유와 선의의 압력효과도 있다.

그리고 우수자원봉사자와 우수자원봉사팀에 대한 적절한 포상의 실시와 함께 자원봉사활동에 대한 경비지원 및 기금 마련, 자원봉사 유급휴가 및 휴직제도 기업 자원봉사활동 활성화에 중요한 요소가 된다.

(2) 기업의 확고한 정책 수립

기업의 자원봉사가 성공적으로 전개되기 위해서는 자원봉사에 관한 기업차원의 확고한 정책수립이 뒷받침되어야 한다. 기업의 자원봉사활동 참여가 기업의 사업목표 달성에 충분히 기여한다는 점을 인식하고 기업의 목표달성과 연계하여 자원봉사에 대한 기업차원의 확고한 정책을 수립하는 것은 자원봉사활동의 성공에 매우 중요한 요소가 될 수 있다.

(3) 자원봉사실행 전담기구의 설치

기업 자원봉사활동의 성패를 결정짓는 중요한 요소의 하나가 기업에 공식조직을 설치하고 담당자(전문가)를 지정하는 것이다. 기업의 자원봉사활동을 활성화하기 위한 가장 좋은 방법은 자원봉사센터와 같은 자원봉사 업무만을 전담하는 별도의 기구를 설치하는 것이다. 따라서 전문가에 의한 자원봉사자의 모집·교육·프로그램 개발·배치·평가 등 조정업무를 수행하는 것이다.

(4) 외부단체와의 연계 및 프로그램 공동 참여

자원봉사활동은 지역사회문제에 대하여 주인의식과 책임의식을 가지고 지역사회와 파트너십을 가져야 한다. 따라서 지역사회 내의 여타 단체나 시설·기관과의 연계와 협력체계 구축은 필수적이라 할 수 있다. 그리고 외부 기관 단체와 연합·협력하여 시행하는 공동 프로그램이 있을 경우 적극적·체계적으로 참여할 때 자원봉사활동의 효과 증진은 물론 회사 내에 관련 조직이나 담당자의 업무능력 향상 및 자원봉사 프로그램의 질적 향상에도 크게 기여하게 된다.

(5) 기업 고유의 전문 프로그램 개발·운영

기업의 특성과 실정에 알맞은 전문 프로그램을 개발하여 운영해 나가야 한다. 새로운 계획을 수립할 때는 지역사회욕구의 반영과 함께 회사의 특성을 살릴 수 있고 사원들의 자원봉사활동은 자신들의 관심과 의사에 따라 선택하고 참여할 수 있는 등 기업의 실정에 맞는 전문 프로그램이 필요하다.

(6) 기업과 대학의 산·학협동

기업과 대학은 상생과 공생관계에 있다. 이에 자원봉사활동이라는 끈을 통해 기업의 이미지를 더욱 높이고 아울러 유능한 인재 발굴의 기회로도 활용하며, 기업의 사회공헌 활동에 직·간접으로 참여시킴으로써 교육적인 의미도 부여할 수 있는 것이다.

현재 대학 내에도 사회공헌단 등이 활성화되어 있고 자원봉사론 같은 교과목도 많이 개설되어 있으며, 사회복지학과의 개설 대학이 급증하였다.

4) 기업 자원봉사활동의 원리

(1) 기업 자원봉사활동 프로그램의 원리

기업의 자원봉사활동에 있어서 자원봉사 프로그램 원리로 크게 네 가지 요소들로 구성된다(조휘일, 1995).

첫째, 자원봉사활동 프로그램은 기업의 직원들이 가지고 있는 그들의 근로환경과 생활환경에서의 '삶의 질'에 대한 관심에 반응하는 방법이다.

둘째, 자원봉사활동 프로그램은 직원들의 기술들, 특히 지도력과 참여적 의사결정에 있어서 기술을 증진하고 강화할 수 있는 한 방법이다.

셋째, 자원봉사활동 프로그램은 기업이 지역사회문제 해결에 있어 기업 참여라는 일반 대중의 기대에 확고하게 반응할 수 있는 한 방법이다.

넷째, 자원봉사활동 프로그램은 기업들이 결과적으로는 기업의 최종 이익으로 되돌아올 수 있는 '옳은 일하기'로 도덕적 지도력을 발휘하는 한 방법이다.

이상에서 정리한 네 가지 요소들, 즉 삶의 질, 직원의 참여, 타인들의 기대에 대한 반응, 도덕적 지도력 등은 지역사회, 기업 임직원, 기업체 나아가서 사회 전체에 주는 이익을 강조하는 기업 자원봉사 프로그램들을 위한 강력한 원리와 타당성을 제공한다.

(2) 기업 자원봉사활동 프로그램의 기준과 실행원리

미국의 촛불재단은 매우 우수한 기업 자원봉사 프로그램을 가진 회사들과 연계하여 기업 자원봉사활동을 위한 기본적 지침서를 개발하였다. '우수한 공동체 서비스의 기준(Principles of Excellence in Community Service)'이라는 이 지침서는 기업들에게 회사의 우선순위, 직원의 흥미, 공동체의 욕구에 맞는 프로그램을 발전시키기 위한 행동전략을 제공해 주고 있다.

우수한 프로그램의 기준은 다음 세 가지 요소를 포함한다.

첫째, 기업의 공동체 서비스 참여와 직원의 자원봉사 노력이 그 기업의 목표를 성취하는 데 기여한다는 것을 인식한다. 이것은 기업들이 공동체에 대한 서비스가 기업의 성공에도 기여한다는 비전을 기업의 사명에 대한 진술서, 연보, 기타 회사서류들에 포함시킬 수도 있다는 것을 의미한다.

둘째, 모든 직원의 참여를 유도하고 지원하며 증진시키는 직원자원봉사 프로그램을 만들고, 그것을 다른 중요한 회사 기능과 같이 취급한다. 이것은 회사가 그 프로그램을 관리하기 위해 인적 자원과 예산을 할당해야 한다는 것을 의미한다. 직원에게 자원봉사활동을 위한 시간을 제공하고 그들은 직원의 특정 재능과 기술을 사용할 수 있는 프로젝트를 개발할 것이다.

셋째, 공동체 내의 심각한 사회문제를 목표로 하는 공동체 서비스를 제공한다. 이것은 기업이 직원자원봉사 프로그램의 초점을 심각하게 구조적인 문제점들에 맞추어야 한다는 것을 의미한다.

기업에서 기업 자원봉사활동을 회사의 중요한 정책으로 도입하여 이를 실행하고 전개하는 주요한 원리로 촛불재단에서 제시하는 ACT원리가 있다. ACT원리는 '인식하라(Acknowledge)', '실행하라(Commit)', '목표를 세워라(Target)'의 세 단어의 머리글자를 딴 것이다. 그 내용을 살펴보면 다음과 같다.

① 인식하라

"기업의 지역사회봉사활동 참여가 그 기업의 사업목표달성에 기여한다는 것을 인식하라"이다.

이는 기업이 지역사회의 문제해결과 사회공헌 활동에 참여함으로써 어떤 형태든 간에 긍정적인 형향을 미치고 있다는 것을 명시하고 밝히는 것이며, 기업의 경영적 비전과 사회적 비전을 지속적으로 알림과 동시에 경영진에서부터 말단사원에 이르기까지 자원봉사활동에 참여하는 것은 '당연히 해야 하는 일'로 생각하도록 유도하는 것이다.

② 실행하라

"모든 사원들의 참여를 유도할 수 있는 자원봉사 프로그램을 계획·지원하라. 그리고 사내의 다른 핵심사업과 같이 중요하게 취급하라"이다. 임직원의 자원봉사활동은 기업이 사회의 중요한 문제에 영향을 끼칠 수 있는 가장 좋은 방법이다. 따라서 다른 업무 분야들처럼 잘 계획되고 운영되며 지원되어야 한다. 명문화된 정책으로 만들어서 사원들을 이끌어야 하고 다수 사원들의 참여를 유도하기 위해 적절한 동기부여가 필요하다.

③ 목표를 세워라

"자원봉사활동의 방향을 심각한 지역사회에 맞추라"이다.

지역사회의 가장 심각한 문제가 무엇인지에 대하여 연구 조사하고, 사원들이 어떠한 사회문제에 더 많은 관심과 자질이 있는지를 알기 위해 관심도 및 적성을 조사하는 것이며, 자원봉사 프로그램에 미치는 영향을 알 수 있도록 정기적이고 지속적인 평가를 실시하는 것이다. 그것은 수준 높은 프로그램의 실행과 지속적인 개선을 가져다줄 수 있다.

꼭 알아야 할 내용

- 기업 자원봉사활동의 필요성과 활성화 방안
- 기업 사회공헌활동 사례
- 기업 자원봉사활동의 ACT원리

Volunteerism

13 CHAPTER 사회복지기관 · 전문직 및 종교계 자원봉사활동

1. 사회복지시설 · 기관 자원봉사활동

1) 사회복지시설의 이해

사회복지시설이란 사회복지사업법 제2조 제1호에 규정된 개별법령에 의한 '보호 · 선도 또는 복지에 관한 사업'과 '사회복지상담 · 직업지원 · 무료 숙박 · 지역사회복지 · 의료복지 · 재가복지 · 사회복지관 운영 · 정신질환자 및 한센병력자 사회복귀에 관한 사업' 등 각종 복지사업과 이와 관련된 '자원봉사활동 및 복지시설의 운영 또는 지원을 목적으로 하는 사업'을 말한다. 사회복지사업법은 사회복지사업에 관한 기본법으로 노인복지법, 아동복지법 등 개별 법령에 별도의 규정이 있을 경우 해당 법령 우선 적용된다(보건복지부, 2019).

① 국민기초생활보장법 ② 아동복지법 ③ 노인복지법 ④ 장애인복지법 ⑤ 한부모가족지원법 ⑥ 영유아보육법 ⑦ 성매매방지 및 피해자보호 등에 관한 법률 ⑧ 정신건강증진 및 정신질환자복지서비스 지원에 관한 법률 ⑨ 성폭력 방지 및 피해자 보호 등에 관한 법률 ⑩ 입양특례법 ⑪ 일제하 일본군위안부 피해자에 대한 생활안정지원 및 기념사업 등에 관한 법률 ⑫ 사회복지공동모금회법 ⑬ 장애인 · 노인 · 임산부 등의 편의증진보장에 관한 법률 ⑭ 가정폭력방지 및 피해자보호 등에 관한 법률 ⑮ 농어촌주민의 보건복지증진을 위한 특별법 ⑯ 식품등 기부 활성화에 관한 법률 ⑰ 의료급여법 ⑱ 기초연금법 ⑲ 긴급복지지원법 ⑳ 다문화가족지원법 ㉑ 장애인연금법 ㉒ 장애인활동 지원에 관한 법률 ㉓ 노숙인 등의 복지 및 자립지원에 관한 법률 ㉔ 보호관찰 등에 관한 법률 ㉕ 장애아동복지지원법 ㉖ 발달장애인 권리보장 및 지원에 관한 법률 ㉗ 청소년복지지원법 ㉘ 그 밖에 대통령으로 정하는 법률

그림 13-1 사회복지사업법 개별법령

주 : 사회복지사업법 시행령 제1조의2(사회복지사업 관련 법률)
사회복지사업법(이하 "법"이라 한다) 제2조 제1호 허목에서 "대통령령으로 정하는 법률"이란 건강가정기본법, 「북한이탈주민의 보호 및 정착지원에 관한 법률」, 「자살예방 및 생명존중문화조성을 위한 법률」, 「장애 · 노인 등을 위한 보조기기 지원 및 활용촉진에 관한 법률」을 말한다(2019. 6. 11. 개정).
출처 : 보건복지부(2019). 2019 사회복지시설관리안내.

사회복지시설 여부는 시설운영자의 주관적 판단이 아닌 실질적으로 사회복지사업을 행하는지에 따라서 판단된다. 사회복지시설은 시설 운영자가 사회복지사업을 목적으로 하지 않는다고 하더라도 아래의 경우는 시설명칭, 운영주체에 상관없이 사회복지시설로 분류되며, 특히 생활시설의 경우 미신고시설 관리대책과 관련하여 아래의 내용을 참고해야 한다(보건복지부, 2019).

① 사회복지사업법 제2조의 개별법상 요보호대상자 중 거주 또는 종교 등을 선택할 수 있는 의사능력이 없거나 부족한 자를 보호하는 경우(가족의 의뢰에 의한 경우에도 해당)
- 아동복지법의 요보호아동 전체
- 장애인복지법의 지적장애인, 정신장애인, 발달장애인, 뇌병변장애인 등
- 노인복지법의 치매노인, 자신의 의사를 표출할 수 없는 중증노인 등
- 정신보건법의 정신질환자

② 시설이 주장하는 목적(종교활동 등)과 달리 사회복지 개별법상 요보호대상자가 본인 또는 가족의 보호요청에 의해 동 시설에서 거주하고 있는 경우(생활자 본인의 의사와 관계없는 시설장의 일방적인 종교목적 주장은 수용곤란)

③ 사회복지시설임을 외부에 표방하여 운영하는 경우
- 외부 간판, 소식지, 홍보, 외부활동 등을 통해 사회복지시설임을 명시하거나 표방하는 경우
- 거주 및 보호를 목적으로 생활인을 모집하는 경우
- 보호하고 있는 생활인을 근거로 후원금품을 모집하는 경우
- 신고·인가 등 없이 운영할 경우 벌칙이 적용됨

사회복지시설의 종류는 소관부처별로는 보건복지부와 여성가족부로 구분할 수 있으며 형태에 따라서는 생활시설과 이용시설로 나눌 수 있다. 자세한 내용은 <표 13-1>를, 보건복지부 소관 사회복지시설의 대상자별 세부분류는 <표 13-2>를 참고하기 바란다.

〈표 13-1〉 사회복지시설의 종류

<table>
<tr><th rowspan="2">소관 부처</th><th rowspan="2">시설종류</th><th colspan="2">세부종류</th><th rowspan="2">관련법</th></tr>
<tr><th>생활시설</th><th>이용시설</th></tr>
<tr><td rowspan="10">보건 복지부</td><td>노인 복지시설</td><td>• 노인주거복지시설
• 노인의료복지사
• 학대피해노인전용쉼터</td><td>• 재가노인복지시설
• 노인여가복지시설
• 노인보호전문기관
• 노인일자리지원기관</td><td>노인복지법</td></tr>
<tr><td>복합노인 복지시설</td><td colspan="2">• 농어촌에 지역에 한해 노인복지법 제31조 노인 복지시설을 종합적으로 배치한 복합노인복지시설을 설치 · 운영 가능</td><td>농어촌주민의 보건복지증진을 위한 특별법</td></tr>
<tr><td>아동 복지시설</td><td>• 아동양육시설
• 아동일시보호시설
• 아동보호치료시설
• 자립지원시설
• 공동생활가정</td><td>• 아동상담소
• 아동전용시설
• 지역아동센터
• 아동보호전문기관
• 가정위탁지원센터
• 다함께돌봄센터(2019. 4. 16.부터 적용)</td><td>아동복지법</td></tr>
<tr><td>장애인 복지시설</td><td>• 장애유형별 거주시설
• 중증장애인 거주시설
• 장애영유아 거주시설
• 장애인단기 거주시설
• 장애인공동생활가정</td><td>• 장애인지역사회재활시설
• 장애인직업재활시설
• 장애인의료재활시설
• 장애인생산품판매시설</td><td>장애인복지법</td></tr>
<tr><td>어린이집</td><td></td><td>• 어린이집</td><td>영유아보육법</td></tr>
<tr><td>정신 보건시설</td><td>• 정신요양시설
• 정신재활시설 중 생활시설</td><td>• 정신재활시설 중 이용시설</td><td>정신건강증진 및 정신질환자 복지서비스 지원에 관한 법률</td></tr>
<tr><td>노숙인시설</td><td>• 노숙인자활시설
• 노숙인재활시설
• 노숙인요양시설</td><td>• 노숙인종합지원센터
• 노숙인일시보호시설
• 노숙인급식시설
• 노숙인진료시설
• 쪽방상담소</td><td>노숙인 등의 복지 및 자립지원에 관한 법률</td></tr>
<tr><td>사회복지관 결핵 · 한센시설</td><td>• 결핵 · 한센시설</td><td>• 사회복지관</td><td>사회복지사업법</td></tr>
<tr><td>지역 자활센터</td><td></td><td>• 지역자활센터</td><td>국민기초생활보장법</td></tr>
</table>

여성가족부	성매매피해 지원시설	• 일반지원시설 • 청소년지원시설 • 외국인지원시설 • 자립지원공동생활시설	• 자활지원센터 • 성매매피해상담소	성매매방지 및 피해자 보호 등에 관한 법률
	성폭력피해 보호시설	• 성폭력피해자보호시설	• 성폭력피해상담소	성폭력방지 및 피해자 보호 등에 관한 법률
	가정폭력 보호시설	• 가정폭력피해자보호시설	• 가정폭력상담소 • 긴급전화센터	가정폭력 방지 및 피해자보호 등에 관한 법률
	한부모가족 복지시설	• 모자가족복지시설(기본, 공동, 자립) • 부자가족복지시설(기본, 공동, 자립) • 미혼모자가족복지시설(기본, 공동) • 일시지원복지시설	• 한부모가족복지상담소	한부모가족지원법
	다문화가족 지원센터		• 다문화가족지원센터	다문화가족지원법
	청소년 복지시설	• 청소년쉼터 • 청소년자립지원관 • 청소년치료재활센터 • 청소년회복지원시설		청소년복지지원법

출처 : 보건복지부(2019). 2019 사회복지시설관리안내.

〈표 13-2〉 보건복지부 소관 사회복지시설의 세부분류

<table>
<tr><th>대상자별</th><th>형태</th><th colspan="2">시설 종류</th><th>소관부서</th><th>관련법령</th></tr>
<tr><td rowspan="10">노인</td><td rowspan="5">생활</td><td rowspan="2">• 주거</td><td>- 양로시설, 노인 공동생활가정</td><td rowspan="4">요양보험운영과</td><td rowspan="10">노인복지법
제31조</td></tr>
<tr><td>- 노인복지주택</td></tr>
<tr><td rowspan="2">• 의료</td><td>- 노인요양시설</td></tr>
<tr><td>- 노인요양공동생활가정</td></tr>
<tr><td colspan="2">• 학대피해노인전용쉼터</td><td>노인정책과</td></tr>
<tr><td rowspan="5">이용</td><td>• 재가</td><td>- 재가노인복지시설(방문요양, 주 · 야간 보호, 단기보호, 방문목욕, 재가노인지원, 방문간호)</td><td>요양보험운영과</td></tr>
<tr><td rowspan="2">• 여가</td><td>- 노인복지관</td><td rowspan="3">노인정책과</td></tr>
<tr><td>- 경로당, 노인교실</td></tr>
<tr><td colspan="2">• 노인보호전문기관</td></tr>
<tr><td colspan="2">• 노인일자리지원기관</td><td>노인지원과</td></tr>
<tr><td rowspan="9">아동</td><td rowspan="5">생활</td><td colspan="2">• 아동양육시설, 공동생활가정</td><td rowspan="4">아동복지정책과</td><td rowspan="8">아동복지법
제52조</td></tr>
<tr><td colspan="2">• 아동일시보호시설</td></tr>
<tr><td colspan="2">• 아동보호치료시설</td></tr>
<tr><td colspan="2">• 자립지원시설</td></tr>
<tr><td colspan="2">• 공동생활가정(학대피해아동쉼터로 지정된 곳에 한함)</td><td>아동권리과</td></tr>
<tr><td rowspan="4">이용</td><td colspan="2">• 아동상담소, 아동전용시설, 가정위탁지원센터</td><td>아동복지정책과</td></tr>
<tr><td colspan="2">• 지역아동센터</td><td>인구정책총괄과</td></tr>
<tr><td colspan="2">• 아동보호전문기관</td><td>아동학대대응과</td></tr>
<tr><td colspan="2">• 다함께돌봄센터(2019. 4. 16.부터 적용)</td><td>인구정책총괄과</td><td>아동복지법
제44조의2</td></tr>
<tr><td rowspan="12">장애인</td><td rowspan="5">생활</td><td rowspan="5">• 생활시설</td><td>- 장애유형별 거주시설</td><td rowspan="10">장애인권익지원과</td><td rowspan="12">장애인복지법
제58조</td></tr>
<tr><td>- 중증장애인 거주시설</td></tr>
<tr><td>- 장애영유아 거주시설</td></tr>
<tr><td>- 장애인단기 거주시설</td></tr>
<tr><td>- 장애인공동생활가정</td></tr>
<tr><td rowspan="7">이용</td><td rowspan="4">• 지역사회 재활시설</td><td>- 장애인복지관</td></tr>
<tr><td>- 장애인주간보호시설</td></tr>
<tr><td>- 장애인체육시설, 장애인수련시설, 장애인생활이동지원센터</td></tr>
<tr><td>- 수화통역센터, 점자도서관, 점서 및 녹음서 출판시설</td></tr>
<tr><td colspan="2">• 장애인의료재활시설</td></tr>
<tr><td>• 직업재활 시설</td><td>- 장애인보호작업장, 장애인근로사업장, 장애인직업적응훈련시설</td><td rowspan="2">장애인자립기반과</td></tr>
<tr><td colspan="2">• 장애인생산품판매시설</td></tr>
<tr><td>영유아</td><td>이용</td><td>• 어린이집</td><td>국공립, 법인, 직장, 가정, 부모협동, 민간</td><td>보육기반과</td><td>영유아보육법 제10조</td></tr>
</table>

<table>
<tr><td rowspan="2">정신
질환자</td><td>생활</td><td>• 정신요양시설, 정신재활시설 중 생활시설</td><td rowspan="2">정신건강정책과</td><td rowspan="2">「정신건강증진 및 정신질환자 복지서비스 지원에 관한 법률」
제22조 및 제26조</td></tr>
<tr><td>이용</td><td>• 정신재활시설 중 이용시설</td></tr>
<tr><td rowspan="2">노숙인 등</td><td>생활</td><td>• 노숙인자활시설 • 노숙인재활시설
• 노숙인요양시설</td><td rowspan="2">자립지원과</td><td rowspan="2">「노숙인 등의 복지 및 자립지원에 관한 법률」</td></tr>
<tr><td>이용</td><td>• 노숙인종합지원센터 • 노숙인일시보호시설
• 노숙인급식시설 • 노숙인진료시설
• 쪽방상담소</td></tr>
<tr><td>지역주민</td><td>이용</td><td>• 사회복지관</td><td>사회서비스자원과</td><td>사회복지사업법</td></tr>
<tr><td rowspan="2">기타시설</td><td>복합</td><td>• 결핵・한센시설</td><td>질병관리본부
(결핵・에이즈관리과)</td><td rowspan="2">국민기초생활보장법</td></tr>
<tr><td>이용</td><td>• 지역자활센터</td><td>자립지원과</td></tr>
</table>

출처 : 보건복지부(2019). 2019 사회복지시설관리안내.

2) 사회복지시설 및 기관의 자원봉사활동 필요성

자원봉사활동은 다양한 사회적 욕구와 도움을 필요로 하는 복지기관과 자원봉사활동을 실천하는 자원봉사자의 상호작용으로 형성된다. 즉, 사회복지 기관 입장에서 보면 지역주민(자원봉사자)의 사회참여 욕구를 받아줄 수 있는 수요처이자, 클라이언트에게 질 높은 복지실천서비스를 제공하기 위해 지역사회의 인력지원이 필요하다는 특징이 있다.

복지기관에서 자원봉사활동이 필요한 이유는 다음과 같다.

(1) 클라이언트 욕구의 다양화

사회복지시설에서 생활하거나 이용하는 클라이언트의 욕구가 획일적이거나 단순한 것이 아니라 생활전반의 영역에 다양하게 나타나고 있다. 특히, 가족기능의 약화로 가족 내의 아동, 장애인, 노인에 대한 보호와 도움의 필요성이 강조되고 있으며, 식사, 목욕, 외출, 상담, 교육, 대화 등의 영역은 기계 등으로 대체할 수 없는 클라이언트의 상태 및 환경, 기분, 가족관계 등 복잡하고 섬세한 대응이 필요한 인간의 고유영역이다.

(2) 공식적 복지서비스의 한계

사람들의 복지욕구의 증가로 인한 복지시설의 증가 등의 공적 서비스는 늘어나고 있지만 노인요양원의 경우 입소자 100명 이상 시 사회복지사 1명 추가 등 전문적인 복지실천 인력과 인프라는 아직 클라이언트의 다양한 개별 욕구에 대응하는 것에 미흡하다. 이러한 부분을 보완하는 것으로 자원봉사의 활발한 참여가 절실하다.

(3) 지역사회의 관심증가

지자체 중심의 사업증가, 지역사회별로의 활성화 및 차별화전략이 늘어남과 동시에 주민들의 공동체 의식향상, 지역사회 내의 사회문제 해결에 대한 관심이 늘어났고 직·간접적으로 참여하는 지역주민들이 늘어났다.

(4) 평생교육 및 자기발전으로서의 자원봉사

사회참여, 내신 및 승진 등의 항목으로서의 자원봉사 실적필요, 자기발전과 여가활동의 일부로서의 봉사활동이 증가하고 있다. 이와 같은 지역주민들의 자원봉사에 대한 욕구를 충족시키는 수요처의 기능은 지역사회 내의 관공서와 사회복지시설과 기관에게 집중된다. 학기 중의 경우 학생들은 주말에 자원봉사가 집중되고 이들을 받아들일 수 있는 기관은 주말에 운영을 하는 생활복지시설이 될 수밖에 없다.

보건복지부에서 운영하는 사회복지 자원봉사인증관리사이트(VMS)의 2019년 시설종류별 자원봉사활동현황을 살펴보면 노인시설, 장애인시설, 기타, 복지관의 순서로 분포되어 있으며, 여성시설, 부랑인시설, 정신요양시설, 청소년복지시설 등과 큰 편차가 있음을 알 수 있다.

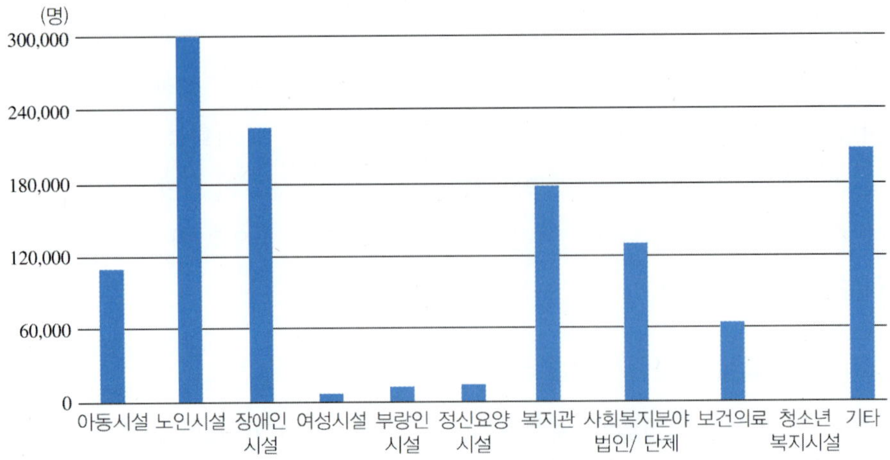

[그림 13-2] 2019년 활동현황(시설종류별)

출처: www.vms.or.kr

〈표 13-3〉 2019년 활동인원(시설종별)

(단위 : 명)

구분	인원
아동시설	110,327
노인시설	296,188
장애인시설	223,155
여성시설	6,738
부랑인시설	12,823
정신요양시설	13,782
복지관	174,452
사회복지분야 법인/ 단체	127,547
보건의료	64,669
청소년복지시설	0
기 타	204,258
총 계	1,233,939

출처: www.vms.or.kr

3) 사회복지시설에서의 자원봉사활동의 종류와 내용

모든 국민은 연령 · 성별 · 장애 · 지역 · 학력 등 사회적 배경에 관계없이 누구든지 자원봉사활동에 참여할 수 있으며, 자원봉사자는 봉사활동을 할 때 자원봉사센터 및 자원봉사단체에서 교육훈련을 받을 수 있고, 자원봉사활동의 취지를 훼손하지 않는 범위 안에서 자원봉사자 및 단체는 필요경비를 지원받을 수 있다. 또한 자원봉사센터 또는 비영리민간단체지원법에 따라 등록된 단체에 소속한 자원봉사자의 보호를 위해 국가 및 지방자치단체는 보험 또는 공제에 가입할 수 있다(법제처, 2019).

사회복지시설에서의 자원봉사활동의 종류는 자원봉사활동기본법에서 확인해 볼 수 있는데, 자원봉사활동 기본법의 적용을 받는 자원봉사활동의 범위는 법 제7조에 따르면 다음과 같다.

① 사회복지 및 보건 증진에 관한 활동
② 지역사회 개발 · 발전에 관한 활동
③ 환경보전 및 자연보호에 관한 활동
④ 사회적 취약계층의 권익 증진 및 청소년의 육성 · 보호에 관한 활동
⑤ 교육 및 상담에 관한 활동
⑥ 인권 옹호 및 평화 구현에 관한 활동
⑦ 범죄 예방 및 선도에 관한 활동
⑧ 교통질서 및 기초질서 계도에 관한 활동
⑨ 재난 관리 및 재해 구호에 관한 활동
⑩ 문화 · 관광 · 예술 및 체육 진흥에 관한 활동
⑪ 부패 방지 및 소비자 보호에 관한 활동
⑫ 공명선거에 관한 활동
⑬ 국제협력 및 국외봉사활동
⑭ 공공행정 분야의 사무 지원에 관한 활동
⑮ 그 밖에 공익사업의 수행 또는 주민복리의 증진에 필요한 활동

자원봉사활동의 종류와 활동내용은 <표 13-4>과 같다.

〈표 13-4〉 자원봉사활동의 종류

분 야	활동 장소	활동 내용
사회복지 및 보건증진	• 지역사회복지관 • 사회복지시설 • 무의탁노인가정 등	• 진료 • 건강교육 · 건강증진캠페인 • 호스피스 활동 • 지역사회복지관 사무보조 및 안내 등
지역사회 개발 · 발전	• 지역 • 지역사회복지관	• 지역봉사지도원(노인복지법 제24조) • 농촌의 일손 도와주기 • 공공시설물 점검 · 보소 • 지역사회 유해환경 추방 캠페인 • 유해환경 감시 등
사회적 취약계층의 권익증진	• 보육원 · 영아원 · 양로원 • 지역사회복지관 • 노인복지관 • 장애인복지관 • 청소년쉼터 • 노숙자시설 • 재가복지봉사센터 • 모자가정생활시설 등	• 상담 · 교육 • 이용 · 미용 • 사무보조 • 가정방문 • 나들이 지원 • 음식 제공 • 미술 · 음악 등 심리치료 등
교육 및 상담	• 주민자치센터 • 아동복지센터 • 평생학습관 및 도서관	• 퇴직교원 평생교육활동(「퇴직교원 평생교육활동 지원법」 제1조 및 제6조) • 방과후 교실 • 도서관 지원 등
인권옹호 및 평화구현		• 외국인 근로자에게 한글 교습 • 외국인 노동자 지원 등
범죄예방 및 선도		• 범죄예방자원봉사위원(「보호관찰 등에 관한 법률」 제18조) • 보호소년의 봉사활동(「보호소년 등의 처우에 관한 법률 시행령」 제81조) • 수형자의 봉사활동(「형의 집행 및 수용자의 처우에 관한 법률」 제57조 제5항) • 수용자에 대한 자원봉사활동(「형의 집행 및 수용자의 처우에 관한 법률 시행규칙」 제46조 제2항 및 제233조) 등
교통 및 기초질서제도	• 지역 주변 및 거리	• 교통안전 봉사활동(도로교통법 시행령 제6조 제1호) • 교통법류위반 감시 • 교통사고 가정 돕기 • 혼잡한 거리 정리 • 안전운전 캠페인 • 교통 관련 제보 활동 • 교통안전 교육 • 교통안전 표지판 청소 • 교통사고 응급구조 및 현장 지원 • 어린이들을 위해 교통안전 지도 활동 등

재해구조	• 재난지역 • 재해지역	• 구호활동 • 지역자율방재단(자연재해대책법 제66조)
문화 · 관광 · 예술 및 체육진흥	• 문화재 • 고궁 • 박물관 • 미술관 • 사회복지시설 등	• 도서관 자원봉사활동(도서관법 시행령 제5조 제3호) • 문화행사 도우미 • 관광 안내 • 생활체육 활동 지원 등
부패방지 및 소비자보호	• 녹색소비자연대 • 서울 YMCA • 한국소비자연맹 등	• 피해 소비자 상담 • 권익 보호를 위한 활동 • 시장조사 활동 등
공명선거	• 시민단체 등	• 선거운동 자원봉사 • 선거운동 모니터링 등
국제협력 및 해외봉사활동	• 입양기관 • 비영리기관 • 사회복지기관	• 통역 및 번역활동 • 외국어 홈페이지 번역 • 해외 자원봉사활동 등
공공행정 분야 사무 지원	• 지역 사회복지관(노인, 종합복지관, 장애인) • 사회복지시설	• 행정보조 • 안내 및 홍보 • 주민자치활동지원 • 방범활동지원 등
공익사업수행 또는 주민복리 증진		• 자원봉사 멘토링(mentoring : 도움이 필요하거나 처음 자원봉사활동을 시작하는 사람과 자원봉사자 멘토가 자원봉사활동에 관한 상담 등을 함께 함) • 청소년들의 금연 도우미 • 야간 방범 봉사 • 아름다운 도시 가꾸기 등

출처 : 법제처(2019. 1. 2). 자원봉사의 종류.

4) 사회복지시설에서 자원봉사자의 자세와 유의사항

사회복지시설에서의 자원봉사활동은 시설에서 필요로 하는 봉사의 내용과 다르게 진행될 경우 클라이언트에게 큰 불편함을 초래할 수 있다. 시설의 목적과 사업내용을 충분히 이해하고 자원봉사를 시작하는 것이 중요하며, 자신의 봉사에 욕구와 기관의 필요성을 조율하는 작업이 자원봉사활동 시작 전에 자원봉사관리자와 상담을 통해 선행되어야 할 것이다.

(1) 인간적 존중

사람은 누구나 인간으로서의 가치를 지니고, 부당한 취급을 당해서는 안 된다. 시설에서 생활하고 있는 클라이언트들에게 불필요한 동정, 측은지심을 가지기보다는 인간적으로 존중하고 선입견을 최소화할 필요가 있다. 상대방의 자존심을 상하게 하거나 장애 등 불편한 부분을 불쌍하게 생각하는 행동과 표정, 말은 특히 주의해야 한다.

(2) 개인정보보호

자원봉사를 하는 사회복지 시설과 기관은 클라이언트의 생활공간이자 삶의 영역일 수 있다. 특히, 입소시설의 경우 개인정보 및 초상권보호, 프라이버시를 존중할 수 있도록 봉사활동 사진 등이 필요한 경우 시설의 자원봉사관리자와 사전에 충분한 상의를 통해서 진행하여야 한다. 또한 봉사활동을 통해 알게 된 개인정보는 외부로 누설해서는 안 된다.

(3) 시설 자원봉사 담당직원과의 상호협력

자원봉사활동일, 봉사시간, 봉사영역, 클라이언트에 대한 특이사항 등 시설의 자원봉사담당자와 긴밀한 상호협력을 통해 진행되어야 한다. 자원봉사자의 활동이 클라이언트에게는 큰 힘이 될 수도 있지만 기약 없는 기다림이 될 수도 있기에 주의해야 된다.

(4) 지속적인 봉사활동

지속적이라는 것은 주 1회, 월 1회 등 정확한 횟수를 구분하는 것을 의미한다기보다는 봉사자가 가능한 시간의 범위 내에서 도움을 받은 클라이언트, 복지시설에게 안정감을 제공하는 규칙적인 간격을 의미한다고 볼 수 있다.

■ 자원봉사자의 자세 및 유의사항

① 자신에 대한 이해와 성찰

- 자원봉사활동은 대우를 받기 위한 것이 아니므로 겸손한 태도와 감사하는 마음을 갖는다.
- 자원봉사자는 스스로에 대한 이해가 이루어져야 한다.
- 자원봉사활동을 하기 위해서는 먼저 가족이나 직장의 양해를 구한다.
- 자원봉사자는 사람을 좋아하고 사람을 만나 함께 일하기를 즐겨야 한다.

② 자원봉사활동에 대한 이해와 준비

- 봉사의 의미와 목적을 알고 대상자의 입장에서 봉사한다.
- 능력에 맞는 일감과 역할을 맡는다.
- 자기 주위에 있는 일부터 시작한다.
- 관심 있는 일부터 시작한다.
- 끊임없이 공부하며 배우는 자세를 갖는다.
- 경험을 살릴 수 있는 일을 찾아서 한다.

③ 활동수칙

- 활동기관이나 대상자의 비밀을 반드시 지킨다.
- 물질적인 대가를 바라지 않는다.
- 책임감을 가지고 임무를 완수한다.
- 약속을 잘 지킨다.
- 활동에 한계를 그어야 한다.

출처 : 구리시 자원봉사센터.

꼭 알아야 할 내용

- 사회복지시설의 유형
- 사회복지시설 및 기관의 자원봉사활동 필요성
- 사회복지시설에서의 자원봉사활동의 종류와 내용
- 사회복지시설에서 자원봉사자의 자세와 유의사항

2. 전문직 자원봉사활동

1) 전문직 자원봉사활동의 의의

전문적인 지식 및 기술을 가진 자원봉사자의 활동은 사회복지서비스 질 향상은 물론 서비스 자체를 향상시킬 수 있는 힘을 가지고 있다. 특히, 일반 자원봉사자들과는 달리 이미 전문적인 지식과 기술을 가지고 있기 때문에 자원봉사 수요처에서는 봉사자 교육에 최소한의 노력과 비용, 시간투자로 효율성을 높일 수 있다.

자원봉사의 영역도 계획과정에서부터 전문적인 조언과 자문, 동반자로서의 활동이 가능하며, 기관의 자원봉사자들을 도와 자원봉사교육과 훈련에도 풍부한 경험을 제공할 수 있다. 비교적 시간과 경제적인 여유가 있고 자신의 시간을 활용할 수 있는 전문직 자원봉사자는 지역사회 내에서 활동의 영향력이 있고 인프라가 구축되어 있는 경우가 많아 문제해결 및 연계사업에서 인적·물적자원을 효과적으로 동원할 수 있다.

2) 직업별 자원봉사활동의 현황

직업별 자원봉사자의 활동은 공무원, 사무관리직, 전문직, 자영업, 기술직, 농수산업, 군인, 주부, 학생, 무직, 그리고 기타로 구분하여 살펴볼 수 있다. 2019년도 직업별 자원봉사활동 현황을 살펴보면 학생이 가장 큰 비율을 차지하고 주부, 기타의 순서로 나타나고 있다.

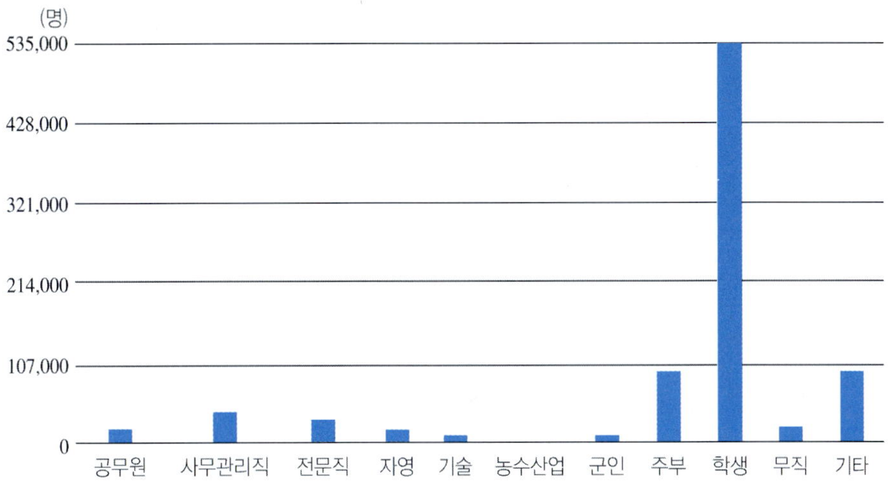

| 그림 13-3 | 2019년도 직업별 자원봉사활동 현황

출처 : www.vms.or.kr.

〈표 13-5〉 2019년도 직업별 자원봉사활동 현황

(단위 : 명)

구분	인원
공무원	21,191
사무관리직	42,126
전문직	32,586
자 영	18,411
기 술	7,385
농수산물	1,459
군 인	6,081
주 부	96,51
학 생	531,086
무 직	21,441
기 타	94,301
총 계	872,578

출처 : www.vms.or.kr.

2018 사회복지자원봉사 연간 백서를 살펴보면, 직업별 자원봉사자 현황은 기타를 제외하고 학생, 주부, 사무관리직, 전문직 등의 순으로 자원봉사활동이 활발함을 알 수 있다. 학생 총 557,657명 중에 중·고등학생이 68.7%의 봉사활동을 하고 있으며, 전체 자원봉사자 중 학생의 비율은 49.2%를 나타내고 있다. 하지만 전년 대비 학생의 봉사활동 참여 비율이 15% 정도 낮아지는 경향을 보였으며, 이는 인구 감소 등 사회적 변화에 따라 주요 봉사활동 주체로서의 학생의 자원봉사활동을 지원하는 다양한 프로그램 및 정책 확대의 필요성을 보여주고 있다.

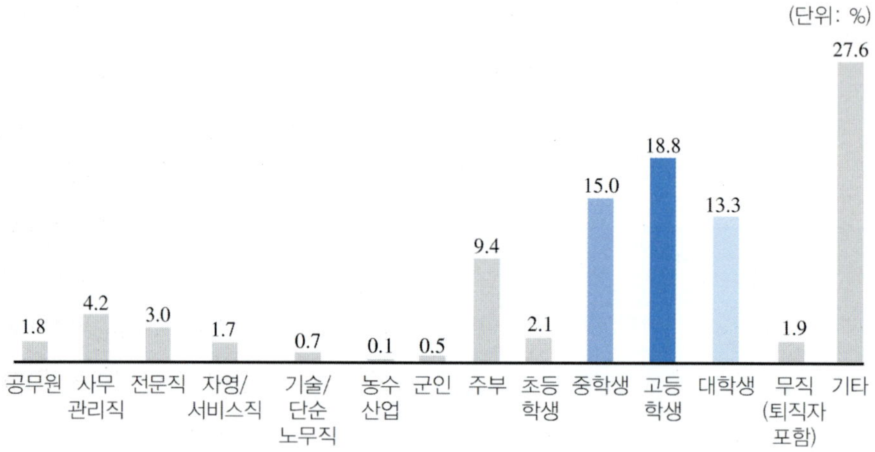

❙그림 13-4❙ 2018 직업별 자원봉사 현황

출처 : 한국사회복지협의회(2018). 2018 사회복지자원봉사 연간 백서.

봉사시간대별 활동에서 직업에 따른 봉사활동 참여율은 평일은 주부(90.3%), 농수산업(87.2%), 자영/ 서비스직(76.3%)이 주로 높게 나타났으며, 주말은 초등학생(67.2%), 중학생(56.4%) 등의 참여가 높게 나타나는 경향을 보였다.

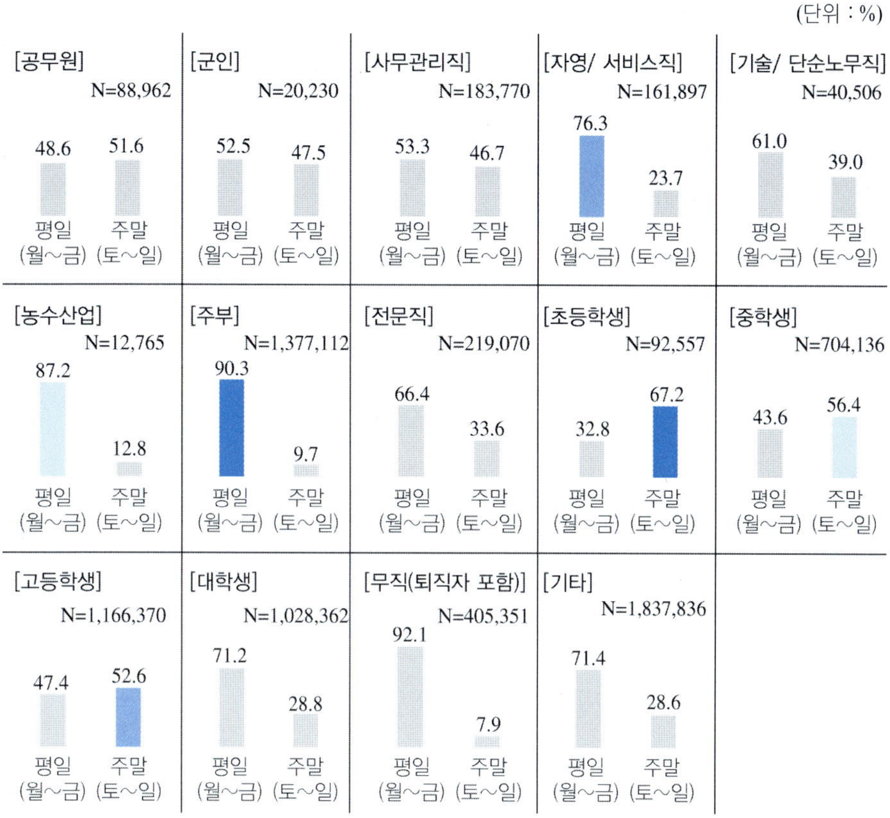

그림 13-5 2018 시간대별/ 직업별 자원봉사 현황

출처 : 한국사회복지협의회(2018). 2018 사회복지자원봉사 연간 백서.

봉사영역별 활동 현황에서는 모든 직업군에서 시설 봉사가 주를 이루었으나, 직업에 따라 시설봉사(주부>고등학생), 지역사회봉사(고등학생>대학생) 등 참여 유형의 편차가 나타났다. 학생의 비율이 가장 많고 주부, 무직(퇴직자 포함), 전문직 등의 순으로 나타났다.

〈표 13-6〉 2018 직업별 봉사활동역역 현황

(단위 : %)

	공무원	군인	사무 관리직	장영업/서비스직	기술/단순노무직	농사 산업	주부	전문직	초등 학생	중학생	고등 학생	대학생	무직 (퇴직자 포함)	기타
시설 봉사	0.8	0.2	1.7	1.5	0.4	0.1	13.8	2.0	0.8	6.8	11.6	9.4	3.9	17.8
재가 봉사	0.1	0.0	0.3	0.3	0.1	0.0	1.6	0.2	0.1	0.6	1.0	0.9	0.5	1.8
전문 봉사	0.1	0.0	0.1	0.1	0.0	0.0	0.9	0.3	0.0	0.3	0.6	0.9	0.3	1.2
지역 사회	0.1	0.0	0.2	0.2	0.0	0.0	0.9	0.2	0.2	0.8	1.0	0.9	0.3	1.8
헌혈	0.2	0.2	0.2	0.0	0.1	0.0	0.0	0.1	0.0	0.4	1.5	1.6	0.1	1.4
기타	0.0	0.0	0.1	0.0	0.0	0.0	0.5	0.1	0.1	0.5	0.7	1.1	0.2	1.0

출처 : 한국사회복지협의회. 2018 사회복지자원봉사 연간 백서.

3) 전문직 자원봉사활동의 활성화 방안

(1) 전문직 자원봉사자의 전문기술활용성

전문직 자원봉사자들이 자신의 전문성을 활용할 수 있는 다양한 자원봉사 프로그램을 개발 및 운영하는 것이 지속적인 자원봉사활동의 동기부여가 될 것이다. 경영관리, 법률조언, 운영위원회 활동, 프로그램 진행 및 교육, 상담, 공연활동 등 전문기술을 사용할 기회를 확대하고 개인봉사뿐만 아니라 다양한 전문직봉사자들을 하나의 봉사그룹으로 구성하여 운영할 필요가 있다.

(2) 시간 및 장소의 영역확대

사회복지기관의 다양한 업무 중 시간 또는 장소의 제약을 받지 않는 일감에 대해서는 전문직 봉사자들이 자신의 전문공간 또는 원하는 시간에 봉사를 할 수 있는 방안이 필요하다. 헌혈을 자원봉사의 시간으로 인정해 주는 것과 같이 사회복지기관에 해당 기기가 없거나 인프라 구축이 미비한 영역을 인정해 주면 자원봉사의 활동을 활성화시킬 수 있는 동기부여가 될 수 있다.

(3) 다양한 자원봉사 프로그램 개발

전문직 자원봉사자들이 자신의 전문분야와 직접적 관련이 있는 봉사 외에도 자신의 지식과 기술을 활용하여 적용시킬 수 있는 영역의 봉사일감을 개발할 필요가 있다.

(4) 자원봉사관리자의 전문성 향상

시설 및 기관의 자원봉사 담당자들이 자원봉사자들에 대한 상담과 봉사욕구를 알고 이에 적합한 봉사일감을 연결하기 위해서는 관리자의 지속적인 관심과 전문성 향상이 중요하다. 자원봉사센터를 허브로 하여 자원봉사자 관리에 대한 교육과 더불어 보수교육도 자원봉사실적 입력에 대한 부분만 강조하는 것에서 벗어나 관리능력을 향상시키는 것으로 확상시킬 필요성이 있다.

꼭 알아야 할 내용

- 전문직 자원봉사활동의 의의
- 전문직 자원봉사활동의 활성화 방안

3. 종교계 자원봉사활동

1) 종교계 자원봉사활동의 의의와 필요성

사회복지의 주요한 다섯 가지 동기 가운데 하나인 종교는 신자에게 자선활동으로 서로 협동하는 것을 의무화하고 있고 일반사회에서 구제를 필요로 하는 사람들에게도 자선활동을 펼치도록 하기 때문에 복지다원주의 시대를 맞이하여 종교계의 잠재적 자원을 조직화하고 활성화할 필요가 있다.(Macarov, 1987). 웨들(Weddell, 1986)은 민간차원에서 사회복지사업의 시행은 "시민들의 참여를 확대시키고 조직적으로 자원봉사자를 활용함으로써, 지역사회를 위한 사회복지서비스의 중요성에 대한 사회적인 인식을 증폭시키고 실질적인 서비스가 제공되도록 할 수 있다"는 정책적 효과를 가진다(Harris, 1996 : 65-66)고 하였다.

벤딕(Bendick, J. R., 1989)에 의하면 종교기관은 지역과 개인에 대한 정보를 상대적으로 더 많이 갖고 있어서 진정으로 도움이 필요한 사람들을 정확하게 파악하는 능력을 갖고 있을 뿐 아니라 활용할 수 있는 자원봉사자들이 있어서 효율적이고 효과적으로 사회복지활동을 수행할 수 있다. 특히 우리나라는 종교인구가 2015년 기준으로 53.9%로 전체 인구의 절반을 넘어섰다(통계청, 2015). 또한 종교계는 풍부한 인적·물적·시설 자원을 보유한 기관이라는 점에서 보완적 복지기능을 수행함에 있어 그 가능성과 중요성이 더욱 부각된다(강기정 외, 2004).

2) 종교계 자원봉사활동의 원칙

① 종교계 자원봉사활동은 자비심, 이웃사랑 등 종교의 이념적 사명을 타방으로 실천해 나간다.

② 종교계의 자원봉사활동은 연령, 성별, 종교, 지역 등과 상관없이 평등성의 원칙에 따라서 필요한 서비스를 인간 및 자연환경까지 받을 수 있도록 해야 한다.

③ 종교계의 자원봉사활동은 복지공동체 문화의 형성을 위하여 신자들의 자발성에 기초하여 전개해 나간다.

④ 종교계의 자원봉사활동은 공적 사회복지기관의 역할을 보완하거나 보충적 기능을 수행해 나간다.

⑤ 종교계 자원봉사활동은 각 종교계의 조직과 기구들뿐만 아니라 다른 종교계의 조직과 단체들이 함께 네트워크를 구축하여 실시해 나간다.

⑥ 종교계 자원봉사활동은 각 종교의 특성에 입각한 창의적 프로그램을 개발하는 데 주력해야 한다.

⑦ 종교계 자원봉사활동은 단순한 자선활동의 수준을 넘어선 수요자의 문제

예방과 치료 및 자립을 지향하는 활동을 전개해 나가야 할 것이다(김영호 외, 2006 : 285-286).

3) 종교계 자원봉사활동의 특성

종교계 자원봉사는 1970년대 말부터 사회사업학 전공 논문으로 발표된 것을 시작으로 종교계의 이에 대한 관심은 개신교 인사들이 중심이 된 한국자원봉사능력개발연구원의 설립(1986)에서도 나타난다(새가정 편집부, 1988 : 88-89). 특히 2000년대 들어와 사회복지학계의 성장과 함께 활성화되며 복지적 측면에서 연구가 활발해졌고, 불교, 기독교 모두 자원봉사의 활성화에 초점을 두었다. 신자들을 중심으로 영성과의 관계, 만족도, 자원봉사의 제도화, 조직의 관리를 중심으로 종교자원봉사의 문제를 종교계 내부에서 찾으려고 하는 특성을 보여준다.

종교계 자원봉사는 각 종교의 교리에서의 돌봄, 베풂의 이념과 신자들의 집단성을 특징으로 볼 수 있다. 이것은 종교계 자원봉사의 두 가지 이론 중 각각 돌봄의 윤리를 키우는 종교적 가르침에 초점을 둔 문화 이론과 좀 더 사회적으로 통합되고 조직화된 종교 신자들의 구성을 중시하는 구조 이론에 해당한다(Son & Wilson, 2011 : 646). 윌슨(Wilson)은 자원봉사가 인적 자본을 요구하는 생산적인 일이고, 사회적 자본을 요구하는 집합행동이며, 문화적 자본을 요구하는 윤리적으로 안내된 것으로 간주한다(Wilson & Musick, 1997 : 694). 이것은 종교기반 자원봉사가 윌슨의 전제 중 특히 사회적 자본과 문화적 자본에 긴밀히 연관되어 있음을 말해준다. 먼저 자원봉사의 뿌리는 종교적 이념과 가치로 어느 종교나 약자에 대한 돌봄과 베풂을 중시하는 윤리적이며 복지적인 지향을 보여준다. 또한 우드노우(Wuthnow)는 인터뷰를 통해 많은 종교 신자들이 돌봄 활동에 참여하게 된 동기를 설명할 때 종교적인 언어에 기대고 있음을 발견했다. 신자 자신의 종교적 신앙이 친절과 돌봄을 가르친다는 것으로, 긍휼이 인간의 마음에서 자연스럽게 솟아나는 것은 아니라는 것이다. 그러나 다른 한편 우드노우는 돌봄을 수행하는 동기가 어느 정도 인간의 본성에 내재하고 있다고 응답한 이들이 대부분임도 인정하고 있다(Wuthnow, 1991 : 50-53). 이것은 종교기반이건 아니건 자원봉사는 문화적 자본과 관련되어 있음을 의미한다(전명수, 2017).

4) 종교계 자원봉사활동의 문제점과 과제

① 예산편성의 소극성
② 사업의 비전문성
③ 전달체계의 비체계성
④ 전문인력의 부족
⑤ 종교사회복지 개념의 미정립

꼭 알아야 할 내용

- 종교계 자원봉사활동의 필요성
- 종교계 자원봉사활동의 원칙
- 종교계 자원봉사활동의 특성

14 CHAPTER 시민단체(비영리민간단체) 자원봉사활동

1. 비영리민간단체의 개념과 특징

1) 비영리민간단체의 개념

비영리민간단체설립의 근거는 공익 등을 목적으로 비영리민간단체지원법에 근거하여 설립된 비영리 사업을 영위하는 조직이다. 여러 가지 사회문제를 해결하는 서비스를 정부가 아닌 단체가 제공하는 것으로서 비정부기구(NGO), 비영리기구(NPO)와 같은 용어로 사용되고 있으며, '대다수의 사람들이 영리를 목적으로 하지 않는 특정 목적을 중심으로 모여 활동하는 결사'라고 정리해 볼 수 있다. 국가권력과 시장경제에 대한 견제와 비판의 기능을 수행하고, 시장경제, 정치권력과 함께 현대사회를 이끌어 가는 제3의 섹터로 표현된다.

UN(2003)에서는 비영리 조직의 개념을 정의할 때 다음과 같은 특징을 포함하여야 한다고 보았다(한국자선단체협의회, 2010).

① 운영으로부터 얻는 이익을 구성원의 이해를 위하여 배분하지 못하게 되어 있고, 운영 이익은 영리 기업과 구분되는 특성으로 목적 기능에 활용된다.
② 그들이 생산하는 사적 제품이 무엇이든 간에, 공공재의 생산에 관여한다.
③ 수입구조는 일반적으로 상당한 양의 자발적 시간과 자금을 포함한다.
④ 유급 직원뿐만 아니라 자원봉사자를 활용한다.
⑤ 이윤 분배의 금지로 인해 자기 자본(equity capital)에 대한 접근이 제한된다.

⑥ 많은 국가에서 특별 세제 혜택의 자격을 받는다.

⑦ 지배, 요건의 보고, 정치적 참여를 포함한 특별한 법적 규정이 있다.

⑧ 공공재 제공에 관여하지만 지배정부가 갖는 힘은 부족하다.

(한국자선단체협의회, 2010)

2) 비영리민간단체의 특징

비영리단체는 정관 등의 서류를 준비하여 세무서에 비영리단체 등록신청을 하고, 고유번호증을 발급받아서 운영을 해야 한다. 비영리활동을 하는 임의적인 조직에 고유번호증을 통하여 대표성을 부여한다고 볼 수 있으며, 비영리민간단체 지원법 제2조에 의하면 '비영리민간단체'라 함은 영리가 아닌 공익활동을 수행하는 것을 주된 목적으로 하는 민간단체로서 다음 각호의 요건을 갖춘 단체를 말한다.

〈표 14-1〉 비영리 민간단체의 요건

1. 사업의 직접 수혜자가 불특정 다수일 것
2. 구성원 상호 간에 이익분배를 하지 아니할 것
3. 사실상 특정 정당 또는 선출직 후보를 지지·지원 또는 반대할 것을 주된 목적으로 하거나, 특정 종교의 교리전파를 주된 목적으로 설립·운영되지 아니할 것
4. 상시 구성원수가 100인 이상일 것
5. 최근 1년 이상 공익활동실적이 있을 것
6. 법인이 아닌 단체일 경우에는 대표자 또는 관리인이 있을 것

출처 : 국가법령정보센터(2017. 7. 26). 비영리민간단체 지원법

위의 표의 요건을 충족하여 비영리단체를 운영하게 되면 샐러먼(Salamon, 1999)이 비영리조직이 지니는 중요한 특징으로 제시한 여섯 가지 기준을 확인해야 한다.

(1) 조직(Organizations)

제도화가 되어 있다는 특징을 가지고 있는 비영리 조직은 '제도적 실재(institutional reality)'를 지니게 된다. 여기서 '제도적 실재'란 적정 정도의 내적조

직구조와 더불어, 활동의 지속성, 구조, 목적, 의미가 있는 조직의 정관, 조직 경계 등이 있음을 의미한다. 사람들에게 중요한 것이라고 할지라도 비공직적이거나 임시적인 모임은 비영리 조직으로 간주되지 않는다.

(2) 민간부문(Private)

비영리 조직은 정부 기구의 일부이거나, 관료에 의해 운영되는 기관에 의해서도 지배되지 않는다. 즉, 제도적으로 정부로부터 독립되어 있다고 볼 수 있지만 정부로부터 권한의 위임, 지원 및 규제를 받지 않는다는 것을 뜻하는 것은 아니다. 비영리 조직은 공공성에 대한 사회적 합의에 따라 관련 법령에 의해 운영비를 지원받거나 정부로부터 사업비를 배분받을 수도 있다. 그러나 정부의 지원을 받을 경우에는 일련의 규칙에 대하여 강한 규제를 받을 수 있으며, 경우에 따라서는 공공의 권한을 정부를 대신하여 수행할 수도 있다.

(3) 이익무분배(Non-profit Distributing)

비영리 조직은 소유주, 주주에게 이윤을 배당하는 사적인 회사와 다르게 소유주, 설립자, 이사, 조직원, 기부자들에게 이익을 돌려주지 않는다. 이러한 이익무분배의 특징은 시장의 일반적 원칙과 가장 다른 특성이라고 할 수 있다. 사업의 특성상 수익을 축적하는 경우도 있지만 한스만(Hansmann, 1980)이 '비영리 조직은 이윤배분을 억제하는 측면이 가장 특징적이고 정확한 정의'라고 언급한 것과 같이 비영리 조직의 근본적인 목적은 조직의 기본 목적과 부합되는 분야에 대한 재투자여야만 하는 특징을 가지고 있다.

(4) 자치성(Self-governing)

비영리 조직은 자체적 의사결정체인 이사회 등을 운영하여 자치적 운영을 하고 있기 때문에 기본적으로 외부 조직에 의한 통제를 받지 아니한다. 즉, 자신의 활동을 스스로 조절하고 통제할 수 있다.

(5) 자발성(Voluntary)

조직의 운영과 활동이 구성원들의 자발적인 참여에 의해 이루어지는 비영리

조직의 직원들은 수많은 자원봉사자들로 구성되며 이사회 또한 자원봉사자로 구성되는 것이 일반적이다.

(6) 공익성(Public Sector)

비영리 조직의 주된 목적은 개인 또는 특정 집단의 이익을 생성하기 위한 것이 아니라 공공의 목적 및 공익에 기여하는 것이다. 그렇기 때문에 비영리조직은 기본적으로 이윤추구가 목적이 아니며, 이윤이 발생하는 경우가 있더라도 그 이익을 조직원들에게 분배하지 않는다. 이러한 공익성을 통해서 비영리 조직은 자발적·자치적인 민간 조직이라고 정의할 수 있다.

3) 비영리민간단체의 유사개념

① CSO(Civil Society Organization)

CSO는 'Civil Society Organization'는 공익추구활동에 참여하는 비정부조직을 말하는 약자로서 흔히 시민사회단체라고 불린다. CSO에는 민주화단체 및 신념에 근거해 공익적 이슈를 다루는 조직 등을 포함한 advocacy조직, 환경운동단체, 소비자단체, 권익보호집단 등이 있다.

② PVO(Private Voluntary Organization)

PVO는 'Private Voluntary Organization'의 약자로서, 우리나라에서는 소규모의 작은 시민단체가 여기에 해당되며 '민간의 자발적인 조직'으로 번역할 수 있다. 미국에서는 규모가 큰 민간단체는 포함하지 않고, NPO처럼 법인격과 세제우대를 필요로 하지 않는 작은 단체들을 포함하여서 PVO라고 부르고 있다.

③ 공익법인

공익법인은 학자금·장학금 또는 연구비의 보조나 지급, 학술·자선에 관한 사업을 목적으로 「공익법인의 설립·운영에 관한 법률」에 의하여 설립되며, 다양한 세제상의 혜택을 얻고 공익적 견지에 의해 강화된 감독을 받는 법인을 말한다. 따라서 자선사업을 목적으로 하는 재단 또는 사단법인이라 하더라도

「공익법인의 설립·운영에 관한 법률」에 의하여 허가받은 법인이 아니라면 공익법인이라고 할 수 없다.

④ 재단법인

재단법인이란 일정한 목적을 위하여 일정의 재산으로 출연한 법인을 의미한다. 그렇기 때문에 이 법인은 재산의 존재와 설립자의 설립의지가 중요하며 필수사원은 필요 없다. 물론 재단법인도 활동과 관리 등을 위하여 일정한 사원은 필요하지만 법인설립자의 의사와 제시하는 목적에 따라 행동하는 타율적 집단으로 규정한다.

⑤ 사회복지법인

사회복지사업법에서 정한 사회복지사업을 행할 목적으로 동법에 의거하여 설립되는 사회복지법인은 사법인이면서 동시에 비영리 공익법인이며 또한 재단법인의 성격도 지닌 법인의 형태이다. 특히 공공성과 공익성이 크게 요구되는 사회복지법인은 사업수행을 위해서 법인의 지도·감독은 물론 설립과 변경 및 소멸에 관한 사항을 사회복지사업법 등으로 규정하고 있다.

꼭 알아야 할 내용

- 비영리민간단체의 개념
- 비영리민간단체의 특징
- 비영리민간단체의 유사개념

2. 정부와 비영리민간단체와의 관계

1) 정부와 비영리민간단체와의 관계유형

복지현장에서 필요로 하는 다양한 서비스를 제공하기 위해서 민·관이 함께

하는 사업이 증가되고 있기에 비영리민간단체와 정부는 상호 간 자율성과 독립성을 가지고, 상호보완적인 협력관계를 유지하는 것이 바람직하다. 그러므로 비영리민간단체의 자율성과 기능적 독립성을 유지해 주는 원칙과 더불어 정부보조금을 투명하게 사용할 수 있도록 하여 예산투입의 효과성을 높이는 방법들을 모색하여야 한다.

정부와 비영리민간단체 간 관계의 유형의 분류는 연구목적에 관점의 차이를 보이고 있다. 연구자의 연구목적과 이에 따른 유형은 <표 14-2>와 같이 분류하고 있다.

〈표 14-2〉 **정부와 비영리민간단체와의 관계**

학 자	분류기준	유 형
Gidron, Kramer, Salamon	재원의 조달과 서비스의 공급	정부주도형, 비영리민간단체주도형, 중첩형, 협동형
Coston	정부의 수용과 거부	억압형, 대항형, 경쟁형, 용역형, 제3자정부형, 협력형, 보충형, 공조형
Bothwell	정부의 비영리민간단체에 대한 태도와 자율성	정부의 법적 보호, 정부에 대한 반대, 정부와의 협력, 정부로부터의 자율성, 정부에 대한 대안, 정부의 공식적 지원, 정부의 책무를 추적
박상필	비영리민간단체의 재정과 활동의 자율성	종속형, 협력형, 자율형, 권위주의 억압형, 민주적 포섭형
신희권	자금조달과 통제, 의사소통과 접촉	통합된 의존, 분리된 의존, 통합된 자율, 분리된 자율
김준기	자원의 대체가능성과 중요성	상호의존관계, 일방적인 의존관계, 상호독립적 관계

출처 : 경기개발연구원(2002). NGO의 자율성확보를 위한 지원체계 확립방안, p. 43.

기드론과 크라머, 샐러먼(Gidron, Kramer, & Salamon, 1992)은 재원의 조달과 서비스의 공급을 기준으로 ① 정부주도형, ② 비영리민간단체 주도형, ③ 중첩형, ④ 협동형으로 분류하고 있으며, 코스턴(Coston, 1998)은 비영리민간단체에 대한 정부의 수용과 거부의 정도를 기준으로 ① 억압형, ② 대항형, ③ 경쟁형, ④ 용역형, ⑤ 제3자 정부형, ⑥ 협력형, ⑦ 보충형, ⑧ 공조형 등으로 나누고 있다.

보스웰(Bothwell, 1999)은 정부의 비영리민간단체에 대한 태도와 자율성을 기준으로 ① 정부의 법적 보호, ② 정부에 대한 반대, ③ 정부와의 협력, ④ 정부로부터의 자율성, ⑤ 정부에 대한 대안, ⑥ 정부의 공식적 지원, ⑦ 정부의 책무를 추진하는 형태로 분류하고, 박상필(1999)은 비영리민간단체의 재정과 활동의 자율성을 기준으로 ① 종속형, ② 협력형, ③ 자율형, ④ 권위주의 억압형, ⑤ 민주적 포섭형으로 분류한다. 신희권(1999)은 특히 지방정부와 비영리민간단체 간의 관계에서 자금조달과 통제 및 의사소통과 접촉을 기준으로 ① 통합된 의존, ② 분리된 의존, ③ 통합된 자율, ④ 분리된 자율형으로 분류하는 것을 주장하며, 자원의 대체 가능성과 중요성을 기준으로 보는 김준기(2000)는 ① 상호의존관계, ② 정부주도의 일방적 관계, ③ 비영리민간단체주도의 일방적 관계, ④ 상호독립적 관계로 분류하고 있다(경기개발연구원, 2002 : 42-44).

2) 기드론의 4대 관계유형

기드론(Gidron, 1992)은 재정부담, 공공서비스 공급 등 두 가지 측면에서 정부와 제3섹터의 관계를 네 가지 모델로 구분하였다.

〈표 14-3〉 정부-제3섹터 4대 관계유형

구 분	모 델			
기 능	정부주도	이중혼합	상호공조	제3섹터주도
재 정	정부	정부/ 제3섹터	정부	제3섹터
공 급	정부	정부/ 제3섹터	제3섹터	제3섹터

출처 : Gidron, et al.(1992). p. 18.

(1) 정부주도(Government-dominant) 모델

정부주도 모델은 공공서비스의 공급과 비영리민간단체에 대한 재정부담을 정부의 주도로 진행되는 형태를 말한다. 일반적으로 복지국가모델이라고도 생각될 수 있지만, 복지서비스의 공급이 비영리민간단체를 통해 주로 전달되는 독일과 같은 국가가 대표적인 복지국가모델인 것처럼 복지서비스 공급수준이 큰 차이가 있다.

(2) 비영리민간단체주도(Third Sector Dominant) 모델

공공서비스의 공급 및 재원의 비중이 비영리민간단체가 정부보다 더 많은 역할을 하는 것을 비영리민간단체주도 모델이라고 한다. 이 모델은 복지를 포함한 여러 가지 공공서비스의 공급에서 정부의 역할을 신뢰하고 따르기보다는 오히려 비판하는 국가에서 나타나며, 지역주의나 '작은 정부'와 같은 신보수주의 이데올로기와 같은 정치이념에 대한 문제가 사회문제로 크게 자리잡고 있는 국가에서 쉽게 찾아볼 수 있다. AIDS 퇴치와 같은 새롭게 발생되는 사회문제의 등장 및 해결에 대한 방안을 두고 정부보다 보다 더 민첩하게 대응할 수 있는 비영리민간단체에 더 많은 기대가 모아지고 있는 국가에서 적합한 모델이다.

(3) 이중혼합(Dual, Parallel-track) 모델

비영리민간단체와 정부가 재원과 공급 양면에서의 역할을 적절한 비중으로 공유하는 형태의 모델이 이중혼합 모델이다. 사람을 대상으로 하는 사회복지사업과 같이 휴먼서비스를 공급하고 이를 위한 재정을 부담하는 형태이며, 그 외 다른 영역에서는 비영리민간단체와 정부가 각각의 독립적인 위치를 유지하는 특징이 있다. 이 모델에서 비영리민간단체가 가지는 주된 역할은 보충적인 것과 정부 복지정책의 사각지대를 위한 것으로 구분할 수 있다.

먼저 보충적인 역할은 비영리민간단체가 정부의 공공서비스 공급과 동일한 서비스를 공급하지만 정부의 혜택을 받지 못하는 계층에 대해 서비스를 수행하는 것을 의미하며, 복지정책의 사각지대를 위한 활동은 정부의 정책부재 및 재원부족으로 추진되고 있지 않은 영역에서 제3섹터가 독자적으로 공공서비스를 공급하거나 재원을 자체 부담하여 진행하는 것을 말한다.

(4) 상호공조(Collaborative) 모델

정부와 비영리민간단체가 각각의 역할을 독자적으로 수행하는 것이 아니라 서비스 제공 및 재원을 상호분담을 하는 모델이 상호공조 모델이다. 비영리민간단체가 정부의 일을 하청을 받아 수행하는 것과 같이 서비스를 대행하는 경우는 '상호공조'라고 생각할 수 있지만, 단순히 정부의 공공서비스를 비영리민간단체가 공급하는 대리점의 역할을 하는 '공조-대리점'의 형태가 된다. 그러나 비영리민간단체가 정부의 정책결정과 집행과정에서부터 참여하여 실질적으로 함께 일하는 모델이 이루어질 때는 일반적으로 '공조-파트너십 모델'이라고 부른다.

상호공조모델의 일반적인 형태는 정부가 재정을 부담하면서 비영리민간단체가 직접적인 공공서비스의 공급 책임을 맡는 것으로 역할을 분담하는 경우가 대다수이며, 반대로 재정의 부담은 비영리민간단체가 하고 서비스 공급을 정부가 맡는 경우는 거의 찾아볼 수 없다. 이러한 형태의 대표적인 국가는 미국이며, 이를 샐러먼(Salamon, 1995)의 '제3자 정부'이론이라고 한다.

꼭 알아야 할 내용

- 정부와 비영리민간단체와의 관계 유형
- 기드론의 관계유형

3. 비영리민간단체의 현황과 지원체제

1) 비영리민간단체의 현황

행정안전부의 2019년 1분기 비영리민간단체 등록현황을 살펴보면 2019년 3월 31일 기준으로 비영리민간단체는 중앙행정기관 1,675개, 시·도 12,729개로 총 14,404개가 등록되어 있다. 비영리민간단체의 전체 등록수는 2013년 11,579개, 2015년 12,894개 등 꾸준히 증가하고 있으나 증감비는 감소하고 있다.

〈표 14-4〉 비영리민간단체 등록추이

(단위 : 개)

		2013	2014	2015	2016	2017	2018
등록누계		11,579	12,252	12,894	13,464	13,933	14,275
구분	중앙행정기관	1,413	1,494	1,561	1,599	1,624	1,662
	시 · 도	10,166	10,758	11,333	11,865	12,309	12,613
전년대비 증감단체수		690	673	642	570	469	342
증감비(%)		6.3	5.8	5.2	4.4	3.4	2.5

출처 : 행정안전부.

단체의 분포를 살펴보면 중앙행정기관에서는 행정안전부(261개), 보건복지부(196개), 외교부(187개), 환경부(184개), 문화체육관광부(178개), 여성가족부(106개)에 집중되어 있으며, 시 · 도별로는 경기도가 2,269개, 서울 2,162개에 집중되어 있음을 알 수 있다.

〈표 14-5〉 2019년 1분기 비영리민간단체 등록현황(중앙행정기관)

(단위 : 개)

계						
1,675	방송통신 위원회	인사 혁신처	국가 보훈처	식품의약품 안전처	공정거래 위원회	금융 위원회
	8	4	15	2	8	7
	기획재정부	과학기술 정보통신부	교육부	외교부	통일부	법무부
	7	23	52	187	173	12
	국방부	행정안전부	문화체육 관광부	농림축산 식품부	산업통상 자원부	보건복지부
	36	261	178	43	12	196
	환경부	고용노동부	여성가족부	국토교통부	해양수산부	중소벤처 기업부
	184	47	106	10	31	3
	국세청	통계청	경찰청	문화재청	농촌진흥청	산림청
	1	1	11	8	5	18
	특허청	국가인권 위원회	법제처	소방청	해양경찰청	기상청
	2	1	1	12	9	1

출처 : 행정안전부. 2019년 1분기 비영리민간단체 등록현황.

〈표 14-6〉 2019년 1분기 비영리민간단체 등록현황(시 · 도)

(단위 : 개)

계	서울	부산	대구	인천	광주	대전	울산	세종특별자치시	
	2,162	844	441	693	632	577	367	32	
12,729	경기	강원	충북	충남	전북	전남	경북	경남	제주
	2,269	343	478	453	944	584	782	749	379

출처 : 행정안전부. 2019년 1분기 비영리민간단체 등록현황.

2) 정부의 비영리민간단체 지원현황

비영리민간단체 공익활동 지원사업은 영역별 유형으로 구분하여 사업을 선정하고 민간보조금지원을 실시하고 있다. 2019년에는 1유형(사회통합)에 29개 사업 934백만 원, 2유형(사회복지) 32개 사업 999백만 원, 3유형(시민사회) 19개 사업 580백만 원, 4유형(자원봉사 · 기부문화) 7개 사업 226백만 원, 5유형(민생경제 및 문화 · 관광) 15개 사업 483백만 원, 6유형(생태 · 환경) 21개 사업 644백만 원, 7유형(평화증진 및 국가안보) 37개 사업 1,160백만 원, 8유형(사회안전분야) 32개 사업 999백만 원, 9유형(국제교류협력) 33개 사업 1,063백만 원이 집행되고 있다(2019년 공익활동 지원사업 선정결과, 행정안정부). 지원유형은 매년 지원사업에 따라서 달라진다.

3) 비영리민간단체에 대한 정부지원체제

비영리민간단체에 대한 정부지원내용은 비영리민간단체 지원법 제5조 제2항을 근거로 공익활동에 참여하는 비영리민간단체의 경우 행정안전부장관 또는 시 · 도지사로부터 필요한 행정지원 및 재정지원을 받을 수 있게 되어있다. 특히, 다른 법률에 의하여 보조금을 교부하는 사업 외의 사업으로서 공익활동을 추진하기 위한 사업에 대하여 소요경비를 행정안전부장관 또는 시 · 도지사로부터 지원받을 수 있다.

비영리민간단체가 수행하는 사업수행을 위하여 필요한 경우에는 해당사업과 관련이 있는 공공기관 등에 대하여 업무와 관련한 사항 등에 대한 협조를 요청할 수 있도록 행정지원을 하고 있으며(비영리민간단체 지원법 시행령 제13조 제2항), 재정지원은 공모방식으로 사업신청을 제출받아 민간인 전문가로 구성된 공익사업선정위원회의의 심사 선정을 거쳐, 비영리민간단체는 공익사업을 추진하는 데 필요한 사업비의 일부를 지원한다(비영리민간단체 지원법 제7조). 신청사업의 수는 단체별 1개의 사업을 기본으로 하고 사업별 30백만 원 이하로 규정하는 지자체가 많다.

그 외에 비영리민간단체가 공익활동을 위하여 사용하는 우편물 중 우편요금별·후납 우편물에 대하여는 일반 우편요금의 100분의 25를 감액해 주는 우편요금 지원제도도 시행되고 있다(비영리민간단체 지원법 시행령 제14조).

꼭 알아야 할 내용

- 비영리 민간단체에 대한 정부지원체제

4. 국제 자원봉사활동과 NGO

1) 국제 자원봉사활동의 개념

일반적으로 국제 자원봉사활동은 언어, 인종, 종교와 이념을 초월하여 세계경제 및 환경, 국제 사회변화에 자신의 재능과 시간을 투자하는 노력을 의미한다. 국제협력이 여러 국가들의 공적영역인 것과 같이 국제 자원봉사활동 또한 공적영역으로서 받아들여져야 한다. 즉, 복잡하고 다양한 국제사회의 문제에 긴밀하게 대응하기 위하여 사적부문의 민간참여가 필요하게 됨에 따라서 국제 자원봉사활동은 국제적 공사영역을 매개하는 부문이 되는 것이다. 따라서 국제 자원봉사활동은 '인종과 언어, 그리고 이념과 종교를 뛰어넘어 국제사회변화와 환경보전 및 경제발전을 위하여 자신의 시간과 재능을 자발적으로 투여하는 인류애 발휘와 국제협력 노력'을 의미한다(이성록, 2003 : 408).

2) 국제 자원봉사활동의 활동영역

(1) 국내 활동영역

국내에서 국제 자원봉사활동을 전개할 수 있는 봉사활동도 적지 않다. 민간차원에서 국제친선을 도모하는 여러 국제단체들은 물론 UN 산하 국제전문기구들의 지부가 이미 한국에서 활발하게 활동하고 있다. 이 단체들과 기구들 역시 국내 자원봉사자들의 도움으로 모금활동 및 각종 국제행사를 치르고 있다.

국내에 거주하며 활동하는 외국인 노동자문제와 이들과 관계된 사회문제 또한 국제차원에서 상호협력해서 해결되어야 할 중요한 사안이다. 이들이 국내에서 어떤 조건으로 노동을 하고, 임금을 얼마나 받으면서 생활하고 있는지를 떠나서 이들도 인간다운 생활을 영위할 수 있는 사회적 배려가 필요하다.

정부의 입장은 불법체류문제 때문에 법적으로 배려를 할 수 없으므로, 민간차원에서 자원봉사자의 힘을 모아 외국인노동자의 인간적 대우와 복지문제 해결에 기여함으로써 국내에서부터 국제협력을 잘 시작할 필요가 있다(주성수, 2005 : 119-120).

① 국제기구 후원

국내에 지부를 두고 활동하고 있는 UN의 전문기구들이나 여러 국제기관들을 후원하는 일에도 자원봉사자들이 많은 참여를 하고 있다. UN의 국제 전문기구들은 UNESCO, UNDP, UNEP, UNICEF, UNHCR 등 무수히 많다. 이 중 UNESCO는 문화, 과학, 교육분야를 전문영역으로 하여 청소년캠프, 국제교류 등의 행사준비와 보조를 위해 자원봉사자들이 활동하고 있다. 또한 지구촌 빈곤아동을 살리고 교육시키기 위한 국제전문기구인 UNICEF는 각종 행사와 캠페인을 주관하여 기금을 조성하는데, 국내 자원봉사자들의 참여가 큰 역할을 하고 있고, 국제적십자사위원회(ICRC)의 위원으로 활동하는 대한적십자사는 국제구호활동을 국내 모금활동을 통해 전개하고 있다.

② 국제친선 후원

세계YMCA, 세계YWCA, 국제로타리클럽, 국제친선협회, 국제키비탄클럽, 국제와이즈맨협의회 등 국제 친선단체들은 민간차원에서도 많이 존재한다. 이 기관들은 단순한 국제친선보다는 빈곤, 장애 등 지구촌이 함께 해결해야 하는 문제들에도 앞장서는 민간 국제구호단체들이다. 이 단체의 회원으로 활동하거나 주최하는 행사를 지원 및 후원하는 일에 동참하는 것으로 국제협력사업에 기여할 수 있다.

③ 외국인노동자 보호

현재 대한민국에서 일하고 있는 외국인노동자는 이미 수십만 명을 넘어서고 있는 것으로 조사되고 있다. 2018년 말 88만여 명의 외국인노동자가 있고, 국내체류외국인은 40.1%, 귀화허가자는 37.3%로서 한국계 중국인이 가장 많다. 이들 중에는 허가를 받고 취업한 전문직 종사자, 기술연수생으로 입국한 뒤 일하는 사람들, 연고자 초청 및 관광비자로 들어왔다가 불법으로 체류하며 일하는 사람들도 있다. 이들은 주로 중국, 필리핀, 파키스탄, 네팔, 방글라데시, 인도네시아, 스리랑카 등지에서 온 사람들이며 근로환경이 열악하고 낮은 임금과 근무강도가 높은 3D업종에서 일하고 있다. 우리나라 정부는 1991년부터 국내 제조업의 인력난 해소와 저개발국 근로자들의 기술향상에 기여하기 위해 외국인노동자의 노동을 허가 또는 묵인을 해왔다.

그러나 외국인노동자와 관련된 사회문제가 대두되고 있다. 일부 악덕기업주는 이들에게 정당한 임금을 주지 않고, 폭행을 일삼으며 사람대접을 하지 않는다는 주장이 외국인노동자들의 시위에서 매번 등장한다. 이들이 겪고 있는 문제들은 매우 다양하며, 문제해결을 위해 시민사회단체에서 많은 자원봉사자들이 활동하고 있다.

④ 탈북주민 정착지원

탈북주민의 규모는 정확하지는 않지만 수만 명에서 수십만 명에 달하는 것으로 알려지고 있다. 탈북자들은 대부분 중국의 조선족 사회에 은신해 생활하다 최근 시민사회단체의 주선으로 한국에 망명해 오고 있다. 정부는 1997년

「북한 이탈주민의 보호 및 정착 지원에 관한 법률」을 제정해서 이들의 사회적응 교육, 직업훈련 등을 지원하고 있지만, 이들의 한국사회정착에는 적지 않은 어려움이 있다. 사회적응을 못해 각종 차별로 부당한 대우를 받거나 가산을 탕진하거나 병을 안고 있는 사람들, 또는 죄를 범하고 옥살이를 하는 사람 등 다양하다. 따라서 적지 않은 시민단체들이 나서서 이들의 사회적응과 정착을 지원해 주는 활동을 하고 있고, 여기에 자원봉사자들이 참여하고 있다.

(2) 해외활동영역

국내뿐만 아니라 해외에서도 자원봉사활동을 할 수 있는 기회가 적지 않다. 많은 국제단체와 기구들이 국가들 간의 협력이 필요한 지구촌 문제해결에 많은 민간 자원봉사자의 손을 벌리고 있다. 쓰나미 피해에 휩쓸린 인도네시아, 태국, 스리랑카 등지에 가서 또는 전쟁이나 풍수해로 형성된 난민촌에 가서 의료지원, 식량배급, 교육, 식수개발, 주택공사 등 다양한 분야에서 활동할 수 있다. 또한 한국국제협력단(KOICA)에서는 청년해외봉사단의 일원으로 제3세계 개발을 지원하는 활동을 전개하고 있으며, 교육, 의료 컴퓨터 기술 등 특정 전문분야의 기술을 가진 사람들이 해외봉사를 군복무를 대신하여 할 수도 있다.

① 국제구호활동

아직까지도 세계에는 의료지원을 못 받거나 최소한의 음식이 보장되지 않아 죽어가는 사람들이 많이 존재한다. 세계 곳곳에서 내전으로 인한 난민촌이 형성되어 있고, 아프리카의 르완다, 소말리아, 나이지리아 등지의 내전, 유고 내전 그리고 이라크와 아프가니스탄 전쟁으로 수천만 명의 난민이 발생했다. 또 아프리카 사하라사막 남부 일대를 휩쓴 가뭄과 같은 환경변화와 천재지변으로 심각한 식량난에 고통받는 사람들이 국제사회의 구호활동의 손길을 기다리고 있다.

UN의 아동기금(UNICEF), 난민고등판무관(UNHCR) 등 여러기관의 요청으로 국내의 국제구호단체에서 국제구호활동에 파견되어 봉사하는 사람들이 많다. 국내에는 국제기아대책기구, 월드비전, 굿네이버스, 적십자사, 글로벌케어, 제4의 물결 등 50여 개의 단체들이 한국해외원조단체협의회를 조직하여 상호 협력하고 있다. 이러한 단체의 주요 활동으로는 보건의료 사업을 중심으로 교육지원, 식수개발, 주택공사 등 다양한 사업을 전개하고 있다.

② 제3세계 개발

한국은 흔히 개발도상국으로 표현되는 제3세계에서 선진국으로 성장하는 과정에서 국제사회로부터 많은 개발지원의 도움을 받았다. 이제 대한민국은 더 이상 도움을 받아야 되는 국가가 아니라 제3세계 개발을 지원하여 과거 우리나라가 받았던 도움을 돌려주는 활동을 요청받고 있다. 이를 위해 공공기관은 물론 국내의 민간단체들까지 국제협력 차원에서 지속적인 사업을 추진해 나가고 있다.

국내 약 50여 개의 민간단체들이 제3세계 개발을 지원하고 있으며 정부산하 기구인 한국국제협력단은 매년 수십여 명의 청년들을 2년 이상 해외로 장기 파견하는 사업을 활발히 진행하고 있다. 현재 인도네시아, 몽골, 네팔, 피지, 스리랑카, 파푸아뉴기니, 방글라데시, 베트남, 필리핀, 태국 등의 나라에 대한 다양한 지원사업을 실시하고 있다. 지원하는 직종은 한국어 교육과 태권도 등 우리나라의 문화를 알리는 사업과 더불어 작물재배, 원예, 병충해 방제, 전기, 전자, 간호, 공중보건, 컴퓨터, 수산양식, 잠사, 봉제, 지하수개발, 축산, 농기계, 지역사회개발, 체육교육, 자동차 정비 등 다양하다. 이러한 한국국제협력단 사업 가운데에는 군복무를 해외봉사로 대체할 수 있는 기회도 있어 참여율이 높다.

③ 해외교포 후원

세계 각국에 많은 해외교포가 살고있는 한국은 여러 가지 어려움을 겪고 있는 해외교포에 대해서도 자원봉사자의 후원활동을 준비해야 한다. 중국의 조선족 교포, 러시아의 한인교포뿐 아니라 구소련 체제의 카자흐스탄, 우즈베키스탄 등지의 교포들에게도 따뜻한 온정의 손길을 보내주어야 한다. 사할린에서 영구 귀국한 어르신들을 위한 각종 봉사활동이 활발히 전개되고 있으며, 연로하신 어르신들의 편안한 영면을 위해 전문적인 호스피스 봉사활동도 일부 종교기관을 중심으로 조직화되어 있다.

최근에는 우리나라가 어려운 시기였던 1970~1980년대에 해외입양으로 한국을 떠나야 했던 한인 교포들이 모국 알기, 친부모 찾기 등의 일로 모국을 찾고 있다. 이들을 위해 일부 시민사회단체와 종교단체에서는 문화원과 교육원의 개설, 방송국과 신문사와 같은 방송매체의 지원 등으로 교육문화사업뿐 아니라 보건의료와 조국방문사업 등 다양한 사업들을 추진하고 있다.

3) 국제 자원봉사활동 NGO

글로벌화로 나타나는 현상은 지구규모의 부와 권력을 배분하는 방법의 변화를 일으키고, 이것은 결국 세계의 경제와 정치의 질적 변화를 일으킨다. 생산의 형태, 소비스타일, 커뮤니케이션의 양식 등의 변화를 일으킨다. 이런 속에서 세계는 여전히 풍요와 빈곤, 포식과 기아의 이중구조가 여전히 존재하고 있다. 이러한 이중구조의 극복에 주역으로서 그 역할이 기대되고 있는 것이 국제 자원봉사활동을 목적으로 활동하고 있는 NGO와 NPO 등이다. 여기서는 국제적으로 활동하고 있는 수많은 NGO단체들 중 몇 가지 중요 활동분야를 중심으로 그 분야에서 활동하고 있는 단체에 대해 살펴보고자 한다.

(1) 인권 NGO의 활동

① 인권 NGO의 역할

인권 NGO는 일반적으로 인권과 관련한 정부의 행위를 감시하고 이를 정기적으로 보고하여, 인권침해행위가 발생하는 경우에는 이를 막기 위해 국제적 인권보호장치를 창출하거나 압력을 가하여 인권을 보호하려고 노력하는 단체들이다. 그러나 인권의 내용이 사회, 경제, 정치, 문화 등 광범위한 분야와 연결되어 있기 때문에 인권 NGO들이 추구하는 목표도 각기 다양한 양상을 보인다.

인권 NGO들은 다음과 같은 기능들을 수행한다(주성수, 2000 : 68-69).

첫째, 인권 NGO들은 인권규범 확산에 기여한다. 1966년 UN총회를 통해 제정된 두 개의 인권장전, 즉 경제적·사회적·문화적 권리에 관한 국제규약(A규약), 시민적·정치적 권리에 관한 국제규약(B규약)이 1976년 발효되기까지에는 NGO의 역할이 절대적이라고 할 수 있다. 많은 제3세계 신생국가들은 이러한 규약에 대한 가입을 기피하였는데 NGO단체들이 이들 국가를 설득하고, 가입에 필요한 국내입법의 초안작성을 지원하기도 하였다.

둘째, 인권 NGO들은 인권규범을 새롭게 수립하는 데 기여한다. 1991년 발효되어 '사형제도 철폐'를 명문화한 시민적·정치적 권리에 관한 규약(B규약)에 대한 두 번째 선택의 정서가 가장 적합한 예시가 될 수 있으며, '고문방지국제협약' 또한 1972년 이후 앰네스티와 국제법률가위원회 등 서방세계 주요 NGO들의 주장으로 실시된 국제협약의 사례이다.

셋째, 인권 NGO들은 인권규범의 실행력을 보강한다. 각종 인권규약은 기본적으로 정부들 간의 합의와 협의를 통해 수립되지만, 이에 대한 UN 등 정부간 국제기구의 개입과 실행능력은 한정되어 있다. 정부 간의 협약을 조정하는 기구가 객관성을 유지할 수 있는 제3의 세력이 아니라 바로 정부들로 이루어져 있기 때문에 인권규약의 실행을 보장하기 위한 노력과 인권침해를 행하는 회원국에 대한 제재 등의 중요한 결정이 정치적인 고려에서 자유로울 수가 없다. 그러나 NGO는 정치적 고려가 우선시되는 것이 아니라 오직 인권보호라는 하나의 목적을 추구하고 이에 따라 일련의 행동을 한다.

② Amnesty International(AI)[1]

국제 앰네스티는 세계 최대의 민간 인권운동단체이며, 특정 정부, 정치집단, 이데올로기, 경제적 이해 또는 특정 종교로부터 독립적이고 공평하게 활동한다.

앰네스티는 영국인 변호사 피터 베넨슨(Peter Benenson)에 의해 1961년에 창설되었으며, 현재 160여 개국에 140만 이상의 회원과 수백만 명의 지지자를 확보하고 있다. 그리고 세계 60개국에 지부를 두고, 약 110개의 사무실이 있으며, 아시아, 유럽, 아프리카, 중동, 미주지역 등에 6,000개가 넘는 지역그룹을 가지고 있는 명실상부한 세계최대 민간 인권단체이다.

앰네스티의 주요 활동을 보면, 고문반대운동, 사형제도반대운동, 양심수석방운동, 정치범에 대한 공정하고 신속한 재판촉구운동, 실종반대운동, 정치적 살인반대운동, 난민보호운동 등과 같은 활동을 전개하고 있다.

1) http://www.amnesty.org/

(2) 환경 NGO의 활동

① 환경 NGO의 역할

NGO들의 활동 중 환경에 대한 영역은 그 기능과 활동에 따라 매우 다양하고, 상황에 따라서는 상호 연관을 맺으며 활동이 진행되고 있다. 자연 및 자연자원 보존을 위한 국제연합(IUCN), 국제과학자연합위원회(ICSU), 국제사회과학위원회(ISSC) 등과 같은 과학적 분야에 있어서의 국제적 전문단체들은 물론, 국제환경개발연구소(IIED), 세계자원연구소(WRI) 등과 같이 연구나 교육을 주 목적으로 하는 단체들도 있다. 또한 국제그린피스(Greenpeace International), 지구의 친구(FOE), 세계자연기금(WWF), 시에라클럽(Sierra club) 등은 환경관심촉구단체로서 환경운동적 성격을 지니고 있다. 또한 여러 목적이 혼합된 해양오염자문위원회(ACOPS) 같은 단체들도 있다(주성수, 2000 : 74).

활동범위에 따라서 환경 NGO들은 국제적, 국가적, 지역적 단체로 구분할 수 있으며, 역할에 따라서는 국제환경연계센터(ELCI), 국제촉진위원회(IFC), NGO회의(NGOGO) 등과 같이 NGO와 국제정부 간 기구들 사이의 연계를 원활하게 하는 도구적 역할을 수행하여 환경보호활동의 실질적 측면에 기여하는 환경관심촉구단체, 과학적 단체로도 분류할 수 있다.

이들 환경 NGO들은 환경과 관련한 전문지식을 연구하고 생성하여 전세계 사람들에게 전파하는 것에 초점을 둔다. 이를 통해 일반 대중들의 인식을 변화시키고 환경보호에 대한 심각성을 경고하는 여론을 조성하여 환경문제를 모두가 관심을 가지고 실천해야 하는 중요한 의제로 만들어 왔다. 또한 환경에 관한 전문지식을 바탕으로 자국 정부와 국제기구에 직접 로비와 압력을 행사함으로써 정부로 하여금 조약체결 노력에 참여하도록 하기도 하고, UN 등 국제기구로 하여금 원하는 환경문제를 의제화하도록 한다(주성수, 2000 : 74).

② Greenpeace[2)]

전 지구적으로 활동하는 환경 분야의 대표적 NGO는 Greenpeace, WWF, Friends of Earth 등을 들 수 있다.

2) http://www.greenpeace.org/

특히 Greenpeace는 1971년 캐나다 벤쿠버 시의 기자였던 밥 헌터(Bob Hunter)를 비롯한 12명이 미국이 알래스카에서 실시하던 핵실험에 반대하기 위해 작은 배를 타고 실험장에 접근하다가 체포된 것을 계기로 시작되었다. 이 사건 이후 Greenpeace는 전 세계 각지의 환경파괴의 현장에서 행동으로 이러한 사건을 저지할 것을 촉구하였고, 제지하는 것에만 그치는 것이 아니라 환경문제를 해결하기 위한 다양한 대안들도 제시하였다.

Greenpeace는 전 세계 약 290만여 회원이 158개국에서 회원으로 등록하여 후원하고 있으며, 29개국에 지부가 있다. 1989년에 암스테르담에 국제본부가 만들어졌고, 전 세계 3개의 지역통합본부가 존재한다.

급변하는 사안이나 사건에 대한 신속하고도 확실한 가시적 대응능력을 최대 강점으로 하는 Greenpeace의 원동력은 정확한 정보수집 능력과 함께 신속히 대처하고 결정하여 집행할 수 있는 소수 정예의 국제집행위원회가 구성되어 있기 때문이다. 현재 Greenpeace는 유독성 물질, 기후변화, 해양자원, 원자력, 산림 그리고 유전자공학 등의 영역에 관심을 갖고, 국내·국제적인 활동을 전개하고 있다(차명재, 2000 : 31-33).

이 외에도, 소비자 운동과 관련한 NGO, 정치개혁을 위한 NGO, 저개발국가의 지원을 위한 NGO 등 다양한 NGO들이 국제적 견지에서 활동을 전개하고 있다.

꼭 알아야 할 내용

- 국제 자원봉사활동의 영역
- 국제 자원봉사활동 NGO들

15 CHAPTER 의료시설(병원) 자원봉사활동

1. 의료시설에 대한 이해

WHO에서는 병원은 필수적인 사회의료 조직의 하나로 그 지역 사회주민들에게 치료와 예방을 통합하는 완전한 보건 의료를 제공하는 기관으로서 사회의 제 환경과 끊임없이 상호 작용해야 함을 암시하고 있다(강흥구, 1991).

의료시설은 의료법에 의한 의료기관과 지역보건법에 의한 지역보건의료기관, 정신보건법에 의한 정신의료기관 등이 있다. 그중 '의료기관'이란 의료인이 공중(公衆) 또는 특정 다수인을 위하여 의료·조산의 업을 하는 곳을 말한다(의료법 제1장 제3조). 의료기관은 의원급, 조산원, 병원급 의료기관으로 구분되며 병원급 의료기관은 30병상 이상의 일반의료시설, 100병상 이상의 종합의료시설, 종합의료시설 중에서 중증질환에 대하여 난이도가 높은 의료행위를 전문적으로 하는 상급종합의료시설로 세분화된다. 의료법이 개정(1994년 1월)되어 의료기관 종별에 요양의료시설이 신설되었다. 노인전문요양의료시설은 노인전문의료시설, 민간요양의료시설 그리고 치매요양의료시설로 구분한다.

의료시설의 중심위치에 있는 병원의 영어 단어인 'hospital'은 고대 불어 'hospitale'에서 직접 왔는데, 이 말의 어원은 손님과 주인 양쪽을 뜻하며, 사람들 상호 간에 돌봄을 상징하는 라틴어 'hospes', 그리고 '손님'이라는 의미의 'hospitalis', '손님을 맞이하는 장소'라는 의미의 'hospitium'이라는 말 등에서 기원된 것이다. 요즘 다른 뜻으로 사용하는 hospital, hostel, hotel, 그리고 hospice라는 단어도 그 어원은 모두 같은 것이다. 이와 같은 어원에 대한 이해는 오늘날의 병원이 진료 서비스의 기능과 더불어 환자의 숙식 및 각종 편의에 대한 서비스를 제공한다는 점에서 더욱 그 의미를 부여할 수 있다(이광재, 2004).

현대의 의료시설은 의료기관의 한 종류로서, 다양한 의료서비스를 필요로 하는 환자를 수용하여 진찰, 치료하기 위해 일정한 설비를 갖춘 종합의료시설이나 의료시설, 치과의료시설, 한방의료시설 및 요양의료시설 등을 말하는데, 그 외에 정신과적, 혹은 소아과적 진료와 같은 전문적인 의료서비스만을 제공하는 정신의료시설, 소아의료시설 등도 있다.

꼭 알아야 할 내용

- 의료시설이란

2. 의료시설 자원봉사활동의 의의

의료시설 자원봉사는 주로 병원을 장으로 이루어지는 봉사활동으로 도움을 필요로 하는 환자나 보호자에게 보건의료지원 서비스를 제공하는 것을 의미한다.

따라서 인간의 건강영위에 있어 큰 몫을 차지하는 보건의료분야는 건강증진・질병치료・의료지원 등을 위해 많은 자원봉사활동이 필요한 분야이다. 의료시설에서의 자원봉사는 보건・의료 자원봉사활동으로 서비스 지향적이거나 박애적 자원봉사활동으로 분류할 수 있으며 비대면 서비스보다 주로 환자와의 대면서비스가 많아 타 자원봉사영역보다도 인간과 환경에 대한 깊은 이해가 필요하다.

의료시설에서의 자원봉사는 부분적으로 의료시설의 공익성에 대한 시비가 있지만 보건의료와 사회복지는 분리해서 생각할 수 없으며, 누구나 질환에 노출되어 있다는 잠재성, 당사자성과 환자의 치료에 긍정적 효과를 준다는 효과성을 고려할 때 의료시설 자원봉사를 확대할 필요가 있다(이성록, 2007).

의료시설은 의료서비스만을 위한 공간이 아닌 지역사회문제를 해결하고 고민을 하는 장소로 변모하고 있다.

의료시설에서의 자원봉사의 활동은 지역주민들로 하여금 자원봉사의 기회를 제공해 주고 더불어 지역사회에 기여할 수 있게 해준다고 볼 수 있다. 또한 봉사활동을 통한 보람과 함께 건강의 소중함에 대한 인식과 보건의료 관련 지식 수준을 높여주며, 자원봉사자의 입을 통한 구전의료시설홍보 효과도 얻을 수 있다. 그리고 환자에게는 편안한 지지적인 도움을 줄 뿐만 아니라 가족에게까지 신체적, 시간적, 정신적 여유를 제공해 주는 등 환자를 치료하는 의료진을 비롯한 전문직과 일반인 모든 사람에게 도움을 줄 수 있고 병원자원봉사 프로그램이 단순히 경비절감이 아니라 '새로움', '산뜻함'을 일으키는 분위기 쇄신으로 환자에게 보다 큰 안도와 확신을 심어줌으로써 치료에도 상승효과를 가져온다는 점에서 긍정적인 파급효과는 매우 크다 할 수 있다(이강현, 2001).

이러한 의료시설의 자원봉사는 일반적 자원봉사활동의 개념을 바탕으로 의료시설을 매개로 공공성, 무급성, 자발성, 지속성을 바탕으로 개인, 민간기관뿐 아니라 국가 등 공공기관, 자조집단 등을 포함해 광범위한 의료영역까지 확대되고 있다고 할 수 있다.

이렇듯 의료시설 자원봉사란 의료시설을 장으로 이루어지는 봉사활동으로 도움을 필요로 하는 환자나 보호자에게 의료지원 서비스를 제공하는 것을 의미한다. 의료시설 자원봉사의 이해를 돕기 위해서 의료시설조직의 특성을 살펴보자면, 의료시설은 건강서비스를 가장 충실히 이행하는 기관이자 전문적인 의료 인력과 시설을 가진 복합체이다. 의료시설은 지역사회 주민에게 의료서비스를 제공하는 조직으로써 고도의 전문적 기술을 요하며, 구성원은 각기 정해진 역할에 따라 고유한 업무를 수행한다. 즉, 의료시설 자원봉사의 기능은 의료인력이 생명과 직결된 고유한 업무에 집중할 수 있도록 의료시설 내 다양한 활동 영역에서 의료서비스를 보완하는 것이다.

의료시설 자원봉사활동은 환자와 병원 및 자원봉사자의 측면에서 큰 의의를 가진다(이상금, 2002).

첫째, 환자에게는 서비스 제공을 통하여 필요로 하는 도움을 제공하며, 보호자에게는 마음의 위로와 시간적 여유를 제공한다.

둘째, 의료시설은 인근 지역 구성원에게 자원봉사의 기회를 제공하며 이를 통해 의료시설을 홍보하고 더 나아가 높은 수준의 양적·질적 의료서비스를 가능하게 한다.

셋째, 자원봉사자는 봉사활동을 통해 개인적인 보람을 맛보며, 부가적인 이익으로는 건강의 중요성에 대한 인식과 건강교육을 통해 유익한 의료정보를 얻을 수 있다. 또한 자원봉사활동을 통하여 의료시설이 소속된 지역사회의 발전에 기여할 수 있다.

이상과 같이 의료시설 자원봉사활동은 보건의료 분야의 전문지식을 갖춘 전문직업인의 기술과 일반인의 재능과 노력 등을 의료시설에서 헌신하고, 인간의 존엄성과 건강의 소중함에 대한 인식과 보건의료 관련 지식을 학습하여 의료시설에서 자발적으로 참여하며, 금전적인 보상 없이 무보수성으로 자신의 재능, 시간 노력을 환자들에게 제공하는 재능나눔 자원봉사활동으로서 그 영역이 점점 확대되어 가고 있다.

꼭 알아야 할 내용

- 의료시설 자원봉사활동의 의의

3. 의료시설 자원봉사활동의 필요성

의료시설에서의 자원봉사활동은 의료시설을 장으로 이루어지는 자원봉사활동이다. 시민의 의료수요의 증가와 다양화, 그리고 의학기술의 발달, 저출산, 고령화 등의 인구와 가족구조의 변화에 따라 의료환경도 변화하는 과정에서 의료시설자원봉사활동의 필요성은 더욱 증대되고 있는 실정이다. 먼저 의료시설의 입장에서 볼 때 최근 의료시설을 둘러싼 외적 환경이 공급자 우위에서 소비자 우위의 시장구조로 바뀜에 따라 과거와 달리 의료시설의 생존을 위해 요구되는 다양한 방법 중의 하나로서 그 활성화에 대한 필요성이 증대되고 있다.

우리나라는 고령화, 질병구조의 변화 및 사회발전에 따른 삶의 질에 대한 관심이 높아지면서 국민들의 건강에 대한 관심이 고조되었고, 최근에는 의료보장제의 전면 확대 및 정착으로 인한 진료시설의 접근성(accessibility)의 향상과 더불어, 보다 질적으로 높은 의료 수요를 요구하는 현상이 나타나게 되었다.

또한, 종전까지 의료시설은 질병(disease)을 치료하던 곳이었으나, 의료분야가 세분화, 전문화되고 의료시설의 이용이 보편화되면서 의료시설은 환자의 병(sickness)을 치료하는 곳으로 인식이 변화되고 있다. 병을 치료하는 사람도 병의 원인이 어디에 있는지에 대해 단순히 신체적 상태에만 의존하지 않고 환자의 생활양식(수면시간, 식사량, 음주, 흡연 등)과 사회환경 상태(수질, 공해, 약물, 폭력 등)에 대해서도 고려하기를 원한다. 또한 환자들은 의료시설을 이용하면서 좀 더 편리한 것을 요구하게 되고 존중받는 치료를 기대하며 환자 개인의 고민이나 가정, 사회문제 등에 대해서도 돌봄받기를 요구하게 되었다. 즉, 치료(cure)에 대한 기대뿐만이 아니라 고통에 대한 경감, 완화(relieve)는 물론 위로(console)받기를 기대하게 되었다(이광재, 2004).

그러나 우리의 보건·의료서비스는 이와 같은 다양하고 높은 기대의 수요에 비해서 엄청난 부족현상을 보이고 있는 것이 현실로서, 의료시설은 주로 의사 및 간호사 등 전문직과 협력하면서 고통과 불안을 겪고 있는 환자들을 지지하는 훈련된 자원봉사자가 필요하다. 특히 친절한 자원봉사활동은 환자에게 심리적 안정감을 주어 치료효과에도 도움을 주고, 전문적 직무 이외의 다양한 업무를 지원함으로써 의료진 등 전문직이 환자진료에 충실할 수 있도록 도와줄 수 있으며, 병원 자원봉사자는 병원의 이미지 향상에 기여할 수 있는 인적자원이 되는 부가적 이익도 있다(류기형 외, 2018). 지금은 의료시설이 환자를 치료하는 곳이지만 치료와 함께 환자 본인의 기분이나 입장을 중시하는 경향이 강해지고 있다. 바꾸어 말하면, '생명연장 제일주의가 아니라 인간답게 살다가 죽는다'는 것이 중요시된다.

의료시설 자원봉사 프로그램이 있어야 되는 이유는 경비 절감이 아니라,

'새로움' 또는 '산뜻함'을 일으키는 분위기 쇄신으로 환자에게 보다 큰 안도와 확신을 심어줌으로써 치료에도 상승효과를 가져오는 데 있으며, 경비절감은 부차적으로 수반되는 것이다.

의료자원은 수요에 비해 엄청난 부족현상을 보이고 있다. 자원과 수요의 공백은 자원봉사를 필요로 한다. 이것은 의료 전문직이 담당해야 할 영역을 자원봉사자가 대신하자는 의미가 아니다. 질병의 특징이 생물학적 · 정신적 · 사회적인 복합체인 환자를 치료하는 데 있어서 의료진뿐만 아니라 모든 사람이 자원봉사자로서 도움을 줄 수 있다. 만성적 질병과 싸우는 환자가 완치와 생명에 대한 희망을 갖도록 의료적, 정신적, 사회적, 물리적 환경을 풍부하게 해주는 자원봉사자가 절대적으로 필요하다.

자원과 수요의 공백은 자원봉사를 필요로 한다. 질병은 생물학적 · 정신적 · 사회적인 복합체이다. 질병은 의학적으로만 고쳐질 수 있는 것이 아니라 사회적, 심리적 차원에서 접근되어야 효과적인 치료가 될 수 있다는 것은 이미 알려진 사실이다.

브라흐(Bracht, 1978)는 개인의 심리사회적 기능이 질병의 원인이 되며, 동시에 치료과정과 결과에 중요한 영향을 미치기 때문에, 질병에 대한 심리사회적 접근이 반드시 필요하다고 하였다. 따라서 질병에 대한 생의학적 접근만으로는 불완전한 치료이며, 생리, 심리, 사회적 접근으로서 자원봉사자의 활동을 포함한 팀 접근이 필요한 것이다.

환자를 치료하는 데는 의료진뿐만 아니라 의료 정보를 제공, 전달하는 사람부터 심리적 지지자, 에어로빅 강사, 기부후원자, 환자를 대변하는 옹호자, 시설 안내자, 붕대 감는 사람, 말기환자 간병인 등 전문직에서 일반인에 이르는 모든 사람이 도움을 줄 수 있다. 예컨대 만성적 질병과 싸우는 환자가 완치와 생명에 대한 희망을 갖도록 의료적, 정신적, 사회적, 물리적 환경을 풍부하게 해주는 자원봉사자가 절대적으로 필요한 것이다(강흥구, 1991; 김현희, 2003; 이강현, 2001; 임완예, 2004).

꼭 알아야 할 내용

- 의료시설 자원봉사활동의 필요성

4. 의료시설 자원봉사활동의 특성

1) 의료시설 자원봉사활동의 특성

(1) 자발성(자유의지)

자발성이란 의료시설에서 봉사함에 있어 금전적인 이득이나 대가 없이 환자 등의 문제나 고통을 자신의 일로 받아들여 스스로 해결하고자 노력하는 것이며, 타인의 강제, 명령이나 구속에 의하여 마지못해 행하는 것이 아니라 자신이 스스로 생각하고 판단하여 자기의 자유의지에 따라 행동하는 활동을 말한다. 다른 사람에 의하여 의무적으로 강제되어서는 결코 자원봉사활동이 될 수 없다.

(2) 공익성(복지성)

의료시설은 지역사회에 기반하고 공익성을 지닌 인간봉사조직이므로 지역사회 및 주민과의 연계가 중요하다. 지역주민이 서비스제공자로 참여하는 의료시설, 즉 병원의 자원봉사 프로그램은 이미지 제고와 서비스의 양적·질적 증진을 도모할 수 있는 경영전략적 프로그램이기도 하다(임승규, 2002).

의료시설의 자원봉사활동은 항상 전체 사회의 보건의료향상에 기여하고 동시에 환자 위로 등을 위하는 것이어야 한다.

의료시설의 공익성이란 자원봉사자는 개인이나 집단의 이익이 아닌 환자의 편에 서서 공익을 최우선 목적으로 추구하고 결코 특정 종교의 확장이나 특정 집단의 이익 및 영리를 목적으로 활동하여서는 안 된다. 또한 자원봉사활동은 인간의 생명을 귀하게 여기는 철학과 가치관에 바탕을 두고 있다.

(3) 무급성(무상성)

무급성은 정신적인 보람과 만족이 아닌 어떠한 금전적인 보수나 대가를 목적으로 하는 활동이 아닌 것을 말하지만 최근 각국에서는 최소한도의 활동경비를 지원받는 실비자원봉사자(paid volunteer)의 참여가 활발한 실정이다.

의료시설의 자원봉사활동도 무급성을 원칙으로 하지만 자원봉사활동을 수행하는 데 소요된 경비, 재료비 등을 자원봉사수요기관 측에서 제공하고 있으며, 이러한 최소한의 실비 경비지원은 자원봉사활동을 촉진시키는 매개체가 될 수 있다.

(4) 지속성(계속성)

의료시설의 자원봉사는 환자라는 특수성을 고려하여 감상적이거나 일회성이나 충동적 활동이 아니라 지속적으로 실천하는 것이 바람직하며 의료시설의 자원봉사활동도 개인의 자유의지에 의해서 하는 것일지라도 일회성이 아니라 꾸준히 계속되어야 하고 일시적 기분이나 우연한 것이 아닌 계획적인 활동이어야 한다.

자신이 하고 있는 활동을 지속하기를 희망하는 개념인 활동지속의지는 활동유효성의 개념을 지지하는 하위 요소로 정의된다(구혜영, 2005). 활동에 적극 참여하고, 직무배치에 앞서 심층적인 면접과정을 통해 직무배치가 적합하게 이루어지도록 해야 한다(김숙경, 2006).

자원봉사자들이 계속 행복을 느끼면서 자원봉사활동을 계속하려면 전문적 자원봉사관리기술도 필요하다. 또한 한 번 의료시설 자원봉사활동에 참여를 하게 되면 일정 기간 계속 해야 한다는 사실을 인식시킬 필요가 있다. 병원자원봉사자들의 활동 대상자와의 관계, 동료 자원봉사자와의 관계가 긍정적일수록 자원봉사 만족과 지속성의 효과가 있음을 인식해야 한다(김태곤, 2011).

(5) 이타성(이타주의)

이타주의는 자신의 이익, 명예나 목적을 위한 것이 아니라 타인이나 사회의 선(善)을 위해 이기주의적이 아닌 타인을 우선하는 행위, 즉 도와주기, 협동하기, 위로하기 등의 구체적 행위를 포함한 헌신을 말한다. 이러한 행동으로 이해하는 것이 결코 쉬운 것이 아니다. 의료시설의 자원봉사에서는 환자의 고통이나 어려움에 동참하는 사람이 증가하도록 분위기를 조성하는 것이 무엇보다도 중요하다. 특히 호스피스 자원봉사는 인간 존중, 인간 이해 및 인도주의에 입각하여 말기 환자와 그 가족을 총체적으로 돌보는 것이다.

의료시설의 자원봉사는 자원봉사의 동기는 순수한 이타적 동기만으로는 설명이 거의 불가능하며 자원봉사자 자신도 명확하게 느끼지 못한다. 그러나 이러한 동기의 이해는 자원봉사자들의 지속적인 참여를 격려할 수 있는 방법을 알게 해주며 자원봉사자를 적재적소에 배치할 수 있도록 도와주기 때문에 매우 중요하다.

(6) 전문성

의료시설은 지역사회 주민에게 의료서비스를 제공하는 조직으로서 고도의 전문적 기술을 요하며 구성원은 각기 정해진 역할에 따라 고유한 업무를 수행하기 때문에 의료시설의 자원봉사는 다른 자원봉사영역보다 더 많은 전문성을 요구한다. 고통받고 있는 환자의 상담, 병상안내, 간병활동 등이 그러하다. 보건의료에 대한 전문적 지식과 기술을 활용할 수 있는 자원봉사활동 영역이 확대되고 있으므로 자원봉사자의 전문적 특성은 매우 중요하다.

특히 호스피스 자원봉사자는 호스피스 교육을 받은 후 전문 의료진과 협력하면서 임종환자나 그 가족에게 죽음에 대한 이해를 향상시키고 보람 있는 삶을 영위할 수 있게 도움을 주는 역할을 한다. 또한, 간호의 질을 향상시키고 가정방문과 가족지지 활동을 통해 이웃과 함께하는 건전한 사회발전에 기여하는 역할을 하고 있다. 모든 경우에 신의를 유지하는 자로서 호스피스 프로그램에서 매우 중요한 역할을 한다. 호스피스 자원봉사자로서의 임무와 책임은 환자와 관련된 일에 관하여 조정자와 역할을 취하고 있다.

의료시설 자원봉사와 같은 전문직 자원봉사활동의 특성은 다음과 같다. 전문직 자원봉사자들은 전문적인 기술과 지식을 가지고 있어 서비스의 확대 및 서비스의 질을 향상시키며, 건전한 가정생활, 직업생활을 하고 있는 전문인으로서 건전한 상식과 사회적 능력을 갖추고 있어 서비스 대상자의 원만한 관계 형성이 용이하다. 또한 사회계층의 통합에 이바지하고, 시간적·경제적 여유가 있으며 시간에 대한 통제력을 소유하고 있어 자원봉사자로서 활동하기에 유리한 조건을 가지고 있다. 지역사회에서 부수적으로 가질 수 있는 활동력과 설득력이 문제해결에 필요한 인적·물적 자원을 동원하는 데 효과적으로 작용한다.

(7) 조직성

자원봉사는 자발성에서 비롯되지만 의료시설 자원봉사는 조직성과 체계성이 필요하다. 즉, 의료시설은 환자와 불가분의 관계이며 환자는 바로 지역주민이기 때문에 의료시설로서는 다른 어떠한 조직보다 지역사회와 연계성이 강조되는 조직이다. 의료시설은 전문적 인력과 시설을 가진 복잡한 조직으로서 주민에게 진료서비스를 제공하기 위하여 의료 인력과 그 보조 인력들이 모여 각기 일정한 행동 규범에 따라 일정한 업무를 분담하여 수행함으로써 환자를 진료하는 조직이다. 특히 의료시설 조직은 대인서비스조직의 특성을 지님과 동시에 고도의 전문적 조직으로서 고유한 성격을 지니고 있다(강흥구, 1991; 김현희, 2003; 정두채, 1982).

병원조직은 계층적 관리 체계와 전문적 분화가 동시에 필요한 조직이며 따라서 직능의 분담 체계가 엄정하게 확립되어야 한다.

모든 대인서비스 조직과 마찬가지로 첫째, 의료시설은 서비스의 제공이라는 측면과 비용절감이라는 조직효율의 측면의 두 가지 목적 사이에 상위성이 내포되어 있다. 진료의 특수성으로 인하여 환자에 대한 치료, 검진 등 인간적인 서비스의 제공에 대하여 경제성의 원칙에 의해서만 따질 수 없는 것이다. 이러한 목적의 상위성은 명확한 조직목표의 설정을 곤란하게 하며, 이는 조직구성원들의 행동지침을 명백하게 하는 데에 장애가 된다. 둘째로는 의료시설조직은 이원적 지휘체계, 즉 전문가에 의한 지배권한 체계와 일반관리 지배체계가 공존한다. 행정권위와 기술의료 계통의 권위가 공존하면 의료시설 관리상 어려운 문제를 야기할 가능성이 크다. 셋째로 의료시설조직은 전문적 분화와 협동작업의 양면적 필요성을 지니고 있다. 의료시설조직은 조직단위가 고도로 분화되고 전문화된 조직인 동시에 계층적인 업무질서와 경직적인 절차, 규제에 의존하게 되는 관료적, 권위적 조직으로 될 수밖에 없다. 다시 말하면 의료시설조직은 계층적 지배체계와 전문적인 분화가 다 같이 필요한 것이다. 직능이 복잡하게 분담되어 있는 반면에 의료시설조직의 진료업무 자체는 긴밀한 상호연계에 의해서 이루어지기 때문에 다양한 구성원들은 상호 협동성을 가져야만 직무를 수행할 수 있다. 넷째로 의료시설조직은 그 구성원이 매우 다양하며 비교적 높은 전문성을 지니고 있다. 의료시설종사인력의 교육배경도 다양하고 전문성의 정도도 각각 다르다. 더구나 의사의 지위가 절대적인 것으로서 의료시설조직은 의사중심의 운영체계라고 볼 수 있어 의료시설 내에서 상대적으로 낮은 지위를 점하는 간호사나 사회사업가, 기타 의료전문직과의 관계에서 갈등이 발생할 수 있다.

이같이 의료시설조직은 어떤 조직체보다도 가장 다양하고 복잡한 인력들로 구성된 조직으로, 일반기업조직과 비교할 때 다음과 같은 특성은 고도의 자본집약적이면서 노동집약적인 조직체, 다양한 사업 목적을 가진 조직체, 복잡한 전환과정을 거쳐 서비스를 생산하는 조직체 및 생산된 서비스의 품질관리나 업적평가가 극히 곤란한 조직체이다(이광재, 2004).

(8) 사회적 책임성

사회적 책임성이란 곤경에 처해있거나 도움이 필요한 사람을 도와야 한다는 것을 의미하지만 오늘날 자원봉사는 함께 살고 서로 배우며 같이 성장하는 것을 목표로 한다. 그린버거(Greenberger, 1984)에 따르면 사회적 책임성은 사회적 헌신, 개인적·문화적 차이에 대한 인내, 그리고 정치·사회적 변화에 대한 개방성 등으로 구성되어 있다고 하였다.

사회적 헌신은 다른 사람들과의 공동체 의식, 사회적 목표를 위해 개인적 목표를 수정하거나 포기할 수 있는 것, 사회적 목표의 향상을 위해 다른 사람과 기꺼이 협력관계를 형성하는 것, 그리고 장기간의 사회적 목표에 흥미를 가지는 것 등을 의미한다. 개인적이고 문화적인 차이에 대한 인내는 규범이 다른 개인이나 집단과 기꺼이 상호작용하는 것, 규범이 다른 개인이나 집단의 권리에 대한 민감성 그리고 인내에 대한 이익과 대가를 인식하는 것 등이다. 각 개인들의 소망과 욕구는 서로 다르기 때문에, 사회의 다른 구성원과의 갈등이 있을 것이다. 성숙한 사람은 개인적·문화적 차이를 수용해야만 한다.

사회적 책임성의 개념은 모든 인간 문제들과 사람들과의 상호관련성의 인정을 의미한다. 사회적 책임성은 인간의 연대성을 무엇보다도 중요시하며 인간이 인간을 소외하거나 멸시하는 일을 예방하는 인간존중이라는 정신 위에 성립되어야 하므로 개인들이 다른 사람들과 서로 상호 관련되어 있을 때 전개되는 배려와 책임의 윤리로부터 발달되어 왔으므로 의료자원봉사의 영역에서 더욱 필요한 요소이다(이상화, 2003).

의료시설은 지역주민의 건강 증진, 질병 예방 등 적극적인 의료서비스 제공과 접근성의 필요성을 모색함으로써 지역주민들이 참여하는 병원자원봉사활동 역시 그 중요성이 점차 강화되고 있다(김현희, 2003).

서구의 경우 의료시설에서의 자원봉사활동은 일반 시설 다음으로 활발하게 전개되고 있으며 일본의 경우 '일본병원자원봉사협회'가 결성되어 조직적이고 구체적인 활동을 하고 있다(이태영·서석달 공역, 1982).

꼭 알아야 할 내용

- 의료시설 자원봉사활동의 특성

5. 의료시설 자원봉사의 기능

의료시설에서 행해지는 자원봉사활동의 기능을 의료시설과 자원봉사자의 측면으로 나누어 살펴보면 다음과 같다(강흥구, 1991 : 17; 류기형 외, 2018).

1) 의료시설 측면에서의 기능

의료시설 측면에서 볼 때, 자원봉사자의 활용으로 서비스의 양적·질적 확대가 가능하며, 또한 수혜자나 의료시설 측에는 서비스의 효과를 극대화할 수 있다.

(1) 서비스의 양적 확대

인력의 부족으로 인해 활용하지 못했던 부분의 업무들을 자원봉사자를 활용함으로써 다양한 서비스의 제공 및 더 많은 이용자에게 서비스를 제공할 수 있다. 또한 자원봉사활동에 참여하는 사람들의 경력과 학력 또는 전문가로서의 안목이 많이 향상된 현재는 단순한 업무보조 형태의 서비스만이 아닌 전문적인 분야에 이르기까지 자원봉사 분야의 확대가 가능하며 자원봉사자는 정규직원의 대체효과를 가진다.

(2) 서비스의 질적 보완

자원봉사자의 활용은 단순한 업무의 확장이 아니라 자원봉사자들이 활동함으로 인해 병원의 이미지를 제고하고, 의료시설직원만으로 하기가 불가능한 영역의 업무를 자원봉사자가 수행함으로써 질적 향상이 가능하다. 이로써 서비스의 질적인 면에서 보다 더 향상되고 전문적인 서비스를 제공할 수 있다. 이용자를 돕는 데에 필요한 시간이 연장되거나 자원봉사자의 도움으로 시간이 절약되므로 인해서 전문 직원은 이용자에게 보다 더 책임성 있는 서비스를 제공할 수 있다.

(3) 의료시설의 홍보 및 직원들의 지위 향상

자원봉사자를 활용하려면 의료시설 내에서 그들을 위한 훈련과 사전지도가 필요하다. 이러한 훈련과 사전지도를 되풀이하는 일은 직원들의 지위향상에 도움이 된다. 그리고 지역사회 내에서 자원봉사인력이 많을 때 의료시설의 프로그램이나 활동업무에 관한 홍보활동에 도움이 될 뿐 아니라 해당 지역사회의 유휴 노동력을 활용할 수 있다는 점에서 매우 효과적이다.

2) 자원봉사자 측면에서의 기능

의료시설이라는 장에서의 자원봉사활동을 통해 자원봉사자는 환자와 자연스럽게 접촉하여 사회의 일원으로서의 그들을 이해하고 상호신뢰를 바탕으로 개인의 인격적 성장과 발달 그리고 잠재능력을 실현하는 기회를 가지며, 지역공동체를 형성하기 위한 인간존중과 상부상조라는 자원봉사활동의 철학을 실현할 수 있다. 또한 자원봉사자는 자신이 거주하고 있는 지역 내 의료시설에서의 활동을 통해 지역사회에 기여할 수 있고 자신의 자원봉사활동 결과가 환자들에게 직접적인 도움이 됨을 체감하는 정도가 높아 자원봉사활동의 의지를 더욱 고양할 수 있다. 아울러 의료시설이라는 환경의 특성상 질병에 대한 이해 및 그에 관한 다양한 정보를 얻을 수 있다는 부가적인 이익이 있다(류기형 외, 2018).

일반자원봉사활동은 사회복지조직이 갖고 있는 전반적인 자원부족현상을 해결하는 데 큰 도움을 준다는 의미뿐만 아니라 클라이언트의 권익을 옹호하고 사회복지조직과 지역사회를 매개하는 역할로도 매우 중요하게 인식된다(서울시사회복지협의회, 1997). 자원봉사활동의 일반적 특성이 자발성, 무보수성, 이타성, 공공성, 민간성 등을 그 특성으로 하고 있지만 최근에는 봉사학습(service learnig)의 측면에서 다소의 강제성이 부여되며, 그리고 활동을 위한 최소의 경비와 그에 대한 정신적 보상이 제공되어야 한다는 점, 시민 활동으로 제도화하기 위해 제도적 지원이 강화되어야 한다는 점 등에서 점차 포괄적으로 확대되고 있다(최용진, 2009).

의료시설 자원봉사활동이 일반자원봉사활동과 다른 점은 의료시설 자원봉사자들은 의료사회복지조직의 체계 안에서 무급스텝의 일원으로 체계적으로 관리·운영되고, 의료사회사업의 실천목표에 따라 직무를 수행하며, 클라이언트가 정서적, 사회적, 신체적으로 문제가 있는 환자와 가족이라는 점이다. 따라서 의료시설 자원봉사활동의 직무특성은 환자와 지역사회를 위하여 좋은 보건의료 환경을 조성하는 데 있으며, 타 분야보다도 인간에 대한 예의, 자원봉사활동에 대한 책임성·공평성·그리고 비영리성 등 일종의 윤리를 더욱 필요로 하기 때문에 다양한 직무와 기술, 역할이 필요하다(이광재, 2005). 의료시설 자원봉사활동은 의료사회복지사가 전개하는 각종 프로그램을 이해하고 지원하며, 협력하는 행동체계의 노력이다. 의료기관에서의 자원봉사활동의 준거틀은 <표 15-1>과 같다(구종회, 1996 : 217).

〈표 15-1〉 의료기관에서의 자원봉사활동의 준거틀

구 분	목적과 내용	자원봉사
의료기관의 목적	• 의학적인 교육 • 질병의 치료, 예방, 재활 • 건강교육 및 홍보 • 사회보장 구현 • 의료기관의 발전 지향	목적과 내용을 올바르게 이해하여 의료기관의 업무가 원활하게 되기 위하여 안내, 지도, 상담 등의 서비스 제공
의료사회사업 활동의 협력과 지원	• 환자의 심리사회적 지원 • 가정문제의 진단, 해결 • 퇴근 후 사후 지도 • 사회적응 지도 • 지역사회의 자원 체계화	자원봉사활동은 의료사회복지사가 전개하는 각종 프로그램을 이해하고 지원하며 협력하는 행동체계의 노력임
자원봉사의 고유목적	• 민주시민으로서의 참여 • 인도주의적, 종교적 동기 실현 • 호스피스 참여 • 지역사회 자원 발견 • 공동체 의식의 함양	자원봉사의 고유영역으로서 민주시민의식의 고양, 공동체 의식 강화, 더불어 함께하는 사회의 분위기 조성을 위하여 홍보, 계몽자의 역할을 담당함
보건·복지기관과의 협력관계	• 보건소의 기능 이해 • 각종 복지기관과의 정보교환 • 각종 복지기관의 프로그램 활용안내 • 정보와 복지정책의 홍보 • 지방자치의 복지의식 강화	민주복지사회 건설을 위하여 각종 사회복지 프로그램을 일반국민에게 소개하여 안정된 삶을 지향하는 데 공동 노력함

의료시설현장은 입원환자로 인해 사회복지기관과 달리 365일, 주·야간 구분 없이 이루어지고 있어 봉사활동영역에 따라 공휴일이나 야간에도 자원봉사활동을 수행할 수 있다. 특히 호스피스 자원봉사활동 시간은 평일은 물론, 공휴일이나 야간에도 근무조를 편성하여 활동하고 있으며, 행려 환자나 노숙자들을 위한 목욕봉사는 주로 치료나 검사가 적은 공휴일에 이루어진다.

의료시설 자원봉사자의 대상자가 신체적, 정신적, 사회적으로 고통받고 있는 환자라는 특성 때문에 자원봉사자의 활동수칙은 비교적 엄격하게 적용되고 있는데 그 내용은 다음과 같다.

첫째, 환자 개인의 인격과 개성을 존중하며, 진정한 관심과 존중을 적극적으로 전달한다. 둘째, 환자에 관한 이야기는 절대로 비밀을 지켜야 하며, 환자의 성별, 사회적 지위, 빈부, 종교, 소속집단 등에 차별 없이 공평하게 비심판적인 태도로 봉사한다. 셋째, 기관과 직원이 제공하는 정보와 기본 원칙을 이해하고, 그에 반하는 행위를 하거나 영리활동을 추구하지 않는다. 의료시설 감염관리 원칙을 준수하고, 자원봉사가운을 청결하고 단정하게 착용하며, 전염성 질환이 생길 경우에는 자원봉사를 중단한다. 넷째, 자원봉사자로서 자긍심을 갖고 자신을 타인과 나누는 개방성의 폭을 넓게 한다(이광재, 2005).

대학의료시설을 비롯한 2, 3차 의료기관은 대부분 자원봉사자 관리체계를 갖추고 있으며 보조치료로서의 음악요법, 미술요법 등 각종 치료적인 프로그램의 지도, 입·퇴원수속 안내, 거동불편자 보조, 접수용지 대필, 종교적 행사의 지원과 보조 등 다양한 활동을 수행한다. 입원환자와 가족에 대하여 무료간병, 심리적 지지, 읽을거리를 제공해 주고, 전화도 받아주며, 편지를 써주고, 기도를 해주기도 한다. 그밖에 레크리에이션이나 사회적 활동을 하는 데 보조해 주고, 가족들이 휴식시간을 갖도록 주선하며 환자 주변정리나 교통수단을 해결해 주기도 한다(이광재, 2005). 말기암 환자와 그 가족을 위한 호스피스 봉사는 생의 마지막 순간을 편안하게 맞이하도록 신체적, 정서적, 사회적, 경제적 및 영적 욕구를 충족시키기 위한 총체적 돌봄으로 간호보조, 환자수발업무, 기능봉사, 상담봉사, 업무지원봉사, 재정봉사, 요법지도봉사 등 그 활동분야가 다양하다(최의순, 2005).

또한 퇴원 후 가정방문이나 전화방문을 통해 환자와 가족을 돌보며 사후관리와 유가족 지지에 이르기까지 다양한 돌봄을 제공하기 때문에, 일반 자원봉사자와는 달리 일정 수준의 교육을 거쳐야 하고 특별한 자질과 소명의식, 전문적인 기술을 요하는 특수한 봉사활동이라고 할 수 있다. 그 외 전문적인 자원봉사활동으로 통역자원봉사활동이 있는데 S의료원의 경우 2008년도에 International Clinic을 개소하여 미국, 캐나다를 포함한 총 39개 국적의 외국인들이 의료시설을 이용할 때 자원봉사자들이 통역서비스를 지원하여 큰 도움을 주고 있다. 공공의료시설인 S의료원은 민간의료시설과 달리 외국인 전용 공간이 없이 내국인과 동일하게 접수, 진료, 검사공간을 이용하기 때문에 외국인 환자가 통역봉사자 도움 없이 혼자 이동하면서 진료를 받기에는 어려움이 많다. 따라서 통역자원봉사자들의 진료안내나 접수, 수납, 검사 시의 통역서비스는 공공의료시설에서 절대적으로 필요한 영역이라고 할 수 있다.

꼭 알아야 할 내용

- 의료시설 측면에서 의료시설 자원봉사의 기능
- 자원봉사 측면에서 의료시설 자원봉사의 기능

6. 의료시설 자원봉사활동 영역과 역할

1) 의료시설 자원봉사활동 영역

우리나라의 의료시설 자원봉사활동은 아직도 특별한 기술이나 전문지식을 요하지 않는 단순 업무 수준의 일반자원봉사활동 영역이 대부분을 차지하고 있으나, 최근에는 의료시설의 대형화, 전문화, 만성기 의료의 비중 증가 등 의료 환경의 변화와 함께 자원봉사자의 경력이 다양하고 활동영역도 점차적으로 세분화, 전문화되어 가고 있다. 이러한 추세에 따라 레크리에이션 지도, 웃음치료, 공연 등 예능 영역과 이·미용 등의 기능을 가지고 활동하는 기능자원봉사자가 증가하고 있으며, 전문자원봉사자로서 풍부한 전문지식을 갖춘 전문직업인의 기술을 활용하는 전문적인 분야로의 봉사활동 영역이 점점 확대되어 가고 있다.

(1) 입원환자를 위한 자원봉사

최근 노인인구의 증가와 함께 노인의료의 비중이 날로 증가하고 있는 현상과 맞물려 요양의료시설들의 설립이 증가되면서 입원환자를 위한 자원봉사 영역이 대폭 확대되고 있다. 입원환자를 위한 자원봉사로는 간병봉사, 도서봉사, 미용봉사, 목욕봉사, 산책동반, 환자위문봉사, 집단 활동 프로그램 보조, 위안 공연, 종교적 지지, 의료용품 준비, 호스피스 봉사 등이 있으며, 세부내용은 다음과 같다.

① 간병봉사는 입원환자의 보호와 심리 상담을 한다. 즉 입원환자를 대상으로 식사보조, 운동보조, 환자이동 시 부축, 환자복 교환, 손·발톱 깎기, 환자의 외출 돕기 등을 통한 보호와 상담을 한다.
② 도서봉사는 도서대여, 반납 등과 관련된 업무를 한다.
③ 미용봉사는 입원환자를 대상으로 두발 손질을 한다.
④ 목욕봉사는 입원환자의 목욕을 도와주는 역할을 한다.
⑤ 산책동반은 환자산책에 동반하여 이동보조와 말벗 역할을 한다.
⑥ 환자위문봉사는 환자를 위한 병문안, 말벗, 책 읽어주기와 같은 활동을 한다.
⑦ 집단 활동 프로그램 보조는 환자들의 인지·정서재활 프로그램의 진행보조 역할을 한다.
⑧ 환자위문봉사는 입원생활의 무료함을 위로하기 위하여 노래, 국악, 춤, 웃음치료, 레크리에이션 등 공연에 직접 출연하여 봉사하는 활동이다.
⑨ 종교봉사는 환자의 종교에 맞는 기도 예배활동이다.
⑩ 의료용품 준비는 중앙공급실의 보급품 정리 및 붕대감기, 거즈 접기 등의 위생재료 만들기, 의료소모품 정리, 포장업무를 한다.
⑪ 호스피스봉사는 임종을 앞둔 환자와 가족의 정서적 지지 활동을 한다.

그리고 입원으로 인한 환자의 심리사회적 문제 가운데 자원봉사자가 알아야 할 내용을 바탕으로 의료자원봉사를 해야 하는데, 이에 대해 살펴보면 다음과 같다(이광재, 2004).

① 역할 박탈

환자는 입원하게 되면 다양한 수준의 역할 박탈을 경험하게 된다. 일반적으로 환자들은 환의(gown)을 입어야 하고, 개인 소지품의 사용을 제한받게 되며, 그동안 집에서 수행하던 아내, 남편이나 부모의 역할을 할 수 없다. 또한, 직장을 떠나있음으로써 오는 역할 박탈을 경험하기도 한다. 이러한 문제에 대하여 자원봉사자는 가정과 직장과의 가교역할을 하여, 환자들이 역할박탈로 인한 스트레스를 경험하지 않도록 할 수 있다.

② 사회적 격리

입원은 환자에게 고독한 경험이고, 또한 주위 사람들로부터 지지가 필요한 시기에 사회적으로 격리되는 것이므로 환자에게 불안을 야기할 수 있다. 따라서 이러한 격려가 환자의 안녕에 미치는 효과가 고려되어, 가족이나 친지들의 방문 및 아동의 경우 부모와 함께 있도록 하는 등의 배려가 필요하다.

③ 사생활(privacy)의 침해

환자들은 대부분 한 사람 이상의 다른 환자들과 함께 병실을 공유하게 된다. 이 경우 소음, 병실의 온도, 감염, 냄새 등에 대하여 의견 불일치가 있을 수 있으며, 특히 장기간 같이 입원해야 하는 경우에는 더욱 그렇다.

또한 치료팀 앞에서 신체를 노출한다든지, 개인의 대화가 타인에게 들린다든지, 배설을 침상에서 해야 한다든지, 수시로 여러 사람들이 병실을 왕래하는 것 등은 치료상 필요한 일이긴 하나, 환자에게는 매우 불편하고 당황스러운 상황이다(김명자 외, 1994 : 270).

자원봉사자는 이러한 점을 유의하여 가능하면 개인 비밀을 지켜주고, 불필요한 병실방문을 삼가도록 해야 한다.

④ 의료용어의 이해 부족

의료시설에서 주로 사용하는 의학용어들은 환자에게 병명에 대한 의심과 더불어 소외감을 느끼게 한다. 따라서 환자들이 이해할 수 있는 용어로 풀어서 쉽게 설명해 주어야 하는 것도 치료팀에게는 중요한 일이다.

⑤ 낯선 환경과 소음

의료시설에서는 비정상적인 소음이나, 낯선 광경이 많이 일어난다. 예를 들면, 상처치료(dressing) 광경, 흡인(suction)하는 소리, 심폐소생술(CPR) 등의 사용은 환자에게 불쾌감과 더불어 불안감을 가져온다.

⑥ 개인영역의 침해

집단생활에서 각 개인이 영역에 대해 갈등을 갖는 것은 공통적인 측면이다. 흔히 환자들은 입원하면서 새로운 공간에 대한 개념을 갖게 된다. 전통적으로 의료시설들은 효과적인 의료서비스를 제공하도록 설계되고, 공간을 효율적으로 사용하고 있다.

따라서 상당수의 환자들은 병실이 자신의 생활공간보다 작다고 느끼므로, 가까운 사람과의 접촉이 상실되거나, 감소된다. 어떤 환자는 자신의 신체 일부를 손도 대지 못하게 하는 경우도 있다. 이러한 개인적 공간의 개념에서는 침착한 태도나 설명이 중요하며, 사적인 질문은 사적인 장소에서 하도록 한다.

⑦ 24시간 주기의 변화

24시간 주기란 하루를 주기로 하여 일어나는 생리적 현상을 말한다. 입원생활은 환자의 입원 전 생활과 다를 수 있다. 주기적인 체온 확인과 특정 시간에 취침하고, 기상하며, 식사하고, 목욕하는 일 등이 환자에 따라서는 불쾌한 일이 될 수도 있다. 따라서 규정의 범위 내에서 최대로 개인의 자유를 허용하는 것이 필요하다.

⑧ 비인간화

의료시설환경은 각 환자에 따른 개인의 고유한 상황과 요구를 고려하지 않으면 비인간적인 경험이 쉽게 일어나는 곳이다. 따라서 자원봉사자는 환자를 대할 때 인격적으로 호칭을 해야 하며, 봉사활동도 특별한 경우를 제외하고는 환자의 동의를 절대적으로 필요로 하는 것이다.

(2) 외래환자를 위한 자원봉사

비교적 급성기 의료시설에서 많이 행해지고 있는 외래환자를 위한 자원봉사에는 의료시설이용 대필 안내봉사, 진료과의 선택과 관련된 내용에 대한 정보제공, 번호표 발행기 이용안내, 라운딩 봉사, 차트정리, 민원봉사, 의료기관 모니터링, 입원수속 보조 등이 있으며, 세부내용은 다음과 같다.

① 안내봉사는 진료과 상담, 위치안내, 보험안내, 대필서비스 등 병원이용 안내봉사를 한다.
② 번호표, 처방전 발행기 이용안내 및 질서유지를 시키는 업무활동에 참여한다.
③ 민원봉사는 환자의 불편사항 처리 및 질서유지를 담당한다.
④ 차트정리는 의무기록실의 환자의무기록 정리를 돕는 활동이다.
⑤ 에스코트 봉사는 거동 불편 환자 부축 등에 참여할 수 있다.
⑥ 의료기관 모니터링 봉사는 환자나 보호자의 입장에서 개선할 점을 건의하고 새로운 아이디어를 제공하며 개선안 청취를 위한 모니터에 참여한다.
⑦ 기타 약국투약대기 환자 안내, 검사 및 진료업무 보조 등과 같은 봉사활동에 참여할 수 있다.

(3) 의료시설 내 자원봉사활동 영역

의료시설 내 자원봉사활동은 환자의 편의 도모 및 돌봄 기능 강화 측면에서 아주 필요하다. 의료시설마다 차이는 있겠으나 대개 외래 안내, 입원수속 보조, 도서봉사, 의무기록봉사, 투약구봉사, 미용봉사, 중앙 공급실봉사 등이 행해지고 있으며, 프로그램별로 레크리에이션 지도 및 장애아 학습지도, 작업치료보조, 환자 방문 및 호스피스 등의 활동을 하고 있고, 기타 사회사업 업무 보조, 환자의 행정업무 대행 봉사, 헌혈, 장기기증봉사후원금 지원 봉사, 가정봉사, 병원 환경정비 등에 참여할 수 있다.

이 외에도 신생아실 우유 먹이기, 어린이 보호대기실 운영 및 학습실, 놀이실 운영 등 점차 자원봉사자들의 활동 영역이 세분화, 전문화되고 있는 추세이다.

2) 의료시설 자원봉사자의 역할

의료시설 자원봉사활동은 자원봉사자들이 활동하는 기관의 목적과 성격에 따라 그 역할이 다양하여 환자의 가족에게 직접적 봉사를 하거나 행정적 지원, 지역사회교육, 전문적 상담과 자문역할 등을 한다(김정애, 2005).

로우(Lowry)는 병원자원봉사자를 전문자원봉사자와 일반자원봉사자로 구분하고 있다(강홍구, 1991; 김진옥, 1999).

전문자원봉사자에게는 전문적인 훈련이 요구되며 이들은 병원기능을 수행하는 데 필수 가결한 업무처리를 한다. 즉, 병원의 회계장부가 적절하게 만들어졌는지 공공교육 자원과 전문적 교육 자원의 활용이 잘되고 있는지에 관심을 갖고 환자를 위한 가능한 서비스를 기존 지역사회차원에서 발견하며, 기관 내에 환자의 문제를 효과적으로 처리하여 받아들이도록 하고 적절한 의뢰 기관을 알선하는 것이 전문자원봉사자의 역할이다.

일반자원봉사자들은 그 병원을 이용하는 사람에게 더 관심을 가지며 이러한 자원봉사자들은 환자가 혼자서 수행할 수 없는 업무를 도와주는데 대화 또는 문학작품을 읽어주며 필름을 보여주는 등 환자와 관련된 모든 일을 행한다.

우리나라 병원자원봉사자의 경우 주로 일반적 일반자원봉사활동의 수준을 넘지 못하고 있으나 점차 자원봉사활동영역이 세분화·전문화되어 가고 있다(차영신·최근희, 2009).

의료시설 자원봉사자의 목표는 환자의 정신적, 신체적 고통의 분담, 보호자의 수발 부담의 분담, 의료 환경의 질적 향상 및 공평한 의료서비스의 제공 등이라 할 수 있어(류기형 외, 2018), 이러한 의료시설 자원봉사자의 목표를 바탕으로 의료시설 자원봉사자의 역할은 정보제공자, 환자의 보호 및 심리상담자, 업무보조자, 알선자, 대변자, 후원자, 조사자, 호스피스 옹호 등으로 나누어 살펴볼 수 있다(강홍구, 1991; 손경희, 2002; 이상금, 2002; 임효정, 2011).

(1) 정보제공자

의료시설방문입원에서 퇴원까지 전 과정에서 직면하는 방문객의 여러 가지 궁금증을 해소해 주며, 보험 관련 내용, 진료과 선택과 관련한 내용에 대해 적절한 정보를 제공하고 안내하며 대필을 해주는 등 의료시설을 손쉽게 이용하도록 안내한다. 이러한 활동은 의료시설의 외래안내센터에서 주로 이루어지고 있다.

(2) 환자의 보호 및 심리 상담자

환자 주변에 간호할 사람이 없거나 무의탁 환자, 보호자가 없는 환자가 원활하게 병실생활을 할 수 있도록 일상적인 생활을 도와주며 심리적으로 투병동기를 강화해 주는 상담과 더불어 지지자의 역할을 한다.

구체적인 봉사내용으로는 식사보조, 채뇨, 운동보조, 환자이동 시 부축, 손·발톱 깎기, 환자의 외출 돕기 등의 간병봉사와 환자를 위한 병문안, 말벗, 책 읽어 주기 등의 환자위문봉사, 환자의 종교에 맞는 기도 및 대화를 나누는 종교봉사 등이 있다.

(3) 업무보조자

단순한 업무 또는 일과성 업무, 반복적인 업무 등에 있어서 직원을 보조하는 역할을 하며 필요한 물품이 제때 공급되도록 지원하거나 투약업무를 보조하며 투약대기시간을 단축시키거나 원활한 진료행위가 이루어지도록 지원한다.

구체적인 내용으로는 의무기록과(실)에서의 차트 정리 등 업무 보조, 중앙공급실이나 수술실에서 진료나 수술에 필요한 거즈나 솜, 면봉 등의 의료소모품을 정리·포장하거나 제약실에서 약제업무를 보조하는 것, 병동 내에서 간호업무 보조 등의 업무보조를 수행한다.

(4) 알선자

지역사회 종교 기관 등과 긴밀한 유대관계를 맺고 의료시설 서비스에 대한 내용을 알려 지역주민들이 정확한 정보를 갖고 의료시설을 이용하도록 도우며 필요한 경우 환자의 재활시설 안내 또는 수용업무 등을 담당하며 지역사회와 연대의식을 갖도록 지원한다.

(5) 대변자

의료시설을 이용하는 과정에서 이용자들의 불편사항을 들어주고 그들의 입장을 대변하며 매개하는 안전핀 역할을 수행한다. 적절한 통로를 통해 이용자들의 건의사항을 의료시설당국에 전달하고 문제가 해결되도록 조력한다.

구체적인 자원봉사활동의 내용으로 라운딩 봉사를 통해 환자의 불편사항을 처리하는 경우이다.

(6) 후원자

질병이나 장애와 관련된 교육 프로그램 등을 후원하여 프로그램에 직접 참가하거나 조언을 제공하며 필요한 경우 자금동원자로서 역할을 한다.

구체적인 자원봉사활동의 내용으로 헌혈 및 장기기증 봉사를 행함으로써 환자를 후원할 수 있다.

(7) 조사자

질병의 치유와 원인방지에 관한 의료적 조사를 지원하며 지역사회 특성 등에 관련된 조사를 실시함으로써 지역사회에서 필요로 하는 서비스가 무엇인지를 파악하여 이를 의료시설에서 실시할 수 있도록 한다.

(8) 호스피스 옹호자

호스피스는 죽어가는 사람과 그의 가족들이 그들만의 개인적인 욕구를 말할 수 있는 곳이며 모든 사람들이 정성으로 그 욕구를 들어주는 곳이라고 말할 수 있다.

의사의 진단 이후 더 이상의 의료적인 치료가 불가능한 환자와 그의 가족들을 대상으로 호스피스 활동을 하게 되는데, 이들에게는 환자의 질병치료보다 안위적 간호와 정신적 지지가 요구된다. 즉, 신체적, 심리적, 사회적 그리고 영적인 간호를 통하여 증상을 완화시켜 줌으로써 환자를 편안하고 의식을 명료하게 하여 가능한 한 일상생활을 활기 있게 해준다. 또한 가족구성원의 죽음으로 인해 신체적, 정서적, 사회적, 경제적으로 혼란이 초래될 가능성이 높은 환자들에 대해서는 그들의 요구에 따라 장례식이나 종교적 의식에 함께 참여함으로써 남은 가족을 지지해 줄 수 있다. 호스피스활동을 통한 팀의 구성원으로서 자원봉사자는 환자와의 동등한 입장에서 대화가 가능하므로 환자들의 이야기를 들어줄 수 있고 또 지속적으로 환자의 곁에 있어줌으로써 임종환자와 그 가족들이 소외되거나 격리되지 않도록 하면서 임종환자가 가족과 함께 편안함과 안락함을 영위하도록 하여 인간으로서의 존엄 및 인간미를 지키면서 남은 여생을 보다 효과적으로 보낼 수 있도록 돕고 있다.

호스피스 자원봉사자는 환자뿐만이 아니라 환자의 가족도 간호대상에 포함시켜야 한다. 환자가 호스피스를 필요로 하는 단계에 들어선 순간, 환자는 물론 그 가족에게도 고통과 절망이 시작되므로 꾸준한 인내와 이해로 그들의 고통을 덜어주도록 노력해야 한다. 동시에 환자가 사망한 이후에도 그 가족들에 대한 제반지원 사항을 제공하고 관리를 해주어야 호스피스 자원봉사자로서의 의무를 다하게 된다. 이렇게 호스피스는 환자의 사망 후에 가족들이 절망에서 회복되어 정상적인 생활을 회복할 수 있도록 도움을 주어야 한다.

특히 저소득층, 소외계층들의 재활진료, 치매환자 및 장애인 주간보호서비스, 독거노인이나 장애인의 무료진료, 호스피스 사업 등의 공공보건의료사업을 수행하는 공공의료시설에서의 병원자원봉사자의 역할은 매우 중요하다(이인덕, 2010).

의료시설 자원봉사자가 활동하는 의료시설의 비전 또는 가치에 따라 그 역할이 다양하지만, 일반적인 의료시설 자원봉사자의 역할은 다음과 같다(강홍구, 1991). 정보제공자로서 의료시설이용에 대한 다양한 궁금증을 해소해 주며, 진료와 관련된 적절한 정보를 제공한다. 상담자로서 보호자나 간호할 사람이 없는 환자에게 심리적인 지지를 제공한다. 업무보조자로서 해당 부서의 일상적인 업무를 보조한다. 알선자로서 지역주민에게 의료서비스의 정확한 정보를 연계한다. 대변자로서 의료시설이용자의 고충사항을 접수하고 그들의 입장을 대변한다. 후원자로서 어려운 환자를 후원하거나 필요한 경우 자금을 동원한다. 조사자로서 질병 관련 의료 조사에 참여한다.

의료시설 자원봉사자의 활용영역으로는 입원환자를 위한 자원봉사활동과 외래환자를 위한 자원봉사활동을 구분할 수 있다(이찬희, 1997). 입원환자를 위한 자원봉사활동으로는 대표적으로 간병봉사, 도서봉사, 미용봉사, 산책동반봉사, 환자위문봉사, 집단활동 프로그램 보조봉사, 위안공연봉사, 종교봉사, 의료용품 준비봉사, 호스피스봉사 등이 있다. 외래환자를 위한 자원봉사활동으로는 안내봉사, 번호표·처방전 발행기봉사, 민원봉사, 차트정리봉사, 의료기관 모니터링봉사 등이 있다. 또한 기타 봉사로 응급실 봉사, 부서의 행정업무 대행봉사, 후원금 지원봉사, 헌혈·장기기증봉사, 가정봉사 등이 있다.

병원에서의 자원봉사 활용 영역별 업무와 봉사내용을 <표 15-2>와 같이 제시할 수 있다(류기형 외, 2018; 이찬휘, 1997).

〈표 15-2〉 **병원 자원봉사자 활용 영역 및 내용**

영 역	활용업무	봉사내용
병실봉사	간병봉사	식사보조, 체뇨, 운동보조, 환자이동 시 부축, 환자복 교환, 손·발톱 깎기, 환자 외출 돕기 등
	도서봉사	도서대여, 반납
	이·미용봉사	이·미용봉사(머리감기)
	탁아봉사	입원아동을 위한 놀이방 운영 등
	학습지도봉사	입원아동을 위한 학습 보조 등
	환자위문봉사	환자를 위한 병문안, 말벗, 책 읽어주기 등
	종교봉사	환자의 종교에 맞는 기도 및 대화
	호스피스봉사	임종을 앞둔 환자와 가족의 정서적 지지 등
	기타	신생아실, 중환자실, 물리치료실 보조, 정신과 집단활동 프로그램 보조 등
외래봉사	안내센터	진료(수술)실 상담, 위치안내, 보험안내, 대필서비스
	번호표발행기	번호표발행기 이용안내, 처방전 발급, 질서 유지
	라운딩봉사	불편사항 처리, 질서 유지
	에스코트봉사	거동불편 환자 부축, 승강기 안내 도우미
	기타	약국 투약대기환자 안내, 검사·진료업무 보조 등
응급실봉사	환자지원	응급실 질서 유지, 환자보조
	기타	간호업무 보조, 전화 안내 등
의료서비스지원	의무기록과	차트 정리 등 업무 보조
	중앙공급실, 수술실	거즈나 솜 등 의료소모품 정리 포장
	기타	제약보조, 수술환자 옮기기, 의료기관 업무 보조 등

기 타	사회사업업무보조	지역 보건·의료 기초조사
	환자 행정업무 대행	대필, 기타 행정업무
	헌혈·장기기증봉사	
	후원금 지원봉사	
	가정봉사	환자가정을 방문하여 청소, 취사, 세탁, 반찬 만들어 주기 등 가사봉사, 환자 사망 후 가족관리
	기타	병원 환경 정비, 외국인진료 안내 등

꼭 알아야 할 내용

- 의료시설 자원봉사활동 영역
- 의료시설 자원봉사자의 역할

Volunteerism

16 CHAPTER 자원봉사활동의 새로운 동향과 과제

1. 자원봉사활동의 최근 동향

자원봉사활동의 최근의 새로운 움직임을 보면 첫째, 지역사회 지향, 둘째, 대인적 서비스 지향, 셋째, 연계·협동성 지향, 넷째, 전문성 지향, 다섯째, 교육과의 연계성 지향, 여섯째, 행정과의 연계성 지향, 일곱째, 국제적 활동 지향 등이 그 특징이다.

(1) 지역사회 지향

복지시설 방문이 중심이 된 사회복지 관련의 자원봉사활동인 경우에 특히 그런 경향을 띤다고 할 수 있다. 예를 들면, 급식이나 목욕서비스, 시각장애인을 위한 가이드 헬프 서비스, 휠체어 장애인의 외출 도우미 활동 등이 그것에 해당된다. 이러한 움직임은 이전 활동의 중심이 되었던 시설방문활동, 캠프활동 등과는 다른 '재가복지 서비스'의 일환으로, 활동거점을 지역사회에 둔 것이다.

(2) 대인적 서비스 지향

비화폐적인 서비스, 즉 금전적 급부 등으로는 충족되지 않는 욕구에 대응하는 서비스를 가리킨다. 이것은 이전과 비교해 보다 개별성을 가지고 있으며, 특히 대인적인 욕구에 대응하는 것이다. 예를 들면, 보육원이나 어린이집에서의 주말 위탁부모의 활동, 노인요양원에서의 어르신들에 대한 위생, 말벗 자원봉사활동 등, 개별적인 대응에 대한 관심이 높아졌다. 또한 지역활동, 재가복지활동 등으로 일컬어지는 활동도 대부분 그에 해당되며, 급식서비스, 전화서비스, 독서서비스, 도우미활동 등 거의 모두가 대인적 서비스라고 해도 과언이 아닐 것이다.

(3) 연계 · 협동성 지향

새로운 특징으로서 협동성을 지향하게 되었다는 점인데, 이것은 장애인이나 노인 등의 당사자와 함께 활동하는 경향이다. 이러한 움직임은 이전의 자원봉사활동이 체질적으로 가지고 있었던 '시혜성'으로부터 벗어났다는 것을 보여주는 사실이다. 흔히 말하듯이 본래 자원봉사활동은 '위해서(for)'가 아니라 '함께(with)'하는 활동이라는 것을 보여주는 것이라 볼 수 있다.

더욱이 협동성을 지향하고 있는 활동 안에 포함시켜도 좋은 것은 자원봉사자나 전문종사자와의 협동이다. 최근의 자원봉사활동에서는 홈헬퍼, 간병, 케이스워크 등 이외에, 지역의 자원봉사활동과의 연계와 협력이 불가결하게 되었다. 이것은 시설이나 병원에서의 활동은 말할 필요도 없고, 지역에서의 민원서비스, 급식서비스, 목욕서비스 등에서도 나타나고 있다. 이처럼 자원봉사활동이 시대의 요청과 사회적인 활동으로써 그 중요성이 강조되어 왔다고 볼 수 있다.

(4) 전문성 지향

자원봉사활동은 이제 더 이상 언제든지, 어디든지, 무엇이든 활동하는 사람들이 아니게 되었다는 것이다. 이러한 경향은 활동 대상을 의료(병원), 노인, 장애인, 아동 등의 대상별로 전문성을 가진 활동을 지향하는 것과, 점역활동이나 수화활동, 케어활동, 각종 상담 활동 등 실천상의 전문적 활동의 필요성에서 찾을 수 있다. 이와 같은 전문성 지향은 이용자욕구의 개별성과 활동을 희망하는 자원봉사 측의 능력, 관심의 개별성에서 온다고 볼 수 있다.

(5) 교육과의 연계성 지향

이것은 특히 건전육성의 면에서는 전통적인 것이지만, 자원봉사활동이라는 사회적 경험을 통해서, 사회적 시야를 넓히고, 삶의 보람이나 자기실현, 주체성의 확립을 이루고자 하는 경향이다. 그것은 자원봉사활동이 이용자를 위한 것일 뿐만 아니라, 자원봉사자에 있어서도 중대한 사회적인 경험상의 가치가 있다고 보는 견해에서 나온 것이다. 그리고 단순히 개인에 대한 교육의 차원을 넘어서 공공의 이익과 계몽 등 폭넓은 의미의 교육의 중요성에 기인된다. 또한 사회복지정책의 외각에서 복지교육과, 복지의 이해, 공동체 의식 등 자원봉사활동을 권장하는 움직임이 나타나고 있다. 이와 같은 것을 자원봉사활동의 교육성 지향이라고 할 수 있는 것이다.

(6) 행정과의 연계성 지향

행정주도에 의한 자원봉사육성의 지향을 들 수 있다. 자원봉사활동이 이제 단순히 시민(주민)이나 민간단체의 자발성에 의해 유지되는 수준의 단계에서 넘어서는 적극적인 활동이라는 관점에서 행정적 측면의 적극적인 자원봉사활동 육성에 힘을 쏟기 시작한다는 것이다.

(7) 국제적 활동 지향

세계적인 각종 재난구호활동, 의료협력 활동, 적십자, UNICEF(유니세프), KOICA(한국국제협력단), 문맹퇴치 등의 국제적인 움직임 등을 들 수 있다. 또한 자원봉사의 활동이나 유학생을 가정에서 돌보는 것도 이것과 관련된 움직임이다. 그러나 국제협력 자원봉사활동의 개발에는 아직도 많은 과제가 남아있다고 본다.

꼭 알아야 할 내용

- 자원봉사활동의 최근 동향

2. 세계적 자원봉사활동의 추세

자원봉사활동은 우리나라를 비롯한 세계적 추세로서 첫째, 자원봉사활동의 확산, 둘째 자원봉사활동의 제도화, 기업 자원봉사활동의 육성 등의 특징이 있다.

(1) 자원봉사활동의 확산

정부재정에 의한 복지시책이 축소되자 어려운 이웃을 돌보는 민간의 자선운동과 자원봉사활동이 활발해졌으며 그와 더불어 자본주의의 무한 성장주의를 비판해 녹색혁명으로 대변되는 환경운동, 제3세계 인권운동 등의 시민운동이 활발히 전개되고 있으며, 미・일・유럽 등의 선진국에서는 자원봉사활동이 사회 전반에 급속히 확대되고 있다.

(2) 자원봉사활동의 제도화

자원봉사활동을 단순히 복지적 차원만이 아닌 인간성 및 공동체의 회복 메커니즘으로 파악하면서 미국과 일본을 중심으로 자원봉사활동에 대한 각종 제도화 노력이 등장하며 정부가 공공정책의 일환으로 자원봉사활동을 육성하거나 기업 등 민간이 조직적으로 참여하는 형태를 띠고 있다.

(3) 기업 자원봉사활동 육성

기업 자원봉사활동도 1970년대 이후 두드러진 자원봉사활동 제도화 움직임 중의 하나이다. 사원들의 인성개발, 지역사회에 대한 이미지 홍보, 봉사활동을 통해 팀을 형성하고 보람을 느낌으로써 기업의 생산성제고와 이미지 쇄신에 박차를 가하고 있다.

꼭 알아야 할 내용

- 세계적 자원봉사활동의 추세

3. 우리나라 자원봉사활동의 추세

자원봉사활동은 개인수준에서 조직수준으로, 조직수준에서 사회수준으로 나아가기 위해서는 자원봉사활동 전반에 걸쳐 그 수준이 향상되어야 한다. 앞으로의 자원봉사활동은 지금까지 해온 활동을 바탕으로 하면서도 한 단계 높이지 않으면 안 된다(박태영, 2004). 여기서는 한 단계 높여야 하는 방향을 몇 가지로 나누어 살펴보고자 한다.

(1) 자기중심의 활동에서 공동체중심의 활동으로

자원봉사자가 활동에 참가할 때 그 참가동기 가운데는 이기적인 동기가 상당 부분 차지한다. 자원봉사활동에 참가하여 횟수를 거듭하면서 그 동기가 이타적인 동기로 바뀌는 것이 바람직하다. 그렇지 않으면 진정한 의미의 자원봉사활동이 아니고, 자원봉사활동에서 얻을 수 있는 의미나 보람을 갖기가 어렵게 된다. 2002년의 연구에 따르면(볼런티어 21 : 60-62), 자원봉사자의 참여동기가 '많이 가진 자의 의무', '의미 있는 여가', '다양한 경험의 기회' 순으로 나타나 이기적인 동기가 많음을 알 수 있다.

자신이 살아갈 지역사회를 잘 가꾸기 위해 어떻게 기여하고 봉사할 것인가를 가르치는 것이 봉사학습 내지 복지교육으로, 학생들에게 자원봉사활동을 강제로라도 하도록 시키는 이유가 여기에 있다. 따라서 앞으로의 자원봉사활동은 자원봉사자 자기중심의 활동에서 자신을 포함한 지역사회 전체를 위한 활동으로, 이기적인 동기에서 이타적인 동기로 바꾸어 나가야 한다.

(2) 행사중심의 활동에서 생활중심의 활동으로

이제까지의 자원봉사활동에서는 자원봉사자와 직접 관련된 활동거리는 많지 않았다. 대체로 독거노인, 중증장애인, 소년가장 등의 클라이언트, 사회복지시설 내지 기관, 스포츠나 박람회 같은 대규모 이벤트, 재난·재해 등에서 활동해 왔다. 물론 이러한 영역의 활동은 꼭 필요하고, 앞으로도 지속되어야 한다. 그러나 앞으로의 자원봉사활동은 여기에 머물러 있어서는 곤란하다.

앞으로의 자원봉사활동은 자원봉사자와 직접 관련된 활동거리를 보다 많이 선택하여야 한다. 자원봉사활동 일감은 지역사회 내에 다양하게 산재해 있다. 가능하면 자신의 생활근거지 주변에 있는 활동거리를 선택하는 것이 좋다. 왜냐하면 자원봉사활동 일감이 자원봉사자 자신의 생활과 관련되어 있어서 활동 중에 그 과제의 변동 상황을 쉽게 파악할 수 있고, 이에 따라 적시에 개입할 수 있고, 활동을 위해 이동하는 데 소요되는 시간과 비용을 최소화할 수 있기 때문이다. 이러한 자원봉사활동거리의 확산은 자원봉사활동을 통한 이상적인 지역사회 만들기의 출발점이 되는 것이다.

(3) 일방적 활동에서 쌍방적 활동으로

지금까지의 자원봉사활동은 능력있는 자원봉사자가 자신들의 서비스를 필요로 하는 클라이언트 혹은 활동영역에 일방적으로 제공하는 것이 주류를 이루고 있다. 이러한 활동패턴에서는 자원봉사자와 클라이언트 간의 대등한 자원봉사활동 관계가 자원봉사자 중심으로 기울어져, 자칫 클라이언트에게는 스티그마를 줄 수 있으며 자원봉사자에게는 사회적으로 혜택을 받은 자의 자기과시나 우월감을 갖게 할 가능성이 있다.

자원봉사활동은 인간이라면 누구나 해야 하는 활동으로 이는 인간의 의무임과 동시에 권리인 것이다. 따라서 자원봉사활동은 자원봉사자만 하는 것이 아니라 클라이언트도 참가할 수 있으며, 참가할 수 있도록 인프라를 만들어 가야 하는 것이다. 궁극적으로 이러한 노력은 '전 주민의 자원봉사자화'로 이어지게 될 것이다.

클라이언트가 자원봉사활동에 참여하게 될 때 객체의 주체화, 탈낙인화, 탈병리화, 탈전문화라는 '자원봉사활동의 당사자성'(小田兼三・松原一郎, 1987 : 186-189)의 장점이 나타나는 것이다. 이러한 자원봉사활동의 당사자성은 '고독의 보편화'와 '욕구의 다양화・특수화'의 사회에서는 지리적으로 가깝고, 상황적으로 유사한 욕구를 지닌 사람이 자원봉사활동을 하게 될 때 발휘되는 것으로, 당사자 본인뿐만 아니라 사회 전체적으로도 매우 중요한 의미를 가지게 되는 것이다.

(4) 비전문적 활동에서 준 전문적 · 전문적 활동으로

자원봉사활동은 비전문가인 자원봉사자에 의해 무료로 제공되는 것이므로 유료의 서비스보다 서비스의 질이 떨어지는 경우가 많고, 서비스도 필요할 때 제공받지 못하는 경우도 적지 않다. 이것이 자원봉사활동의 한계이자 특성이다. 그래서 자원봉사활동이 탈전문화, 탈병리화의 긍정적인 측면도 있는 것이다.

앞으로의 자원봉사활동은 기존의 비전문적 활동뿐만 아니라 전문가들의 자원봉사활동 참가폭이 확대될 것이므로 전문적 활동이 증가하게 될 것이다. 전문직 자원봉사활동은 전문직의 노블레스 오블리주(noblesse oblige) 문화를 형성하는 활동이고, 전문적인 기술과 지식을 활용함으로써 자원봉사활동의 질적 향상과 양적 확대를 가져올 수 있으며, 궁극적으로는 사회계층 간의 통합에 기여하게 되는 것이다(박태영 외, 2004 : 351-352).

꼭 알아야 할 내용

- 우리나라 자원봉사활동의 추세

4. 우리나라 자원봉사활동의 과제

우리나라 자원봉사활동이 활성화되고 정착되기 위해서는 아직도 많은 과제를 안고 있다고 할 수 있다. 여기서는 첫째, 추진체계의 과제, 둘째 지원체계의 과제, 셋째, 관리체계의 과제에 대해 살펴보고자 한다.

(1) 추진체계의 과제

우리나라 자원봉사활동 추진체계의 과제를 살펴보면, 첫째, 자원봉사활동을 총괄 · 지원 · 조정할 수 있는 전담기구의 활성화가 필요하다. 둘째, 자원봉사활동 육성 · 추진기관들 간의 상호협력을 위한 통합조정 시스템이 구축되어야 한다. 셋째, 장기적으로 지역사회주민이 주체가 되는 자원봉사센터의 민영화가 필요하다. 넷째, 자원봉사활동의 공공성을 감안하여 상당 부분 정부가 예산을 지원하여 재정적 안정을 꾀할 필요가 있다고 할 수 있다.

(2) 지원체계의 과제

우리나라 자원봉사활동 지원체계의 과제를 살펴보면, 첫째, 자원봉사활동의 활성화와 제도정착을 위해 현실에 부응하는 제도의 개정이 필요하다. 둘째, 자원봉사활동의 효율성·효과성 제고를 위해 종합적이고 체계적인 연계 및 이를 지원할 수 있는 관련행정기관의 통합화와 함께 개혁차원의 일원화가 필요하다. 셋째, 민간영역과 공공영역의 지원조직 개발 및 상호연계성 확립이 필요하다. 넷째, 자원봉사자의 신분인정, 안전보장, 지원과 보상 등 다양한 지원책이 확대되어야 한다.

(3) 관리체계의 과제

우리나라 자원봉사활동 관리체계의 과제를 살펴보면, 첫째, 자원봉사활동 관리에 필요한 전문적 지식과 기술을 가진 자원봉사자조정자의 확대 배치가 필요하다. 둘째, 자원봉사활동 조정과정의 전문성과 체계성을 향상시키기 위해 포괄적인 관리체계를 도입할 필요가 있다. 셋째, 자원봉사자에 대한 교육과정을 체계화·전문화시켜 전문적이고 실효성 있는 교육이 되어야 할 것이며, 이를 위한 자원봉사자 양성기관의 설립도 필요하다. 넷째, 자원봉사자에 대한 실비제공 등 인정·보상체계도 확대되어야 할 것이다.

꼭 알아야 할 내용

- 우리나라 자원봉사활동의 과제

참고문헌

강명례(2019). 청소년 자원봉사활동의 지속성 요인에 관한 연구. 협성대학교 대학원 박사학위 논문.

고경환 외(2018). **사회복지 자원봉사 프로그램 개발연구**. 한국보건사회연구원.

고양곤(1999). 노인 자원봉사활동의 활성화 방안. **노인복지연구**, 6. 한국노인복지학회.

______(1999). 노인자원봉사활동의 활성화 방안. **한국노년학**. 한국노년학회. '99년 서울시 노인복지워크 자료집.

고양곤 외(2001). 노인자원봉사활동 활성화 방안. **한국노년학**, 21(1). 한국노년학회.

고양곤 외(2003). **노인과 자원봉사활동**. 서울 : 학지사.

고은숙(2002). 노인 자원봉사활동 참여 여부에 영향을 미치는 요인－서울노인복지센터 참여·비참여 집단을 중심으로－. **사회복지리뷰**, 제8집. 가톨릭대학교 사회복지연구소.

관계부처합동(2018). 자원봉사활동 진흥을 위한 제3차 국가기본계획[2018-2022].

구재관 · 권향임 · 박정임 · 박주현 · 심의보 · 임상록 · 정주석 공저(2012). **자원봉사론**. 경기 : 양서원.

국영희(2000). 자원봉사활동의 지속을 위한 인정과 보상에 관한 연구. 전주대학교 지역정책대학원 석사학위논문.

권중돈(2004). **노인복지론**. 서울 : 학지사.

김광식(1999). **한국 NGO－시민사회단체 21세기의 희망인가?**. 서울 : 동명사.

김근조(1997). **사회봉사의 이론과 실제**. 서울 : 광은기획.

김남순(1997). **사회 자원봉사활동의 이론과 실제**. 서울 : 교육과학사.

김동배(2004). 고령자취업 적합직종 발굴 및 수요처 개발방안. 2004년 제2차 노인일자리사업 포럼. 노인일자리사업 활성화 방안. 보건복지 · 국민연금관리공단. 노인인력운영센터.

______(2005). **시민사회와 자원봉사**. 서울 : 학지사.

김동배 · 조학래(1997). 청소년 자원봉사활동의 효과성에 관한연구. **한국사회복지학**, 31.

김명철 외(1995). **대학생 사회봉사 핸드북**. 서울 : 성공회대학교 출판부.

김범수(2007). **자원봉사론**. 서울 : 학지사.

김범수 외(2001; 2004; 2006). **자원봉사의 이해**. 서울 : 학지사.

김범수 외(2019). **자원봉사론**. 서울 : 학지사.

김상균 외(1989). **자원봉사의 이론과 실천**. 한국사회복지협의회 출판부.

김상아 외(2016). **사회복지 프로그램 개발과 평가**. 경기 : 공동체.

김성이 · 박영희(2006). **자원봉사총론**. 경기 : 양서원.

김영호(1991). 자원봉사활동의 영역과 수요. 자원봉사활동 활성화를 위한 세미나. 한국사회복지학회.

_____(2003). **자원복지의 이론과 실천**. 경기 : 현학사.

김영호 외(2006). **자원봉사의 이론과 실제**. 서울 : 창지사.

김익균 외(2005). **자원봉사론**. 서울 : 교문사.

김인태(2017). 호스피스자원봉사자의 동기와 욕구충족도가 봉사활동 지속의지에 미치는 영향 –죽음불안의 조절효과를 중심으로-인제대학교 대학원 보건학과 박사학위논문.

김중대 편(1997). **현대사회와 자원봉사**. 대구 : 성진문화사.

김통원(2003). **사회복지 프로그램 개발과 평가**. 서울 : 학지사.

김한구 외(2000). **자원봉사실무론**. 서울 : 백산출판사.

남미애(1997). 우리나라 자원봉사활동 체계모형개발에 관한 연구. 부산대학교 대학원 박사학위논문.

노동부(1993). 고령자고용 및 정년 현황 조사.

대구광역시 · 전석복지재단(1995). 알기 쉽고 재미나는 자원봉사활동.

대구광역시종합자원봉사센터(2002). 제4기 자원봉사리더십아카데미 자료집.

류기형 · 남미애 · 박경일 · 홍봉선 · 강대선 · 배의식(2020). **자원봉사론**. 경기 : 양서원.

류기형 외(2003). **자원봉사론**. 경기 : 양서원.

류진석 · 최일섭(1996). **지역사회복지론**. 서울 : 서울대학교 출판부.

마그리에트 마리 고바트(2001). (사)볼런티어 21 역. **세계의 자원봉사활동**. 서울 : 아르케.

민간사회안정망(2002. 6. 5) 뉴스레터 – http://www.saemaul.or.kr

박상욱(2015). 인정 보상이 노인자원봉사자의 동기충족에 미치는 영향에 관한 연구 – 자기주도성의 매개효과를 중심으로, 상명대학교 대학원 박사학위논문.

박석돈(2005). 퇴직자의 자원봉사 프로그램 개발 및 과제. (사)대구자원봉사포럼. 제7차 정기포럼 자료집.

박숙현 외(1985). **자원봉사의 이론과 실천**. 한국사회복지협의회.

박종삼 외(2005). **사회복지개론**. 서울 : 학지사.

박주문(1999). 노인자원봉사조직 참여의 결정요인 – 인천광역시 동구노인자원봉사대를 중심으로 –. **한국지방자치학회보**, 11(2). 한국지방자치학회.

박차상 외(2002). **한국노인복지론**. 서울 : 학지사.

박태룡(2004). **노인복지론**. 대구 : 대구대학교 출판부.

박태영 외(2004). **자원봉사론**. 서울 : 백산출판사.

배기효(2003). 하계U대회 성공개최를 위한 자원봉사활성화 방안. 대구자원봉사포럼 제1회.

_____(2006). 자원봉사인정보상현황과 과제. 대구자원봉사포럼 제11차.

_____(2006). 우리나라 자원봉사의 나아갈 길 지역자원봉사활성화과제와 전망. 2006 대구자원봉사관리자워크숍. 대구광역시종합자원봉사센터.

배기효・김한양・김현수・남연희・도기봉・오현숙・이미영・전영록・조당호(2015). **자원봉사론**. 경기 : 공동체.

배영복(1997). **자원봉사활동**. 서울 : 청아출판사.

법제처(2019. 1. 2). 자원봉사의 종류.

변재관(1999). 노인인력활용의 활성화 방안. **노인복지연구**, 6. 한국노인복지학회.

보건복지부(2005). 노인의 자원봉사 활동참여 실태조사와 개선방안.

_________(2019). 2019 사회복지시설 관리안내.

보건복지부 보도참고자료(2019. 11. 4). 2019 노인자원봉사 성과보고 및 우수사례 발표회 개최.

볼런티어21(2002). **볼런티어 운영매뉴얼**. 행정자치부.

_________(2005). 한국인의 자원봉사. 기부현황 조사연구 보고서(1999~2005년 자원봉사. 기부현황비교).

사회복지자원봉사관리규정(2019. 6. 26. 시행).

서울특별시(2003). 자원봉사 관리지침.

성희자(2005). 노인자원봉사자의 효과적인 관리를 위한 보상체계. (사)대구자원봉사포럼 제8차 정기포럼 자료집.

신섭중(1994). 사회복지전달체계와 자원봉사활동의 발전방향. 21세기의 사회복지발전방향. 부산광역시 사회복지협의회.

신원식・신근화(2016). **사회복지 프로그램 개발과 평가**. 경기 : 공동체.

안은영(2002). 자원봉사관리과정이 자원봉사 활동 지속에 미치는 영향에 관한 연구. 연세대학교 대학원 석사학위논문.

양창삼(1997). 사회봉사의 철학과 기능. 한양대학교 사회봉사단. **대학의 사회봉사**. 서울 : 한양대출판부.

엄태영(2020). **지역사회복지론**(2판).서울 : 신정.

오세영・박은아(2019). **예비사회복지사를 위한 자원봉사론**. 서울 : 창지사

유용식 외(2018). **자원봉사론**. 경기 : 양서원.

이가옥(1996). 한국 노인자원봉사의 현황과 과제. 제2회 세계 노인의 날 기념세미나 자료.

이강현(1994). 자원봉사 : 우리의 희망. 자원봉사활동실태와 그 발전방향. 한국시민단체협의회 세미나 자료집.

이금룡(2003). 노인자원봉사 활성화를 위한 모집전략 방안 －자원봉사 경험이 없는 노인들에 대한 분석을 바탕으로－. **한국노년학**, 23(3). 한국노년학회.

이명순(2003). 노인자원봉사 활성화 방안에 관한 연구 －경기도를 중심으로－. 동국대학교 대학원 석사학위논문.

이번송 외(1996). **서울시 자원봉사활용증진방안에 관한 연구**. 서울 : 서울시정개발연구원.

이상안(2003). **현대사회봉사론**. 서울 : 박영사.

이성록(1996). **제4의 물결－자원봉사활동**. 서울 : 학문사.

______(2000). **새로운 공동체 영역 제4섹터**. 한국사회복지협의회 출판부.

______(2003; 2004). **자원봉사 매니지먼트**. 서울 : 지식과 경영.

______(2004a). 자원봉사욕구조사 및 프로그램개발. 경기도자원봉사센터.

______(2004b). 자원봉사센터의 정체성과 혁신방안. 한국자원봉사센터협회.

______(2004c). 자원봉사활동의 현실과 비전. 자원봉사활동진흥법안 공청회 자료집. 행정자치부.

______(2005a). 은퇴시민의 자원봉사 활성화 방안 모색. (사)대구자원봉사포럼. 제5차 정기포럼 자료집.

______(2005b). **자원봉사 매니지먼트**. 서울 : 미디어 숲.

______(2005c). **자원봉사 어드바이저**. 서울 : 미디어 숲.

이성록 외(2005a). 전국자원봉사센터실태조사 및 발전방안. 행정자치부.

이성록 외(2005b). 자원봉사 표준운영모형 개발연구. 행정자치부.

이성록 편역(1995). **자원봉사활동 관리조정론**. 서울 : 학문사.

이수영(1990). 전화상담 자원봉사자의 지속성 관리를 위한 기초 조사 연구. 서울여자대학교 대학원 석사학위논문.

이은경(1979). 사회복지기관에서의 자원봉사자 활용실태에 관한 조사연구. 이화여자대학교 대학원 석사학위 논문.

이인수(2001). 한국 노인자원봉사의 의미와 실태. **노인복지연구**, 여름호. 한국노인복지학회.

이주연(2014). 노인자원봉사자의 동기가 자기확장성에 미치는 영향에 관한 연구. 연세대학교 사회복지대학원 박사학위논문.

이재풍 외(2019). **자원봉사론**, 경기 : 양서원.

이팔환 · 백남덕(2000; 2003). **자원봉사론**. 대구 : 형설출판사.

이현정(2003). 자원봉사자의 보상만족도에 역할을 미치는 요인에 관한 연구. 숭실대학교 대학원 석사학위논문.

임 호(2006). 자원봉사자원의 효율적 활용방안 연구. (재)부산발전연구원.

자원봉사정보안내센터(1996). 자원봉사 이렇게 합니다.

__________________(1998). 자원봉사의 효율적 관리. 자원봉사자의 효과적 관리를 위한 실무자용 안내지침서. '98 교육자료Ⅱ 전문가용.

장 현(1998). **대학 사회봉사론**. 대구 : 형설출판사.

전석복지재단(1997). 볼런티어 오늘의 과제.

전명수(2017). 종교자원봉사의 특성과 시민사회에서의 의의. **담론201**, 20(1), 69-99.

전제일 외(2005). 사회복지개발연구. 사회복지개발연구원.

정경희(2004). 고령화시대가 요구하는 사회구성원리 : 사회문화적 지체현상의 극복을 위하여. 2004년 한국노년학회 추계학술대회 자료집.

정병오(1997). 사회복지조직의 효과적인 자원봉사 관리 방안에 관한 연구. 연세대학교 대학원 석사학위논문.

정진모(2006). 사회복지 프로그램 기획 시 고려사항. 공동모금회 설명자료(2006. 6).

정하성(2004). **신자원봉사론**. 서울 : 백산출판사.

정희선 · 권미영(2005). 제15차 자원봉사 관리자 포럼 : 전문가포럼. 자원봉사인센티브제. 이대로 좋은가?. 한국자원봉사관리협회.

제임스 C. 피셔, 캐더린 M. 콜(1998). 유성호 역. **자원봉사 프로그램의 관리와 리더십**. 서울 : 아시아미디어리서치.

조선일보(2001. 2. 6). 50대 직장에서 사라지다. 1면 3면.

조용하(2002). 대학생 자원봉사활동의 이론적 고찰. **청소년학연구**, 9(3).

조휘일(1998). **현대사회와 자원봉사**. 서울 : 홍익재.

______(2002). **자원봉사프로그램관리－이론과 실제－**. 서울 : 학지사.

주성수(2005). **자원봉사－이론, 제도, 정책**. 서울 : 도서출판 아르케.

______(2018). **시민사회, 제3섹터, 비영리섹터, 사회적경제**. 서울 : 한양대학교출판부.

지영애(2001). 노인인력활용 방안에 관한 연구. 단국대학교 대학원 석사학위논문.

지은구(2004). 노인일자리 사업과 자원봉사의 사업성격 정립. 2004년 노인일자리사업 포럼. 노인일자리사업 활성화 방안. 보건복지 · 국민연금관리공단. 노인인력운영센터.

쯔쯔이 꼬(1993). 박태영 외 역. **자원봉사활동의 조정자 －이론과 실제－**. 서울 : 은익.

최가영 · 조임현 · 이의훈(2001). 노년기 근로자의 퇴직현상에 관한 심층적 연구. **한국노년학**, 21(1). 한국노년학회.

최덕경 외(2006). **자원봉사론**. 경기 : 공동체.

최유미(2018). **자원봉사관리론**. 경기 : 공동체.

최성재(1995). 교환이론적 관점에서 본 노인문제. **사회복지학회지**, 제7호. 한국사회복지학회.

최 용 외(2005). **자원봉사의 이해**. 서울 : 형설출판사.

최유미(2018). **자원봉사관리론**. 경기 : 공동체.

최은숙(2006). 인정보상체계의 현황과 과제. (사)한국자원봉사포럼 제52차 정기포럼 자료집.

최일섭 외(1996). 미국의 자원 봉사 유래와 현황. 한국사회복지관협회.

최일섭 외(1997). 서울대학교 사회봉사활동 추진방안. 서울대학교 사회복지연구소.

한국대학사회봉사협의회(1996). 대학의 봉사학습 현황. 대학봉사.

____________________(1997). 대학교육과 사회봉사.

____________________(1997). 미국대학과 사회봉사.

____________________(1998). 1997~1998년 대학별 사회봉사활동 현황.

한국복지연구회(1988). **사회복지역사**. 서울 : 이론과 실천.

______________(1997). **현대사회의 자원봉사론**. 서울 : 유풍출판사.

한국사회복지관협회(1992). **자원봉사의 이론과 실제**. 서울 : 동인

_________________(1997). **미국의 자원봉사의 유래와 현황**. 서울 : 동인.

_________________(1997). **일본의 자원봉사의 유래와 현황**. 서울 : 동인.

한국사회복지협의회(1993). 지역복지봉사의 이론과 실제. 한국사회복지협의회.
________________(1997). 자원봉사프로그램백과 ① 총론. 한국사회복지협의회.
________________(1997). 자원봉사프로그램백과 ② 자원봉사의 기초. 한국사회복지협의회.
________________(2018a). 2018년 사회복지 자원봉사 통계연보.
________________(2018b). 2018년 사회복지자원봉사 따뜻한 사진·이야기 및 우수 프로그램 공모전 수상집.
________________(2020). 2019년 사회복지자원봉사 따뜻한 사진·이야기 및 우수 프로그램 공모전 수상집.
한국여성개발원(1986). 자원활동과 사회발전.
____________(1990). 현대사회와 자원활동.
____________(1995). 자원봉사활동 어떻게 시작할까요.
한국자원봉사관리협회(2008). 자원봉사활동관리 표준매뉴얼 개발 연구. 행정안전부.
한국자원봉사센터협회(2005). 2005 자원봉사관리자 전문교육 자료집.
__________________(2006). 제3회 전국자원봉사센터관리자대회 자료집.
한덕웅(1990). 조직행동의 동기이론. 서울 : 법문사.
현외성(1996). 중고등학생 자원봉사활동. 서울 : 유풍출판사.
______(2004). 자원봉사론 강해. 서울 : 학지사.
현외성 외(1998). 대학사회봉사론. 서울 : 유풍출판사.
홍승혜(1995). 재가복지 자원봉사자의 만족과 지속에 관한 연구. 이화여자대학교 대학원 석사학위논문.
황성철(2015). 사회복지 프로그램 개발과 평가. 경기 : 공동체.

江口英一(編)(1990). 日本社會調査の水脈－そのパイオニアを求めて－. 法律文化社.
江口英一(1982). 低消費. 水準生活と社會保障の方向. 小沼 正(編). 社會福祉の課題と展望. 川島書店. 113-130.
岡村重夫(1992). 地域福祉論. 光生館.
________(1997). 社會福祉原論. 全國社會福祉協議會.
京極高宣(1993). 現代福祉學レキシコン. 雄山閣出版.
________(1998). 社會福祉學とは何か. 全國社會福祉協議會.
高野健人(1996). マルチメディ時代の醫療と福祉. 日本評論者.
大橋謙策(1993). イギリスのボランテイア活動. 諸外國のボランテイア活動の比較硏究. 日本社 會事業大學.
________(1993). 地域福祉の展開と福祉教育. 全國社會福祉協議會.
________(1995). 地域福祉論. 放送大學教育振興會.
________(1996). 社會福祉施設と地域社會. 全國社會福祉協議會.

________(1999). 地域福祉. 放送大學教育振興會.

大阪ボラソテイア協會編(1991; 1993). ボラソテイア-參加する福祉. 京都：ミネルヴア書房.

立木茂雄(2001). ボランティアと市民社會. 晃洋書房.

三浦文夫(1983). ボランティア活動と行政－ボランティアの內?の動向－. 行政とボランティア活動に關する情報 行政管理硏?究センター.

西川潤・佐藤幸男(2003). NPOとNGOと國際協力. ミネルヴァ書房.

小野哲朗(他三名)(1997). 公的扶助と社會福祉サービス. ミネルヴァ書房.

小田兼三(1993). 現代英國社會福祉硏究. 川島書店.

小田廉三・松原一郎編(1987). 變革期と福祉ボラソテイア. 京都：ミネルヴア書房

巡靜一(1993). 老人ボラソテイア活動入門. 東京：川島書店.

______(1993). ボラソテイア活動の今日的課題 大阪：大阪ボラソテイア協會出版部.

______(1994). 老人ボラソテイア活動入門-事例によるその理解と實際. 東京：川島書店.

永田幹夫(1988). 地域福祉論. 全國社會福祉協議會.

日本地域福祉學會(1997). 地域福祉辭典. 中央法規.

日本地域福祉學會地域福祉史硏究會(1993). 地域福祉史序說. 中央法規.

全國社會福祉協議會・全國ボ ラソテイア活動振興セソター(1995). 平成 6年度. ボラソテイア. 活動の對する社會的支援策のあり方に기する調査・硏究.

____(1993). ボラソテイア活動 年報.

____(1994). ボラソテイアセソタ. 運營ハンドブック.

田尾雅夫(1999). ボランタリー組織の經營管理. 有斐閣.

________(2001). ボランティアを支える思想. すずさわ書店.

全社會福祉協議會地域福祉センター究委員會(1971). 地域福祉センター究委員會報告案.

Andreasen, A. R.(1996). Profit for Nonprofits : Find a Corporate Partner. *Harvard Business Review*. Nov.-Dec

Anne K. Stenzel, & Helen M. Feeney(1976). *Volunteer Training and Development : a Manual*. The Seabury Press.

Annis, S., & Peter Hakim(1988). *Direct to the Poor : Grassroots Development in Latin America*. London : Lynne Rienner Publishers.

Baldock, C. V.(1990). *Volunteers in Welfare*. Sydney : Allen and Unwin Australia Pty Ltd.

Beveridge, W.(1948). *Voluntary Action*. London : Allen an Unwin.

Biestek, F. P.(1957). *The Casework Relationship*. London : George Allen & Unwin.

Bills, D.(1993). *Organizing Public and Voluntary Agencies*. Routledge.

Brudney, J. L.(1990). *Fostering Volunteer Plograms in the Public Sector*. San Francisco :

Jossey-Bass Inc., Publishers.

Campus Compact(1996; 1998). Service Matters.

______________(1997). Service Counts.

______________(1997). Service Counts-Revitalizing Literacy Efforts in American Higher Education.

______________(1998). Guidelines for Developing a State Campus Compact.

______________(1998). Service Matters.

Clary, E. G., Snyder, M., & Ridge, R. D.(1992). Volunteers' motivations : A functional strategy for the recruitment, placement, and retention of volunteer. *Nonprofit Management and Leadership, 2*(4), 330-350.

Clary, E. G., Snyder, M., Ridge, R., Copeland, J., Haugen, J., & Miene, P.(1998). Understanding and assessing the motivations of volunteers : A functional approach. *Journal of Personality and Social Psychology, 74*, 1516–1530.

Drucker, P. F.(1990). *Managing the Nonprofit Organization*. Harper Collins Publishers.

Dunn, P. C.(1995). Volunteer Management. National Association of Social Workers. *Encyclopedia of Social Work*(19th ed.). Washington D.C. : NASW Press.

Ellis, S. J.(1989). *Volunteer Centers :Gearing Up for the 1990s*. Washington D.C. : United Way of America.

Ellis, S. J., & Noyes, K. H.(1990). *By the People*. San Francisco : Jossey-Bass Publisher.

Fisher, L. R., & Schaffer, K. B.(1993). *Older Volunteers : A Guide to Research and Practice*. Sage Publication. Inc.

Geraldine M. Aves(1969). *The Voluntary Worker in the Social Services*. Great Britain.

Gilbert, N. H., & P. Terrell. Specht(1993). *Dimensions of Social Welfare Policy*(3rd ed.). Englewood Cliffe, NJ : Prentice-Hall.

Harris, H. S., & Maloney, D.(1999). *Human Services*. A Viacom Company.

Hedley, R., & Smith, J. D.(1994). *Volunteering and Society*. Londen : NCVO.

____________________(1994). *Volunteers and the Contract Culture*. London : Volunteer Center · UK.

Holme, A., & Maizels, J.(1978). Social Workers and Volunteers. The British Association of Social Workers.

Ilsley, P. J(1990). *Enhancing the Volunteer Experience*. San Francisco : Jossey-Bass Publishers.

Ilsley, P. J., & Niemi, J. A. (1981). *Recruiting and Training Volunteers*. New York : McGraw-Hill Book Company.

Korten, David C.(1990). *Getting to the 21st Century–Voluntary Action and the Global Agenda*. Kumarian Press.

Kramer, R. M.(1981). *Voluntary Agencies in the Welfare State*. California : University of California Press.

Lauffer, A., & Gorodenzky, S.(1997). *Volunteers*. Sage Publications. NY : Campus Compact (1996, 1998). Service Matters.

Macarov, M.(1978). *The Design of Social Welfare*. New York : olt. Rienhart and Winston.

McCarthy, K. D., et al.(1992). *The Nonprofit Sector in the United States*. Jossey-Bass.

McCurley, S., & R. Lynch(1994). *Essential Volunteer Management*. New York : VMSystems and Heritage Art Publishing.

McGregor, M. S., James. J. Gerrand, & D. Cater(1982). *For Love Not Money*. Victoria : Dove Communication.

NASW(1999). 김만두 외 역. 사회복지대백과사전. 서울 : 나눔의 집.

POLF(2004). Report on the State of Volunteer Centers.

Rahima C. Wade(ed.)(1997). *Community Service-Learning*. New York : State University of New York Press.

Routh, T. A.(1972). *The Volunteer and Community Agencies*. Springfield. Charles C. Thomas-Publisher.

Royse, D., Bruce A. T., Deborah K. P., & Logan, T. K.(2006). *Program Evaluation : an introduction*. Thomson Brooks/Cole.

Salamon, L. M.(1987). Partners in Public Service : The Scope and Theory of Government- non-profit Relations. In W. W. Powell.(ed.), *The Non Profit Sector :Research Hand Book*. Yale University press.

Salamon, L. M.(1997). *Holding the Center : America's Nonprofit Sector at a Crossroads*. Nathan Cummings Foundation.

Sheard, J.(1995). From Lady Bountiful to Active Citizen. Justin Davis Smith. Colin Rochester & Rodney Hedley. *An Introduction To The Voluntary Sector*. London : Routledge.

Smith, D. H.(1981). Participation in Social and Political Activities. San Francisco : Jossey-Bass publisher.

Smith, J. D.(1995). The Voluntary Tradition. Justin Davis Smith. Colin Rochester & Rodney hedley. *An Introduction of Voluntary Sector*. London : Routledge.

Soung Rock Lee(2005). Suggestions on Systematization Policy for Volunteering Promotion-Focus on volunteer platform within a daily living sphere. The 2nd Inter-Parliamentarians for Social Service General Assembly.

Timothy K. Stanton(1999). *Service Learning :A Movement's Pioneers Reflect on its Origins. Practice. and Future*. Jossey-Bass Publishers. San Francisco.

Tom Burden(1998). *Social Policy and Welfare*. Pluto Press.

Wilson, M.(1976). *The Effective Management of Volunteer Programs*. Colorado : Volunteer Management Associates.

사회복지자원봉사인증관리. https://www.vms.or.kr, 2020. 1. 19. 검색.
여성가족부. http://www.youth.go.kr, 2020. 1. 20. 검색.
찾기 쉬운 생활법령정보. http://easylaw.go.kr, 2020. 1. 20. 검색.
한국자원봉사센터협회. http://www.kfvc.or.kr, 2020. 1. 19. 검색.
한국중앙자원봉사센터. http://www.v1365.or.kr/company/01.php, 2020. 1. 20. 검색.
한국청소년활동진흥원. http://www.youth.go.kr, 2020. 1. 20. 검색.
KOICA. http://kov.koica.go.kr 2020. 1. 21. 검색.

www.chest.or.kr
www.communityservice.ucr.edu/mvp/rights.html
www.gne.go.kr
www.hvc.hanyang.ac.kr
www.kcv.or.kr
www.kmcweb.or.kr
www.kncsw.or.kr
www.kyci.or.kr
www.mohw.go.kr
www.vms.or.kr

찾아보기

인명

김영호 ……70, 101

박태영 ……100, 168

이성록 ……143

장인협 ……140

조휘일 ……98

Babcock ……13
Baldock ……13
Bendick ……324
Beveridge ……12
Bothwell ……332
Brudney ……13

Cass ……13
Clary ……78
Coston ……332
Cotdingley ……13

Darvil ……13
Dekker ……13
Dunn ……98

Ellis ……13

Francies ……78
Friedlander ……13

Gidron ……332, 333

Herzberg ……85

James ……13

Koontz ……98
Kramer ……332

Lepper ……77

Manser ……13
Maslow ……82
Mayers ……207
McClelland ……83
McGregor ……13, 90, 91
Munday ……13

Noyles ……13

O'Donnell ……98

Salamon ……332
Scheier ……13
Smith ……13
Stepputat ……103

Swanson ······98

Trecker ······13

Vroom ······87

Wilson ······148

내용

가족 자원봉사활동 ······218
가족갈등 ······268
간장애 ······265
갈등 ······140
갈등관리 ······142
갈등의 회피 ······150
갈등해결의 기본 전략 ······151
경제적 문제 ······268
고용문제 ······269
공공성 ······33
공식적인 인정보상 ······121
공익성 ······30
과업의 상호의존성 ······143
관리체계의 과제 ······382
교육 문제 ······268
교육・훈련 ······112, 138
교육과의 연계성 지향 ······377
교통 및 안전관리 ······244
구세군 ······53
국가봉사단 ······55
국무총리 ······154
국산품애용 캠페인 ······243
국제 자원봉사활동 ······338
국제적 활동 지향 ······377
국제형 자원봉사단체 ······161
기대성 ······88
기대이론 ······87
기업 자원봉사활동 ······295
기초교육 ······113
기획과정 ······105

노인 자원봉사활동 ······235
뇌병변 ······263
뇌전증 장애 ······266

다수모집 ······110
다차원적 요인모형 ······78
단일차원요인모형 ······76
대변자 ······103, 370
대변형 자원봉사단체 ······160
대인적 서비스 지향 ······375
대학 자원봉사활동 ······285
대학생자원봉사단 ······58
동기 ······76
동기위생이론 ······85
동료 자원봉사자 간의 갈등 ······147
동심원 모집 ······111
두볼 ······156
드레인 지침 ······50

리더 ······95

면접 ······112
모집 ······109
모집방법 ······110
목적과 목표의 설정 ······134
목표결정 ······106
목표설정 ······106

목표실행 ······106
목표탐색 ······106
목표통제 ······107
무급성 ······30
무지성 ······148
문제 확인 ······134
미국봉사단 ······59
미국사회사업 백과사전 ······14
미국사회사업협회 ······14
미국의 자원봉사활동 ······53
민간전달체계 ······160
민감성 ······196
민생위원제도 ······64
민주주의 ······33
민주주의 철학 ······23
밀레니엄 봉사단 ······51

박애정신 ······22
배치 ······116
법률문제 ······244
법적 지원체계 ······157
보건 및 의료서비스 ······243
보건복지부 ······155
복지삼각관계 ······37
볼런타리즘 ······39
볼런토피아(Voluntopia) ······65
볼런티어 21 ······98
비공식적인 인정보상 ······122
비영리민간단체 ······327
비영리민간단체의 현황 ······335
비영리민간단체주도 모델 ······334
빈곤에 대한 전쟁 ······54

사업형 자원봉사단체 ······161
사회보장법 ······54
사회복지시설 ······305
사회복지시설 · 기관 자원봉사활동 ······305
사회복지자원봉사 인증관리 ······187
사회성 ······33
상호공조 모델 ······334
상호부조 정신 ······21
새마을운동 ······44
선의은행 ······62, 65
선호성 ······87
성숙 ······196
성취동기이론 ······83
세계자원봉사자 선언 ······14
세계적 자원봉사활동의 추세 ······378
수단성 ······87
시각장애 ······264
시민자원보존단 ······56
시민참여 정신 ······23
시혜성 ······148
신사회복지영역 ······37
신장장애 ······265
신체적 장애 ······263
심리적 문제 ······269
심장장애 ······265

아동 ······195
아동 및 청소년 자원봉사활동 ······195
아동의 특성 ······196
안면변형장애 ······264
알선자 ······369
언어장애 ······264
업무교육 ······114
업무보조자 ······369
업무분장 ······108

업무설계 ··········107
여성 자원봉사활동 ··········207
여성가족부 ··········156
연계·협동성 지향 ··········376
연계성 모집 ··········111
연계자 ··········103
영국의 자원봉사활동 ··········48
영국자원봉사센터 ··········14
오리엔테이션 ··········113
외교부 ··········154
외래환자를 위한 자원봉사 ··········366
욕구 ··········196
욕구이론 ··········82
우리나라 자원봉사 ··········43
우리나라 자원봉사활동의 과제 ··········381
우리나라 자원봉사활동의 추세 ··········379
우애방문원 ··········48
위대한 사회 프로그램 ··········54
유엔봉사조직 ··········14
의료시설 ··········347
의료시설 내 자원봉사활동 영역 ··········367
의료시설 자원봉사자의 역할 ··········368
의료적 문제 ··········269
의존 ··········196
이중혼합 모델 ··········334
이차원 요인모형 ··········77
이타성 ··········32
인권 NGO ··········343
인권의 존중 ··········32
인보관운동 ··········49
인정보상 ··········119
일본 오사카 자원 봉사협회 ··········14
일본현대 사회복지사전 ··········14
일회성 ··········149
입원환자를 위한 자원봉사 ··········364

자기도취성 ··········148
자발성 ··········29
자발적 참여주의 ··········23
자선법 ··········49
자선형 자원봉사단체 ··········160
자원봉사 ··········11
자원봉사 네트워크 운영방법 ··········179
자원봉사 네트워크화의 필요성 ··········178
자원봉사 유급휴가 ··········66
자원봉사 프로그램 ··········129
자원봉사관리과정 ··········93, 97
자원봉사관리의 중요성 ··········95
자원봉사관리자 ··········93
자원봉사관리자의 기능 ··········102
자원봉사관리자의 역할 ··········100
자원봉사센터 ··········65, 164
자원봉사센터의 운영체계 ··········165
자원봉사센터의 유형 ··········164
자원봉사와 사회복지 ··········39
자원봉사의 가치 ··········24
자원봉사의 개념 ··········11
자원봉사의 목적화 ··········33
자원봉사의 육성 의의 ··········18
자원봉사의 정의 ··········12
자원봉사의 철학 ··········21
자원봉사의 필요성 ··········16
자원봉사자와 이용자와의 갈등 ··········148
자원봉사자와 직원과의 갈등 ··········146
자원봉사자의 권리 ··········89
자원봉사자의 역할 ··········69
자원봉사자의 의무 ··········91
자원봉사정보망 ··········181

자원봉사조직의 갈등양상 …………………146
자원봉사조직의 갈등원인 …………………143
자원봉사활동 보상시스템 …………………156
자원봉사활동 지원체계의 과제 …………158
자원봉사활동의 원칙 ………………………32
자원봉사활동의 최근 동향 ………………375
자원봉사활동의 특성 ………………………29
자유의지 ……………………………………29
자폐성장애 …………………………………267
장루・요루장애 ……………………………265
장애분류 및 특성 …………………………262
장애인의 개념 ……………………………259
재교육 ………………………………………114
적십자사 ……………………………………53
적응 …………………………………………196
전국경험교육협회 …………………………292
전국노인그룹 연락회 ………………………62
전국부모회 연락회 …………………………62
전국사회복지협의회 ………………………53
전국자원봉사센터연합 ……………………51
전국형 자원봉사단체 ……………………161
전문가 ………………………………………94
전문교육 ……………………………………114
전문성 지향 ………………………………376
전문직 자원봉사활동 ……………………318
정년퇴직 노인봉사 프로그램 ……………56
정보네트워크 ………………………………177
정보제공자 …………………………………368
정부와 비영리민간단체와의 관계 ………331
정부전달체계 ………………………………160
정부주도 ……………………………………333
정부주도 모델 ……………………………333
정신장애 ……………………………………266
정신적 장애 ………………………………266
정치 및 사회활동 …………………………244
제1차 볼런티어 물결 ………………………62
제2차 볼런티어 물결 ………………………62
제2차 세계대전 ……………………………49
제3차 볼런티어 물결 ………………………63
제4차 볼런티어 물결 ………………………63
조사자 ………………………………………370
조정자 ………………………………………103
종교계 자원봉사활동 ……………………323
종교적 윤리 …………………………………22
준전문가 ……………………………………95
지도감독 ……………………………………117
지방정부사회복지서비스법 ………………49
지속성 ………………………………………31
지역사회 지향 ……………………………375
지역사회복지 네트워크 …………………175
지역형 자원봉사단체 ……………………161
지원체계의 과제 …………………………382
지적장애 ……………………………………266
지체장애 ……………………………………263
직업별 자원봉사활동 ……………………318

청각장애 …………………………………264
청소년 ………………………………………195
청소년기의 특성 …………………………197
촛불재단 ……………………………………58
추진체계의 과제 …………………………381
충동성 ………………………………………149

태화기독교회관 ……………………………43

편 볼런티어 …………………………………15
평가 ……………………………………125, 138
평화봉사단 …………………………………56

표적모집 ……111
프로그램 기획 ……105
프로그램 실행 ……138

학생자원봉사 프로그램 ……58
학생자원봉사활동 ……66
한국사회복지협의회 ……31, 44
한국여성개발원 ……14
한국자원봉사 단체협의회 ……14
한국자원봉사연합회 ……44
행정과의 연계성 지향 ……377
행정안전부 ……155
헐 하우스 ……53
호스피스 옹호자 ……370
호흡기장애 ……265
환경 NGO ……345
환경정화 ……243
환자의 보호 및 심리 상담자 ……369
활동 프로그램 설계 ……136
후원자 ……370
훈련 ……114
훈련자 ……103

ACTION ……57

CNS ……55

DA ……55
DED ……55
DHS ……55

NGO ……343
NPO ……67
NSVP ……58

SERVE ……57

VISTA ……54, 56
VMS ……188

YMCA ……43, 53

1365 자원봉사포털 ……185

4대 관계유형 ……333

저/자/약/력

■ **배기효**
전 대구보건대학교 사회복지과

■ **남연희**
한일장신대학교 사회복지학과

■ **박용오**
서정대학교 사회복지상담과

■ **박정임**
서일대학교 사회복지학과

■ **박희숙**
전 경복대학교 복지행정학과

■ **이미영**
경북과학대학교 사회복지학과

■ **전영록**
제주관광대학교 사회복지학과

■ **정일교**
가톨릭상지대학교 사회복지과

자원봉사론

|**공저자**| 배기효
남연희 · 박용오 · 박정임 · 박희숙
이미영 · 전영록 · 정일교

|**1판 1쇄**| 발행 2023년 1월 30일
|**1판 2쇄**| 발행 2023년 8월 10일
|**1판 3쇄**| 발행 2024년 3월 5일
|**1판 4쇄**| 발행 2025년 3월 10일

|**발행인**| 김 동 훈
|**발행처**| 공 동 체

|**주소**| 경기도 고양시 일산동구 호수로 358-39, 동문타워 I 905호(백석동)
|**전화**| 031) 814-3000(대표)
|**팩스**| 031) 814-3100
|**홈페이지**| http://www.compub.co.kr
|**전자우편**| compub@naver.com
|**출판등록**| 2005년 10월 6일
|**등록번호**| 제396-2005-36호

|**ISBN**| 979-11-6725-269-2
정가 20,000원